Jean Tirole

〔法〕让·梯若尔 著

张昕竹 马源 等译

共同利益经济学

Economics
for the
Common Good

Économie du bien commun by Jean TIROLE

© Presses Universitaires de France/Humensis.

Translated from Economics for the Common Good.

English language text © 2017

published by Princeton University Press.

All rights reserved. No part of this book may be reproduced

or transmitted in any form or by any means,

electronic or mechanical, including photocopying,

recording or by any information storage and retrieval system,

without permission in writing from the Publisher.

中文版自序

非常高兴《共同利益经济学》中文版终于付梓出版。在此，我要诚挚地感谢商务印书馆、中文版翻译团队的所有成员，以及我的同事和好友张昕竹，是他自始至终主持了本书的翻译工作。

本书面向的是大众读者，不需要专业的经济学基础：拥有求知欲和渴望理解我们所处的世界便足矣。全书共有17章，每章独立成篇，读者可以根据兴趣选择阅读。不过，全书仍可划分为两个部分。

前五章提出了我对经济学和经济学家的一些思考，探讨了其他经济学家的著述中鲜有论及的一些话题。这些思考源自我的个人观点，即经济学是一门关于道德和哲学的科学，属于更为宏大的社会科学的范畴。正是这个观点，引领我探讨了市场的道德界限，描述了如何将哲学、社会学及其他社会科学引入经济学，刻画了经济学家的日常工作以及他们的思维方式（狐狸型，还是刺猬型），坦率评估了经济学分析在政策制定中的优势与不足，并厘清了企业社会责任的概念。

关于经济学和经济学家的这些思考还有另一层原因，即人们普遍不信任市场制度。尽管当今世界几乎所有经济体都实行了市场经济（伴以不同程度的政府干预），但许多人认为这个世界已被毫无怜悯与同情的私利所裹挟，他们痛惜社会契约的瓦解、人类尊严的丧失、政治和公共服务的衰落，以及环境的不可持续。

伴随着民粹主义运动在世界各地的兴起，这些观点最近流传甚广。民粹主义在不同国家兴起的具体原因或许有所不同，但人们对诸多问题的担忧，例如高失业率、机器人"劫持"工作、移民接纳困难、金融和主权债务危机、经济增长放缓、债务高企、气候变化以及不平等加剧等，似乎是普遍的缘由。

民粹主义者的共同点在于他们热衷于利用选民的无知与偏见。在世界各地，一旦专业知识与公共政策交叉，例如医学、遗传、演化、气候变化以及经济学等，拥有专业知识的专家就会被无视。但单纯批评民粹主义徒劳无益，因为在一定程度上，民粹主义是被全球化和技术进步所遗弃的人群发出的求救信号。相当一部分选民正在转向一些机会主义政党和政客，他们既谴责替罪羊——建制派、超国家组织、移民、金融、贸易——也鼓吹不受约束的自由经济。类似地，对"强权人物""救世主"的呼唤往往与绝望的情绪相对应，而绝非基于理性的思考和严谨的论证。不幸的是，选民们并非总能意识到那些煽动者及其对公共事务的短视只会令问题变得更糟。

本书从经济学学科的缺陷以及我们的认知偏差两个方面分析了造成对市场和经济学家双重不信任的原因。正如我们所指出的，本书的众多见解同样适用于与公共政策讨论直接相关的其他学科（医学、气候变化、生物学等）。然而，本书表明，如果运用得当，经济学可以成为一种促进共同利益的力量，一种帮助我们的制度服务于普遍利益的力量。

本书的第二个目的无须过多解释。本书通俗地阐释了未来数年乃至数十年内的诸多重大社会挑战、应对这些挑战的方式，以及需要在哪些地方突破现有思维的窠臼。这些挑战包括气候变化、失业、金融监管、欧洲前景、数字化及其监管等。

经济学无处不在，我真心希望中国读者能够从《共同利益经济学》中汲取到思想的营养。

我并非中国问题专家，因此不会冒昧地给出空泛的建议。但我由衷感慨中国经济取得的巨大成就。中国经济的增长是历史上前所未有的；根据世界银行的统计，中国及其年轻、勤劳、富有创业精神的劳动者，已经使超过 8.5 亿人摆脱了极端贫困。

自 20 世纪 70 年代末邓小平推动的市场化改革以及 80 年代的一系列改革以来，中国经济走过了快速追赶阶段。如今，中国正面临着前沿经济体的共同挑战：要在 21 世纪立于不败之地，就必须加大对知识的投资。到目前为止，中国经济已经转向基于创新、平台和生命科学的新经济，这一点相当令人瞩目。

尽管如此，中国仍面临着众多挑战：实现全面脱贫并构筑安全网、打击腐败和消除不平等、缩小国有部门规模（根据我在本书中阐述的原因，政府必须是一个强有力的监管者，而不是一个全能的经济活动参与者）、创造更好的大学治理机制（提供更多的精英管理和学术自由）、加强银行的审慎性监管（尤其是针对国有银行及影子银行）以及反垄断执法等。

每个国家都有其具体国情及相应难题，但所有国家都面临着一个关键挑战，即从温室气体排放的灾难中拯救地球。全球变暖将会严重影响中国，这与其他许多国家的情况一样。正如本书所述，只要国际社会团结起来，停止观望博弈，那么可持续性便触手可及，解决之道也就在面前；而忽视子孙后代福祉的自私自利，以及坐享别国努力的"搭便车"行为，则与共同利益背道而驰。

我们即将经历经济、社会和政治结构的剧变。数据采集和存储以及人工智能都展现出令人振奋的前景。这些技术会让我们更加富有、更加健康，也更能保护好环境；它们也有可能让我们的社会更加包容，使人们更广泛地获得教育、医疗、创业机会、金融服务、性别平等和政治权利等；此外，它们还有可能极大地降低社会的不文明程度。

尽管我们有充分的理由感到乐观，但我们仍须确保技术革命符合预期，因为它也带来了许多社会挑战，并可能造成社会失衡。我们生活在一个巨大转折的时代，大数据和人工智能将会改变我们的教育、医疗、就业、金融媒介、消费品和服务，以及政治，等等。在每一个领域，变革都可能是一把双刃剑。我们应该关注其对隐私和政治表达带来的风险，关注劳动力市场的未来，关注平台的市场势力。如果我们希望技术革命的结果如我们所愿，就必须运用经济学和其他社会科学来应对即将出现的各种社会问题。

尽管本书充满了警示，但我还是希望您能从中发现抱有希望的理由，因为经济学为我们面对的诸多挑战提供了解决之道。本书正是要提供一把解密之钥，成为打开世界的一扇窗。

最后，祝您阅读愉快！

致　谢

我非常感谢普林斯顿大学出版社团队为本书问世所做的出色工作。该社欧洲社会科学出版部负责双语出版的出版人莎拉·卡罗（Sarah Caro），以其才华、幽默和耐心主持了整个翻译过程。出版社总监彼得·多尔蒂（Peter Dougherty）从出版伊始便为本书投入了巨大的热情，还提供了宝贵的建议，我很荣幸能再次与他共事。在翻译团队中，史蒂文·伦德尔（Steven Rendall）在时间短、任务重的情况下完成了此长篇翻译，黛安娜·科伊尔（Diane Coyle）教授和蒂姆·菲利普斯（Tim Phillips）教授则付出了巨大努力来确保经济学内容的准确性，并使之适宜各国读者阅读。由此带来的高质量译文，我想一定会为读者感受到。最后，我要感谢T&T出版有限公司的乔恩·温赖特（Jon Wainwright）和朱莉·肖凡（Julie Shawvan）为本书精心排版，并编制索引。

本书的法语版得到了菲利普·阿吉翁（Philippe Aghion）、罗兰·贝纳布（Roland Bénabou）、奥利维尔·布兰查德（Olivier Blanchard）、克里斯托夫·毕西埃（Christophe Bisière）、保罗·尚索尔（Paul

Champsaur）、弗雷德里克·谢博尼耶（Frédéric Cherbonnier）、马蒂亚斯·德沃特里庞（Mathias Dewatripont）、奥古斯汀·朗迪耶（Augustin Landier）、阿兰·基内（Alain Quinet）、帕特里克·雷伊（Patrick Rey）、保罗·西布莱特（Paul Seabright）、娜塔莉·梯若尔（Nathalie Tirole）、菲利普·特雷纳（Philippe Trainar）和艾蒂安·沃斯默（Étienne Wasmer）的有益建议，当然，书中的任何纰漏都绝非他们的责任。

就像我的任一本书一样，《共同利益经济学》极大地得益于我所处的学术氛围，主要是图卢兹经济学院（TSE）和图卢兹高等研究院（IAST）。这种绝佳的氛围是对其创始人让-雅克·拉丰（Jean-Jacques Laffont）教授，这位致力于共同利益研究的经济学家典范的致敬。麻省理工学院非凡的经济学系也让我受益匪浅，我从那里毕业，在那里教书，现在还经常到那里访问；而且我也从各家卓越研究机构的多位同行那里得到启发。本书随处可见我的合作者的学术贡献，我个人非常幸运能与如此优秀的教师、同事和学生交流互动并从他们身上受益。

最后，我要感谢所有鼓励我写作本书的人。虽然我长期参与政策制定，也与私人和公共决策者多有交道，但迄今为止未能与更广泛的公众接触交流。在获得诺贝尔奖之后，我经常被路人问起或者在演讲时向更多人解释什么是经济学研究，以及经济学研究如何造福我们。他们经常会问经济学家有没有用，经济学是不是一门科学，能不能解决我们面临的关键性挑战。他们让我意识到自己有责任走出实验室，描述我的日常工作，并解释经济学的逻辑和见解——不是要扮演一个通晓各种话题的评论员，而仅仅是为了与公众分享我对这门学科的热情，并解释科学知识如何指导经济政策并帮助我们了解所（将）生活的世界。

目录

中文版自序 …………………………………… i
致　谢 ………………………………………… v

前言　共同利益出了什么问题？

本书的安排 …………………………………… 5
社会与经济学的关系 ………………………… 6
经济学家职业 ………………………………… 8
制度 …………………………………………… 10
观望世界的窗口 ……………………………… 11
本书的主线 …………………………………… 12

第一部分　经济学与社会

第一章　您喜欢经济学吗？

是什么在妨碍我们理解经济学？ …………… 15
市场以及管理稀缺性的其他方法 …………… 22
如何更好地理解经济学？ …………………… 27

第二章 市场的道德界限

市场的道德界限还是市场失灵？ ………………………… 35
非商业和宗教领域 …………………………………………… 39
市场是社会凝聚力的威胁吗？ ……………………………… 45
不平等 ………………………………………………………… 49

第二部分 经济学家职业

第三章 公民社会中的经济学家

作为公共知识分子的经济学家 ……………………………… 64
参与社会活动的陷阱 ………………………………………… 68
关于必要合作关系的一些保障措施 ………………………… 74
从理论到经济政策 …………………………………………… 77

第四章 研究人员的日常工作

理论分析与经验证据的相互作用 …………………………… 79
学术经济学的微观世界 ……………………………………… 89
经济学家究竟是"狐狸"还是"刺猬"？ ………………… 98
数学的作用 …………………………………………………… 101
博弈论与信息经济学 ………………………………………… 106
工作中的经济学家：方法论的贡献 ………………………… 115

第五章 拓展中的经济学

经济人并非一直理性：心理人（*Homo Psychologicus*）假设 …… 120

社会人（Homo Socialis）……………………………… 133
　　激励人（Homo Incitatus）：奖励带来的负面效应 ……… 137
　　法律人（Homo Juridicus）：法律和社会准则 …………… 142
　　更多新奇的探索 …………………………………………… 144

第三部分　经济制度框架

第六章　走向现代政府

　　市场有很多必须矫正的缺陷 ……………………………… 153
　　市场与政府的互补性及自由主义的基础 ………………… 156
　　政治家还是技术官僚？ …………………………………… 159
　　政府改革：以法国为例 …………………………………… 165

第七章　企业治理及其社会责任

　　社会上有诸多可能的组织形式，但只有极少数被选用 … 171
　　什么是企业的社会责任？ ………………………………… 181

第四部分　巨大的宏观经济挑战

第八章　气候挑战

　　什么与气候变化利益攸关？ ……………………………… 191
　　停滞不前的原因 …………………………………………… 195
　　有负众望的谈判 …………………………………………… 202
　　温室气体减排人人有责 …………………………………… 208
　　不平等与碳定价 …………………………………………… 216

国际协定的可信度 ·················· 220
总结：让谈判重回正轨 ················ 222

第九章　劳动力市场的挑战

法国劳动力市场 ··················· 227
劳动合同的经济学分析 ··············· 235
不当的制度性激励 ·················· 238
改革能达到何目标及如何成功实施？ ······ 244
关于就业的其他重大争论 ············· 248
紧迫性 ························ 254

第十章　十字路口的欧洲

欧洲一体化：从希望到质疑 ············· 258
欧元危机的缘起 ··················· 260
希腊：两头受苦 ··················· 275
欧盟和欧元区当下有什么选择？ ·········· 282

第十一章　金融有何用？

金融何用之有？ ··················· 289
有用产品何以变成有害产品？ ··········· 291
衍生产品的危险 ··················· 291
市场是有效的吗？ ·················· 299
为何监管？ ····················· 313

第十二章 2008年金融危机

金融危机 ··· 319

后危机时代的新环境 ································· 327

谁应担罪？经济学家与危机防范 ····················· 342

第五部分 产业挑战

第十三章 竞争政策与产业政策

竞争的目的何在？ ··································· 349

产业政策适用于何处？ ······························· 357

第十四章 数字化如何改变一切

平台：数字经济守护者 ······························· 370

双边市场 ··· 374

一个不同的商业模式：平台作为监管者 ············· 380

双边市场对竞争政策带来的挑战 ····················· 383

第十五章 数字经济：社会面临的挑战

信任 ··· 393

谁拥有数据？ ··· 396

医疗保健与风险 ······································· 399

21世纪的新型就业形式 ······························· 405

数字经济与就业 ······································· 414

税收系统 ··· 418

第十六章 创新与知识产权

创新势在必行 ·················· 421
知识产权 ···················· 422
专利费堆叠的管理 ·············· 427
创新的制度 ·················· 434
合作开发与开源软件 ············· 438
还有很多其他争论 ·············· 444

第十七章 产业监管

利益攸关 ···················· 446
改革四重奏及依据 ·············· 447
激励性监管 ··················· 451
受监管企业的价格 ·············· 457
网络接入监管 ················· 462

后记 ······················· 471
注释 ······················· 474
索引 ······················· 542
译者说明 ···················· 576

前言　共同利益出了什么问题？

自柏林墙倒塌与中国经济转型以来，市场经济已变成当今社会即便不是唯一，也是具有主导地位的组织模式。纵然在所谓的"自由世界"，市场及其新参与者的影响亦是日趋增强，政治权力的影响则日渐式微。私有化、全球化和日趋强调的竞争，以及系统地使用拍卖机制来授予公共合同等，都限制了民选官员的权力，余下的公共决策日益依靠独立监管机构、中央银行及法律体系来制定，而这些机构皆不直接受政治力量左右。

纵然如此，我们也只能说市场经济仅取得了局部胜利，因为它尚未从心灵与思想上让人们折服。对很多人而言，追求共同利益本应成为市场中重要公共干预背后的指导原则，却变成了新经济秩序下的牺牲品。在世界范围内，市场的优越性遭到了广泛质疑，公众愤愤不平地勉强接受市场的宿命。碎片化的反对声音哀叹，经济学让人类价值溃败，这个世界毫无怜悯和同情可言，一切都被个人私利左右。这些批评者警告我们，社会契约行将瓦解，人类尊严业已丧失，政治和公共服务正走向衰亡，生态环境在现有经济模式下将不可持续。一个国际上颇能打动人心的流行口号警示我们："世界并非用来买卖。"这些问题与当下特定境况产生了共鸣，包括金融危机、失业和不平等加剧、各国领导人在应对气候变化方面失策、欧洲计划遭受挫败、地缘政治不稳定以及由此带来的移民危机、世界各地民粹主义崛起，等等。

难道我们已然忘记了共同利益？如果是这样，经济学如何帮助我们重回追求共同利益的正轨？

对共同利益（即我们对社会的集体愿望）进行定义，从某种程度上讲，需要基于价值判断。我们每个人的价值判断反映了我们的个人偏好、我们可获取的信息，以及我们的社会地位。即使我们认同某些目标的基本合意性，也可能对公平、购买力、环境或工作与私人生活的相对重要性做出不同评价，更不用说在道德价值观、宗教或精神生活等其他个人层面，人们的观点会有天壤之别。

然而，在定义共同利益时，设法消除一些内在的主观臆断是有可能的。下面的思想实验不失为解决这个问题的一种好方法。假如你尚未出生，你当然不会知道自己将来的社会地位如何，基因或家庭将会怎样，出生以后的社会、种族、宗教或国家环境等也都无从知晓。现在你可以自问这样一个问题："假如我不知道自己是男是女，身体状况好或坏，家庭富裕或贫穷，受过良好教育还是目不识丁，笃信宗教或者为无神论者，生活在大城市还是在农村，追求工作满足感或享受另一种生活方式，等等，那么我会选择在什么样的社会里生活呢？"这种提问方式需要我们把自己从自身属性和已有社会地位中抽象出来，置自己于"无知之幕"（the veil of ignorance）之下。这种思维具有悠久的知识传统，肇始于17世纪英国的托马斯·霍布斯（Thomas Hobbes）和约翰·洛克（John Locke），被18世纪欧洲大陆的伊曼努尔·康德（Immanuel Kant）和让-雅克·卢梭（Jean-Jacques Rousseau，"社会契约论"提出者）所推行，至近代因美国哲学家约翰·罗尔斯（John Rawls）的《正义论》(1971)以及经济学家约翰·海萨尼(John Harsanyi)的不同个体福利比较理论(1955)[1]而得到复兴。

为了缩小你的选择范围(且避免给出一个臆想的答案),我将重新表述这个问题:"你希望生活在一个什么样的社会体系中呢?"在此,关键的问题并非你想生活在哪种理想社会,比如市民、工人、商业领袖、政治官员和国家自发将共同利益置于个体利益之上的社会。尽管人类并非总是追求自身物质利益,但他们在共同利益面前常常优先考虑个人利益,不考虑个人利益及由此可预见的行为已经在历史上导致了极权主义和日益贫困化的社会组织(苏联"新人"[new man][2]神话的破灭可资为证)。

因此,本书将以如下原则为出发点:无论是政治家、企业高管还是普通雇员,遑论失业者、独立承包商、高官、农民还是研究人员,不管其社会地位如何,他们都会对其面临的激励做出反应。这些物质或社会激励,加上他们的个人偏好,决定了他们将要选择的行为,而这种行为有可能或者不可能与共同利益相冲突。因此,追求共同利益涉及相关制度的构建,以便尽可能地协调个人利益与共同利益。从这个角度讲,市场经济绝非一个目标,它充其量只是一种工具,而且,在考虑如何协调个人、社会群体和国家的私人利益与共同利益时,还是一种并不完美的工具。

我们既然在社会中占据了某个特定位置,也就很难再说置身于"无知之幕"之下,但这种思想实验可以将我们引导至达成共识的基础之上。也许我造成了污染,或者消耗了太多的水资源,这并非因为这样做能使我愉悦,而是因为如此行事满足了我的经济利益。我可以生产更多的蔬菜,或者为了降低成本而减少隔热材料的安装,或者为了省钱而购买污染更严重的汽车,其他人将因我的行为受到损害,所以不赞成我的所作所为。但是,如果我们从社会组织着眼,就可以从其他人的角度，对我的行为是否可取这一问题达成共识，而这些人并不知道自己是受益者还是受害者，换句话说，不知道其作为受害者的成本是否超过作为受益者的收益。一旦我的自由意志与你的利益相冲突，个体利益与共同利益就会分化，但二者在"无知之幕"之下会部分地趋于一致。

在"无知之幕"之下推理的另一个好处是权利被赋予了超越口号的理由：获取医疗保健的权利为人们提供了保障，以防止不良基因带来的不幸；公平的教育机会让我们得以消除出生与成长环境差异的影响；人权和自由则保护人们免遭政府的任意专行，等等。从这个视角看，权利不再是社会可以随意承认或否定的抽象概念。在实践中，权利可以在不同的层次上授予，也可能相互冲突（例如，某个人自由的终点恰好是其他人自由的起点）；这样的视角也使权利更具操作性。

追寻共同利益的出发点是将我们的利益置于"无知之幕"之下，唯其如此，才能做到不对解决方案预设立场，并使集体利益成为利益标准的必然选择。私人使用资源谋取个人福利是可行的，以他人利益为代价的资源滥用则不行。[3] 以共同利益概念为例，在"无知之幕"之下，为了保证公平公正，下列资源应隶属所有人：水、空气、生物多样性、文化遗产、地球、美景，等等。这些资源为全人类共同所有，但最终由个人消费。我们都可以享用这些资源，但要以我的使用不影响你的使用为度（知识、公共街道照明、国防也如此）。[4] 与此相对，如果资源数量有限，或者集体选择限制其使用，比如有些地方限制碳排放，就需要以某种方式对其使用私有化。对水、碳或频谱等公共产品设定某个价格，只要经济人支付相应的价格，就可以授予其排他性使用权，从而将这些资源的使用私有化。实际上，正是人们对共同利益的需求催生了这样的私有化，其目的就在于防止人们浪费水资源，让经济人对碳排放造成的危害担责，将稀缺资源如通信频谱分配给那些能充分利用的运营商，等等。

这些案例预见了前面提出的第二个问题的答案，也就是经济学如何为追求共同利益做出贡献。与其他人文社会科学一样，经济学并不想篡夺社会在界定共同利益方面所扮演的角色，但它可以在两个方面做出贡献：首先，通过区别目标和实现目标的手段，让公共讨论聚焦在体现共同利益概念的目标上。我们将会看到，在很多时候，手段或工具往往备受瞩目，不管是某种制度（如市场），还是某种权利，抑或是某项经济政策，但人们最后往往忘记了真正的目的，最终导致手段与共同利益相悖，尽管其初衷是为了共同利益。其次，同时也是更重要的，一旦人们对共同利益达成共识，经济学就能够帮助开发促进实现共同利益的工具。

经济学并非为私有财产和个人利益服务，也不是为那些想利用政府权力强推其价值观或保证其个人利益的人服务。它既不支持完全基于市场的经济，也不为全部由国家掌控的经济背书。经济学致力于实现共同利益，其最终目标是让世界变得更美好。为此，经济学的终极任务是找到促进共同利益的制度和政策。在追求社会利益时，要同时涵盖个人和集体两个维度，既要分析个人利益与集体利益兼容的情形，也要分析个人利益与集体利益相悖的场景。

本书的安排

共同利益经济学探索之旅极具挑战性，但我希望这样的挑战是值得的。本书既非教科书，也不预设答案；它是一个质疑的工具，就如同学术研究一样。本书表达了我的个人观点，包括什么是经济学，经济学是如何构建的，以及经济学涉及哪些内容等。这一研究理念基于理论与实践的相互作用，也基于一个既认可市场的优点也认为其需要监管的社会。读者可能对书中的结论不尽赞同，甚至大部分都难以苟同，但我希望纵然如此，读者也能从本书中获得思考。我期望你们具有更好地理解周围世界的意愿，以及拨开迷雾寻根问底的好奇心。

写作本书的另一个愿望是与读者分享我对经济学这门学科的激情。在我21岁或22岁第一次接触经济学课程之前，我仅仅是通过媒体了解到经济学。我当时非常想理解社会，我喜欢数学和物理学的严谨，对人文社会科学诸如哲学、历史、心理学同样着迷……我很快就被经济学迷住了，因为它把定量分析与对个体和集体行为的研究融合在一起。后来我意识到，经济学为我打开了通往所知甚少的日常世界的一扇窗，并为我提供了两个机会：一是解决一些智力上要求很高且引人入胜的问题，二是为公共与私人领域的决策做出贡献。经济学不仅阐述和分析个人与集体行为，同时也渴望提供更好的公共政策。

本书包含五个主题：第一个主题是作为一门学科和一种分析范式，经济学与社会的关系。第二个主题是经济学家的工作，从其作为研究者的日常生活到其研究与社会的潜在相关性。第三个主题是政府和市场制度，本书将政府与市场置于具体的经济背景中分析。第四个主题是当下我们最为关切的四大宏观经济挑战：气候变化、劳动力市场挑战、欧元和金融。第五个主题涉及一系列微观经济问题，这些问题虽然在公共讨论中并非最为显眼，但对我们的日常生活及社会的未来至关重要。在此，我们用"产业挑战"（the industrial challenge）作为标题，它涵盖了竞争政策和产业政策、新经济模式、数字革命带来的社会挑战、创新以及公用事业监管等问题。

社会与经济学的关系

本书的前两部分讨论经济学在社会中的作用，包括经济学家的立场、经济学研究人员的日常工作、经济学与其他社会科学的关系以及市场的道德基础等。

因为担心这些内容可能会助长当下将经济学家变成媒体人物的趋势，我曾有些犹豫是否应纳入这两部分内容。我担心这些内容会分散读者对本书真正焦点的关注，即经济学本身，但最终我决定冒此风险。我在高中、大学和其他很多地方的交流，强化了我对这门学科触发的一些问题的认识。人们总是提出同样的质疑：经济学家到底在做什么？经济学是（真正的）科学吗？如果经济学是基于"方法论个人主义"的，且个人主义决定集体现象并塑造个人行为，那么这会产生什么问题？理性行为假设是否正确？如果正确的话，这一假设应采取什么样的具体方式？市场是否具有道德？经济学家未能预测2008年金融危机，那么他们是否有用？等等。

经济学兼具要求苛刻和易于接受两个特点。经济学之所以要求苛刻，是因为直觉经常欺骗我们，正如我们将在第一章看到的那样。我们都容易受到某些直觉和信念的影响，并屈从于它们。当思考经济问题时，我们首先想到的答案并非总是正确的。我们的推理通常难以超越表象以及我们抱持的信念或情感。经济学是一面塑造我们世界观的透镜，并使我们可以透过镜片观察世界。值得庆幸的是，如果我们注意避开这些陷阱，经济学就会变得易于接受。理解经济学并不要求接受过精英教育或拥有超出常人的智商，只需要求知欲，以及一张标识出我们的直觉、情感和信仰会在何处蒙蔽我们的自然陷阱地图就足矣。在接下来的每一章中，我都将列举一些具体实例以阐释理论并帮助加深理解。

与上述模糊的不适相呼应，很多书探讨了市场的道德问题，并强调需要在商业和非商业领域之间划出清晰的界限。第二章表明，对市场的某些道德批判无非是对"市场失灵"概念的重新表述，因此所需要的是采取集体行动，而非关注什么具体的道德问题。其他一些批评则更为深刻。我们将试图理解，为什么我们会对某些市场交易感到不安，如人体器官买卖、代孕或性交易等。我想强调的一点是，虽然我们的愤怒情绪会让我们对反常的个人行为或要以不同方式组织社会的举动产生警觉，但这些情绪对经济行动而言实为蹩脚指南。过去，愤怒往往导致强调个体偏好，危害他人自由，而且愤怒往往阻碍了进一步的反思。最后，第二章分析了对市场经济中不平等加剧及社会凝聚力丧失的担忧。

经济学家职业

本书的第二部分涉及经济学家职业。这部分从第三章开始，首先探讨的是经济学家是如何参与公民社会的。作为一门学科，经济学在人文社会科学中占据特殊地位。相比其他任何领域而言，经济学都更能让我们感到挑战、吸引和困扰。经济学家的角色并非做出决策，而是识别出构成经济系统的重复性模式，并传达经济科学当前的知识状态。正因如此，经济学家面临两类相互对立的批评：对某些人而言，经济学家毫无用处；而对其他人来讲，经济学家太具影响力，而且经常会为不利于共同利益的政策背书。我将聚焦于第二类批评，并将本书作为一个整体，对第一类批评做出回应。

质疑经济学家在社会中的角色是完全合理的。与其他科学学科的同行一样，经济学研究人员通常至少部分由政府资助。他们或者通过参与公民生活直接影响经济政策，或者通过研究和教学间接影响经济政策。像所有科学家一样，经济学家也会犯错误，因此也应该接受问责。学院派经济学家可能发现学术研究令人着迷，但总体而言，其研究还必须对社会有用。

研究人员们有多种方式参与公民生活：与公共和私人部门互动，或参与媒体及政治的公共辩论。如果构建得当，每一种互动都会对社会有用，但每一种互动也都蕴含着自我毁灭的种子。第三章回顾了可能危及学术研究及成果传播的因素，并以经济学为例加以阐明，当然同样的经验和教训也适用于其他学科。就如何利用制度限制相关风险的问题，这一章提供了一些个人思考，这些风险就是金钱、友谊以及对被认可或出名的渴望，它们可能改变学者在书斋内外的行为。

第四章介绍了经济学研究人员的日常生活。我解释了为什么与"沉闷的科学"（1849年托马斯·卡莱尔[Thomas Carlyle]在一篇提出重建奴隶制的文章中如此指称经济学）[5]恰恰相反，经济学是如此令人着迷，以及为什么一些对未来感到迷茫的大学生可以考虑成为经济学家。

我将讨论理论研究与实证研究的互补性和二者之间的互动，数学的作用，我们如何验证知识，经济学家的共识和争议所在，以及经济学家认知推理的方式。最后，我将给出博弈论和信息经济学理论进展的直观描述，在过去40年里，它们彻底改变了我们对经济制度的理解。

人类学家、经济学家、历史学家、法学家、哲学家、政治学家、心理学家和社会学家都对相同的个体、相同的群体以及相同的社会感兴趣。第五章将经济学置于人文社会科学之中：在19世纪末之前，经济学还是人文社会科学的组成部分，但在20世纪，经济学通过"经济人"（homo economicus）假设开始自成体系。所谓"经济人"假设是指假定决策者（如消费者、政治家和企业主）是理性的，直白地说，给定决策者所能掌握的信息（尽管经济学也强调这一信息可能是不完全的或者是被操纵的），他们将按照自身最佳利益（通常理解为经济利益）来行事。但在现实中，我们在思想上和决策上都存在偏见，而且我们都有超越物质利益的目标，或者说物质利益并非我们刻意追求的目标。在过去20年里，经济学研究越来越多地吸收了其他人文社会科学领域的研究成果,以提高对个人和群体行为、政治决策以及法律形成方式的理解。第五章展示了如果考虑到拖延症、信念形成的误差和语境的影响等,我们将如何丰富对经济行为的描述。然后,这一章又回到道德及其脆弱性上,讨论内在动机与外在动机之间的联系,以及社会规范对我们行为的影响。

制度

随后的章节分析经济活动中的两个主要角色:政府和企业。在第六章中,我将基于共同利益提出一种新的政府概念。与国家干预主义的信徒和自由放任政策的拥趸们竭力让我们相信的截然不同,我们对社会的选择并非政府与市场的非此即彼。政府和市场相互补充,而非相互排斥。市场需要监管,政府需要竞争和激励。

政府不再像过去那样通过公共部门提供尽可能多的就业机会,也不再通过公共企业提供尽可能多的产品和服务。政府已转型为监管者。我将说明,政府的新角色是建立基本规则,在市场失灵时进行干预,确保良性竞争,监管垄断企业,监督金融体系,创造真正的机会均等,并通过征税对资源进行再分配。第六章还分析了独立机构和政治至上的作用及相关性,并强调有必要对政府进行改革(因为当前许多国家的公共财政状况威胁着现有社会制度的存废),最后提出一些改革的途径。

第七章涉及企业。这一章以一个谜题开篇:为什么一种特定的管理方式——资本主义管理——在全球范围内如此盛行?这一管理方式将决策权赋予股东或债权人(当债务未偿还时)。但是,企业还有众多其他利益相关者,包括员工、分包商、客户、地方当局、企业运营所在的国家或地区以及附近的居民等。正因如此,存在许多潜在的组织形式，利益相关者可以在其中按照不同的配置和安排来共享权力。我们往往会忘记，在自由市场的世界中，还可能存在管理企业的其他方式（如自我管理或合伙制企业）。通过分析这些替代方案的可能性，我对不同的企业治理机制的优缺点进行了讨论。最后，我分析了企业社会责任和社会责任投资这两个概念。这些概念的内涵是什么？它们与市场经济不兼容，还是相反，它们是市场经济的自然产物？

观望世界的窗口

对于涉及一系列重大经济挑战的章节（第八至十七章），它们所需要的导图要少得多，因为人们对这些主题耳熟能详。本书涵盖的这部分内容，是对影响我们日常生活但个人又无法控制的诸多议题的探索：全球变暖、劳动力市场挑战、欧盟、金融、竞争和产业政策、我们与数字世界的关系、创新与产业监管。针对每个主题，我都会分析公共和私人参与者的作用，并思考可能有助于个人和整体利益趋同的制度——简而言之，有助于共同利益。

我要传递的信息是乐观的。我将解释为什么社会面临的种种流弊并非不可避免（针对失业、全球变暖和欧盟衰落等问题是有解决方案的）。我还解释了我们应该如何应对产业挑战，以及如何确保产品和服务使公众整体受益，而非仅仅增加股东或员工的收入。我将展示如何在不破坏经济增长引擎或否认政府在社会组织中的作用的情况下，对金融业、垄断部门、市场及政府自身予以监管。

本书主题的安排必然是有选择性的。我优先考虑的是那些我在学术期刊上发表过研究成果的主题，而对其他经济学家可以提出远比我专业的评论的主题，我几乎未予讨论，或者只是为了保持章节完整才有所涉及（如在分析全球化或不平等时）。

本书的主线

尽管本书是围绕大家都熟悉的主题来组织的，但多数读者对全书的主线概念可能并不熟悉，即信息经济学理论，该理论是过去40年来经济学领域的一项重大进展。这一理论基于一个显而易见的事实：经济参与者（家庭、企业、政府）所做的决策受到有限信息的约束。在实际中，我们处处都能感受到信息有限性带来的后果。信息有限性使公众难以理解和评估政府出台的政策，也让政府难以对银行和大公司实施监管、对环境予以保护或对创新进行管理。信息缺乏也会导致投资者难以控制其投资的企业的资金使用方式，同时还会影响公司的组织方式，影响我们的人际关系，甚至影响我们与自身的关系，例如当我们构建一个身份或相信我们想要相信的事物时。

正如我已经表明的那样，反映现有信息的公共政策相当必要，其对就业政策、环境保护、产业政策以及部门和银行监管政策的制定具有重要意义。而在私人部门，信息不对称是其治理结构和融资模式形成的原因。有限（或"不对称"）信息的问题无处不在，它是我们的制度结构和政治选择的核心问题，同时也是共同利益经济学的核心所在。

本书阅读指南：这十七章中的每一章都可以单独阅读。如果你的时间或兴趣有限，你可以专注于你喜欢的主题。然而，在阅读第十二章（关于2008年金融危机）之前，最好先阅读第十一章（关于金融）。

第一部分　经济学与社会

第一章　您喜欢经济学吗?

　　如果您不是一位接受过培训或从事专业研究的经济学家，您或许会对经济学感兴趣（否则就不会阅读本书），但并不一定喜欢经济学。您可能发现经济学讨论深奥难懂，甚至与直觉相悖。在本章中，我想解释为什么会这样，并描述当我们思考经济问题时一些时而会捉弄我们的认知偏差，以及提出一些能让经济学得到广泛理解和认同的方法。

　　经济学事关每个人（不仅仅是专家）的日常生活。一旦我们拨开迷雾，找到并克服最初的障碍，经济学也会变得容易亲近且充满魅力。

是什么在妨碍我们理解经济学?

　　长期以来，心理学家和哲学家一直在研究塑造我们信念的众多因素。很多认知偏差对我们有利（这无疑说明为什么会存在认知偏差），但偶尔也会误导我们。从本书的开篇到结尾，我们都会碰到这些认知偏差，我们可以了解到，这些偏差如何影响我们对经济现象的理解和对社会的看法。简而言之，我们所看到的，或者我们希望看到的，与实际情况并不相符。

我们只相信愿意相信的，我们只看到想要看到的

我们常常相信愿意相信的东西，而不是能得到证据支持的事情。一些思想家如柏拉图（Plato）和亚当·斯密（Adam Smith）以及19世纪伟大的美国心理学家威廉·詹姆斯（William James）曾指出，我们形成和修正信念的方式，是为了证实我们想要拥有的形象，包括我们自己以及周围世界的形象。这些信念聚合在一起时，就决定了一个国家的经济、社会、科学和地缘政治政策。

我们不仅受到认知偏差的影响，还经常会寻找能够强化认知偏差的因素。我们透过信念之棱镜来解读现实；我们阅读报纸杂志，寻找在信念上与我们志同道合的人；我们执拗地坚守这些信念，不论它们是否正确。当耶鲁大学法学教授丹·卡汉（Dan Kahan）向投票支持民主党的美国人展示人为因素（人类对全球变暖的影响）的科学证据时，他观察到，他们比以往任何时候都更加确信采取措施以应对气候变化的必要性。而面对同样的证据，很多共和党人却持怀疑态度。[1] 更令人惊讶的是，这并非教育或智力问题：根据相关统计数据，不论是拥有高学历的共和党人，还是从未受过良好教育的共和党人，拒绝面对这些科学证据的坚定程度是相同的。对此现象，无人幸免。

在我们理解经济现象（和更普遍的科学现象）时，对美好未来的愿景也发挥着重要作用。我们不想听到对抗全球变暖的代价将是高昂的，因此，"绿色增长"理念在政治辩论中大受欢迎。"绿色增长"意味着在环境问题上鱼与熊掌可以得兼。但如果真的这么简单，为什么还没有实现呢？

我们更愿意相信事故和疾病只降临到别人身上，而不会发生在我

们自己或与我们亲近的人身上，这导致了很多有害行为的出现，例如粗心驾驶或不注意自己的健康（尽管这并不完全是消极的，因为少操心能提高我们的生活质量）。同样，我们也不愿意相信，公共债务激增可能危及社会安全网；或者我们至少愿意相信，其他人会为此买单。

我们都梦想这样的世界：人们的善行不需要法律的鼓励或约束；公司会自愿停止污染和避税；即使没有警察，人们也会小心开车。这就是为何电影导演（不仅仅是好莱坞电影导演）会创作出符合我们期望的结局。这些大团圆结局印证了我们的信念：我们生活在一个美德可以战胜邪恶的公正世界里（社会学家梅尔文·勒纳 [Melvin Lerner] 称之为"公正世界信念" [belief in a just world]²）。

当右翼和左翼阵营的民粹主义政党都在鼓吹一种不存在艰难选择的经济愿景时，对这个裹在糖衣中的童话所提出的任何质疑，最好的情况下被视为危言耸听，最糟糕的情况下则被视作全球变暖狂热分子、紧缩理论家或其他人性之敌所散布的谎言。坚持面对现实而非沉湎于童话，是经济学经常被称为"沉闷的科学"（the dismal science）的一个原因。

我们所看到的和我们没有看到的

第一印象和启发法（heuristics）

经济学教学通常以理性选择理论为基础。为了描述个人行为，经济学家首先要描述他或她的目标：这个人是自私的还是利他的，是追求利润还是寻求社会认同，或者是其他目标。在每种情形中，假定其尽可能为了自己的利益行事。这种假设在应用中有时被过分强调，这不仅因为人们并不总是拥有做出最佳决策所需要的信息。作为认知偏差的受害者，经济人在评估实现目标的最佳方式时也可能犯错。人类在推理或感知方面受到许多偏见的影响。这些偏见并不会导致为自己谋取最佳利益（规范选择）的理性选择理论失效，但可以解释为什么我们不一定会做出这些理性选择。

我将运用 2002 年诺贝尔经济学奖得主、心理学家丹尼尔·卡内曼（Daniel Kahneman）[3] 描述的启发法来说明。启发法是思考问题的经验法则，是解决问题的利器。启发法在常规情况下很有用，因为它可以让我们迅速做出决策（如果与老虎面对面，我们没有时间计算最佳的应对策略），但走捷径的思维也会带来误导。启发法可以引导情感，但它可能是一个可靠的指导，也可能是一个非常不明智的误导。

例如，我们更有可能记住我们的活动被中断的情景。想想"电话总是在我淋浴的时候响起来"这个例子，肯定是我们记忆的错觉，导致淋浴中断的电话滞留在我们的脑海中，而那些没有使淋浴中断的电话则被遗忘。同样，我们担心飞机失事和恐怖袭击，这是因为报纸杂志上长篇累牍地报道这些事件，但我们忘记了车祸与"普通"谋杀致死者远远多于这些罕见事故或事件导致的受害者。自 2001 年 9 月 11 日以来，美国发生了 20 万起凶杀案，其中只有 50 起是（美国的）伊斯兰恐怖分子所为。[4] 然而，这并不妨碍恐怖主义行为铭刻在我们的意识里。

卡内曼和特沃斯基（Amos Tversky）著作的主要贡献表明，启发式思维常常误导我们。他们给出了许多例子，其中有一个例子特别引人注目：哈佛大学医学院的学生们在根据患者具有的特定症状计算患者罹患癌症的概率时犯了明显错误。[5] 他们是美国最聪明的学生，但他们推理中的捷径思维并未得到纠正，纵使他们拥有出众的智力，并接受了一流的教育。[6]

在经济问题上，第一印象也会误导我们。我们关注经济政策的直接影响，这些影响显而易见，而我们也就到此为止。在绝大多数时候，

第一章　您喜欢经济学吗？

我们并不关心经济政策的间接影响，也就是说，我们没有理解问题的全部。然而，次级效应或间接影响很容易使善意的经济政策变味。

在本书中，我们将遇到许多这种现象的例子，这里我们有意从一个引起争议的例子开始。[7] 选择这样的案例，是因为它能让我们马上领略到导致那些糟糕的公共政策决策的认知偏差。假设一个非政府组织（NGO）从捕杀濒危大象的非法买卖者手中没收了象牙，这个组织必须在直接销毁象牙和在市场上谨慎出售象牙之间做出选择。多数读者的第一反应是，后一种选择应该受到谴责。我自己的第一反应也是如此。但是让我们更深入地研究一下这个案例。

非政府组织可以从出售这些象牙中获得收益，可以用这些收益提供更多的资源进行侦查和调查，或者提供更多的手段来限制象牙走私。出售象牙也可以起到立刻降低象牙价格的作用。如果出售的象牙不多，价格会降低很少；如果将大量象牙投放市场，价格就会下降很多。[8] 非法象牙买卖者是经济活动的理性参与者，他们要考虑从交易活动中可以赚得多少利润，并要掂量需要承担多大风险（在这种情况下，可能面临坐牢或遭遇武装警察）。如果象牙价格下跌，就可能使一些人不再去捕杀大象。考虑到这些因素，非政府组织出售象牙还是不道德的吗？可能是。一个具有良好声誉的组织高调销售象牙，可能会使潜在买方的交易合法化，让这些买方不再对购买象牙的欲望有负罪感，因此我这里强调的是"谨慎出售"。但在谴责销售象牙的选择前，我们至少应该三思而行，尤其是要考虑到，这样做并不会阻碍政府行使主权起诉象牙（或犀牛角）偷猎者或零售商，或者阻碍政府向公众宣传保护濒危动物的重要性，以便从根本上扭转广为接受的社会规范。

这个假设情景有助于解释1997年《京都议定书》（Kyoto Protocol）为什么会失败。《京都议定书》在应对全球变暖的努力中迈出了重要一步，但由于存在"携带效应"（carryover effects，在环境经济学术语中称为"泄漏问题"[the leakage problem]),具有污染性的经济活动倾向于迁移到法规更为宽松的国家,这样单个地区应对温室气体的努力对解决全球性污染影响不大或毫无影响。例如,假设美国减少了化石燃料的消耗,就其本身而言,这一努力无疑值得赞赏。专家们都认为,每个国家都要做出类似的努力,将全球气温的升高限制在1.5—2 摄氏度以内(这被认为是全球变暖的可承受水平)。但问题是,某个国家节约一吨煤炭(或一桶石油)带来的煤炭(或石油)价格的下跌,会助长其他国家的煤炭(或石油)消费。

同样,如果一个负责任的国家迫使本国企业为其排放的温室气体付费,这些企业就可能转移到另一个不征收碳税、生产经营成本更低的国家,这将部分或完全抵消这个国家减少排放的温室气体。独立的减排对环境改善的影响很微弱,任何严肃的解决问题的办法都只能是全球性的。在经济事务中,通往地狱之路往往由善意铺就。

偏袒可识别的受害者

我们的同理心自然地指向那些在地理、种族和文化上与我们亲近的人。我们的自然倾向有着演化的起源,[9] 即相较于远方挣扎在饥饿死亡线上的儿童,我们对自己社区中经济困难的人往往有更多的同情,即使我们明知道那些饥饿的儿童更需要帮助。一般来讲,受害者是熟悉的人,我们更能对其遭遇感同身受,认同他们将有助于激发我们的同理心。心理学家发现,我们倾向于重视那些熟悉的面孔,而不太关注陌生人。[10]

无论是否出于本能,偏袒可识别的受害者都会影响公共政策。用约瑟夫·斯大林(Joseph Stalin)的话来说,"一个人的死亡是一场悲剧,但 100 万人的死亡就仅仅是一个统计数字了"。正因如此,2015 年叙利亚三岁儿童艾兰·库尔迪(Aylan Kurdi)惨死在土耳其海滩上的令人痛心疾首的照片，迫使我们关注到平时熟视无睹的情景。这张照片对欧洲人关于难民问题的认识所产生的震撼，要远大于那些在地中海中溺水的成千上万难民的数据所产生的影响。艾兰的照片影响了欧洲对移民的态度，其影响力堪比1972年《战火中裸奔的小女孩》的照片——在那张照片中，一个被凝固汽油弹引燃的越南小女孩（潘金福，Phan Thi Kim Phúc）赤身裸体奔逃在街上——它左右了人们对越南战争的看法。与数百万匿名受害者相比，一个可识别的受害者可能会影响更多人。同样，在一个反对酒驾的广告宣传中，展示一个乘客飞出挡风玻璃所带来的影响力，要大于显示每年酒驾导致的受害者数量（然而，受害者数量的统计提供了更多酒驾后果的信息）。

　　偏袒可识别的受害者也误导了欧洲南部国家的就业政策。在这些国家，一些永久性工作岗位受到了强有力的保护，而其他工作则毫无保障可言。在一些实施强有力就业保护政策的国家，媒体重点关注的是手握永久合同的员工为保住工作而进行的抗争。因为他们生活在很少有机会找到另一份稳定工作的国度，这些人的遭遇被渲染得尤为严重，他们也更清晰可辨。然而，媒体报道忽视了更多在短期工作和失业两种状态之间挣扎的人，他们并未被大众所熟知和认同，他们不过是统计数字而已。正如我们将在本书第九章中所看到的那样，这些人是制度的牺牲品，其中一些制度保护了最初拥有永久合同的员工，也导致企业倾向于聘用固定期限合同员工，而不是创造稳定的工作岗位。当我们担心这些工人被解雇时，我们忘记了一开始就被排除在劳动力市场之外的那些人，尽管他们是同一枚硬币的两面。

两个职业的故事

　　经济学和医学之间的对比是惊人的：与对"沉闷的科学"缺乏好感正好相反，公众将医学视为一种致力于人类健康的职业（我们称之为"关爱职业")。然而，经济学采纳的是与医学类似的方法。经济学家和肿瘤学家一样，都依据最为可行的知识（虽然是不完美的）做出诊断，然后提出最合适的治疗方案，或者如果没有必要，根本就不建议治疗。

对医学和经济学的这些不同看法很容易理解。在医学上，间接效应的受害者同时也是那些正在接受治疗或受到直接效应影响的人（流行病是个例外，比如抗生素耐药性蔓延的后果，或疫苗接种水平下降导致的兽群免疫功能的丧失）。医生只能忠于"希波克拉底誓言"（Hippocratic Oath），提供符合病人最佳利益的建议。在经济学中，间接效应的受害者很少是最初接受治疗或受直接效应影响的人，劳动力市场的例子非常清楚地表明了这一点。经济学家有义务考虑那些被忽视的受害者，这就让公众时常指责经济学家对那些显而易见的受害者的痛苦漠不关心。

市场以及管理稀缺性的其他方法

一个人在享受空气、潺潺河水或美丽风景时，并未妨碍其他人也从中受益。但对于大多数商品来讲，某个人的消费就意味着其他人不能同时消费。组织社会的一个基本问题是如何对商品和服务的稀缺性进行配置，我们都想消费或拥有这些商品和服务，这势必与其他人的需求形成竞争，比如我们租用或购买的公寓，在面包店购买的面包，制造合金所需要的稀土、染料或绿色技术。尽管社会可以通过创新或商业贸易更有效地生产商品来改善稀缺性，但它同时也要管理人们日复一日的商品消费。不同的社会管理方式在这方面差异巨大。

历史上，对稀缺性的管理有很多种方式：当食品或汽油等重要商品短缺时排队配给，对绿卡、音乐会门票或器官移植通过抽签决定，以行政方式向特权群体分配产品，将价格维持在供需平衡的水平之下，等等。资源稀缺性还可以通过腐败、偏袒、暴力、战争乃至市场来管理。由此可见，市场只是管理稀缺性的诸多方法中的一种。虽然当今市场手段广为盛行，比如在公司之间（B2B）、公司与个人之间（如电子商务中的 B2C）以及个人之间（C2C，在易贝［eBay］等平台上）配置资源，但情况并非总是如此。

不过，市场以外的方法都意味着需要将价格设定在保证供需匹配的市场出清水平之下。在这种情形下，买家会寻求一种由过低的价格带来的"意外之财"（经济学家称之为"经济租金"）。假设所有买家都准备支付 1000 美元购买一件商品（数量有限），并且买家数量大于可售商品的数量。市场价格是平衡供给和需求的：如果价格定在 1000 美元以上，就没有人购买，而如果价格定在 1000 美元以下，就会有超额需求，因此市场价格是 1000 美元。

现在假设国家将该商品的价格定为 400 美元，并禁止以更高的价格买卖。在这种情况下，有兴趣的买家要多于可售商品的数量，买家们都准备花费比设定价格要高出 600 美元的价格来购买该商品。如果他们有机会付出其他资源来获得这种稀缺商品，他们绝不会放过。以曾在苏联体制内使用过的排队（现仍用于分配一些体育赛事或音乐会的座位）为例，消费者可以提前数小时排队，有时甚至还得在寒冷中等候，[11] 以获得稀缺商品。如果进一步降低商品价格，排队的时间会更加提前。这种效用损失意味着，除了价格过低带来的其他负面影响（稍后我们再论及此点），低价政策的所谓"受益者"实际上根本没有真正受益，市场不是通过价格来运行，而是使用另一种"货币"——时间，但这会带来巨大的社会福利损失。在上面给出的例子中，对于每一笔购买，相当于 600 美元的价值消失了，该资源的（公共或私人）拥有者每销售一个单位的商品就损失了 600 美元，而买家却并未得到好处，因为他们的经济优势消失了,他们不得不花时间排队等候。

有些配置商品的方法,如腐败、偏袒、暴力、战争等,是非常不公正的。考虑到市场参与者为了在不支付市场价格的情况下获得商品而付出的或者被强加的代价,这些方法对整个社会来说也是无效的。我们当然没必要花费精力阐述这些配给方法的缺陷。

只要不受徇私舞弊的影响,排队、抽签和行政配给定量商品等都是更为公平的解决办法。但这些方法也带来了三个方面的问题。第一个问题前面已经提到,价格过低会导致在寻求优势的过程中浪费资源(如排队等候)。第二个问题是,在前面的例子中,商品数量是固定不变的,但一般来说并非如此。很明显,如果一种商品的价格是1000美元,那么与价格400美元相比,卖方会愿意生产更多的商品。长远来看,价格定得太低会导致商品短缺。如同租金封顶时所看到的那样,优质住房的存量逐渐减少,最后造成稀缺,并惩罚潜在受益者。最后一个问题是,用某些机制分配数量固定的商品会导致配置扭曲。例如,在体育赛事中通过抽签分配座位,不一定会将座位分配给最想得到它们的人(除非有二级市场倒卖门票);或者,回到排队的例子,这一机制可以把商品分配给当天正好有空的人,或者最不怕冷的人,而不是最渴望得到它们的人。

当资源没有分配给对其估值最高的人时,就产生了资源配置效果不佳的问题。如果采用行政命令配置资源,必需品(essential goods)就可能落入已经拥有这种物品或者更喜欢其他商品的人手中。这就是任何人都不赞同随机分配住房的原因,因为分配给你的住房可能从位置、面积或其他方面来说并不是你想要的——除非可以通过不受限制的交易来获得个人确实想要的住房,但这又把我们带回到市场机制上来。

另外一个例子是对稀缺的无线电频谱的分配。带宽是一种公共资源，但与空气不同，可用的无线电频谱的数量有限。电信运营商和媒体公司对带宽的需求很高，因而如何将其以最佳方式分配给这些企业是个重要问题。美国 1934 年的电信法授权电信监管机构（美国联邦通信委员会，FCC）基于"公众利益"分配频谱资源。过去，FCC 经常举办公开听证会，由竞买频谱使用许可的候选企业陈述各自情况，再把频谱使用许可授予看起来最好的候选企业。这些听证会耗费了大量时间和资源，此外，由于在听证会上胜出并不等于拥有良好的战略规划或管理，所以我们并不清楚 FCC 是否做出了最佳选择。此外，FCC 有时也采用抽签方式授予频谱使用许可。

当使用听证或抽签的方法进行分配时，美国政府相当于免费向私人机构配给公共资源（在许多国家，有价值的出租车牌照也采取类似方法免费配给）。而且，不能保证获得这种特权的个人或公司能充分利用这种资源。有鉴于此，在二级市场上转售许可需要获得授权，或者至少是被容忍的。当许可可以转让时，市场在资源配置方面的好处又会重现，但"赠品"依然存在：由资源稀缺衍生而来的溢价好处会流入个人腰包，而不是资源所属的群体。

因此，在过去的 20 年里，美国（和多数国家一样）使用拍卖方式分配频谱资源使用许可。经验表明，拍卖是一种有效的资源配置方式，它能确保将许可分配给那些能充分利用频谱资源的公司，[12] 同时保证频谱资源所属的群体也能得到符合稀缺资源应有价值的回报。例如，自 1994 年以来，美国的频谱拍卖已为美国财政部提供了大约 600 亿美元的资金。假如不使用拍卖方式，这笔钱就会没有任何正当理由地让渡给私人。经济学家在拍卖设计方面发挥的作用，有助于最大程度地增加拍卖机制带给国家的财政收益。[13]

我们想做什么，我们能做什么

现在您可能会问：讨论资源稀缺性的管理机制与前面讨论的认知偏差有什么联系？当政府决定将一种稀缺商品的价格定为400美元，而不是1000美元的市场价格时，它的意图是值得称许的，这会让更多人获得这种商品。但这样做并没有考虑间接影响：短期来看，过低价格意味着需要通过排队等候或其他无效的方式来配给商品；长远来看，价格太低将导致供给短缺。

当政府试图将频谱资源免费分配给它认为能充分利用它们的人时，常常混淆了它想做什么和能做什么，忘记了它缺乏做出正确决策需要的所有信息。信息是问题的核心，市场机制揭示了这样的信息。政府并不知道哪些公司对某一特定频谱有最好的利用想法或最低的开发成本，但频谱拍卖展现了这些公司愿意为其支付的最高费用。[14] 一般来讲，政府本身不可能拥有做出频谱分配决策所需的信息。这并不意味着它没有任何操作的空间，但我们必须接受其局限性。我们稍后将在本书中看到，傲慢心理（hubris）——在这种场景中，指政府过于自信其在经济政策领域做出复杂选择的能力——是如何导致环境和劳动力市场出现不良后果的，特别是当这种傲慢心理还伴随着政府希望保留监督权，以及可以分配利益时。公众可能会担心一个由匿名市场做出决策的世界，他们希望由具体的人来关心自己。但公众也应该认识到，公职人员并非超级英雄。选民有权要求官员实施可行和有用的政策，但是当他们无法创造奇迹时，也不应该给其贴上不称职或腐败的标签。

全球民粹主义的兴起

在全球范围内，右翼和左翼的民粹主义政党都在抬头。"民粹主义"

有多种形式,因而难以界定,但它们有一个共同点,那就是热衷于利用选民的无知和偏见。煽动对移民的普遍敌意、对自由贸易的不信任以及仇外心理,都是在利用国人的忧虑和恐惧。显然,高涨的民粹主义在不同国家有不同的诱因,但其对技术变革与就业、金融危机、经济增长放缓、债务不断攀升和不平等日益加剧的忧虑似乎是普遍因素。在纯粹的经济层面,民粹主义者对基本经济机制甚至对简单的公共核算的蔑视是令人震惊的。

经济学家们及一般学术界人士都应扪心自问,自己究竟有多大影响。以 2016 年 6 月 23 日英国的脱欧公投为例,我们无法衡量英国经济学家和国际上其他经济学家(以及诸如英国财政研究所、国际货币基金组织 [IMF]、经合组织 [OECD] 和英格兰银行等信誉良好的组织)发出的几乎一致的信息对选民的影响:离开欧盟,英国得不到什么经济好处,反而可能失去很多。[15] 可以肯定的是,脱欧公投的结果似乎由其他因素——特别是移民问题——所决定,而这些因素很容易被民粹主义者歪曲利用。英国选民们对经济专家就脱欧所做的辩论并不感兴趣,他们相信(或想要相信)经济专家们的争论深奥难懂,并普遍认为经济专家之间也很难达成一致意见。同样的情形出现在美国,经济学家们高度一致地反对特朗普在大选期间提出的经济政策。[16]

如何更好地理解经济学?

经济学恰如音乐、文学、体育等其他任何学科,我们越理解它,就会越喜欢它。那么,我们怎样才能让经济学更容易理解呢?

经济学家作为知识的传播者

首先,经济学家自己可以在分享经济学知识方面发挥更积极主动的作用。

研究人员如同其他人一样,会对自己面临的激励机制做出反应。对研究人员学术生涯的评判,普遍依据其发表的学术作品和培养的学生,很少基于公共宣传或社会影响。而且,安稳地待在象牙塔里对学者来说更为舒适,因为正如我们将在本书第三章中看到的那样,从学术争论切换到与公众沟通,并不像看上去那么简单。

最富有创造力的研究人员通常不会参与公开辩论,除非他们学有余力,否则很难将创造知识和教授学生的使命与向公众传播思想的行为结合起来。没人希望亚当·斯密去做预测、发表报告、在电视上讲话、写博客,或者撰写通俗经济学读物。社会提出的这些新需求中的每一项都是合理的,但这些要求有时会在知识的创造者与传播者之间形成一条鸿沟。

即使是那些严格履行其应有使命的经济学家也不能免于被批评,他们还需要付出更大的努力建立务实和直观的教育方法,这不仅依赖于他们久经考验的概念框架(为教学目的会稍作简化),还依赖于经验性的观察。教授过时的经济思想或早期经济学家之间不那么严谨的辩论——或者,相反地,提倡一种夸张的数学方法——都与中学生和大学生的需求相左。绝大多数学生不会成为专业的经济学家,他们中只有极少部分人会成为经济学研究人员。学生们需要一种务实的启蒙教育来进入经济学主题,因此对这个主题的讲授既要直观又要严谨。

每个人的责任

恰如对科学或地缘政治的见解一样，个人对经济学的理解会引导由政府制定的政策选项。传统观念认同约瑟夫·德·迈斯特（Joseph de Maistre）的经典名言："有什么样的人民，就有什么样的政府。"这句话也许是对的——即便如此，正像哲学家安德烈·孔特-斯蓬维尔（André Comte-Sponville）所观察的，建设性地帮助政府官员总比不停地批评他们好。[17]

我所知道的是，我们得到了应该得到的经济政策，但一旦公众普遍缺乏经济知识时，做出好的政策选择就需要很大的政治勇气。由于担心会影响到自己的政治前途，政客们对于是否采纳不受公众欢迎的政策犹豫不决，因此，如果公众能对经济机制有更好的理解，这将成为一种公共利益。我们都希望他人做出必要的智力投资，来鼓励政治决策者做出更理性的集体选择，但自己却往往不做这种努力。我们缺乏求知的好奇心，表现得像"搭便车者"一样，让别人努力去理解经济机制，自己却不想费神去做。[18]

作为少数能让令人费解的经济概念通俗易懂的经济学家之一，诺贝尔奖获得者保罗·克鲁格曼（Paul Krugman）在其著作《预期消退的年代：20世纪90年代美国经济政策》（*The Age of Diminished Expectations: U. S. Economic Policy in the 1990s*，麻省理工学院出版社，1997年）中描述了这样的情景：

> 经济学有三种写作方式：希腊字母式（Greek-letter）、涨跌式（up-and-down）和机场式（airport）。
>
> 希腊字母式写作，即严格的、理论的、数学式的写作，是教授们交流的方式。同任何学术领域一样，经济学中也有一定比例

的职业写手和骗子，他们使用复杂的语言来掩盖思想的平庸。经济学领域也有深刻的思想家，他们使用学科的专业术语来作为表达深刻见解的有效方式。然而，对于在经济学方面没有受过研究生教育的人来说，即使是最好的希腊字母式研究成果，他们也完全看不懂（《乡村之声》[Village Voice]的一个评论员不幸接触到我的一些希腊字母式著作，他发现"晦涩难懂的方程、表格和图形……是一种使中世纪的经院哲学看起来容易理解甚至令人愉悦的语言"）。

涨跌式经济学是在报纸的商业版面上或者是在电视上看到的经济学。涨跌式经济学充斥着最新的新闻和数字，也因此而得名。"根据最新统计数据，房屋开工率上涨，表明经济出人意料地强劲。债券价格下跌……"此等经济学因极其无聊而闻名，这差不多名副其实。这件事做得好是一门艺术，因为万事皆有禅道，即便是短期的经济预测。不幸的是，绝大多数人以为，涨跌式经济学就是经济学家要做的工作。

最后，机场式经济学使用的是经济学畅销书的语言。展示这类书的最重要的场所是机场书店，航班被延误的商务旅行者可能购买这类书。这类书大多预测灾难，比如将出现一场新的大萧条，我们的经济受到日本跨国公司的冲击，我们的货币将面临崩溃，等等；只有少数阐述了相反的看法，书中表现出无限的乐观情绪，比如，新技术或供给侧经济学将引导我们步入一个史无前例的经济增长时代。无论悲观还是乐观，机场式经济学通常很有趣，鲜少博识，从不严肃。

所有人都必须为我们对经济现象的有限理解、我们渴望相信我们愿意相信的东西、我们相对的知识懒惰和认知偏差等因素而担负起应有的责任。每个人都有能力理解经济学，但正如我已经解释的那样，导致推理错误的原因未必是智力或教育水平。

我们必须承认，看一部电影或津津有味地阅读一本精彩的悬疑小说，要比研读一本经济学著作更容易（这不是批评之言，顺便说一句，我自己对影响公共政策设计的气候科学、生物技术、医学和其他科学领域的著作读得很少）。当我们下决心研读经济学专著时，我们希望这样的书籍容易理解，能以保罗·克鲁格曼所称的"机场式经济学"的简单形式举例说明。在每个学术研究领域，超越表象都需要更多的努力、更少的确定性和更大的决心去探求真相。如果我们想得到我们需要的政策，这是必须付出的代价。

第二章　市场的道德界限

目的王国的一切事物，或者有价值，或者有尊严。一个有价值的东西可以被其他东西替代，这被称为它的等价物。与此相反，超越一切价值之上，没有等价物可替代的，才是尊严。

——伊曼努尔·康德（Immanuel Kant）[1]

假如你给孩子一美元来吸引他读书，正如某些学校所做的那样，那么你不仅会让孩子们产生一种读书可以赚钱的预期，还冒着永久剥夺孩子阅读乐趣的风险。市场并不是清白无辜的。

——迈克尔·桑德尔（Michael Sandel）[2]

关于自由企业和市场经济的优点，世界各国各地区人们的看法大相径庭。[3] 2005年，全球61%的人认为，市场经济是通向未来最好的经济制度。65%的德国人、71%的美国人和74%的中国人都秉持这种观点，但仅有43%的俄罗斯人、42%的阿根廷人和36%的法国人信任市场经济。这些信念影响着各国经济体制的选择。

当竞争充分时，市场会驱动企业降低价格，从而提升居民购买力，还通过创新和贸易，激励企业降低生产成本。此外，或许不那么明显的是，市场还保护普通民众免遭游说与偏袒行为的戕害，这在集权式资源配置体制下相当普遍（这些滥用行为促成了法国大革命的爆发，进而在1789年和1791年导致贵族特权的废除，还引发了20世纪末计划经济的崩溃）。出于这些原因，竞争性市场在经济生活中发挥着重要作用。

然而，正如本书将要指出的，为了获得市场的好处，通常需要远离自由放任经济学（laissez-faire economics）。事实上，经济学家付出的大部分努力就是为了识别市场的失灵之处，并找到矫正市场失灵的公共政策：竞争法、产业监管和审慎性监管，环境外部性征税，旨在减少交通拥堵的收费，货币政策和金融稳定政策，以及提供诸如教育、医疗保健、财富再分配等有益品（merit goods）[4]的机制安排，等等。尽管承认市场存在缺陷，但出于上述原因，绝大多数经济学家仍笃信市场机制，不过他们仅仅把市场当成一种工具，而非目的本身。

其他领域的专家学者（比如哲学家、心理学家、社会学家、法学家或政治学家）、公民社会的大部分人及绝大多数宗教信徒，都持有不同的市场观。他们承认市场经济的优点，但常常批评经济学家没有充分考量市场经济所带来的道德伦理问题，还指责经济学家不认可需要在商业领域与非商业领域之间划分清晰界限的观点。

哈佛大学哲学教授迈克尔·桑德尔的著作《金钱不能买什么？市场的道德界限》（*What Money Can't Buy: The Moral Limit of Markets*）在全球的热卖，就是这种认知差异的具体表现。[5] 桑德尔认为，许多商品和服务，例如收养儿童、代孕、性行为、毒品、兵役、选举权、污染和器官移植（这里仅列出部分），一定不能被市场庸俗化；不能买卖友谊、大学录取名额或诺贝尔奖；也不应该对基因和活体组织授予专利权。[6]

更一般地讲，社会大众对市场深感忧虑，"世界并非用来买卖"这一熟知的口号就反映了这种担忧。本章分析了人们对市场的保留看法、商业领域和宗教领域之间的差异、情感和愤怒在社会选择中的作用，以及市场对社会凝聚力和平等的潜在威胁，其目的是对我们的道德基础予以科学考察，而不是对非常复杂的问题提供解决方案。当然，我通常也没有这样的锦囊妙计。对这些问题的科学反思挑战了我们（包括我自己）的先入之见，但如果我们打算审视公共政策的制定方式，那么即使最终的分析证实了我们最初的看法，这种知识上的偏离似乎也是必不可少的。

首先，这种偏离是必要的，因为我们认为道德健全的东西会随着时间的推移而改变，即使是在经济问题上。过去人们认为人寿保险和储蓄利息是不道德的；最近，许多经济学家倡导的解决失业或气候变化问题的方案——暗示人们应对自己行为的后果负责的方案[7]——有时仍然被认为是不道德的，尽管公众舆论在过去30年里发生了一些变化。

其次，这种偏离是必要的，因为道德观是高度个体化的。当愤怒之火熊熊燃起时，人们往往会利用道德论据将自己的价值判断强加于人，限制他人的自由。因此，在很多社会中，一直到最近，多数人还认为同性之间或不同种族之间的性行为是不道德的。对这种道德优越感的最佳回应不一定是另一种道德主张——把我的道德与你的道德对立起来会导致对抗，这无助于解决问题。更好的回应方式是理性思考，从简单的问题着眼，比如，谁是受害者？你的信念基础是什么？除了你的愤怒之外，还有什么能够证明侵犯他人的自由具有合理性？请不要误解我，愤怒往往是反映社会功能失效或某些行为不当的有效标志。我的观点是我们不能仅仅停留于愤怒，而要弄明白出现这些想法的本源。

本章首先讨论为什么对市场进行监管或下达禁令可以是对信息问题的回应（因为商品的货币化可以通过改变其内涵而破坏其价值），或者是对外部性问题的回应（通过交易将成本施加给第三方），再或者是对内部性问题的回应（与自身利益冲突的个体行为）。在这三种情况下，对市场进行监管或下达禁令是对市场失灵的直接回应。此时，诉诸道德不会对分析或结论带来影响，更重要的是，它不能告诉我们应该监管或禁止哪些市场，或者如何设计与我们的道德观更为相符的解决方案。

接下来，本章将讨论我们所有人在道德上均持有保留看法的主题，包括器官买卖、代孕、卖淫，等等。这里的重点不是挑战既有监管和禁令，而是考察其依据。理性思考和反思这些主题，不仅有助于理解政策制定的逻辑，还可以完善它们。为了说明这一点，我将解释经济学家是如何在没有引起重大伦理争议的同时，通过鼓励器官捐赠而成功挽救生命的。

本章的最后两部分讨论对市场的其他保留看法——包括指控市场削弱社会关系和引发不平等——并强调经济学能够帮助缓解这些问题的方式。此处的一个主题线索是，公共政策必须以实现具体目标为导向，而不能作秀和炒作，以免有时与政策预期效应相悖，或浪费公共资金。

市场的道德界限还是市场失灵？

为了集中讨论真正的问题，让我们首先回应一些对市场的批评意见，这些批评直接反映了批评者对经济学家工作的无知——即使诸如信息经济学和外部性经济学等研究成果已经成为经济学的标准组成部分。[8] 这些批评还证明了批评者对过去20多年跨学科研究的无知，这些研究包括理论和实验研究（在田野、在实验室，或在神经经济学领域），涉及与市场道德相关的各类主题，包括道德伦理、社会规范、身份、信任，以及外部激励对内在动机的挤出效应等。一系列的例子都可以说明市场失灵与市场的道德界限之间存在混淆。

信息

关于友谊、大学录取名额或科学奖都可以购买的观念，违背了信息不对称的基本理论：如果这些"商品"可以用钱买到，那么它们将失去价值。我们将难以分辨友谊是否真诚，被大学录取是不是有才能的标志，或者科学奖是否实至名归。在这些情形中，大学文凭只是财富的象征，而不是能力的象征，自然也就无法给未来雇主留下深刻印象。从这一点来看，美国一些大学，尤其是常春藤联盟的大学，曾仅仅因为学生家长向大学捐款就录取学生，这一点尤其令人震惊。[9] 显然，多数捐赠者并非出于这方面的考虑，这种现象也没有泛滥到足以引发人们对学生平均素质的普遍质疑，但这正是问题的关键所在：一些非常富有的家长准备花巨资"购买"一所大学的入学名额，在那里，他们的孩子将与大多数优秀学生在一起，然后从一所备受尊敬的教育机构获得文凭并因此受益。

外部性与内部性

在其他领域，如婴儿买卖市场，"卖家"（生身父母或收养机构）与"买家"（养父母）交易婴儿以获得收入，但这种交易却忽略了第三方：孩子自己。又如市场交易带来外部性的另外一个例子：助长非洲国家内战的"血钻"（blood diamonds）。显然，授权武装派系贩运钻石会对平民造成严重伤害。对于环境污染，已有经验表明，经济学家提出的建议,也就是征收碳排放税或授予排放许可,已经显著减少了环境政策的生态成本,对环境改善发挥了积极作用。但一些人认为企业购买排放权是不道德的,不过,这种观点很难站得住脚。现如今,与所带来的风险相比,排放碳的公司只需支付一笔微不足道的费用——这真的比碳税或碳排放许可更合乎道德吗?归根结底,我们必须减少污染。由于我们不能完全消除污染,所以必须确保那些能够最经济有效地减少污染排放的企业做到这点,这正是碳排放定价的政策含义。

毒品引发了自制力问题(还有暴力问题,以及与重度吸毒相伴的公共健康问题)。缺乏自制力导致吸毒成瘾,主要受害者是瘾君子自己。这并非道德问题,而是要保护公民免受他人的影响(外部性),甚至保护瘾君子自身(内部性)。

当然,外部性和内部性可以同时考虑,就像体育中的兴奋剂一样。对兴奋剂的管制既有其内部性原因(运动员为了获得认可、荣誉或金钱而牺牲他们的长期健康),也有其外部性原因(服用兴奋剂的运动员获得了竞争优势,但损害了该项运动的声誉,还对其他运动员带来了负面影响)。

又如,一个可以按照市场价格对投票权进行交易的国家,不大可能采取我们所说的"无知之幕"之下的政策。[10] 最富有的人可以购买投票权进而通过对其有利的法律。按照这样的逻辑,应该限制个人政治捐款及利用公共资金支持竞选活动。直接购买选票比为选举活动捐款更为有害,后者通过加强特定候选人被选民看到的能力而间接"购买"选票,因此,一个公开的选票市场是不可取的。

正如上述例子所展现的,市场失灵的范围相当广泛,经济学家一直在强调这些市场失灵问题。

激励的反向效益

经济学强调个人目标要与集体目标保持一致。个人与社会保持一致很重要，特别是通过采取激励性措施来抑制污染等有害行为或者鼓励良行。在某种程度上，其他社会科学领域对这一原则持质疑态度。他们认为，外部动机或激励措施会对内在动机产生挤出效应，最终使激励措施产生适得其反的效果。本章开头引文中，迈克尔·桑德尔批评了市场机制，但更一般地讲，他实际上批评的是激励机制，因为儿童阅读奖励同样可以由政府提供，或者由援助组织来操作，市场无非是产生特定激励机制的一种方式而已。

迈克尔·桑德尔在论证时引述了心理学家对先前提出的经济学假设——提高商品价格会增加供给——的批评。尽管该假设已经为经济生活中诸多领域的事实所证实，但其并非总是正确的。社会科学家面临的挑战是准确识别外部激励排挤内在动机的情形。对儿童阅读书籍或者通过考试给予物质奖励，虽然可以激励儿童认真读书或复习功课，但是短期收益也可能被未来发生的事情抵消。例如，当不再给予物质奖励时，儿童的学习欲望就会下降，在这种情形下，外部激励措施可能适得其反。

又如，付钱给献血者并不一定提高献血量。虽然有些人对激励的反应比较积极，但也会有人为此失去动力。正如我们在第五章将要看到的，我们都希望有一个良好的形象，一个可以向自己或他人彰显魅力的形象，这样的美好愿望却可能带来与激励相矛盾的效果。倘若这种行为是公开的（尤其是在我们想打动的人面前表现）和令人难忘的，出现这种反向激励效果的可能性就会更大。我们会担心，对献血等某些公益行为给予物质奖励，可能让这类行为被视作贪婪而非慷慨之举，结果可能削弱我们打算向他人或自己传递高尚品行的信号。与基本的经济学原理相反的是，物质奖励反而会抑制我们希望鼓励的行为，这一结论已得到许多实证研究的支持。

非商业和宗教领域

以上例子都遵循标准的经济学原理，但是，对于与特定市场或激励机制相关的道德伦理问题，如器官捐赠、代孕、干细胞研究、卖淫或有偿免服兵役等，我们都持有保留看法，其原因何在？

生命无价

在本章开头的引言中，康德在价值和尊严之间划定了清晰的界限。在某些情形下，我们对市场的消极看法，可能与拒绝将金钱与其他目标相关联的态度有关，经济上的考虑常常与我们对人类生命神圣性的信念相悖。我们都知道生命无价。生与死的禁忌——对社会学家埃米尔·涂尔干（Émile Durkheim）来说是如此重要又"不可通约"的事物——会带来社会后果。因此，对医疗保健和个人生活方式（将预算在医院、医学研究或我们在安全方面的选择之间分配）中涉及的经济权衡问题进行明确说明，会引起激烈的争论。然而，拒绝对比各种未经审查的医疗方案的治疗效果和挽救人数，可能导致更多的死亡。花一大笔钱救一个人而不是救更多的人，难道不荒谬吗？[11]但是，这种想法的金钱本质和表面上的愤世嫉俗还是让人们感到震惊，人们自然拒绝接受。

长期以来，哲学家对我们不愿直面这些功利主义的态度进行了反思。[12]这类哲学悖论中，最著名的是"电车难题"（trolley problem）：如果可以救电车前方的五个人，我们应该将某人推至电车下以使电车脱轨吗？或者换种情景，是否应该杀死一个健康的人，以拯救五个急需器官移植的人？又或者，如果不可能同时救起所有落水者，我们是选择救自己的孩子，还是另外五个人？这些假想的选择难题让许多人感觉不适，他们会争辩说，不会牺牲一条人命去救另外五个人。然而，在"无知之幕"下，在上述的选择中，相比成为受害者，我们有五倍的概率成为受益者。

这些是纯粹假想的问题吗？完全不是，现实世界存在很多这样的例子。当人质被劫持时，政府处于两难困境：是支付赎金避免牺牲人质，还是让其公民在未来面临屡遭绑架的威胁？与之前讨论过的受害者问题相同，我们再次遇到类似的问题。现在遭挟持的人质可以因为支付赎金而获救，但未来被挟持的人质——现在支付赎金的未来受害者——却不一定有这样的幸运。这样做充满了不确定性，这就是政府必须采取普遍一贯的做法，而非逐案决策的原因。

我们再来考虑另一个可能在不久的将来成为问题的例子。几年后，无人驾驶汽车将出现在我们的道路上。这当然是一件好事，因为交通事故可减少90%，我们的道路将变得更为安全。然而，在道德上，我们的社会将不得不做出某些棘手的抉择。[13] 假定我在独自驾车时发现自己陷入无法避免的交通事故中，此时我只有两种选择：或者驾车冲向沟壑牺牲自己，或者直接撞死路边的五个行人。今天，司机在几秒钟内做出选择；明天，事先编程安装到车上的算法会冷静地应对这种情景；未来，算法将做出各种决策。在选择牺牲司机与选择撞死五个行人的这两种车之间，我们偏爱哪一种车呢？直觉上，我们认为前一种车更"道德"，但我们自己会选择哪种车呢？在"无知之幕"下，我身为行人的概率比身为司机的概率要大五倍，因此，我挑选那种受害人最少的车。但在现实生活中，真正选择车型时可能并非如此，我们得确定自己是否准备好对这类伦理问题做出明确选择。然而，在实验中，面对这样的问题，许多人拒绝做出这类听天由命的选择。我们抽象的道德立场（这

第二章 市场的道德界限

种立场与我们在电车难题中的态度并不相同）与我们作为司机时的个人利益之间存在冲突。

总体上讲，事关生与死的选择会让我们感到很不自在。考虑一个与刚才相比不那么极端的例子：耶鲁大学朱迪思·希瓦利埃（Judith Chevalier）教授和菲奥娜·斯科特·默顿（Fiona Scott Morton）教授[14]发现，我们可能先入为主地认为美国殡葬市场是竞争性的，但事实上，亲朋好友去世时，大家都不愿意谈论钱的问题，这使得殡葬机构几乎获得了垄断利润。我们应该审视产生这些忌讳的根源，问问它们是否具有社会合理性，并评估其对公共政策的影响。无论是医院做出的关乎病人生命的医疗设备的购买决策，还是我们做出的事关孩子生命安全的车辆选择或者度假选择，事实上都隐含地对生命赋予了价值，但是，我们不想承认我们做出了这些选择，我们觉得难以忍受。产生这些忌讳，是因为对失去尊严的害怕（一旦做出这些选择），[15]还是源于对社会道德滑坡的担忧？

器官市场

我们可以通过研究一场引起双方强烈反应的辩论来探讨这个问题：有偿器官移植。以提倡从经济学视角研究社会行为（例如吸毒或家庭行为）而闻名于世的芝加哥大学教授加里·贝克尔（Gary Becker）注意到，禁止肾脏交易（基本上局限于捐给家人或好友）限制了匹配供体的数量，为此，仅在美国每年就造成了成千上万人的死亡。贝克尔指出，这个问题很复杂，考虑到成千上万因供体短缺而死去的人，那些反对器官交易的人不应该有道德优越感。

尽管贝克尔的观点很有说服力，但我们大多数人还是不赞成器官交易。鉴于这个问题的重要性，难道我们不应该问一下为什么不赞成

43

吗？第一个没有什么争议的理由是，人们担心捐献者可能并未充分知晓其捐献行为的后果。失去一个肾脏可能对捐献者身体造成长期影响，而这种影响并非微不足道。但器官移植过程要受到严格监督，捐献者也要充分了解其行为后果。这其实并无意外，捐献器官给亲友时，捐献者已被强制签署知情协议。

第二个理由是，如果捐献器官可以赚钱，有些人可能受短期经济利益的诱惑（在贫困中，无论是为自己还是帮助家人）而捐献器官，事后他们可能会后悔这一选择。在这里，我们考虑的是内部性和与其相随的个体自我保护问题。

第三个理由是，某些人愿意用几百美元摘除一个肾脏这一事实本身，揭示了我们倾向于忽视的不平等问题。[16] 穷人，特别是赤贫者，卖掉肾脏的意愿最强，令人反感的器官移植旅游现象则是同一争议的变体。[17] 很显然，试图通过禁止器官交易而逃避现实，并不是解决贫困问题的办法。这一点又强化了上述第二个理由，即贫困造成了对资源的迫切需求，并驱使个人做出伤害自己的选择。非法贩卖人体器官现象是客观存在的，关键是如何控制这种现象，并解决引发这一现象的背后问题，也就是那些等待捐献器官者的绝望情绪。因此，我们应简化捐献流程，鼓励人们在死亡时捐献器官，并提出创新方案（如肾脏交换），我将在下面讨论这些问题。

第四个，也即最后一个理由是，捐献者可能并不真正同意捐献，却被一些类似黑手党之类的组织强迫卖掉肾脏。当然，现实中的确存在这类现象，且并不仅限于器官买卖，与黑手党类似的组织还勒索个人，或通过定期敲诈某些人而将其变成隐性奴隶。我们想强调的是，人体器官市场的存在，增加了敲诈勒索的机会。

有些时候，另外一些通常比较隐性的因素是我们持反对态度的根源。例如，想象一下混合武术（在法国被禁止）或拳击等暴力运动的场面。也许，我们的幸福感依赖于我们不再生活在一个暴力社会中，因此，仅仅看到观众从这种暴力中获得快感也会使我们难过。这不仅仅是保护搏斗者们（相比经济利益，搏斗者应优先考虑其行为对健康的长期影响，或其面对的直接身体伤害，而不是赚多少钱）的问题，而且是让自己免受此类集体暴力娱乐活动的侵扰。正是出于这样的原因，法国在1939年到1981年间禁止公开处决死刑犯，并于1981年废除了死刑。[18]

抛掷侏儒是又一件令人震惊的事情。许多人第一次了解这种行为，是通过《指环王》（Lord of the Rings）和《华尔街之狼》（The Wolf of Wall Street）等电影。某些国家存在一种奇怪的习俗，就是付钱给侏儒，让他们自愿参加一种比赛，让他人尽可能远地将其扔到垫子上（比赛时，这些侏儒戴着头盔，还做了其他安全防护）。直到1995年，法国国家行政法院（Conseil d'Etat，负责履行最高法院的部分职责）不得不发布相关禁令。在此之前的1991年，埃松省（Essonne）奥尔日河畔莫尔桑（Morsang-sur-Orge）社区禁止夜总会举行侏儒抛掷比赛，但侏儒们却就此提起法律诉讼维护其就业权益。凡尔赛行政法院的裁决支持侏儒们的诉求，但国家行政法院却认为，尊重人类的尊严是公共秩序不可分割的部分，继而驳回了原告的起诉。北美也禁止所谓的抛掷侏儒游戏（如1989年佛罗里达州裁定这类游戏非法），然而，偶尔还是会出现相互对立的争辩：绝大部分人认为这类游戏有辱人格，但少数侏儒却认为禁令限制了他们的就业自由。无论如何，我们绝大多数人都对这种游戏场景不感兴趣，但当支持者辩称这些交易属于双方自愿时，我们为什么会对这样的言论感到厌恶呢？侏儒协会给出的一个答案是，存在对其他侏儒及整个侏儒群体形象的外部性问题，这将导致整个侏儒群体尊严的集体丧失，而不仅仅是损害游戏参与者自身的尊严。[19]

某种程度上讲，卖淫涉及之前谈到的所有问题：内部性、不想面对不平等的愿望（有时在这些问题上采取的政策只是掩盖或转移问题）、外部性（例如对女性集体形象的损害），以及皮条客们的暴力行为和违背意愿的剥削手段。

我们继续回到器官移植问题上。为解决器官短缺问题，埃尔文·罗斯（Alvin Roth，2012年诺贝尔经济学奖获得者）[20]和他的合作者们设计了一种新的器官移植匹配方法，该方法可以在不涉及货币支付的情况下提高移植器官的数量。随后，这一方法付诸实践。正常情况下，器官捐赠仅限于亲友之间，然而，捐赠者和接受者可能无法实现有效匹配（特别是由于他们的血型不同），这极大地降低了移植器官匹配的可能性。我们以罗斯提出的方法的最简版本为例，来说明新的器官移植匹配方法：假设A想捐赠一个肾脏给B，C则想捐赠一个肾脏给D。但不幸的是，A和B的器官不匹配，C和D也不匹配。相比放弃移植，如果A和D匹配，B和C匹配，则可以成功完成两对器官移植手术。通过一个集中的交换机制，四个人可以进行配对，四项手术可以同时进行，其中，A将他的肾脏移植给D，C则移植给B。在美国，当肾脏来自已故之人时，参与其中进行交换匹配的人会更多。[21]在法国，2011年生命伦理法通过后，政府允许在实验基础上开展器官配对交换。

交换不一定非要牵涉到金钱。一般来讲，经济学研究的是供给和需求的匹配，因此，经济学家可以通过构建更好的配置方法，比如肾脏的配对交换机制，或更一般地，可以通过"市场设计"研究，促进共同利益。

愤怒，道德判断的拙劣导向

除了上述道德困境的例子，禁忌还会随着时空的变化而改变。正如我在本章开篇所提到的，社会大众对人寿保险和贷款利息的态度转变就说明了这一点,要知道人们过去普遍认为这两种行为是不道德的。在经济学领域,20 年前人们普遍对污染排放权转让不满,只有当人们认识到它们推动了环境事业时,污染排放权转让才成为常态。我们可能担心市场经济扩展到所谓的非商业领域,但经济政策很难与任意划分的商业和非商业领域有一个完美的对应,或者回到康德的观点,哪些与市场有关,哪些与高尚的事业有关,人们无法根据道德姿态明确地划分经济政策。

例如,当我们遭受不公正对待,或面对不尊重生命的行为时,我们会感到愤怒。感情上的愤怒,往往是个人行为或公共政策出现问题的外在表现。尽管如此,愤怒也可能是一个糟糕的导向。它可能导致我们强调个人偏好而危害他人自由,有时还让我们缺乏深刻的反省。

纽约大学心理学教授乔纳森·海特(Jonathan Haidt)曾注意到,公共道德不仅适用于外部性,也适用于我们谴责的那些没有明确受害者的行为。[22] 回想一下,在不到 50 年前,许多人看不惯同性恋之间或不同种族之间的性行为(例如在不久前的美国),或者看不惯未婚女性(而不是未婚男性)的性行为。谁是这类让人反感的行为的受害者呢?如果不能明确识别出外部性,某些人的好恶就会践踏其他人的自由。

因此,厌恶感是不可靠的道德灵感的源头,它能为我们指引前进的道路,或者表明某些事情在社会或我们自己的行为中是不对的,但仅此而已。在制定公共政策时,对于这些强烈的道德情感,我们有必要质疑它们并进行反省。我们必须更好地理解道德的基础,并理解对某些领域的商业化有些担忧的原因,这是学术界应做的事情。

市场是社会凝聚力的威胁吗?

另一种反对市场经济的观点,是由人们对社会凝聚力丧失的莫名不安引发的。当然,许多其他方面的因素也会造成这种惶恐不安,例如,城镇化或在线交流对直接交流方式的替代(即便社交网络、Skype 和电子邮件让我们可以与远方亲朋保持更加频繁的联系),但与市场密切相关的现象,如全球化或日益增加的人口流动性等,无疑会弱化社会凝聚力。23 如今,我们与中国而非邻近城镇开展贸易,我们经常远离亲友和家乡生活。"买法国货"或"买美国货"此类在政治上很受欢迎的口号,无非是为了契合我们的不安全感,而不是像我们所期望的那样,是基于对法国或美国工人相对于中国或印度工人的优势或需求而做出的理性判断。

市场让人际关系匿名化,但在某种程度上,这也可以说是市场的目的,即让人们免受他人的经济权力的侵害。换言之,市场限制了任何个人或企业单方面制定交易条件的权力,比如阻止实力强大的公司将高价低质产品强卖给无力选择的消费者。正如那些哀叹社会凝聚力弱化的人常常提到的那样,与礼物经济正好相反,市场可以使一种临时的、匿名的交易成为可能。然而,即使在现代经济中,信誉与重复关系在某些交易中仍发挥着至关重要的作用,这些交易的某些方面难以在合同中得以明确,因而高度依赖相互间的信誉保证。因此,互联网巨头,如优步(Uber)、易贝或缤客(Booking.com)等,都创建了记录和分享用户体验的系统,也就不足为奇了。

然而,市场对社会纽带的削弱也有其好处。礼物经济会导致相互依赖。社会学家皮埃尔·布尔迪厄(Pierre Bourdieu)认为,在礼物经济中,相比接受者而言,施予者具有一种优越感,"如果不仔细盘算,暴力会被慷慨的表象所掩盖"。24 更一般地来讲,虽然社会纽带有很多好处,却可能让我们感到窒息和掣肘(想想因为不想得罪当地的面包师,一个人终其一生都得吃差劲的面包的场景吧)。相比之下,市场允许我们拓展交易的空间,但前提是我们要建立互信。14 世纪佛罗伦萨繁荣的商业，就是建立在商人们史无前例的相互信任的基础之上。18世纪的作家，如伏尔泰（Voltaire）和休谟（Hume），强调了在贸易经济中以文明方式行事的必要性。[25] 按照孟德斯鸠（Montesquieu）"温和的贸易"（doux commerce）的观点，市场教导我们与外国人交往并了解他们。后马克思主义者、马丁·路德·金协会前成员、将经济学向其他人文社会科学领域拓展的先驱者、美国经济学家萨姆·鲍尔斯（Sam Bowles）也持类似的立场，他曾在报纸专栏上发表了一篇引起广泛共鸣的文章，题为"市场经济的文明化效应"。[26]

那些担忧市场影响社会凝聚力的人，经常将三个截然不同的问题混为一谈。

第一个担忧：**市场强化了参与者自私自利的行为，这降低了他们与他人建立有效联系的能力。**但是，毕竟亚当·斯密说过：

> 我们所需的晚餐不是出于屠夫、酿酒商或面包师的恩惠，而是出于他们自利的打算。我们要说的不是他们伟大的人性，而是他们的自爱。

自利看起来是市场经济的核心。达龙·阿西莫格鲁（Daron Acemoglu，我们这个时代最杰出的经济学家之一）[27] 也响应了亚当·斯密的观点，他指出重要的不是造成结果的动机，而是结果本身：

> 经济学这门学科深刻而重要的贡献在于，在抽象层面上，指出了欲望既不好也不坏。在健全的法律和监管下，通过激励利益最大化、竞争和创新行为，欲望成了创新和经济增长的引擎。然而，如果没有适当的制度和监管约束，欲望将退化为寻租、腐败和犯罪。

第二个担忧：**市场鼓励公民远离传统的组织，比如他们的家乡和大家庭，削弱了他们的社会关系。**

第三个担忧：**正如我们已经看到的，市场让人们看到在其他场合无法想象的交易，例如出售器官和性服务，它们将人们的私人生活变成日常的商业交易。**

我的同事、图卢兹高等研究院主任保罗·西布莱特教授在他的《陌生人群：一部经济生活的自然史》（*The Company of Strangers: A Natural History of Economic Life*）一书中，对市场经济的这三个担忧进行了分析。[28] 他指出，市场不仅仅依赖参与者的利己主义，还要求他们具有建立信任的重要能力，没有什么比纯粹的自私自利更能腐蚀信任的了。西布莱特还展示了史前以来，在社会方面，人类的本性是如何让我们拓展经济和社会交流领域的。当然，这并不是将我们变成纯粹的利他主义者，市场本身既涉及竞争又关乎合作，两者之间总是保持着微妙的平衡。

同样正确的是，通过让我们自由选择贸易伙伴，市场更容易打破某些传统的关系。不过，从继承关系转向选择关系，并不只是破坏了社会凝聚力。长期来看，市场经济下的社会关系可能更不持久，但其持久性和继承性本身并非优点，谁会对那些曾长期存在但现已消失的社会关系——如奴隶与奴隶主、妻子与拥有她全部权利的丈夫、工人与独家垄断雇主，或之前提到的稍微弱点儿的例子：村民与技能不高的面包师——而真正感到遗憾呢？[29]

对以前属于宗教领域的某些交易的商业化，西布莱特强调了该领域的概念如何随时间和文化而变迁。他说，拒绝明确的商业化可与接受隐性的商业化共存：那些震惊于卖淫或有付钱请人陪伴配偶想法的人，即使他们已不再喜欢自己的配偶，但出于保障财务安全的考虑或独处的恐惧，还是选择与对方生活在一起。在这样的领域，并无一目了然的结论。这样的观察既不支持使市场合法化的论据,也不支持某种特定形式的监管(不同国家的监管差异很大)。

回到之前对不平等的观察,我想指出的是,市场有时是我们自身伪善的替罪羊。市场化不会增强也不会削弱我们的社会关系,它是我们灵魂的一面镜子,映照出我们的社会现实、我们的各种欲望,以及我们想要藏匿的自己及他人的偏好。我们可以废除市场,进而打破这面镜子,但这样做不过是中止了对我们个人和集体价值的判断而已。

不平等

如果不就不平等问题做扼要讨论,针对市场和道德之间关系的分析就是不完整的。市场经济没有任何理由必然产生一种契合社会愿望的收入和财富结构,这就是所有国家都建立了税收再分配制度的原因。

过去 30 年里,市场经常被视作加剧收入不平等[30]的祸根。我们也许会由此推测,某些国家对市场的不信任就是对收入不平等加剧的直接反映,然而事实似乎并非如此。例如,在 2007 年,法国薪酬最高的 1% 人群的收入在法国总收入中的占比,仅相当于美国薪酬最高的 1% 人群收入占比的一半。同样,法国税后收入不平等的程度也显著低于美国。[31] 然而,相信市场价值的美国人却是法国人的两倍。更何况,没有理由认为,人们对市场的态度取决于收入不平等的程度。正如斯堪的纳维亚国家显示的那样,一个完全坚持市场经济的国家,仍然可以通过税收政策减少收入不平等。

现代经济科学已经对衡量和理解不平等做了大量研究。我们完全可以用一整本书来论述这个问题。不过,在不平等问题上,我将仅就经济学能做什么和不能做什么进行一些简单评论。

不平等的经济分析

让我们以经济学家最常用的方式来分析不平等问题：不平等的测度、不平等的解释，以及提出有效的政策建议（特别是不浪费财政资金的政策建议），以实现既定的收入再分配目标。

不平等的测度

在过去20年里，经济学家开展的大量统计研究工作让我们对不平等问题有了更准确的认识。尤其是对最富有的1%人群的财富增长情况，经济学家们做了详尽分析，其中，托马斯·皮凯蒂（Thomas Piketty）和他的合作者对财富不平等的研究尤为突出。[32] 最富有的1%人群的收入占总收入份额的增长，也受到了大量关注。例如，1993年至2012年，美国平均收入增长17.9%，其中最富有的1%人群的收入飙升86.1%，而其他99%人群的收入仅增长6.6%。1982年至2012年，最富有的1%人群的收入在总收入中的份额也由10%上升到22.5%。[33] 经济学家不仅研究最顶端和最底部的不平等现象，还研究收入阶梯（income ladder）的整体不平等问题。[34]

此外，经济学家还致力于研究收入的两极分化现象。两极分化始于40多年前的美国，目前已遍及绝大部分国家。收入分化现象，包括高技能工人的收入显著增长，低技能工人的收入处于停滞，同时，技能处于中间水平的工人数量在下降。[35] 最后，经济学家还发现，国家之间的不平等程度在下降，全球贫困人口也在减少（其主要原因是中国和印度经济市场化程度不断提升产生的活力，尽管它们的贫困率依然很高）。

所有这些不平等测度的研究都是不可或缺的，因为它们提供了当前不平等的概况，凸显出不平等问题的严重性。

不平等的解释

不平等状况加剧的原因有很多,取决于我们所讨论的不平等的类别、收入或财富,以及被比较的群体(例如,1%与其他群体相比)。

高收入者的收入增长有几种解释。[36] 第一种解释是,在信息技术、生物技术和医药、银行和其他产业中,技术变革有利于高技能工人。[37] 第二种解释是,近年来一批经济学家[38]的研究表明,经济活动已再度向具有高产品溢价的"超级明星企业"集中,较高的产品溢价对资本有利,且机械地减少了劳动力收入的份额。[39] 数字经济"赢者通吃"的特征,让亚马逊、苹果、脸书、谷歌、微软及其他成功企业的创始人、投资者和雇员变得富有。更为普遍的是,企业溢价能力,即市场势力(以产业集中度来衡量),在许多私营部门都有所增强。经济学家还发现,集中度上升更快的行业中,劳动收入所占的份额降幅更大。

全球化让成功的企业可以迅速向全世界输出其商业模式。[40] 与之相反,在不受保护(面临国际竞争)的部门,全球化也让低工资国家与发达国家的雇员同台竞技,这为前者提供了摆脱贫困的机会,也给后者的工资施加了压力。这正是20世纪90年代上演的故事,那时,发展中国家和新兴经济体放弃进口替代政策,开始向市场经济转型,再加上集装箱运输成本大幅下降,全球数亿人口由此脱贫。[41] 但很少有人意识到,贸易自由化在让效率高(可以出口)的企业受益的同时,也让效率低(面临进口产品竞争)的企业受到打击,由此加剧了特定国家技能同样熟练的个体之间的不平等。[42]

全球化还加剧了人才争夺战。企业家可以选择创业地点,而且最优秀的研究人才、医生、艺术家和管理人才正越来越多地迁往能为他们提供最诱人条件的地方。我们对此感到遗憾,但在全球化的世界里,这是一个事实。人才竞争确实能释放才华,但也可能有些过了头。正如普林斯顿大学的罗兰·贝纳布和我最近在一篇关于奖金文化(the culture of bonuses）的合作文章⁴³ 中提到的，企业提供超高的弹性薪酬用以吸引或留住最有才华的雇员，并且其薪酬往往由其短期绩效决定，这会促使受益人特别是其中最不审慎的人忽视长期经营目标，甚至出现不道德的行为。

当企业家、研究者、公司或资产流向另一个国家时，母国将为此遭受损失，例如，由迁移到其他国家的个人或企业创造的工作岗位、税收损失，以及技能和知识传播方面的损失，等等。该如何评估这一现象？问题的核心是缺乏可靠的数据，由此导致实证研究质量低下，先入为主的观点占据了各个方面。⁴⁴

研究者们试图以事实为依据推动这场辩论，但面临着多重困难。"延迟反应"（delayed reactions，指人们未能对不利于他们的政策做出及时反应，政策影响随着时间的推移才会逐渐显现出来）让计量经济分析变得异常复杂。"非平稳"（nonstationary）特征（指时间趋势，例如年轻一代有着更加国际化的思维，因此他们比长辈更有可能移民去另一个国家）同样加剧了计量经济分析的复杂性。此外，我们不仅对离开的人数感兴趣，也想知道究竟是何人离开。企业家、研究者和自由职业者中，最有才能的恰恰也是最有可能移民的。例如，在研究领域，移居美国的欧洲研究人才相对较少，但最具创造力的人才移居美国给欧洲带来了巨大损失。⁴⁵ 同理，失去史蒂夫·乔布斯（Steve Jobs）或比尔·盖茨（Bill Gates）式的人才，在创造就业、税收和创新环境方面，会付出异乎寻常的代价。⁴⁶

全球化和技术都有利于最有技能的人，但这并不是1%的富人财富增长的唯一原因。⁴⁷ 一些人将矛头指向了金融业的收益，特别是在美国和英国。

经济学家达成的一个共识是，无论对再分配政策持什么态度，并非所有不平等都是相同的。为社会创造价值而获得的财富，与攫取经济租金而获得的财富,难以相提并论。比如,在很多国家,房地产价格飞涨是加剧财富差距的一个重要因素,[48] 但相比癌症新疗法发明者,房产所有者并没有为社会创造价值。同样,经济学家菲利普·阿吉翁在法兰西学院就职演讲时提到,墨西哥亿万富翁卡洛斯·斯利姆(Carlos Slim)通过保护其企业免受竞争而获得巨额财富,如今他已成为全世界最富有的人之一,但对比史蒂夫·乔布斯和比尔·盖茨等通过创新来成就自己基业的人,他当然相形见绌。阿吉翁的结论是,我们必须重新设计财政制度,以便能明确区分价值的创造与经济租金的攫取,尽管在实践中这种区分并不总是容易做到。[49]

解决措施及其评价

经济学家可以解释如何有效实现财富再分配,或者特定的再分配政策是否实现了既定目标。几乎所有的经济学家都赞成简化财政体制。在许多国家(包括法国),财政体制的复杂性、税务政策和税收漏洞的叠加,让税收体系完全不可理解,然而每届政府都延迟税制改革。有时,改革者会对税收制度进行局部(而且往往是短暂的)改革。虽然孤立地看,每次改革皆出于良好意愿,且不费吹灰之力就获得了立法批准,但改革者从未考虑改革方案的连贯性,导致同样的问题一再出现:尽管孤立地看,对最贫困的人每次给予很少的一点好处都很合理,但连续如此会产生"门槛效应"(threshold effects),形成对社会非常有害的"贫困陷阱"(poverty trap)。[50]

与其他领域一样,对收入再分配方案的评估亟待改进。[51] 无论是出于无知,还是一种条件反射,公众舆论似乎都更关注某项再分配政策的不同"标记",而非该政策实现基本目标的实际能力。许多所谓的平等政策,要么不利于目标受益人,要么只能给他们带来很少的益处,却让纳税人付出高昂的代价。长期来看,这些政策会威胁到我们希望维持的社会福利制度。论述失业的第九章详细分析了那些旨在让工薪阶层受益的政策，比如，将解雇员工诉诸司法以保护就业岗位，或者通过增加最低工资，而非通过税收制度，实现更大程度的再分配。这样的政策经常适得其反，让目标受益人受损，或者至少使弱势群体受到伤害。

下面列举一些其他领域的例子。

住房方面，试图保护拖欠租金的租房者的政策，似乎是慷慨和人道的，但是，拖欠租金会使房东更谨慎地选择租房者，因而将那些签订固定期限雇佣合同的人和年轻人（除非他们的父母能提供担保）排除在私人租房市场之外。同样，尽管在租赁期间保护租房者免受租金上涨的影响完全合理，但控制租房合同续约时上调租金的政策，一定会催生一个房屋供应短缺且质量低下的租房市场，最终受影响的还是那些挣扎在社会底层的人。我们再一次看到，看似进步的住房政策，其效果恰恰事与愿违，它损害了那些最需要得到帮助的群体的利益。

在很多国家，住房补贴或补助是重要的再分配工具，但这些补贴却导致租金上涨：大城市限制高楼数量的管制政策（大城市恰恰是最需要高楼的地方），使租赁房屋的供给不能随需求上涨而增加。这对房东来说倒是利好消息，他们的收入会因为补贴而增加，但很显然，他们并非政策想要帮扶的对象。作为一种强有力的、旨在实现再分配的工具，住房补贴政策对目标群体的帮助相对有限，并且需要动用较多的公共资金，而这些钱本可以更好地用于其他事业。

另一个自相矛盾的实例是法国的教育体系。尽管法国的教育体系宣称其拥有平等主义的目标（比如，通过统一的课程），但它却造成了严重的不平等，损害了最弱势群体的利益，而让那些消息灵通或父母住在富人区的学生受益。英国和美国的公立学校同样反映出其所在社区的贫富状况。在法国的教育体系中，平等主义的另一个自相矛盾之处是禁止大学选择性录取。这一政策导致许多学生在第一或第二学年结束时选择退学。不幸的是，那些准备不充分的学生浪费了一年、二年甚至三年的时间，不仅没有拿到文凭，还被搞得灰心丧气，甚至备受羞辱。这种混乱对精英阶层的影响很小，他们的孩子很少受到这种现象的影响。总的来说，法国的教育体系是一场巨大的内幕交易犯罪。

我们从上述和其他许多例子得到的教训是，要确定公共政策能否实现再分配目标，仅仅知道目标群体的社会经济状况远远不够，还必须周密考虑公共政策潜在的全部后果。

最后，在宏观经济层面，控制公共财政的要求常常被视为再分配政策的障碍。然而，通过质疑对公共支出进行严密监控的必要性，对审慎财政政策的公开批评威胁到了社会福利制度的可持续性。由于财政危机，医疗和教育支出大幅减少，退休养老金也在下降，这意味着国家与公民之间的契约关系事实上已经破裂，并且对最需要帮助的人影响最甚。

经济学的局限性

世界是公平的？

我们在了解了不平等的程度并分析了再分配政策的效果后，就可以对我们想要的社会类型做出选择了。在这个方面，经济学家除了做一个普通公民之外，几乎没有什么可说的。

在协调一致的财政体制下，我们必须在更多的再分配与更低的购买力或低增长之间做出取舍（否则，财政体制就没构建好，还需要进一步完善）。然而，当需要妥协和权衡时，做出正确的选择并非易事：一方面，这种选择取决于对再分配的态度，这是一种个人价值判断；另一方面，我们缺乏在收入再分配和经济增长之间做出取舍所需要的全部信息。

这使我暂时又回到导致不平等的原因与再分配的目标的联系上来。直观地说，最好弄清某人的收入是否来自有影响力的社会关系或运气——如果是的话，说明该受益人没有做出任何应该获此收益的贡献，那么再分配就应该是完全彻底的（100%的税率）。大多数人都认同这一观点，甚至很多反对再分配政策的最保守的美国共和党人也认为，残疾人不应为他们的不利处境负责，社会应该帮助他们。但如果情况恰好相反，收入源自个人的努力或者投资，那就需要一个有说服力的理由来支持能为激励留出空间的税率设计。

但问题是，我们对于是什么带来了经济上的成功只有一个模糊的概念：是依赖努力，还是依靠环境呢？对此，经济学家、社会学家和心理学家发现了一个惊人的现象：29%的美国人认为穷人落入了贫困陷阱，30%的美国人认为成功靠的是机会，而非努力或教育；对于欧洲人来说，对应的数字分别是60%和54%。[52] 对于穷人是懒惰还是缺乏决断才致穷的问题，60%的美国人（包括大部分穷人）回答"是懒惰"，但只有26%的欧洲人如此回答。

在这个世界上，有很多互相矛盾的观点。很多美国人相信，世界是公平的，人们得到了应有的回报，并倾向于高估美国社会的流动性。他们错了吗？也许。但法国人也有可能是错的，他们也许更为悲观，尽管他们可以指出存在大量的不公平制度，以此证明他们对个人才能在成功中所起作用的质疑态度。这些不公平制度包括：税收漏洞、职业封闭性、有利于富人的教育体制、移民群体的低社会融合度、在利益集团压力下而非公共利益分析基础上做出的公共决策、个人的社会关系在获得实习机会或稳定的就业岗位方面起到的过于重要的作用（社会学家马克·格兰诺维特[Mark Granovetter]指出，在美国获得实习岗位时，社会关系同样起重要作用）。[53] 事实上，在大多数国家，我们对才能与成功之间的关系缺乏经验知识，而这正是问题的关键：在信息缺乏的情况下，任何人都可以相信他们愿意相信的观点。

然而，这并非故事的全部。无论人们的信念多么缺乏依据，他们还是与其所在国家的财政和社会体制具有一致性。罗兰·贝纳布和我指出，人们关于是什么决定了收入和财富的信念明显影响着税收和社会保护政策的选择（考虑到信念的差异，在欧洲，这些信念逻辑上更趋于进步主义）。在某种程度上，这种信念是内生的。[54] 在一个福利制度不完善的国家，最好还是认为成功在很大程度上依靠个人努力，只有努力工作才能有体面的未来；而在一个福利制度完善的国家，情况则正好相反。对于才能与成功之间关系的信念还会产生其他后果。比如，持有世界公平的信念，必然会给那些穷人和依赖社会福利的人带来更大的羞辱。它还可能导致人们高估社会流动性（在美国，情况似乎如此），即便这种想法最后被证伪，但它却有利于经济增长，驱使人们相信才能与净收入之间的联系，这有利于整个经济（尽管对穷人没有好处）。

谁与谁之间的不平等？

定义不平等问题的边界很难。为了弄清这个问题，可以想想贸易自由化的例子。贸易自由化可能加剧发达经济体内的不平等，但也让新兴国家的很多人可能脱贫。或者想想我们对移民的反应（即使我们并非总能意识到，如果劳动力市场不排斥新移民，他们能给东道国带来很多好处）。"谁才是最值得关注的人群"属于道德判断的问题，经济学家对此有自己的看法，但尚无共识可言。

无论依据是否充分，道德判断总是强有力地左右着再分配政策和一般的经济政策。阿尔伯托·阿莱西纳（Alberto Alesina）、雷斯·巴奎尔（Rez Baqir）和威廉·伊斯特利（William Easterly）的研究表明，无论是民族领域还是宗教领域，当关注的人群同质时，在地方层面提供公共产品的再分配会更为成功。[55] 即便我们个人对社群主义的偏好（或者国家主义的偏好，抑或其他狭义的再分配偏好）感到震惊，但在制定公共政策时，还是需要面对这样的现实。

正如个人评价不平等的方式取决于其生活的环境，世代之间看待问题的视角差异也很大：我们到底应该为子孙后代的利益考虑多少呢？尽管我们都在谈论可持续发展，但当下社会对子孙后代并不慷慨。可以肯定的是，由于技术进步，我们的后代可能比我们更富有，同时也能更好地预防疾病和应对衰老，但我们留给他们的是一个非常不确定的未来。许多国家的年轻人或者面临失业问题（比如，1986年法国年轻人的失业率为5%，现在则是25%），或者面临吸引力较低的工作岗位（在1982年，50%新创造的工作岗位提供终身合同，如今只有大约10%）。再以法国为例，年轻人还面临其他许多问题：宜居区域的住房短缺（这意味着潜在租户之间面临激烈竞争，许多年轻人与父母住在一起，购房也存在困难），接受教育不够充分且难以适应劳动力市场，社会流动停滞，高等教育费用使家庭的负担越来越重，退休计划缺乏资金支持，公共债务高企，全球变暖，以及不平等，等等。显然，我们很难说得上对子孙后代慷慨，这是因为在现实中，在很大程度上，是那些年纪足够大而拥有选举权的人的生活状况决定着政策走向。

非经济方面的不平等

最后，尽管不平等通常是从经济角度（收入或财富）衡量的，但也体现在其他诸多方面，比如，社会融入度和医疗服务可及性。医疗服务的不平等众所周知，但人们不太清楚的是，近来这种不平等已经加剧。最近的一项研究[56]表明，在美国，如果一个生于1920年的男性[57]的收入在前10%，那么其预期寿命比其如果处在收入底端10%要长6年；对女性而言，这一数字则是4.7年。对1950年出生的男性和女性，这种预期寿命的差距将分别扩大至 14 年和 13 年。其中，最贫困群体的预期寿命只提高了 3%，而高收入群体的预期寿命则提高了 28%。如今，研究者正试图找出造成这种差异的原因，这对制定最优公共政策至关重要。研究者必须从因果关系问题开始：到底是贫困导致身体不健康，还是身体不健康增加了贫困化的风险呢？最富有的人的生活方式更健康吗？（这项研究的作者还指出，以吸烟为例，在美国，吸烟已成为一种阶级现象，穷人吸烟更为普遍。）他们能获得更好的医疗服务吗？毫无疑问，这些因素都有一定程度的影响，但如果能明确识别出原因，就更有可能在效果最显著的领域直接实施相应的公共政策。

尊严特别重要。绝大多数人生来想成为对社会有用的人，而不是变成社会的负担。对残疾人而言，他们渴望的是他们的合理要求在现有的条件下得到尊重；他们想获得的不仅仅是钱，还有工作机会。

当涉及劳动力市场的再分配问题时，比如，为适龄人群选择更高的最低工资或最低收入时，道德问题就会重现。除了提高比其他多数国家要高的最低工资标准外，法国倾向于通过提高工资最低的雇员的工资来增加他们的收入，而不是通过所得税制度进行再分配。这造成了那些技能处于或低于最低工资水平的劳动力失业，这些失业人员丧失了人力资本（使他们在未来更难就业）、社会地位及尊严。

另外，还有另一场不可避免的关于道德和市场的争辩：随着经济进程中自动化程度的提升，几乎所有的职业都将被波及。它将对就业和社会凝聚力造成猛烈的冲击，我不认为我们已经为之做好了准备。

第二部分　经济学家职业

第三章　公民社会中的经济学家

> 骑士时代已一去不返。诡辩家、经济学家、谋略家如日中天，欧洲的荣耀灰飞烟灭。
>
> ——埃德蒙·伯克（Edmund Burke）[1]

经济学令人激动，令人着迷，又令人不安。有时候，经济学家会成为超级明星，既引人羡慕又招人诋毁。自两个多世纪以前英国保守主义创始人之一埃德蒙·伯克将经济学家与诡辩家[2]和谋略家[3]并称以来，经济学家一直饱受质疑。批评者指责经济学家思考着同样的问题，却未就任何问题达成共识。经济学家到底扮演着什么样的社会角色呢？

经济学备受关注，这让经济学家们受宠若惊，同时也让他们感到不安。他们致力于抽象的理论研究，抑或忙于提出政策建议；他们安居于象牙塔之中，抑或自我定位为决策顾问；他们默默无闻地工作，抑或寻求媒体的曝光。

经济学家发挥着什么作用？他们都在思考同样的问题吗？他们究竟在做些什么？他们对社会演进产生了何种影响？这些问题值得大书

特书,却一直没有得到深入阐述。鉴于其重要性,我们应该在此对这些问题进行扼要回答。这一任务有些复杂,因为作为一名经济学家,我本人也身在辩局之中,这意味着我很容易陷入学者们经常落入的两个思维陷阱:一是墨守成规、过于自满或共同防御;二是努力将自己标榜为富有主见、特立独行的人,即便我们的学术信誉建立在主流共识基础之上。我试着避开这些陷阱,不过,我是否成功地做到了这一点,取决于读者们的评价。通过描述经济学家的日常生活(很大程度上并不为公众所知),我也想解释一下经济学家的研究与其成果的应用之间的复杂联系。

作为公共知识分子的经济学家

学术职业

无论他或她身处哪个学科领域,受内在动机的驱使成为一名学者总是让人倍感幸运。我的绝大多数同事都对自己的工作充满激情,正如图卢兹经济学院的创始人让-雅克·拉丰所言:"为研究而疯狂。"对于任一学科领域的研究人员来说,都是如此。相比其他许多工作环境,学术界更具有吸引力。

学术研究的鲜明特点是长线视野,这一点备受学界推崇。这种长线视野不仅会带来怀疑——写作者的灵感阻滞,也会伴随真正的智识愉悦时刻。伟大的法国科学家亨利·庞加莱(Henri Poincare)描述了科学发现带来的无与伦比的快乐:"脑海中涌现的念头只是漫漫长夜中的一道闪电,但这一道闪电却是一切。"学术研究无疑是一个备受优待的职业,享受着充分的自由,而且还存在顿悟的激动时刻。如同所有教师一样,学者也乐意分享知识。

诚然，内在激励并非学者从事学术研究的唯一驱动力量。与其他职业相比，学者并没有什么不同：他们也会对所处的环境和面临的激励做出反应。他们在内在动力和外部动机的驱使下组织和开展学术活动，其中，外部动机包括被同行和社会认可，获得晋升或获得权力，再或者赚足够多的钱。

所有研究人员都希望被同行认可，他们通常还希望拥有最优秀的学生，承担最少的行政任务，以及改善自己的生活质量。然而，学科知识的应用性越强，正如经济学、计算机科学、生物学、医学或气候学那样，外部激励的强度可能就越高。这些外部激励包括来自私人和公共部门的酬金，融入学界之外的人际关系圈，获得媒体关注或谋求政治影响力等。

动机复杂多样，但归根结底，它们都不是决定性因素。尽管研究人员可以出于自豪感、贪婪或与同行的竞争而提出一种理论，但真正起决定作用的是其提出的理论能够推动科学进步，并在公开的同行评议中得到证实。

学界与社会

新的挑战

公民纳税人与研究人员在过去50年里形成的隐性契约，如今正日益频繁地受到挑战。过去，研究人员有时会秉持一种超然物外，甚至玩世不恭的态度，如今，他们越来越需要向提供资助的机构证明其工作的成效。我们正生活在这样一个时代：当学术专长影响到诸如经济学、医学、演化论、气候科学及生物学等现实世界的话题时，公众就会对它产生怀疑。科学界所犯的错误加深了公众的不信任感，例如未能有效清除市场上的有害毒品，使用不存在或伪造的数据进行学术造假，其影响涵盖从政治学到生物学的诸多学科领域。经济学家则因未能成功预测2008年金融危机而遭到诘问（在第十二章，我将对这一危机以及经济学家肩负的责任问题展开讨论）。

面对批评，一种可能的应对方式是退回学术世界。然而，这种象牙塔式的回应方法并不为全体学界同仁认同。国家需要独立专家参与公共生活，为决策机构和媒体的讨论做出贡献。但这更应该是一种集体责任，而部分研究人员对此并不感兴趣，他们缺乏有效参与的能力，且更倾向于从事方法论研究和基础研究（即使基础研究和应用研究通常相互渗透）。这些学者当然是学术研究不可或缺的一部分，但是在讨论研究成果的应用时，相比某些同行，他们又常常感到不那么自在。

学界与私人部门

大学与产业界之间的关系常常富有争议。批评者认为，大学与产业界的互动，最好的情况是一种冒险活动，最差的情形则是思想的堕落，甚至是与"魔鬼"为伴。支持者则认为，这些互动触发了新的研究方向，使填补研究空白成为可能，并更普遍地改善了学术环境的竞争力。学者与大学以外世界的其他互动，也引发了类似的争论。

然而，与现实世界的互动，或许是学者们理解经济和社会问题、发掘与资助相关的原创性研究主题的最好方式之一，离群索居待在象牙塔中的学者绝对不可能想到这些主题。阿尔贝·费尔（Albert Fert）的研究就是一个例子，他因发现巨磁电阻效应（giant magnetoresistance, GMR）获得了2007年诺贝尔物理学奖，而巨磁电阻效应是他与法国汤姆逊半导体公司（Thomson-CSF，现称Thales）合作生产应用于制造计算机硬盘磁头（playback heads）的相邻铁磁层时发现的。近年来，诺贝尔物理学奖其他得主的经历也证明了这一观点：高锟（Charles Khao）因其在光纤领域的贡献而于2009年获奖，在最终进入学术界之前，他曾在多家IT/电信公司从事研究工作；中村修二（Shuji Nakamura），因发明蓝色发光二极管而成为2014年诺贝尔物理学奖获得者之一，他是在日亚化学工业株式会社（Nichia Corporation）工作期间完成这项发明的。[4]

正如我个人的经历所显示的，同样的道理对经济学家也适用。2014年瑞典皇家科学院在其经济学奖报告中援引了我对某些新问题的研究成果，这些研究都是在公共和私人组织对我所在的学术机构的资助下完成的。经济学界可能过度聚焦于"集约式研究"（intensive research），即强调对现有的知识进行精炼，而忽视了从业者面对的基本问题，因为研究人员没有从事足够广泛的研究工作，而这对于探索新的科学领域非常必要。

警惕这些不同合作存在的风险至关重要，不过，这些互动有显著的经济价值和社会价值，这也是此类合作之所以得到公众宽容的原因，毕竟今天的创意、专利和初创公司就是明天的公共政策、税收和就业。

经济学家与公共事务

学者的责任在于创造知识。在众多领域（如数学、粒子物理学或宇宙学等），或许我们不太注重知识的应用，而只是专注于发现真理——知识的应用则通常在日后以意想不到的方式出现。仅仅由对知识的渴望驱动的研究，无论多么抽象，都是必不可少的，即使在天然地最接近现实世界应用的学科中亦是如此。不过，学者也必须将让世界变得更美好作为共同的目标，因此，他们原则上不会排斥参与公共事务。以经济学家为例，他们应帮助完善产业、金融、银行以及环境等领域的监管和竞争法规，改进货币和财政政策，反思欧洲的组织方式，理解如何解决发展中国家的贫困问题，推动教育和医疗卫生政策更有效率和更加公平，以及预判不平等的进展（并提供救济措施），等等。

他们也应积极参加政府听证会，与行政部门互动，并成为技术委员会的一员。

研究人员应履行社会责任，就经济社会问题发表专业意见。对经济学以及其他所有学科领域的研究人员而言，发表专业意见都是有风险的。某些领域已得到深入研究，另一些则不那么深入。知识在改变，今天我们认为正确的事情，明天可能需要重新评估。

最后，即使存在专业共识，它们也不是事情的全部。归根结底，经济学家至多可以说，根据现有知识，一种选择优于另一种选择。这一忠告适用于我在本书中提出的所有建议，但是，并非仅仅是经济学家应遵循这一忠告：气候学家可能会指出与全球变暖的程度和成因有关的不确定性因素，但是也只能基于现有知识描述气候变化的可能情景。同样，医学教授可对某种类型的癌症或退行性疾病的最佳治疗方案给出专业意见。因此，学者必须在必要的谦卑与说服对话者的决心之间保持微妙的平衡，以使对话者相信他们所掌握的知识的有用性及其局限性。但保持这种平衡并不总是那么容易，因为其他人会认为确定性信息更易于相信。

参与社会活动的陷阱

驱使学者积极参与公共活动和商业活动的内在职业动机是创造和传播知识。不过，学者也会对外部激励如额外的酬金或更多的受众认可等做出回应。只要他们不改变自己在学术界内外的行为方式，外部激励不是什么问题，但是外部激励确实会带来风险。

额外酬金

学者面临的第一个诱惑就是金钱。这是一个忌讳的话题，尤其是在某些国家（如法国），其高校的工资远低于美国、英国、瑞士等科技领先国家高校的薪酬。通常来讲，学者们不会为了金钱而从事研究。事实上，许多学者本可以从事收入更高的职业，但他们却选择将研究作为职业，其原因在于研究对他们具有吸引力。然而，这并不意味着他们不关心自己的薪水，或者必须理智地牺牲自己感兴趣的职业以挣更多的钱。在实践中，尽管一些研究人员屈于接受一份大学薪水，但绝大多数享誉国际的学者都可以利用自己的研究专长和偏好，通过多种方式来增加收入。这些方式包括临时或定期授课，获得国外大学的终身教职，创办公司，注册专利，为私营企业或公共部门提供咨询服务，成为审计事务所或咨询公司的合伙人，撰写教科书或面向普通读者的书，开展私人医疗或法律服务，成为反垄断诉讼或监管部门的专家证人，担任董事职位，担任会议演讲嘉宾，等等。

有些人指责大学对上述行为过于包容。基于前面提到的原因（不仅仅是因为我在日常的大学事务之外还承担其他工作），我不赞同这种观点。这些兼职工作通常会带来社会效用。此外，在学者工资较低的国家，宽容学者的这些行为，是留住最优秀的人才必须付出的代价。与前几代不同，如今这些最优秀的人才都是在全球范围内自由流动的。

然而，忽略学者的业余活动所带来的两类风险同样是不负责任的。首先，学者可能减少花在研究和教学上的时间。只要坚持对研究人员的学术贡献进行独立评估，他们这些分散精力的行为似乎也不是严重的问题。考虑到同事们都专注于自身的核心使命，对于那些偏爱外部活动而忽略研究与教学的学者，在工资、教学任务以及工作环境等方面，就不应该给予同等的待遇。同样，虽然学生对老师的评价存在着众所周知的缺陷（有时候，学生对老师给予好评是因为老师取悦了他们，而观点不流行或者对学生评分严格的好教授则会得到不好的评价），但对我而言，学生对老师的评价一直是最基本的。不幸的是，那些反对学者从事外部活动的人，通常也拒绝独立评估原则。

在我看来，学者出于自身利益参与其他外部活动面临的更大风险是学术"腐败"或者他们被"俘获"。尤其是学者可能为了取悦向其提供报酬或研究预算的企业或行政部门而改变自己的观点，丧失研究的独立性。后面，我将继续讨论这一问题。

媒体的诱惑

出于好的（传播知识）和坏的（寻求关注）原因，学者也受到了媒体的诱惑。在报纸或电视上看到自己的名字或面孔，可以让我们感到荣耀。同时，学者与公众交流非常重要，这可以让专业知识的获取并不局限于小部分精英群体。许多学者经常出现在媒体中。无论是为了满足自我，还是服务于共同利益，都需要再次强调的是，结果比动机更重要。

然而，媒体并不是学者的天然栖息地。学者的特质，或者说他们的DNA，就是质疑。学者的研究由他们的不确定性来维系。学者提出论点和进行反驳的习惯，正如他们在专业论文、研讨会或报告厅中所做的那样，不容易为决策者所接纳，因为决策者需要快速形成决策。杜鲁门总统曾经激动地说："给我一个能提供明确结论的经济学家（one-handed economist），所有的经济学家都说：'一方面……另一方面……'"但是，学术推理很难适应电视节目或广播辩论的风格。相比政策多重效应的复杂推理，口号、标语以及陈词滥调更容易深入人心。如果没有冗长的解释，即使是软弱无力的观点，我们也很难驳倒。让观点有效通常意味着经济学家要像政治家一样行事：释放一个简单的甚至是过分简化的观点，并一直坚持这样的观点。请别误解我，学者不应该藏匿在科学不确定性和质疑的背后，只要有可能，他们必须做出明确的判断。为此，他们必须克服自己的天性，正确全面地观察事物，并说服自己在如此的情况下某些事发生的概率更大："基于现有知识体系，我的最佳建议是……"即使存在科学的不确定性，学者也必须像医生一样，决定最优方案。

然而，这会带来另一个问题：科学知识在持续演进，人们的认知必然会随之转变。然而，参加公开辩论的知识分子经常坚持他们之前的立场，以避免表现得出尔反尔。可以确定的是，学者也会坚持其一贯的立场，不过，学术研究却一直在世界各地的研讨会和学术会议上受到质疑，而且在同行匿名评审的期刊上发表（稍后我将回到这一点上）也让研究结论受到挑战。

此外，尽管学者在媒体上的观点在推特和博客上被广泛传播，然而同行很少就其科学性进行评论，至多是品头论足式的闲谈。不幸的是，由于身涉外部咨询事务，有时候学者在媒体上会提出他们本来不敢捍卫的观点，但如果这些观点是在研讨会上或在专业期刊上发表，他们会很快予以纠正。

最后，即使一个学者涉猎广泛，频繁在媒体上曝光也会让他或她遇到一些并不擅长的话题（在自己专业领域之外提供评论的癖好，有时被称为"诺贝尔奖综合征"[Nobel Prize Syndrome]！），直截了当地说"我不了解，因而无法提供答案"并不容易。因此，我们必须做出艰难的权衡：即使我们不是某个话题的专家，但仅从与值得信任的学术同行的对话中听到了只言片语，或者通过宽泛的阅读了解了皮毛，我们应该继续讨论并提供答案吗？抑或我们可以仅仅依赖常识予以答复？

政治的召唤

在柏拉图眼中,与时常参与公共生活的政治家不同,哲学家是独立自由的,他们几乎不关心国家的组织架构,普罗大众也并不认为他们能发挥多大作用。本着这一精神,英国和美国都没有知识分子参与公共生活的传统。[5] 相反,在法国,向积极参与政治生活的知识分子致敬(l'intellectuel engagé),[6] 则有着经久不衰的传统。我不愿责怪所有持有政治立场的学者和知识分子,他们中的许多人是出于信念才这样做的,并且很多人确实发挥了很好的作用。此外,学者参与其中的一个直接结果是可能发现之前忽略了的研究主题。然而,我对参与政治生活的知识分子持三大保留意见,这些仅仅代表个人观点。

首先,那些想传递某种政治信息的学者很快会被贴上各式标签("左派""右派""凯恩斯主义学派""新古典学派""自由主义学派""反自由主义学派"),这些标签将被用来支持或否定他们的观点,就好像在任何学科中学者的职责不是无视那些既有成见和标签去创造知识似的。

受众总是忘记争论的本质,而根据自己的政治信念来下结论。他们是否愿意接受学者的观点,取决于学者是否站在自己这边。在此情形下,学者已经很难脱离政治旋涡,其参与公共讨论的社会价值已丧失大半。举例来说,当政府和在野党对技术问题相持不下时,学者对此问题的每一个专业意见都会很快被解读为一种政治立场,并在不经意间淹没于众多信息之中,也阻碍各界进行富有启发性的探讨。

其次,参与政治活动也让知识分子冒着失去思想自由的风险。一个极端但极其引人注目的例子是,许多左派知识分子和艺术家对明显的极权主义视而不见,甚至予以否认。他们并不支持剥夺个人自由、大屠杀、经济和环境失序,以及压制文化创新,他们也憎恶一切极权主义,但是,他们的政治立场剥夺了他们的批判思维能力。诚然,我们也可以找到许多未屈从于"进步主义"号角的知识分子,如法国的阿尔贝·加缪(Albert Camus)和雷蒙·阿隆(Raymond Aron)、英国的乔治·奥威尔(George Orwell)以及其他许多知名的经济学家,但是,在那些悲惨的历史时期,知识分子模棱两可的道德态度仍令人震惊。如今极少有知识分子会持如此极端的立场,但教训仍在:参与政治可能会面临被卷入固守一种不堪一击的政治立场的风险,以免使盟友或公众失望。

第三,与媒体的例子一样,尽管许多政治家表现出一些求知欲,但科学与政治之间的关系还是令人不安。学者和政治家的时间轴不同,面临的约束也不同。学者的职责是分析现实世界、提出新思想,而不受马上见效的约束。政治家不可避免要活在当下,他们总是面临下一次选举的压力。然而,这些截然不同的时间压力对应着截然不同的要求,这并不意味着对政治阶层发自内心的不信任是正当的。[7] 学者可以通过提供反思的工具来帮助政治家制定决策,但不能取代后者。

标签的陷阱

回到我们给学者贴标签的话题上来,和其他任何领域的学者一样,经济学家必须直抵理论和事实的彼岸,而不受任何精神束缚。诚然,作为普通公民,他们私下可以形成自己的观点,也可能做出政治表态,但是,一旦个人倾向为公众所知(诸如依附某一政治派别,或某一经济学派),无论这种倾向是否牵涉到媒体、政治、意识形态或金钱,这些学者都可能被认为是以丧失学术操守来谋求私利。

更加危险的是,这些标签将让大众认为经济学是一门在关键问题上难以达成共识的学科,这意味着经济学家的观点可能不被理会。这种情况忽略了一个事实，那就是尽管个人观点可能存在差异，但在许多问题上主流经济学家们已达成共识——即便他们就应该做什么未达成共识，但至少他们在不能做什么方面达成了共识。这样也许是好事，如果没有主流意见，即使相关经济政策异常重要，对经济类研究提供资助也缺乏理由。然而，研究和专业争论会涉及经济学家们未能深入理解的问题——这就是研究的独特之处——因此，可能只会激发有限的共识。毫无疑问，专业方面的共识可以也应该随着学科的进步而得到发展。

关于必要合作关系的一些保障措施

关于如何监管研究人员与学术圈外的合作互动事宜，并没有完美的答案，但有些做法可以在不降低潜在协同效应的同时净化学者与社会的关系。

个人行为

在任何领域，学者的个人道德修养都会影响他们的行为。学者需要遵循的两大基本准则可能是：

1. 对事不对人，不做人身攻击；
2. 在讲座或研讨会上，在同行面前，不说你不准备捍卫的观点。

学术伦理章程也可以提醒学者要遵守某些基本原则，比如数据的透明度、需遵循的方法，以及披露潜在利益冲突的义务等。显然，明确阐述利益冲突很困难，正如我们所观察到的，利益冲突是如此复杂多样，且取决于具体情况。同样，当第三方使用了学者的研究成果，却忽略了研究成果中提到的注意事项时，学者的责任就很难界定：对于此类情况，学者责任的边界在哪里呢？归根结底，由于道德准则必须从精神实质而不单是从不完美的文字表述来观察，因此，无论是以正式的行为规范，还是以简单的个人原则来看，道德准则都是脆弱的。尽管如此，这些道德准则仍起着关键作用，学者们应当坚决捍卫。

机构合作伙伴关系

研究人员（在实验室或大学）与任何私人或公共组织建立合作伙伴关系时，也必须遵守某些规则。研究机构面临的挑战是，即便冒着外部合作伙伴不再继续资助的风险，也要保留研究人员的完全自由，同时还要兼顾资助者的合理需求，以回应资助者的利益诉求。世界上最伟大的大学都面临着这样的挑战，给学者提供特别的学术自由，并对资助者的利益诉求给予令人满意的回应。同样，这是一个比较复杂的问题，存在几种可能的模式。

在此，我只提出一些想法，而非全面分析这一主题，也非自诩这些措施适用于所有的学术环境。思想独立至少存在六大基本原则：明确的缔约目标、合同条款及其条件；长期的视角；多元化的合作关系；自由发表的权利；最优秀的国际期刊的验证；以及自我治理。

在签署研究合同之前，清楚知晓这些原则有助于研究人员选择合意的合作伙伴，即那些接受合同条件就准备按规则行事的人。为研究进度提供长期安排，有助于确保研究的独立性，也有助于保障研究成果的可信度：从中长期来看，撰写试图支持特殊利益集团报告的学者往往声誉尽失。与不同的合作伙伴缔结若干合同，也有助于保障学者的独立性，这让学者们顶住压力坚持某种立场更为容易。相反，如果研究合同数量有限，想顶住合作伙伴施加的压力就会更加困难。

学者需要自由发表的权利是显而易见的。更重要的是，要坚持研究成果由国际顶级专业期刊校验,学术圈外的人可能不熟悉这一流程。"同行评议"类的专业期刊允许该领域的其他专家对该项研究成果进行评价:投稿至某一期刊的论文会被寄送给多位专家进行评审,这些评审专家会撰写一份评审意见给期刊的编辑,他们则将(匿名的)评审报告及是否录用的决定一同反馈给作者。匿名评审至关重要:如果作者知道评审人的身份,评审人可能会手下留情。

在大多数学术领域,专业期刊都是依据质量进行排名的。[8] 举个例子,在经济学领域,学界广泛阅读的五大"综合性"期刊[9] 遴选论文时最为挑剔(文章录用率在 5%—10%),人们也最常引用这些期刊上发表的论文。紧随其后的,是最优秀的专业性(或领域)期刊等。这些期刊都聘用了来自全世界的评审专家。

一方面,由国际专业期刊进行校验,将提醒学者们在与私人或公共部门合作时要坚持一个重要目标:追求对新问题的开创性研究。再者,出于财务、媒体声音、政治等方面的考虑,或者只是出于友情的考虑,都可能导致学者提出自己从来不敢捍卫或会立即撤回的观点。在学术圈内,在最优秀的专业期刊上发表论文的要求就是一个试金石:如果提出的理论或数据的收集与处理偏向提供研究资助的组织机构,评审专家可能就会发现。要求公开发表是保障学科长期自律的一种形式。

最后,如果机构声誉因考虑短期因素而面临被玷污的风险,设立外部监督机构进行某种形式的干预就非常重要。外部监督机构包括独立理事会或独立理事(机构自己的学者不能担任该职务),以及完全由外部专家组成的学术委员会和咨询委员会,它们与同行评议形成互补,针对机构的学术诚信进行评估,并向理事会成员报告。

从理论到经济政策

我想简单地评论一下关于思想促进公共政策的方式,以此来结束本章(这些评论都是个人化的,无疑有些与众不同)。

凯恩斯曾这样描述经济学家的影响力:"那些相信自己在智力上不受影响的实干家,往往是那些已故经济学家的奴隶。"[10] 这一令很多人沮丧的观点,在很大程度上反映了现实。无论这些人从事经济学的哪一领域,经济学家都有两种方式影响经济政策争论和商业决策(没有一个通用模式,而是依据经济学家自己的性情行事)。第一种方式是他们自身参与其中。某些精力充沛的学者成功做到了这一点,但是,能够在持续从事拓展性研究的同时又积极参与公共讨论的学者非常少见。

第二种则是间接的方式:经济学家受雇于国际组织、政府部门或商业机构,他们阅读学者们的研究成果并将其付诸应用。有时候,研究成果是发表在专业期刊上的技术性论文;有时候,则是写给大众的通俗读物。

竞争政策、银行审慎监管或(电话、铁路、电力或邮政等)网络型产业监管所涉微观争论中的技术特性,并不妨碍将相关经济研究转化为经济决策。事实上,这些领域的决策权经常被授予独立监管机构(比如竞争执法机构、中央银行或产业监管机构)。与政府部门相比,这些机构在决策时更少受到政治干预,而且更容易把技术和经济学知识与监管决策结合起来考虑。自凯恩斯发表上述评论以来,从经济思想到政策实践的转化进程已然加速。

第四章 研究人员的日常工作

大众并不熟悉经济学研究的世界。在教学之余,学界的经济学家可能做些什么呢?经济学理论是如何被创立的呢?又如何评价经济学研究呢?近年来,经济学研究饱受指责,虽然并非所有的指责都合理,却提出了一些很重要的问题:经济学是一门科学吗?它是不是过于抽象化、过于理论化、过于数学化?经济学家是否采用了一种有别于其他社会科学的独特方法来观察世界?这个学科是否被主流观念和英语国家统治?

本章和下一章都试图回答上述问题。首先,我将描述经济学研究人员日常会做些什么,以及经济学的建模过程和实证检验。其次,阐述研究评价过程中存在的一些优缺点。接下来,考察经济学家的认知特征,即他们与其他学科的专家有何不同。借用哲学家以赛亚·伯林(Isaiah Berlin)的区分,经济学家究竟是"狐狸"还是"刺猬"(狐狸通晓很多事情,但刺猬只知道一件重要的事情)。我还将探讨数学在经济学中的应用。最后,介绍过去40年对经济学有革命性影响的两种工具:博弈论和信息经济学理论,并以讨论研究方法创新的重要性结束本章。

理论分析与经验证据的相互作用

同大多数学科一样，经济学研究也需要将理论分析与经验证据结合起来。理论分析提供一种概念框架，这是理解数据的关键。没有理论，或者说没有体系化的解释，数据仅仅是一些有趣的观察资料而已，对经济政策而言不可能得出结论。反之，可能使理论假设或已有结论无效的经验证据却有助于丰富理论，进而完善或推翻已有理论。

和其他学者一样，经济学家也需要通过试错来推进研究。他们坚信哲学家卡尔·波普尔（Karl Popper）的方法，即所有科学都建立在对世界（不完美）的观察之上，科学的方法就是从这些观察中归纳出一般规律，并通过进一步的实验加以证实。这种理论和经验证据之间来回穿梭的过程，虽然增加了不确定性，却逐渐加深了我们对研究现象的理解。

在亚当·斯密时代，经济理论是描述性的，但现在已经逐渐被数学化。在经济学发展过程中，理论发挥了非常重要的作用。这里仅提几个读者很熟悉的名字，比如，肯尼思·阿罗（Kenneth Arrow）、米尔顿·弗里德曼（Milton Friedman）、保罗·克鲁格曼、保罗·萨缪尔森（Paul Samuelson）、阿马蒂亚·森（Amartya Sen）、罗伯特·索洛（Robert Solow）及约瑟夫·斯蒂格利茨（Joseph Stiglitz），他们在理论上的建树成就了各自的事业。还有许多（至少部分）为公众所熟知的经济学家，如各国中央银行行长（本·伯南克 [Ben Bernanke]、斯坦利·费希尔 [Stanley Fischer]、默文·金 [Mervyn King]、拉古拉姆·拉詹 [Raghuram Rajan] 和珍妮特·耶伦 [Janet Yellen]），财政部长（拉里·萨默斯 [Larry Summers]），多边组织的首席经济学家（奥利维尔·布兰查德，2008年到2015年在国际货币基金组织担任研究部主任，是一位有影响力的经济顾问），或者经济顾问委员会主任等。需要指出的是，刚才提到的这些人多数是宏观经济学家（他们分析整体经济行为，而不是单个市场或组织行为）。尽管微观经济学家可以通过其学术著作，或通过担任首席反垄断执法官或一些机构的首席经济学家，[1] 抑或通过担任各类政策问题的政府顾问（例如气候变化领域的尼克·斯特恩 [Nick Stern]）等途径，在诸如竞争政策和法规的制定方面的影响与宏观经济学家不相上下，但媒体只关注经济学的某些领域。

近几十年来，在经济学领域，经验数据发挥了越来越重要的作用。出现这种现象有多种原因：计量经济学中统计技术的改进，医学领域中随机对照实验等技术的发展，以及室内实验和田野实验方法的系统应用。这些方法曾经鲜少得到使用，但如今已在顶尖大学广泛采用。最后，新技术使数据库的快速、广泛传播成为可能，高效、廉价的软件程序和强大的计算能力使数据分析更加快捷。目前，大数据技术正丰富着实证研究人员的工具箱。

许多非专业人士认为，经济学本质上是一门理论科学，但事实并非如此。虽然在公共政策制定中理论一直发挥着关键作用，例如，从竞争法到货币政策，再到金融监管，但与之前相比，现在的政策更重视数据的作用。事实上，现在的经济学研究中，很大一部分属于实证研究。早在 20 世纪 90 年代，发表在《美国经济评论》（*American Economic Review*，五种最有影响力的专业期刊之一）上的大部分论文，就已经是实证研究或应用研究了。[2] 毫无疑问，现在的情况依然如此，美国许多著名大学的后起之秀纵使没有放弃理论研究，也已纷纷转向应用研究。[3]

本质上，经济建模类似工程建模。经济学家的建模工作始于现实世界问题，这些问题可能是公众熟知的问题，也可能是公共决策者或私人决策者提出的新问题。为了聚焦本质，需要找出问题的实质与核心。理论模型很特殊：它从来不是对事实的精确表述，而是一种简化，其结论也无法解释全部现实。运用理论模型描述行为时，需要在细节与现实中寻求平衡，但更大的困难在于要在更普遍的条件下用模型进行分析。

将经济学与我们熟知的一些物理学概念类比，可能有助于读者的理解。牛顿的引力理论和理想气体理论，建立在我们现已知道的一些错误假设之上。[4] 但这些理论在两个方面被证明是重要的：第一，如果没有这些理论，随后的一些理论（如相对论）可能就不会出现。这些简单的理论便于大众理解，同时使理论向前推进成为可能。第二，牛顿定律和理想气体理论与很多现实环境非常接近（牛顿定律要求低速运动，理想气体理论要求低压环境），所以可以直接应用于现实。在大部分科学特别是社会科学中，其近似结果虽然没有物理学那么精确，但实用性毋庸置疑。

本书无意将人文社会科学与牛顿定律这类科学的预测精度相比较。在某些方面，人文社会科学比自然科学或生命科学更复杂，甚至有些人认为，社会科学复杂到难以建模。人类受许多动机支配，其中某些动机取决于人类自身所处的环境。人们会犯错误，而且情绪化使他们做出在别人看来不理性的行为。然而，社会科学是社会组织的核心，因此我们必须努力让其不断进步。幸运的是，对于社会科学研究人员来说，个体和集体行为模式是可以被观察到的，否则他们的工作将难以自圆其说。

一个例子

这里以全球变暖为例简述，本书第八章将对此进行更详细的分析。气候学家发现，我们的"碳预算"非常小，也就是在地球表面温度升高至最大临界值（上升 1.5 或 2.0 摄氏度）前，我们还能继续排放的温室气体（GHG）体量。经济学家依赖气候学家们的共识，并以此作为研究的起点。经济学家面临的挑战是探讨能使我们以合理的代价保持在上述临界值之下的政策。为此,他们必须建立温室气体排放主体(包括企业、政府机构和家庭)的行为模型。首先,必须假定这些主体的选择是理性的:如果避免污染的成本高于排放污染物的成本,它们就会选择排放污染物;反之,它们会减少污染物排放。也就是说,行为主体会按照利益最大化原则做出选择。

行为建模的下一步是对监管政策进行规范性分析。经济学家会问:什么样的监管安排会产生监管者想要的结果?这里,我们再一次使用简化甚或极简的假设来分析问题的本质。假定目标是限制环境监管政策的实施成本,否则该政策就会降低消费者购买力、伤害企业竞争能力及减少就业,从而助长那些反对监管政策的说客们的激情与说辞。

如果监管机构对每家公司的业务足够了解,那么,每当停止排放的代价低于某一特定水平时,监管机构就可以采取行政手段,命令公司停止排放。如果采用这种监管方式,就必须设定污染物排放水平,使全球气温上升程度低于最高临界值。但是,监管者不可能有足够的信息支持采取这种监管方法。在这种情况下,经济分析表明,最好是信任企业所做的决策,通过要求其缴纳碳排放税,或者购买可交易碳排放许可的方式,让它们为其污染行为负责。[5] 这种分析方法可追溯到英国经济学家阿瑟·塞西尔·庇古(Arthur Cecil Pigou)于1920年首次出版的著作。此书引出的经济政策建议,对过去30年环境政策的成功做出了巨大贡献。

当然,这只是一个初步的近似分析,因为行为主体并不完全像我们描述的那样,它们并不总是拥有足够的信息以保证做出最优的经济决策(例如,污染企业从现在起20年内必须缴纳的碳税水平)。它们也不总是追求其经济利润的最大化。这些行为主体可能确实有环保意识,或者希望自身的行为在邻舍或同行看来合乎道德。企业可能也希望以更具社会责任感的方式行事。[6]

因此，更深入的分析要考虑经济主体的社会偏好及其了解信息的不完整性，然后再将其他相关因素纳入分析中，如国家承诺的可信度、气候学的不确定性、创新、国家间的谈判、地缘政治，等等。进一步研究还需要对前提假设进行检验。例如，建议采用碳排放税和可交易碳排放权等经济政策工具，而不是用行政手段逐案处置（若不然，采用逐案处置方式将导致不公正的监管者给予朋友或强大的利益集团以特权），其前提假设是监管者缺乏足够的信息。尽管这种假设看似合理，但它仅仅是一个假设。我们可以直接研究假设的合理性，也可通过考察其后果予以间接证明。经济学家已有的实证研究表明，根据污染物种类的不同，采用行政手段进行监管可使生态政策成本提高50%—200%。这证实了我们的直觉，即监管机构在设计降污的最佳方案时缺乏完备的信息。

理论模型

回到经济学建模的常见问题，多数困难都源于研究范围的界定。由于不可能把一切因素都考虑进来，所以我们必须区分哪些因素重要，哪些不重要（因而可以放心地将其忽略）。在该阶段，研究人员的经验及其与业内人士的讨论非常重要，即使在问题得到了更好的理解并得到实证检验后，最终也有必要回到最初的假设。因此，任何模型至多是对现实的隐喻（最坏的情况是对现实的拙劣模仿）。

无论是构建企业内部组织模型、市场竞争模型，还是宏观经济模型，经济学家都要对决策者的目标进行描述，同时对其行为进行假设。例如，首先我们可假设资本主义企业的目标是追求利润最大化，以使其股东满意。当然，这种计算是跨期的。[7]企业常常为获得长期利益而牺牲短期利益，例如为了获得长期利益，企业会尊重员工、供应商和客户的利益，控制设备及维护方面的成本支出。如果有必要，我们还可以借助包括公司治理，以及对首席执行官和董事会的激励效应等理论，改进利润最大化这一过于简单的假设。这样我们就能理解有别于利润最大化分析框架的各类企业行为，例如企业领导层为了短期利益而牺牲长期利益的实际做法。

就行为而言，不要忘了我们最初的假定，决策者的行为是理性的，即在既定的有限信息下，决策者要谋取自身的最大利益。基于最近关于行为有限理性的研究，我们可以进一步完善上述基本假设。最后，我们需要对多个市场参与主体（例如市场中的竞争者）建模，博弈论在此方面非常有用（后面还会提到）。

这种简单甚至过于简化的模型，让我们一方面可以将市场或经济作为一个整体进行预测，另一方面可为企业或者公共政策的决策者提供建议，即为经济政策的制定提供建议。与其他社会科学相比，经济学言称其更具规范性，它渴望"改变世界"。分析个体和群体行为并发现其中的特定模式非常重要，但最终目标还是制定经济政策。

因此，经济学会比较各种可选政策方案的成本和收益，直至找到一个可使社会净收益（收益减去成本）最大化的方案。如果可以通过转移支付，补偿那些因政策而受损的人，这将是一种正确的方法。如果没有转移支付，分析将更加复杂，因为公共政策制定者必须权衡不同主体的福利，进而决定优先考虑何方利益。

虽然这些模型已被简化，但分析起来仍相当复杂。批评很容易，但建模技巧却很难，更何况若无其他可行方案，对模型批评也没什么意义。其结果是，在会议室和报告厅的辩论虽然活跃，但国际专业期刊匿名审稿人的评论却往往手下无情；学术界认为对理论予以质疑很有必要，但只有当这些批评富有建设性时才真正有价值。

经济学家的方法是"方法论个人主义",也就是集体现象是个体行为的结果,并反过来影响个体行为。方法论个人主义完全符合(甚至不可或缺)对群体现象的理解和细致分析。经济主体会对激励做出反应,其中一些激励源自其所在的群体:他们受社会规范的影响;他们屈从于传统和潮流,具有多重身份,举止合群,热衷社交,受社会网络中与其直接或间接有联系的人的影响,并可能会像群体中其他成员那样思考。[8]

实证检验

一旦建立起理论并理解其要义,我们就要对照最初的假设,检验其结果的稳健性,并尽可能检验模型的假设和预测结果。我们可以考虑两类检验(如果算上"常识检验"则是三类)。如果历史数据可充分获取且质量够好,我们就可以对模型的预测结果做计量检验。计量经济学是统计学在经济学,或更广泛地说,在其他社会科学领域的应用,它可以确定若干变量之间关系的置信度。

但也许是因为数据不够充分,也许是因为世界变化太大,用历史数据指导现实并不可靠。例如,在20世纪90年代,当政府决定拍卖无线电频谱(而不是像以往那样免费分配)时,它们必须分两个阶段实施。从理论角度看,政府必须决定如何把分布在不同地理区域的频谱资源卖出最佳收益。政府知道,如果电信公司已有的频段与待拍的频段相邻,它们就可能对相邻的频谱更感兴趣。而且,政府一旦决定拍卖,还必须确定参与竞拍的企业是否真正理解这种机制,以及设计拍卖机制的经济学家是否忽略了实施过程中很重要的一些细节问题(例如,是否考虑到竞拍者会操纵拍卖机制)。正是出于这些原因,在实施无线电频谱拍卖前,经济学家和政府必须通过实验来检验理论的正确性。这些竞拍活动已为政府带来大笔公共财政资金（自 1994 年以来，仅美国的无线频谱拍卖收入就达 600 亿美元）。

在标准的计量经济学之外还有两种计量方法：田野实验和室内实验。在田野实验中，"实验"组个体样本所处的环境有别于"对照"组样本所处的环境，由此可以分析属于不同样本组的个体在行为和结果上的差异。随机抽样实验[9]是物理学、社会科学、市场营销和医学领域的常用方法（医学领域主要用于药物和疫苗的临床实验）。我们可以回想一下 1882 年巴斯德（Pasteur）的实验：他将 50 只羊随机分成两组，一组接种了炭疽疫苗，另一组未接种，以此检验疫苗是否有效。

有时，样本可以自然地分为两个部分，我们把这种情况称作"自然实验"。例如，两个同卵双胞胎在出生时被分开，随后在不同的家庭中长大。社会科学家据此可以区分，哪些特征是先天固有的，哪些特征是从社会环境中后天获得的。另一个例子是，个人命运不由其根据个性和所处环境做出选择，而是靠运气（例如，学校录取学生或为新兵分配所属编队）的青睐。[10]

经济学家发展并使用了"随机对照实验"（randomized control trials，RCTs）的方法，例如，通过对照组和实验组来研究新推出的电力资费、新型健康保险及失业者救助等举措的影响。在发展经济学中，这种方法发挥了特别重要的作用。[11] 这种方法的一个著名案例是 1997 年墨西哥成立的扶贫计划，即"进步"项目（Progresa program）。这个项目向母亲提供资金，前提是她们同意对其家庭进行医疗监督，保证孩子如期上学，并承诺将家庭预算的一部分用于购买食物。对这个项目效果的最终评估，采用的就是 RCT 方法。

类似地，通过让实验对象（学生、非专业人士、专业人士）进入实验角色，然后观察发生了什么，理论模型研究的场景可在实验室中重现。心理学家丹尼尔·卡内曼和经济学家弗农·史密斯（Vernon Smith）因室内实验法获得了 2002 年诺贝尔奖。史密斯做的一个著名实验是对诸如政府债券市场或商品市场的分析。他将实验参与者分为两组：卖方（可以出售一个单位）和买方（可以购买一个单位）。那些没有实现交易的参与者，除了最初答应参与实验而得到的一点报酬外，没有任何其他收益。而实现交易的参与者，除得到最初的报酬外，其在实验中得到的额外收益由实验组织者决定（每组不同，抽签决定）。例如，买方可以获得 $10-p$ 的收益，其中 p 是买方支付的价格，10 表示其支付意愿（即为达成交易而愿意支付的最高价格）。同样，卖方被分配到一个成本，成本数量为 4，这样，如果他以价格 p 卖出商品的话，他可以获得 $p-4$ 的收益。理论上的价格为 p^*，在这个价格水平上，成本低于 p^* 的卖方数量等于愿意以高于价格 p^* 购买的买方数量，此时市场达到均衡状态。但是，当买方和卖方只知道自己的估值（成本或支付意愿），但又必须买入或卖出时，结果会怎样？虽然细节上有些不同，但史密斯得到的经典结果是：当存在足够的买方和卖方时，交易的价格和数量的确收敛于理论上的竞争均衡状态。[12] 最后，很多室内实验旨在考察公共政策或商业战略的实施效果，而有些实验则试图检验现实世界的行为是否符合经济理论预测，例如，竞标参与者是否真正理解在不同的拍卖机制中他们应该采取何种策略。[13]

与田野实验相比，室内实验是随机的，它更容易被复制，也允许更大程度地控制实验环境。这样的实验如同工程师做的风洞测试，但缺点是，相比田野实验，其实验环境的人为因素更多。

室内实验和田野实验不仅应用于经济学和心理学，也应用于其他人文社会科学。特别是在政治学中，它们有助于增进我们对行政决策的理解。

经济学是科学吗？

从如下意义讲，经济学是门科学。[14] 首先，其假设是明确的，这意味着它可以接受批判，且其结论和研究范围都由逻辑推理而来，属于演绎法的应用。因此，这些结论可以用统计工具来检验。另一方面，经济学并不是一门精确的科学，因为它的预测远不如天体力学那样精准。就像研究地震的地震学家或者担忧患者心脏病发作可能性的医生，那些尝试预测银行危机或者汇率危机的经济学家，更愿意找出导致这些风险的因素，而不是预测危机将在哪一天爆发，甚至危机是否会发生。我会多次提到预测问题，但这里有必要强调一下可预测性的两大障碍。第一个障碍，也是大多数学科的共同点：缺乏数据或对现象的理解不全面。例如，经济学家只能部分了解银行的真实资产负债表或银行监管机构的能力和真实目标。他们能理解，当银行及其他金融机构之间存在关联性风险时，一旦其中任何一个出现问题就会导致多米诺骨牌效应和系统性危机，但他们未必真正掌握危机传导的复杂机制。

可预测性的第二个障碍是人文社会科学特有的。某些情形下，即便掌握了所有信息并完全了解了情况，经济学家仍会发现预测很困难。当我的选择取决于你的选择时，就会产生所谓的"策略不确定性"，也即对观察者而言，预测每个人的行为非常困难，这正是"自证预言"和"多重均衡"的世界。本书后面各章中会有更多这样的例子，[15] 而这也可能导致银行挤兑和狙击货币的情形。现在，我们应该注意到，经济政策中一个反复出现的主题是，公众希望能协调他们的选择，并形成施压集团影响政治决策。如果我独自一人决定在机场附近建房，这可能不足以阻止机场未来的扩建，所以我也没兴趣把房子建在那里。但如果很多人都在机场附近建房，一个强大的游说团体就能阻止机场的扩张，这样我就有了在那里建房的动机。因此，预测集体行为要求我们理解人们如何找到协调的方法。

学术经济学的微观世界

知识的验证与挑战

在所有学科中都一样，研究是一个共同创造的过程，其间伴随着与同行在研讨会、学术会议或出版物上的激烈辩论。确实，研究的本质就是将注意力聚焦在那些尚未很好理解，以及那些意见分歧最为尖锐的现象上。研究的主流趋势根据理论的坚实程度以及是否有经验证据支撑而发生变化。在25年前或者30年前，行为经济学是一个相对陌生的领域。一些研究中心，如加州理工学院和卡耐基梅隆大学的研究中心等，在这个被忽视的领域做出了明智选择。此后，行为经济学成为主流经济学的一部分，顶尖大学都有这一学科的实验室，以及致力于这方面研究的科研人员。

宏观经济学提供了经济学知识争论和演变的另一个案例。[16] 直到20世纪70年代中期，宏观经济学仍完全被凯恩斯理论统治。这是否表明经济学是铁板一块呢？答案是否定的，因为在美国的一些高校，主要是在中西部地区，一场运动开始兴起，对凯恩斯理论提出了挑战。[17] 有少数人不仅质疑现有理论的实证范畴，还怀疑其理论基础。例如，根据凯恩斯理论，通过增发货币增加政府支出，可以增加劳动力需求和降低失业率。企业必须提高名义工资才能雇到工人，较高的工资成本最终通过更高的物价（即通货膨胀）转嫁给消费者。这种失业率和通胀率之间的反比关系，被称为"菲利普斯曲线"（Phillips curve）。经济刺激和同期陡升的通胀率拉低了实际工资水平，提高了存在失业和工资刚性（工资水平未与生活成本挂钩）现象的经济体的就业率；

同时，由于债务通常以名义值计算，这一政策也给了借款人一个减少实际负债的机会。但不难理解的是，系统性地制造通胀不可能长期欺骗消费者、债权人雇员，他们会针对这种变化采取应变措施：储户要么减持不与通胀挂钩的资产，要么要求更高的利率回报。同样，公司雇员也会要求他们的工资与通胀挂钩（事实上，对于世界各地的许多政府来说，这都是一个难以破解的问题）。20世纪70年代发生的滞胀（经济增长缓慢与高通胀并存），似乎也不支持凯恩斯理论。[18]

与之相关的是，传统的凯恩斯主义会假设预期完全是适应性的（adaptive），或者说是"向后看"（backward looking）的：经济主体会根据过去观察到的情况推导趋势，他们的预期并非"向前看"。但是，让我们来看一下金融泡沫的情形，即资产的估值超过其基本价值。[19]那些选择购买这些高估值资产的人，只有在打算转售这些资产并认为可以准确把握买卖时机时，才有可能购买它们。因此，他们必须问自己，将来是否会有其他人继续投资购买这些资产，以及投资期会有多长。同样，当资产经理选择债券组合的到期日（即所谓的久期[duration]），或决定是否对冲利率波动时，都需要预测中央银行对经济运行状况的应对措施。再者，一家决定在海外投资或者汇回海外利润的企业，必须考虑短期和长期内导致汇率变化的因素。凯恩斯理论中缺少"向前看"预期（forward-looking expectations）的作用是个悖论，因为凯恩斯本人在其理论中提出了"动物精神"。他认为，这种"动物精神"反映了导致经济不稳定的乐观预期。

挑战凯恩斯共识的经济学家们改进了模型，使其更具动态性，同时还发展了时间序列计量经济学，这是为宏观经济数据量身定做的统计工具。这一次，挑战凯恩斯理论的经济学家占据了主导地位，但他们的模型也存在局限性：这些新凯恩斯宏观经济学的模型都近乎缺少金融体系（这是一个明显的疏忽，因为宏观经济学一直强调银行和金融体系的货币传导机制），同时很少关注金融泡沫或经济中流动性不足的问题。

如今，无论他们是不是凯恩斯主义者，宏观经济学家都在努力综合不同学派的观点来完善其模型，以改进我们对宏观经济调控的理解。

研究的评估

如何评估研究工作，能够决定研究资金在研究人员、实验室或大学之间的分配，能够说明一个研究团队是否运作良好，并可以帮助学生在申请学校时做出选择。那么，我们应该如何评价经济学及其他学科的研究质量？简单说，大致有两种方法：一是基于统计学，二是基于同行评议。

普通公众通过世界大学学术排名（Academic Ranking of World Universities，ARWU，其更为知名的称呼是上海排名 [Shanghai Ranking]），来了解上述统计方法。每年，世界各地的大学都热切地期待着上海交通大学的团队对它们的评价。但这种分类是不是全球大学排名的恰当方法？这种方法是有缺陷的。例如，他们在衡量论文的生产率时，没有充分考虑发表论文的学术期刊的质量。此外，该排名还偏向那些有校友获得诺贝尔奖或者菲尔兹奖的大学。但是，如果这些显要人物都不在学校了，或者不再做研究和带学生了，他们还会给这些学校做出什么贡献呢？

一个好的衡量标准应该包括哪些标准和分析维度呢？首先，每个学科都必须有排名，学科排名将为学生们选择大学或者为校长们建设学术机构提供帮助。上海排名在一定程度上按照学科进行排名，但这还不够，另一方面，那些尚未选择学科的学生还需要大学层面的排名，以便对不同的学校进行比较。因此，我们既需要学科的世界排名，也需要大学的世界排名。

衡量研究人员的生产率是一项复杂的工作。方法之一是衡量其发表论文的数量。但论文的水平并不一样，在普通期刊上发表的论文当然不能与在《自然》或《科学》上发表的论文相提并论。为了反映不同学术期刊的质量，最好的方法是对发表数量按照发表期刊的质量进行加权（期刊质量通过影响力或影响因子，或者专家委员会来衡量，这里，所谓影响因子是基于引用数量通过算法计算出来的，类似于谷歌得到搜索结果的算法）。最合理的排名应该对那些与许多人合作发表论文的研究人员给予更低的分数。然而，上述操作方式的局限性也显而易见。期刊质量确实是论文质量的一种标志，但重要性完全不同的论文也可能出现在同一期刊。此外，论文发表数量，即使用期刊质量加权，也不过是对研究成果重要性的一种近似度量。获得1983年诺贝尔奖的美籍法裔经济学家杰拉德·德布鲁（Gérerd Debreu）并非很"高产"，他每三到五年才发表一篇论文，但每篇都具有非常大的影响力。

第二种衡量研究人员学术生产率的方法是论文引用率，也可以根据来源的重要性对引文加权（来源的重要性可以根据引用者的引用率来衡量——数学家可以看出这是一个不动点问题）。如果使用这种衡量方法，最后一个用母语而非英语写作的伟大的经济学家莫里斯·阿莱（Maurice Allais，也是第一个赢得诺贝尔经济学奖的法国人），看起来就不那么出众了。更重要的是，有些领域的引用率比其他领域高，引用本身并非衡量论文质量的标准：有争议的话题或者媒体友好型话题的引用次数远高于其他话题。举一个极端的例子：否认大屠杀的历史学家经常会被评论并引用，但这并不意味着他们是伟大的学者。某一学科的文献综述，以及综合了其他学者研究成果的著作，当然会被经常引用，因为它们能帮助非专业人士快速熟悉这一学科，但通常这并不代表知识的显著进步。最后，引文通常会滞后，这对年轻的研究人员不利。

排名有许多缺陷，这里不再赘述。然而，就算我是这些排名最为严厉的批评者，我仍会大力捍卫其推广使用。这自相矛盾吗？答案是未必：在诸如美国这样的国家，对大学和资助机构的治理完全基于卓越性，而对这些客观衡量方法的使用有限（虽然已有所增加）。相比之下，在欧洲许多国家，这些衡量方法对于识别表现优秀的研究中心不可或缺。例如，与在研究和创新方面的主要竞争者不同，法国没有学术评估文化，这就无从暴露法国研究团队之间或者法国研究团队与全球最好的学术机构之间在创造力上的显著差异。因此，学生和决策者往往很难识别法国最具创新性和国际知名度的研究机构。当缺乏其他相关信息时，排名就变得非常重要。

接下来是学术研究的同行评议和良好治理问题。治理良好的资助机构，会在竞争的基础上，根据顶尖专家组成的独立专家组的评议，来分配研究预算。例如，欧洲研究委员会（ERC）就是这样做的，美国国家科学基金会（NCF）和国家卫生研究院（NIH）也是如此操作。要做到这一点，它们必须说服那些顶尖的，同时也是最忙碌的专家来评估。为了确保真正有效，这种方法要求履行一个不太耗时的程序，并保证资助机构会按照同行评议的决定予以执行。

同行评议在教授的选聘过程中也至关重要。在那些处于研究前沿的国家，教授越来越多地以如下方式聘用：首先，院系会讨论内、外部的潜在应聘者，不管相关学者是否申请应聘。院系的教授们（原则上）已经阅读过候选人的主要论文，随后，他们会就候选人的优缺点进行激烈（并保密）的辩论。接着，这也是关键的一点，由学校管理者来把关质量。每一个永久（即终身）教授职位的任命，都要经过十多位校外专家的比较评估，而后大学校长、教务长或相关学院院长将对这些评估进行分析。外部的评估者根据要求将首选候选人与一些做相同领域工作而在其他地方任职的研究者相比较，这会让校长、教务长、院长等非本学科的专家了解更多。这样做的目的是减少高校管理层和学院之间的信息不对称，从而检验学院拟聘用人员的水平。其他国家特别是那些不在研究前沿的国家，最好也采用同样严格的学术治理方式。

学术评价的弱点及其滥用

同行阅读和相互评审论文的过程是学术评估的核心。学术论文提交给期刊编辑后，再由其他学者匿名评审，以决定是否适合发表。根据审稿人的意见及结论，期刊编辑要么接受（通常要求做一些改进）投稿，要么退稿。为了学术界的正常运转及科学知识的积累，仔细评审论文至关重要：研究人员不可能阅读他们所在领域或细分领域中每年发表的数千篇论文，更不用说去精读了。学术期刊的任务在于核实论文数据的质量、统计分析的完整性、逻辑的一致性和理论上是否有意义，以及论文对该领域的贡献程度。

然而，我们不应该太过天真，或者对这个过程抱有过于"乌托邦"的态度。这种评估体系也是有缺陷的：一个是研究人员的羊群效应（herd behavior），这意味着某个主题可能会引起学术界的集体关注，而同样重要的其他主题却被忽视；另一个是对出版具有"影响力"著作的偏爱。因此，与开创性的研究，特别是产生出人意料结果的论文相比，谨慎地重做之前已发表过结果的实证研究，就不大可能吸引学术界的关注及期刊编辑的兴趣。另一个问题是某些实证结果的不可复制性，即其他研究者无法复制早期研究，甚至某些著名研究的结论。[20]虽然审稿人应花时间评估他人的研究，从而为共同利益做贡献，但他们有时只是"搭便车"，却没有对论文的质量、原创性和相关贡献给予足够深入的思考。

最后，当然，所有的学术领域都不可避免地存在造假情况。通常，这些造假涉及数据伪造,或者非常罕见地采用黑客技术攻击学术期刊网站,修改审稿人意见。有时,受稿期刊会请作者自己推荐审稿人,但这是错误的,因为作者可能会提供不合要求的电子邮件地址,审稿请求就可能被发送给作者的朋友,而不是预期的审稿人。

在我看来,解决这些问题的唯一办法就是意识到它们,并尽可能地予以控制。最近,某些方面的透明度有所提高,如要求公开数据,并声明可能存在的利益冲突。我们不得不说,就像民主制度一样,同行评议是一种相较其他制度而言最不坏的制度。作为一种替代制度,内部评审往往被机构利益俘获。所以,外部评价和同行评议已成为学术评估的基石。

相对共识与美国在经济学研究中的主导地位

对经济学的一个普遍批评是经济学家之间具有相对较高程度的共识,这往往令其他领域的社会科学家感到震惊。当然,也存在不同的价值观。比如,传统上,麻省理工学院经济学系更偏向自由主义和凯恩斯主义,而芝加哥大学经济学系则偏向保守主义和货币主义。然而,它们在研究方式上却存在着共识,正如麻省理工学院经济学带头人萨缪尔森所说,他和芝加哥大学同行弗里德曼在什么是好的研究这一问题上没有丝毫不同意见。他们都认为定量方法必不可少(形式化的理论及对这些理论的实证检验),也认同因果关系分析的重要性,强调经济学的规范性一面,以及其主要目的是服务于决策制定。

当然,这种方法论上的共识,并不意味着所有经济学研究都是循序渐进,或机械地沿着前辈开辟出来的道路向前推进。相反,正如麻省理工学院另一位经济学带头人索洛强调的那样,研究人员经常因挑战现有理论和开拓新领域而成名。[21] 现在,经济学吸收了一些新的分析领域：价格刚性、激励问题、不完全竞争、不正确预期、行为偏差，等等。我再次强调一下，在研讨会、期刊和会议上要鼓励激烈的讨论，而且争论得越激烈越好，因为思想的激烈碰撞和同行之间的学术批评会推动每个人有所进步。

重要的是，不同方法之间需要相互补益，这对研究人员的流动性提出了要求。没有什么比一个学派的后辈学人固步自封于对前辈"大师"的阐释更糟糕的了。盎格鲁-撒克逊人（Anglo-Saxon）禁止"同族婚姻"的习俗在此非常有用：学生一旦获得博士学位，就必须去其他学校找工作（以后可以再返回母校）。这种禁令迫使学生学习新思想和新方法，他们所在的院系也会招聘不同类型的新讲师，同时，这也改善了教授之间的关系（教授们不再为了把"自己的"学生安排到自己的院系而争斗）。

对经济学的另一种批评是，在这一学科上，美国院系占据了主导地位。无须赘述，世界上排名前十的经济学系几乎都在美国，而且经济学领域的百强大学很多也在美国。对此，我深感遗憾。但对非美国人而言，与其义愤，不如卷起袖子努力工作。再次引用索洛的话，美国为经济学这个学科培养了大批学生，所以它居于首位并不奇怪：美国高校之间为吸引优秀教授和学生而展开的激烈竞争创造了非常好的科研环境。最重要的是，这种学术体制奖励的是学术水平，而非身份地位。

经济学教育对个人行为的影响

经济学家已针对学生行为展开了室内实验和田野实验。当需要在利己和利他之间做出权衡时，修习经济学课程的学生往往表现得更为自私。[22] 例如，苏黎世大学的学生们注册时可以自愿提供 7 瑞士法郎资助学生贷款，或者提供 5 瑞士法郎帮助校内的外国学生。经济学和商学专业的学生中，只有 61.8% 的人至少对其中一项捐了款，而其他学科的学生则有 68.7%。[23] 其他实验也证实了这个结论。在此，一个重要问题是：这是自我选择（越自私的学生越有可能选择经济学或商学专业）的结果，还是教化（学习经济学课程后，学生变得更加自私）使然。如果是前者，学习经济学是无害的（您可以继续阅读本书，因为它不具有传染性）；如果是后者，经济学则可能具有述行（performative）作用，也就是接触经济学可以塑造我们的世界观，并导致我们以扭曲的视角看待世界。

遗憾的是，我们对这个问题的理解并不完整。苏黎世大学的研究还考察了学生在大学期间慷慨行为的演变，并得出结论：没有证据证明存在教化（至少就经济学专业的学生而言是这样）。这意味着，自我选择似乎是唯一的解释。有些研究支持这个结论，而其他则不然。例如，耶鲁大学法学院的学生最初被随机分配去学习某些课程。[24] 那些被分配到与经济学有交叉的课程（如民事责任法）及听过有经济学背景老师授课的学生，与那些被分配到具有更少经济学导向的课程（如宪法）及有人文学科背景老师授课的学生相比，短期内，前者要比后者更加自私。由于课程分配是随机的，所以出现这个结果的原因显然不是学生的自我选择。

对于经济学教育改变一个人思想状态的可能性，我们必须予以认真对待。但要评估这种后果，我们必须理解可能引起思想变化的途径，其中一个假设（现阶段仅是一个假设）基于利他主义的脆弱性。正如我们将在下一章看到的，当我们能够为自私行为找到借口时，无论借口多么蹩脚，利他主义行为也会大大减少。[25] 例如，在接受教育期间，经济学专业的学生学习市场竞争策略（表明世界是无情的）后，知道自利行为可以促进资源配置的社会和谐（表明自私是合理的）。[26] 他们读到的实证研究也指出，激励措施不当会导致社会功能失调（表明我们不能总是相信经济主体或者政治主体）。然而，所有这些影响产生了一些说法，就是不管实证证据是否有效，它们都为不道德行为提供了（蹩脚的）借口。

即使这个假说被证明是正确的，学生以后的职业生涯或者个人关系都可能提供另外的说辞，并产生同样强烈但性质不同的影响。上述实验仅谈到学习经济学的直接影响；对那些在政府、私人部门或大学工作的经济学家而言，在捐赠方面或者对待公共产品、污染及投票方面，他们是否比其他公民表现得更差或者更好，我们知之不多。无论此问题的答案如何，我们都想知道经济学家与非经济学家之间的区别；如果有，到底是自我选择的结果，还是经济学教化的结果。换句话说，除了理解经济学教育的短期影响外，其长期影响也是一个关键性的研究问题。

经济学家究竟是"狐狸"还是"刺猬"？

英国哲学家以赛亚·伯林在《狐狸与刺猬》(*The Hedeghog and Fox*)一书的开篇引用了希腊诗人阿基洛科斯（Archilochus）的话："狐狸通晓很多事情，但刺猬只知道一件重要的事情。"[27]

40年前，几乎所有的经济学家都是"刺猬"。简而言之（这可能稍微有些不公平），我们可以说经济学家对竞争市场模型了如指掌，它是经济学中最完美的范式。当然，他们也意识到这种模型的局限性，并寻求其他的可能范式，但没有合适的知识框架来实现这一目标。作为经济学中的"理想气体模型"，竞争市场模型广泛应用于各种情形，例如市场、金融和国际贸易等的波动。

竞争市场分析范式

在这种范式下,相对于整个交易市场来说,买卖双方都很弱小,因此不能通过限制供给提高价格,也不能通过减少需求降低价格,即个人对市场价格的影响微不足道。同时还假定,他们充分了解产品价格和质量,并且能够自由地进行理性选择。买方追求交易的收益最大化,卖方追求利润最大化。个体不一定能精确地预测未来,但对每一个未来事件都有理性的预期。

这个模型常常用来解释如何在市场间达到供求平衡,这让"一般均衡"研究成为可能。例如,一个市场上的供给变化可以通过两种渠道影响其他市场:一方面,不同市场的产品可能互补(如果我预订了去另一个城市的航班,我可能也会租下那里的一辆车或预订那里的宾馆房间),也可能相互替代(可以用高铁来代替航班)。另一方面,通过收入效应影响其他市场(收入效应是指一个市场的价格变化影响到买方消费的商品数量,并且多出来的收入可以用于其他商品的消费,即使其他商品与受价格影响的市场没有直接联系。例如,如果租房的费用增加了,人们购买的日常消费品就会减少)。

一般均衡理论是经济学理论发展的重要阶段,但它存在两点内在不足。首先,它对制定经济政策的参考价值不明显:没有摩擦(因为始终处于竞争、信息对称和理性行为的环境)意味着这些市场是有效的,因此唯一可以考虑的公共政策就是征收所得税。如果真是这样,大多数政府部委、独立机构和地方政府将毫无用处。其次,与此相关的是,这个模型几乎没有描述本书讨论的任何情形。

之后,经济理论得到极大改进,能对只有少量卖方和买方的不完全竞争市场进行分析,并能推导出规制市场竞争的规则;可以将价格和产品质量的信息不对称（甚至缺乏对潜在贸易伙伴的了解）结合起来，预测市场失灵并提出补救措施；已经能对观察到的偏离理性决策的现象做出解释；也可以分析公司所有权（属于投资者）与控制权（通常在管理者手中，其利益可能与投资者不一致）分离的影响。在传统模型中引入这些"市场摩擦"是一项艰巨工作，但结果却富有成效。虽然这些模型变得更加烦琐（意味着考虑更多因素），但我们由此可以研究公共政策和商业战略方面的新的重要问题。

即使在"狐狸"盛行的今天，也仍旧有一些经济学家更像狐狸，而另一些经济学家更像刺猬。刺猬型经济学家终其一生只研究某个问题，并力劝他们的同事也采取同样的研究方式。他们冒着捍卫一个他们认为重要的甚至包罗万象的范式的风险，这令人敬佩。另一方面，狐狸型经济学家对通用理论持怀疑态度，并热衷于尝试各种各样的方法。当觉得面临某个研究领域的边际收益递减点时，他们就会转换到另一个研究领域。

这两类经济学家并不存在孰优孰劣的问题。科学需要刺猬型学者，当其面对并不流行的方向时，也会一如既往地向前推进，即便其他研究者认为，这种集约型的研究已产生严重的收益递减。科学也需要狐狸型学者，他们将分散的知识串联起来，并开启新的研究领域。此外，历史经验似乎表明，学术界对这两类学者都有回报。[28]

在公开辩论中，到底是狐狸型经济学家好，还是刺猬型经济学家好？我们对此了解不多。宾夕法尼亚大学心理学家菲利普·泰特洛克（Philip Tetlock）针对政治学专家所做的一项研究很有新意。[29] 他对此问题提供了两个答案。第一个答案与公共辩论中的观点接受度有关。刺猬型专家仅激怒那些与他们持不同意见的人，但狐狸型专家可能会激怒所有人。他们诉诸各种各样的想法，不在乎任何人的感受。狐狸型专家在考虑了更多的参数后，往往会推翻自己的建议。这必然会挑战那些想得到确切结论的受众的耐心。所以，狐狸型专家基本上不会被邀请到电视台演播室（事实上，如果对狐狸型专家施加压力，他们会给出一系列的建议，有时他们不得不强迫自己从中挑选一个）。媒体更垂青刺猬型专家。

其次，泰特洛克研究了 284 位政治学专家在过去 20 年的预测。他要求这些政治学专家总计做出 2.8 万个预测：例如关于苏联解体、民族国家分裂的可能性、伊拉克战争，以及强势政党的衰落。基于 14 个指标，他把这些专家划分为狐狸型学者和刺猬型学者。[30] 泰特洛克还根据这些专家的政治观点进行分类，这个维度与他们的认知风格并非完全不同。不太意外的是，狐狸型学者的政治观点没有刺猬型学者那么极端，不过，他们具体的政治观点对其预测错误率几乎没有影响。例如，在 20 世纪 80 年代，左派专家被里根智商的低评价所蒙蔽，右派专家则被苏联的威胁所困扰。最宝贵的教训是有关认知风格方面的。狐狸型学者的预测结果要好很多，他们更能意识到自己犯错误（不可忽略的）的可能性。相反，泰特洛克选择马克思主义者和自由主义者[31]作为刺猬型学者的代表，这些学者坚持纯粹的世界观，且他们的宏大预言有待实现。尽管这个研究基于大样本，但要从这项创新性研究中得出明确结论殊非易事。我们仍需要不同专业领域的其他研究。

数学的作用

在人文社会科学领域中，经济学是使用数学最多的学科，多于政治学和法学（包括法经济学），甚至多于演化生物学，当然更远多于社会学、心理学、人类学或历史学。正因如此，批评者们常常指责经济学过于公式化和抽象化。

尽管 19 世纪的数理经济学家（例如法国的古诺 [Antoine-Augustin

Cournot]、杜普伊 [Jules Dupuit] 和伯特兰德 [Joseph Bertrand]，洛桑的瓦尔拉 [Leon Walras] 和帕累托 [Vilfredo Pareto]，德国的屠能 [Johann Heinrich von Thünen]，牛津的埃奇沃思 [Francis Edgeworth]，伦敦大学的杰文斯 [William Stanley Jevons]）都毫不犹豫地使用数学工具。经济学是在 20 世纪逐渐数学化的，并在 20 世纪四五十年代加速发展。在这一时期，伟大经济学家（例如阿罗、德布鲁和萨缪尔森）的著作在经济学中的地位，就好比布尔巴基(Bourbaki)[32] 的著作在数学界的地位。他们将经济思想形式化的同时，也梳理了这些经济思想。更重要的是，他们把伟大的古典经济学家（从斯密到马歇尔 [Alfred Marshall] 和凯恩斯）那些富有创新但并非精确的洞见进行了数学化，并使其得以证实（或证伪）。经济学的数学化为后续研究奠定了重要基础，并促使这个学科不断向前推进。

数学的必要性

正如在物理学或工程学中一样，数学对经济学做出了两个方面的贡献：理论建模和实证验证。因为识别因果效应是决策制定的先决条件，使用计量经济学（统计学在经济学的应用）分析数据并没有太多争议。相关性和因果性是两个不同的东西，正如法国喜剧演员科吕什(Coluche)开玩笑说的那样："在生病的时候，我们应当尽量避免去医院，因为死在医院病床上的概率，是死在自己家床上的十倍以上。"即使算上在医院受到感染的概率，这显然也是极其荒谬的。医院和死亡之间存在相关性，但并非因果关系（否则我们就要远离医院了）。或者考虑这样一个图表，其中，宾馆入住率随着客房价格的上涨而提高，但愿没有人会依此得出涨价将吸引更多顾客的结论（除了那些可以让客户炫耀自己财富和地位的高档宾馆）。理解价格和入住率之间的相关性需要引入一点价格理论：在需求（入住率）低的时候，宾馆经理需要降低价格。但只有基于计量经济学的实证分析，才能让我们明确因果关系，进而对经济决策提出建议。

用以表达问题本质的数学模型可能更具争议性。正如我前面解释过的，每个模型都是对现实的简化，有时甚至是过分的简化，即便后续研究会进一步丰富该模型并填补其空白。索洛在一篇著名的关于经济增长的论文（他凭此获得诺贝尔奖）开篇写道：

> 所有理论都依赖于不太现实的假设，这正是理论之所以称为理论的原因。成功理论化的艺术在于，在做出不可避免的简化假设时，要保证最终得到的结论是稳健的。所谓"关键"（crucial）假设，就是结论对之敏感的假设，而且重要的是关键假设要具有现实合理性。当一个理论随着某个特别的关键假设变化时，如果这个假设是可疑的，那结论也值得怀疑。

尽管数学模型有缺陷，但我个人认为，出于多方面的原因，建模是必不可少的。首先，模型是一种语言，它促进了经济学家之间的交流。同其他研究领域一样，经济学家也得益于使用尽人皆知的、不必对假设和推论做大量解释的范式。当提到"向量自回归"（vector auto regressions，VAR）、"完全竞争的阿罗-德布鲁模型"（the Arrow-Debreu model of perfect competition）或者"阿克洛夫的柠檬市场模型"（Akerlof's lemons model）时，尽管这些术语令非经济学领域的学者感到晦涩难懂，但会立刻把经济学的受众引导到讨论的现成基点上。

第二，建模迫使经济学家清晰地阐述他们的假设。明确的假设可供批判，也需要经受常识的检验。那些驱动结果的关键假设，必须经受现实主义"过滤器"的筛选。[33] 论据的逻辑同样如此。总而言之，建模使问题变得更加清晰。正如哈佛经济学家丹尼·罗德里克（Dani Rodrik）在他最近出版的书中写到的那样，与早期学者（如凯恩斯、马克思或者熊彼特）不同的是，现在没必要针对萨缪尔森或者阿罗的观点展开无休止的争论。[34]

第三，直觉有时具有欺骗性，而使用数学工具会迫使经济学家检验其论据的逻辑性。罗德里克说得非常好：

> 我们需要数学确保思路正确，保证结论符合前提假设，同时确保论证没有漏洞。换句话说，使用数学并不是因为我们聪明，而是因为我们还不够聪明。我们刚好聪明到能意识到我们还不够聪明。我告诉学生们，这一认识将使他们与那些对如何解决贫穷和不发达问题有强烈意见的人区别开来。

第四，写模型和求解模型会驱使研究人员考虑其他一些想法（如果由假设推导出的结论是错误的，那是这些假设不恰当吗，还是模型中遗漏了什么？）。

第五，模型可以指导实证研究。毫无疑问，"不使用模型的分析"可能是有用的，相关性的识别对于预测也依然有价值。确实，大数据（迄今为止一直致力于识别相关性）创造了奇迹。基于大数据，搜索引擎可预测我正在搜索什么，互联网公司能推荐我可能喜欢的书籍或电影。现在广泛使用的监督式机器学习，例如临床医学、文本中的政治偏见分析、刑事司法或消费者流失率的测算，基于输入的"训练"数据，就可以对新数据做出预测。[35] 但如果没有模型对其检验，这些数据并不能揭示多少对经济政策有用的东西。正是模型让福利分析和经济政策分析成为可能。

最后，在数据缺乏时，理论模型将成为主要工具。这种情况常常与新技术的发展相伴,特别是新技术的相关数据尚未充分积累的时候(例如,竞争主管机构要决定是否允许在位公司收购一个互联网初创企业,或成立一个专利池,详见第十六章);或者出现突发性制度变迁时(正如20世纪90年代发生的网络型产业放松监管,详见第十七章;以及苏联由计划经济向市场经济的转轨);或者针对制度创新、产品创新调整监管政策的时候(例如,对新金融工具的审慎监管)。在进入"新世界"后,经验分析往往有其局限性,如气候变化对移民的影响、欧盟解体的影响,或经合组织中某大国主权债务违约的后果等,就难以由以前的事件来推断。

另一种情况是,数据可能有,但只是"局部"的,当用其评估一个可能显著改变经济环境的新政策时,就无法提供多少有用信息。"大稳健时代"(Great Moderation,由于稳定经济政策的实施,从20世纪80年代中期开始,商业经济周期波动减少)的结束和2008年金融危机带来的金融收益率分布偏度变化(之前,金融收益率服从正态分布的假设一直很有效),让宏观经济学家目瞪口呆。在微观经济学中,如果一个预期的并购让价格远离当前的价格水平,那么基于对需求进行准确但仅仅是局部度量的结论,可能会对并购成功后的市场带来误导。[36]

数学化的代价

然而,数学化是有代价的。首先,有时候数学化很困难,对某个问题的最初研究可能是粗糙的。尽管人们时常期望经济学家立刻给出经济政策建议,但这需要耐心。40年前,我们几乎不知道如何对预期、企业之间的交互作用及信息不对称进行建模,所以,当时很多经济学领域都难以数学化。

第二,经济学家有时倾向于在"路灯下"找东西。这个说法常用来描述在有光线的地方寻找，而不是到更可能丢失东西的黑暗角落去寻觅。例如，长期以来，宏观经济学家都喜欢使用"代表性个体"（即他们认为所有消费者都是同质的）的提法，而这仅仅是因为这种假设让模型分析更加容易。因为消费者在诸多方面是不同的（偏好、财富、收入、贷款能力、社会人口变量，等等），如今他们逐渐摒弃了这种假设。然而，精确度却是以增加复杂性为代价的，假设越多，对经济个体的描述就越复杂，就越需要数学来确保推理过程的完整。

第三，经济学教学常常过于抽象，而数学的应用有时助推了这种趋势。但是，数学本身不应该受到指责，因为教师可以自由选择如何教学。教材需要与研究进展保持一致，但可以使用不同方法来阐释。英文版的本科教科书通常不会大量使用数学，但对于教师来说，传授研究的简单方式就是使用现有形式，而不是设法使其更容易理解。

最后，经济学研究经常因为过于关注美学而受到指责。由于使用数学构建优雅且逻辑一致的模型被认为是具备科学质量的表现，数学越来越像目标，而非工具。毫无疑问，这种缺陷是存在的，但我们也必须记住，正如其他学科一样，那些聪明而肤浅的论文可能享誉一时，除非它们代表了让应用研究成为可能的方法论上的真正进步，否则在未来都会被遗忘。

博弈论与信息经济学

博弈论与信息经济学彻底改变了经济学的各个领域，同时，它们也广泛应用于演化生物学、政治学、法学中，在社会学、心理学和历史学中也有所应用。

博弈论

现代微观经济学以博弈论和信息经济学为基础。博弈论描述和预测那些各有目标又相互依存的行为主体策略,而信息经济学则是对主体使用私人信息的策略进行建模。

当行为主体具有不同利益时,博弈论让我们能够对他们的策略选择进行概念化。因此,博弈论不仅适用于经济学,也适用于政治学、法学、社会学,甚至心理学(后面我们会看到)。博弈论最初是由数学家发展起来的:法国的埃米尔·博雷尔(Émile Borel)于 1921 年提出博弈论;美国的冯·诺依曼(John von Neumann)于 1928 年发表相关论文,并与奥斯卡·摩根斯坦(Oskar Morgenstern)于 1944 年共同出版了相关著作;约翰·纳什(John Nash)在 1950 年发表了与博弈论有关的论文。[37] 博弈论最近的进展是由社会科学的应用推动的,尽管生物学家和数学家也对此做出了贡献,但多数功劳都应归于经济学家。

从个体行为到集体行为

人文社会科学表明,无论人们的行动是同时发生,还是出于对自己行为的反应,对他人如何行动的预期都非常重要。如果一个行为主体理解其他主体的动机,且至少在平均意义上能够预见到他们的策略,然后根据自己的最佳利益行事,这样的预期就是理性的。此时,策略被称为处于均衡状态(1950 年,纳什提出了此类均衡的一般性理论,又被称为"纳什均衡"[Nash equilibrium])。对他人可能行为的理解可以来自推理(可以设身处地想想自己处在他人的境地会如何行事);如果与之前的博弈类似,也可以根据过去的经验来判断。

当一个人不把钱包落在咖啡桌上,或者不把自行车遗留在无人看管的大街上,又或者在步行过街时不会不观察路况(在有些国家,司机不会为行人让路），从正确预期其他人行为的意义上讲，这个人就是在求解博弈论中的基本问题。行人过街的例子还说明可能存在多重均衡：如果司机不需要为他们的行为付出任何代价（心理上的除外），只要车辆靠近时没有行人正在或意欲过街，司机就不会减速；反过来说，如果司机预见到当他们靠近时行人仍会穿过马路，司机就会减速，而如果行人预见到司机的礼让行为，行人也会继续穿过马路。

就像茹尔丹（Jourdain）先生（莫里哀[Moliere]《贵人迷》[Le Bourgeois Gentilhomme] 中的角色）惊讶地发现自己一直以来都在说散文一样，我们每天都会参与成百上千的"博弈"，却不知道自己是博弈专家。我们需要预测他人的行为，而他人的行为也包括他们对我们的行为的反应。当然，与那些偶尔进行一次的博弈相比，我们更擅长那些生活中不断重复的博弈（例如与个人和社会关系相关的博弈）。因此，在拍卖会上，因为每个人都对拍卖物（如采矿许可或上市公司的股份）的实际价值有自己的理解，很少有人会一下就找到正确的出价策略。与专家不同的是，多数人都倾向过于乐观的出价，因为他们没有把自己放在其他潜在买家的位置，也没预料到如果其他买家有资产的负面信息，其后续出价会更低。这种现象被称为"赢者的诅咒"，之所以如此称呼，是因为人们有时中标的标的物几无价值。

人们的行为常常取决于别人怎么做。如果其他司机或地铁乘客早上 8 点去上班，那么，即使早上 6 点出发对我来说太早，在这个点出发对我也是有利的。在均衡状态，人流量趋于稳定，因此每个人都会做出权衡，是选择理想的出发时间，还是忍受通勤过程中遭遇的拥堵。在选择时，人们试图区分自己的行为与他人的行为。在其他情形中，人们会面临协调的问题，他们更愿意选择和他人行动一致。例如，如果多数人都不支付违规停车的罚单，就会存在（遗憾地）要求赦免这种违法行为的呼声，从而也会降低我支付违规停车罚单的动机。如同行人-司机博弈也可能存在多重均衡,两个其他情况完全相同的社会也许会采取完全不同的行为模式。

"平均预测"反映了均衡有时基于"混合策略"。在足球赛中,一个优秀的守门员在面对点球时必须避免给外界留下如此印象:扑向左边的概率比扑向右边的概率高,或者一直站在中间;反之,踢点球的球员也是如此。对职业球员(业余球员更容易预测)的研究清楚地表明,他们的行为不可预测:无论采取上述三种策略中的哪一种,一个优秀的守门员扑住点球的概率都在 25% 左右。[38]

由于不知道其他人的所有信息,所以完全预测他人的行为是不可能的,充其量只能做出一些条件预测:"在这种情况下,如果我是他们,我会这样做。"例如,在前面提到的拍卖中,如果其他人获悉一个关于拍卖标的物价值的利好消息,我们就可以预测其将会拍出高价(反之,就会拍出低价)。

为了说明博弈论的强大和局限性,我们可以考虑一种能够描述和分析许多冲突的策略框架——"囚徒困境"(the prisoner's dilemma)。这一概念源于如下情形:两名囚徒涉嫌共同实施了一项犯罪行为,但尚未认罪。他们被关在不同牢房,并被要求坦白罪行。如果其中一人坦白,那么他(她)将被从轻发落;如果两人都坦白,则双方都将受到惩罚。总的来说,如果两人都不坦白,这对他们是最好的结果,但每个人都有坦白的动机,所以均衡结果是两个人都会坦白。

这种情况如表 4.1 所示。假设有两个局中人:甲和乙。每个局中人都有两种行为可供选择:合作和不合作,合作用 C 表示,不合作用 D 表示。甲的得分是用粗体表示的第一个数字,乙的得分是另外一个。如果甲合作而乙不合作,那么甲的得分为 0,乙的得分为 20。每个局中人都知道表格中的所有信息,但不知道对方做什么选择。因此,每个局中人最好的策略都是选合作(即都选择 C),每人的得分都是 15,

总分为30，这比其余三种可能的结果都要好（如果两人选择的策略不同，总得分是20；如果两人都选择背叛，总得分是10）。但就个人而言，他们都有机会主义动机。这个博弈最终的均衡是，每个人都选择不合作，最终都只获得5分。要知道，不管甲如何决策，乙的最优策略都是背叛：如果甲选择合作，乙背叛可以获得20，而合作只能获得15；如果甲选择背叛，乙背叛可以获得5，而合作只能获得0。这同样适用于甲。

表4.1 囚徒困境

		乙	
		C	D
甲	C	**15**, 15	**0**, 20
	D	**20**, 0	5, 5

因为存在一个"占优策略"（dominant strategy），这个博弈特别容易分析。"占优策略"是指局中人在做出选择时不需要预测对手会做什么：无论另一个囚徒选择 C 还是 D，对每个囚徒来说，最好的策略都是选择 D。

由此可以得出结论，面对此情此景，每个理性的个体都会选择机会主义策略。然而，在实验室环境下，[39] 并非所有人都选择背叛：有15%—20%的人选择了合作。本书第五章将继续讨论这一现象，我们将会看到，导致这种结果的不是博弈论的问题，而是我们对经济主体自私行为的假设。

虽然囚徒困境博弈很简单，却代表了非常重要的策略情境。例如，在石油输出国建立 OPEC 石油卡特尔之前，每个国家都有动机增加石油产量（策略 D），而不是减产或与其他国家合作限制供给（策略 C）。

配额的引入（如果超过配额，就会受到惩罚）可以强制 OPEC 成员国选择策略 C 来增加收益。在这种情形下，我们就能理解，为什么参与者（个体、企业或国家）有兴趣建立一个基于协议和对参与者的背叛行为威胁报复的卡特尔。

这个博弈也为竞争主管机构带来了灵感，它们通过引入辩诉交易（plea bargaining）来治理卡特尔。"宽恕计划"（leniency program）已在美国实施多年，最近也被欧洲采用，实施的效果很不错。这种制度保证，如果卡特尔中的任何一个成员企业向竞争主管机构举报，都可以获得准豁免，主管机构会对卡特尔中的其他企业实施处罚。这项宽恕计划再现了囚徒困境情境，即通过破坏内部协议动摇和瓦解卡特尔。

第八章研究的对抗全球变暖的斗争是另一个应用囚徒困境的例子。每个国家都有不愿减少温室气体排放的动机，但这种集体自私行为的后果却是灾难性的。加勒特·哈丁（Garrett Hardin）1968 年在《科学》杂志上发表的一篇论文中描述了这种"公地悲剧"（tragedy of commons）的情境。该论文解释了关乎气候变化的《京都议定书》和《哥本哈根协议》为什么会失败。为了避免这样的悲剧，我们必须达成一项协议，迫使所有在现实中选择 D 的国家都转而选择策略 C。

交互作用的动态性

动态博弈理论建立在这样的思想上：某个人的当前决策会对其他人的未来行为产生影响，所以每个人都需知道自己的决策如何影响他人的未来决策。例如，正在制定新法律或法规的国家必须考虑到，消费者和企业会通过改变其行为来对新的制度环境做出反应，为此，国家必须从他们的角度考虑他们将来会如何应对。在经济学（不是特别恰当的）术语中，这种均衡被称为"完美均衡"（perfect equilibrium）。

在完美均衡中，每个主体都知道，其行为会对其他主体的未来行为产生的影响，并据此采取相应策略。

某个主体的行为常常会揭示其拥有的信息。例如，某个投资者购买某公司的股票，意味着该投资者拥有某些信息或对某些情况知悉，这些信息使其对企业价值有乐观预期。如果披露这些信息，就可能抬高公司股价，从而降低买家利润。因此，股票投资者在大笔买入时会分批谨慎操作，或者雇用代理机构来操作。另一个例子是，某个朋友或供应商以投机的方式行事，辜负别人对他或她的信任。这样的行为就会揭示此人的品格信息，这反过来会让此人在自毁信誉前三思而行。这种情境可以用"完美贝叶斯均衡"（perfect Bayesian equilibrium）的概念来研究，这个均衡概念结合了完美均衡及贝叶斯定理意义上的理性信息处理——这将我带入信息经济学。

信息经济学

现代经济学的第二个统一框架是信息经济学。取决于应用场景的不同，它又被称为激励理论、契约理论、信号理论，或者委托-代理理论。这一理论关注的是决策者拥有的私人信息的策略角色。要想很好地理解人际或经济关系，我们需要认识到行为主体拥有的信息不尽相同，他们会利用自己掌握的信息实现自身目标。

信息经济学理论是由以下一些学者发展起来的：阿罗（1972年获诺贝尔奖），阿克洛夫、斯宾塞（Michael Spence）和斯蒂格利茨（三人分享了2001年的诺贝尔奖），莫里斯（James Mirrlees）和维克里（William Vickrey，两人分享了1996年的诺贝尔奖），赫维茨（Leonid Hurwicz）、马斯金（Eric Maskin）和迈尔森（Roger Myerson，三人分享了2007年的诺贝尔奖），霍姆斯特罗姆（Bengt Holmström，与哈特

[Oliver Hart]共享了2016年的诺贝尔奖,哈特研究了不完全合同理论的后果),拉丰和米格罗姆(Paul Milgrom)等。

信息经济学理论建立在两个基本概念的基础上。"**道德风险**"(moral hazard)是指某人的行为可能不会被交易对方(或称委托人)观察到,但是会影响到后者,或者可能不会被法庭观察到,但在发生诉讼时,又要强制执行合同条款。以委托人(地主)与代理人(佃农)的合同为例:佃农可能不会很关心作物的选择、最佳的播种时机,或者不会投入足够精力保证高产和优质的收成。在这种情况下,我们就说佃农可能有"道德风险"。歉收可能是某些外生因素影响的结果,比如天气;也可能是佃农(代理人)努力不够,这反映了他所面临的激励强度。

假设委托人不能观察到代理人的努力程度(或者不能向法庭证明代理人不够努力),同时假设委托人知道最终结果不仅取决于佃农的努力,还取决于佃农无法控制的外生事件,那么,应该由谁来承担风险呢?是委托人还是代理人?分成制是一种农田租赁制度,地主或者出租人委托佃农耕作一块土地,并分享一部分收成作为对价。在标准农田租赁合同下,佃农只需向地主缴纳固定收成(地租),剩余收成全部归自己所有。如果分成制的安排是佃农将其手中过半收成交给地主,那么与标准农田租赁合同相比,这样的合同只赋予了佃农较小的责任,提供了较弱的激励。标准农田租赁使佃农承担了所有风险,包括气候和其他不可控风险。如果佃农趋避风险,并希望获得可预期收入,那么这种租赁方式对于佃农来说代价巨大。[40] 另一方面,如果佃农不担心收成风险,那这种租赁则是最优的,佃农将对他的劳作负全部责任,因此也会选择付出相应的努力。如果全部或部分风险由地主承担,那么佃农就不会如此劳作。对佃农来说,最缺乏激励的制度安排是固定工资制,纵然他们再努力,也不能从中获得任何收益。

"**逆向选择**"(adverse selection)是指当双方签订合同时,代理人可能拥有私人信息。用收益分成制的例子来说明，只有佃农才知道他将投入多少时间用于耕作，以及他的耕作技能和劳作意愿如何；相反，只有地主才知道土地的肥沃程度。如果合同双方彼此猜疑，逆向选择就会影响合同的签订。为说明这个概念，我们假设地主知道土地的肥沃程度，但佃农对此一无所知。即使佃农并不在乎收益风险（因此，只需支付一笔固定费用，剩余利润全归佃农所有的标准佃农制才是最优），如果地主提出使用标准农田租赁合同，佃农也会怀疑地主知道这块土地产量不高，提出这种租赁方式无非是为了降低其自身风险。所以，佃农可能更想与地主达成分成制协议，以证明这块土地实际上是高产的。

显而易见，"道德风险"和"逆向选择"这种制度分析框架，同样适用于网络型产业和银行业的监管（监管机构只掌握了公司技术及其为降低成本所付出的努力，或银行资产组合风险的不完备信息），也适用于公司治理与公司金融（股东、债权人和其他利益相关者关于管理层的行为及后果的信息也是不完备的），以及组织社会学（工作部门或小组为其自身目的策略性地保留信息），等等。

过去30年信息经济学理论的发展，使我们确认了对理解谈判和监督机制至关重要的原则。这些原则意味着必须在一些简单的规则下制定和执行合同。例如，起草合同的一方必须接受，如果另一方拥有某些私人信息，那么它就需要做出一些让步以诱使对方透露这些信息。

正式合同要基于可观察、可证实、可量化的要素，这一理念在第八章和第九章分析就业政策和对抗全球变暖时至关重要。合同必须建立在一套可信的奖惩制度上，还需要有足够的灵活性来反映信息的变化，因为总会出现一些合同签订时无法预测的情况。因此，必须提出重新谈判甚至终止原合同的方法，比如提供退出选项和计算赔偿的规则。最后，在正式激励机制缺失时，交易双方必须依赖更为非正式的关系，在这种情况下，一方多次表现不良就会使另一方产生怀疑，最终导致对其信心的丧失和合作的终止。

上述例子只是对信息经济学理论做了些简单介绍，但它们清楚地表明，人们有利用信息优势占他人便宜的动机，且说明了制度设计为何必须考虑信息的不对称。

工作中的经济学家：方法论的贡献

在很多学科中，上游基础研究提出的新技术和新思想，可以应用于下游应用型研究中。经济学就是这样一门学科。在经济学中，很多研究既没有具体的应用，也未试图解决某一特定的经济问题。相反，这些研究侧重于方法论，支撑其他理论工作对特定现象建模，或者为实证研究提供概念框架。

例如，计量经济学家采用统计学技术，或者构建他们自己的技术，以便让应用经济学家可以更准确地测度经济现象和确定因果关系（一个变量影响另一个变量，还是两者只是简单的相关关系？）。这是将实证分析应用到公共政策的必要条件。类似地，理论研究者对研究框架进行分析，但这些研究框架可能并没有直接应用场景。下面的讨论既抽象又稍显自我（因为仅仅描述了我自己的研究，为此请读者原谅），其主要目的是帮助读者更好地把握经济学家工作的多样性。我希望这些讨论也能让读者意识到，即使是理论研究，也要依赖团队合作。如果没有与上文提到的那些学者及未提到的学者间的亲密合作，我不可能完成这些工作。

我对**纯博弈理论**（pure game theory）的研究主要涉及动态博弈，也就是利益冲突随时间而变化，而局中人（代理人）根据其他人的选择进行应对。我们（我和我在麻省理工学院时的博士生导师、现在哈佛大学的教授马斯金一起）首先要定义"马尔科夫完美均衡"（Markov perfect equilibrium）的概念。按照这个概念，对任何随时间变化的博弈，我们都可以明确识别这样一个变量（称为"状态变量"）——这个变量是过去博弈状况的一个概括，并决定局中人未来策略的选择。将博弈进展到某一时刻之前的所有历史都浓缩进来的这样一个概括，包含了局中人需要知道的其未来策略对其未来收益影响的全部信息。例如，在一个寡头垄断市场，如果收购这些生产能力的方式与时机不相关，那么，当前的生产能力就能反映产业的过去。这个概念在结构产业经济学领域很有用，而结构产业经济学已成为实证产业经济学的主要方法：马尔科夫完美均衡概念如今常见于计量经济学研究，用来分析和测度企业间相互竞争的动态行为。

另外，我和弗登伯格（Drew Fudenberg，现在是麻省理工学院的教授，和我一样也是马斯金最早的学生）合作，完善了"完美贝叶斯均衡"概念。[41] 这个概念综合了贝叶斯均衡和完美均衡，其中，贝叶斯均衡让信息不对称下的博弈研究成为可能，而完美均衡则描述了动态环境下的均衡。我和弗登伯格还提出一个连续时间框架下先发制人博弈（或者更一般地说，局中人的策略为选择行动时间的一类博弈）的研究方法。

我对纯契约理论的研究，在四个研究方向拓展了分析框架：

动态（dynamics）。契约关系经常是重复发生的，且在合同执行过程中可以重新谈判。我在这方面的研究与拉丰、哈特和弗登伯格一起合作，更早期的研究与罗杰·格斯奈里（Roger Guesnerie）和弗雷克斯（Xavier Freixas）合作，这些研究发展了一种动态、演化的契约观。例如，当存在逆向选择时（代理人有委托人不具备的信息），代理人的行为就会暴露他（她）的某些特征或所处环境的信息（任务的难易程度、能力的高低，以及工作的努力程度），因而影响未来契约的缔结。回到佃农租赁的例子，当地主看到收成很好时，他会认为土壤非常肥沃，或者佃农非常高效。在将来续约时，地主就会倾向于提出更苛刻的条件，如索要更高的地租，或设定更高的产量目标。如果佃农预见到这种"棘轮效应"（ratchet effect），他就可能降低努力程度（或隐藏部分收成）。

科层制度。合同常常涉及两个（委托人和代理人）以上的主体。例如，在分成租赁合同中，如果合同规定地主和佃农各获得一半收成，那么地主就可能委派一个中介去监督或测量收成情况。事实上，我们可以看到，中介在经济中无处不在：金融中介（银行、投资基金、风险投资家等）、公司工头和主管、监管机构，等等。当存在两个以上代理人时，代理人之间就存在合谋的可能性。我研究的内容是将"派系"（cliques，社会学术语）合谋的危险与信息结构（信息在组织内的分布）联系起来，并研究合谋的威胁对组织设计的影响。直观地讲，在拥有相同信息的群体中，合谋更容易实现。"信息聚集"会产生威胁组织效率的派系。

"知情委托人"理论（和马斯金合作）。这类研究提供了一些概念工具，在委托人拥有代理人不具备的信息时，对其向代理人提供的合同进行建模。例如，一个想通过金融市场卖出股票来融资的企业家（委托人），可能确实需要资金来支持一个好的项目，但也可能只是想在企业的不利消息公开前卖出股票。另外，在资本市场融资的数量及融资的模式（股票或债券）会被投资者（代理人）视为传达某些信息的信号。

商业机构和政府中的内部组织。我和布鲁塞尔自由大学的德沃特里庞分析了能够激发更强责任感的组织结构；由此，我们展示了一个双方都有代言人（而不是中立代表）的对抗性诉讼程序如何帮助法官或一般而言的中立政策制定者获取更多信息——即使这些代言人因信息对其不利而保持沉默时，也仍然奏效。我们还考察了给政府官员和机构分配任务的情况，证明了分配一个明确、清晰的任务，要优于分配一个无所不包的任务（"求全必失"）。

本章试图描述经济学研究的主要特点：穿梭于理论与经验之间、方法研究与应用研究之间，如何评价经济学研究，学术辩论的特点和随着认知的推进而不断达成的共识，还有数学和新的概念化工具的作用。同任何科学一样，经济学知识的进步与研究人员的专业化紧密相连，这种专业化有时甚至有些碎片化，这是因为掌握不同的方法、领域和可用工具已变得越来越困难。即便如此，跨学科研究依然是经济学取得进步的重要源泉，人文社会科学也是如此。这些是下一章的主题。

第五章　拓展中的经济学

曾与人文社会科学融合在一起的经济学，在20世纪创立出一个全新的学科体系，但付出的代价是越来越游离于其他学科之外。

经济学提出了"经济人"假设，即假设决策者是理性的，他们在给定可支配信息（尽管经济学强调这些信息可能是不完备的或被操纵的）的基础上最大化其自身利益。制定经济政策主要基于外部性、市场失灵等理念。它们导致个人理性与集体理性之间存在差异，使得对个人有利的事情未必对整个社会有利。

近来，通过对行为模式和神经经济学的研究，经济学家又转向了心理学，这一复兴的动因是更好地理解人类行为。实际上，经济人假设（及相应的政治人假设）一直充满争议，因为人们不可能像假设的那样一直理性地行事。我们都经历过思考和决策的失误造成的痛苦。过去20年来，经济学日益向其他社会科学靠拢，并吸收了它们的许多见解。一个也许稍显争议的说法是，我甚至认为人类学、法学、经济学、历史学、哲学、心理学、政治学及社会学实际上同属一个学科，因为它们的研究对象都一样：相同的人、相同的群体和相同的组织。

经济学拓展到其他人文社科领域，并不意味着经济学是贪婪的帝国主义。其他学科也各有特色，它们通常（尽管并不总是）较少使用定量分析，也不太倾向于正式的理论分析和数据的统计处理。或许，经济学与人文社会科学其他领域最显著的区别在于，其他学科的研究人员并不遵循方法论个人主义，[1] 而这恰恰是经济学家所恪守的，因为经济学家笃信个体的动机和行为是理解群体行为的出发点。在我看来，人文社会科学的所有学科都应该互相开放，互相汲取营养。经济学家需向其他学科学习的地方很多，反之，他们的研究工作也可为个人行为和社会现象的研究开拓新的方向。[2]

经济学偏离传统研究边界的内容之多，已可单独成书。本章的目的在于就此主题提供一些案例，为此，我主要选取了与自己的研究兴趣相近的主题。在此，希望读者原谅这些稍显自我的选择。虽然本章的研究只涉及经济学拓展领域的部分工作，但我还是希望能向读者呈现出经济学偏离传统研究领域的概貌。

经济人并非一直理性：心理人（*Homo Psychologicus*）假设

长期以来，经济人假设意味着决策者知晓其自身利益，并以理性的方式追求其自身利益。经济人有可能缺乏信息，因此，他们做出的决策不如掌握全部事实做出的决策明智。当然，由于获取信息需要付出时间成本及相应的金钱代价，经济人也可以选择性地放弃了解信息，或者不去思考细节。[3] 但无论如何，经济人都会尽量追求自身利益最大化。

背离个体利己主义

作为对比，我接下来举几个与经济人假设不符的例子，它们可能导致反常的行为。[4]

我们难免拖延

第一个例子是由于缺乏意志力。对当下的过分沉湎会导致拖延、推迟令人不愉快的任务、对未来不够投入，以及做出冲动的行为等。大量研究分析过这种短期主义，早期哲学家对此也有过讨论，亚当·斯密的《道德情操论》（*The Theory of Moral Sentiments*，1759）一书也进行了阐述。然而，纵观几乎整个20世纪，经济学家的研究却从未涉及这方面内容。现在这种情形已开始转变。

经济学家之所以对拖延现象感兴趣，因为它对经济政策有重要影响。我们的行为常与自身利益相悖：如果放任自我，我们不会为退休储蓄足够的钱，却会酗酒和滥用毒品，沉迷于赌博，乱买东西以尽快摆脱上门的推销员，摄入过多的脂肪和糖类，想戒掉香烟却欲罢不能，想要工作或花时间与别人相处时却又去看电视。简而言之，我们今天所做的并不总是与我们本希望做的相一致。

思考短期行为时，我们在目标相互冲突的、不同的、连续的"我"（或"暂时的化身"）之间做出选择。当想要戒烟时，今天的"我"却希望吸掉最后一包香烟，把戒烟这个令人不快的任务留给明天的自己。显然，明天的"我"也不会出于自律而戒烟。我们总是过于关注眼前的得与失，而牺牲了长期利益。

政策制定者经常陷入两难困境：是尊重个人（要做决策的当前的"我"）选择，还是实行家长式管理（可以解释为保护个人的长期利益）。通常来说，我们有充分的理由对家长式管理持谨慎态度，因为家长式管理可以用来证明国家对个人选择的各种干预是正当的。但也很容易理解，为什么政府要矫正个人拖延的偏颇。在法国和其他一些欧洲国家，政府之所以通过资助养老金计划对退休储蓄给予大规模补贴，或通过现收现付制保证最低限度的退休金，就是这个原因。政府也在其他方面采取家长式管理，如对烟草征收高额税收，严禁或管制毒品和赌博市场，或设置一个"冷静期"以便让消费者有时间改变他们对所购买的某些商品（例如，在上门推销的情况下）的看法。

神经学家对这种现象也很感兴趣。例如，研究人员已经研究了当人们面临跨期选择（现在对未来做出选择）时其大脑是如何活动的。在研究中，志愿者会被问道：是愿意立刻得到 10 美元，还是愿意在 6 个月后得到 15 美元？这意味着极高的利率回报，远远高于名义存款利率。研究发现，当选择立刻得到 10 美元时，大脑中的边缘系统（limbic system）会被激活，而这一系统在情绪调控中扮演着重要角色，它在人类大脑中自始有之，且在所有动物中都发展得很完善。当选择 6 个月后得到 15 美元时，大脑中较为发达的前额皮质（the prefrontal cortex）则被激活。[5] 显然，大脑中的不同部位负责不同功能，导致人们在面对即刻满足与长远利益相冲突时出现了决策上的差异。

我们会在信念形成方面犯错

我们的大多数决定都有不确定的影响。因此，对行为实施后各种结果出现的概率，人们不能做过于扭曲的判断，这一点非常重要。但有些时候，我们却是非常拙劣的统计师。例如，一个经典的谬误是，人们认为事件的实际结果会与理论概率值快速匹配（学过统计学的人都知道，需要大量抽样才能符合"大数定律"）。我们知道，抛硬币得到正面和反面的概率相等，如果抛掷的次数充分多时，反面朝上的概率接近 50%。[6] 但很多人仍错误地认为，当正面连续三次朝上后，下一次反面朝上的概率要比正面朝上的概率大。[7] 然而，硬币并无记忆，每次抛掷后，每面朝上的概率仍为 50%。当专业人员从事重复性工作时，这种偏差也时常会出现：如法官在处理避难请求时，银行放贷员发放贷款时，棒球裁判判罚叫停时，其决策都倾向于"补偿"之前的决定。换句话说，更可能会选择与之前相反的决定。[8]

另一个广为人知的问题是，当人们获取新信息后，很难正确地调整自己的信念去考虑它们。高中和大学的统计课程都会讲授贝叶斯定理，也就是根据新获得的信息更新事件发生概率的公式。在标准的微观和宏观经济学模型中，通常假定经济人一旦获得新的信息，就会立刻理性地评估其信念（根据贝叶斯定理）。但在现实世界中情况并非如此，甚至受过良好教育的人也很难做到这一点。正如我在第一章中所言，卡内曼和特沃斯基的研究显示，在根据临床症状计算发生不同疾病的概率时，来自精英群体的哈佛医学院学生也会犯下低级错误，这证明统计计算与直觉并不相符。[9] 这两位学者还提出一个著名问题：在一个特定的日子，新生婴儿60%以上是男孩的概率在大医院和小医院哪一个更高？[10] 多数人给出的答案是，无论医院规模如何，概率都是相同的。然而，结果却是在小医院概率更高。直观上，如果医院每天只有一名新生儿，那么男孩的概率为50%，当每天有两名新生儿出生时，60%以上新生儿都为男孩的概率等于新生儿皆为男孩的概率，即25%。当每天出生的婴儿非常多时，60%以上新生儿均为男孩的概率将趋于0。在大医院，男孩数量占比接近于50%，也就是说低于60%。

我们具有同理心

我们并非总是按照自身的物质利益行事，比如最大化我们在银行账户中的存款，或广义上的对各种商品或便利条件的支配。我们会从事慈善活动，会帮助仅有一面之缘的陌生人。在这些情形下，我们都不期望得到任何回报。

将同理心引入经济个体的目标中，对经典经济理论而言没有任何困难，因为只需重新定义自利行为：如果我将你的部分幸福内化，它实际上也成了我的。然而，亲社会行为，即个体不把自身利益置于他人之上的行为，要比接下来将要看到的微妙得多。简单地将同理心引入经济人假设中，只会对现有研究范式解释人类真实行为的能力有略微的改进。

其他

正如实验经济学研究所示，偏离完全理性的情况还包括：过度乐观、对损失的极度厌恶、决策时的情绪（有时有用，但时常适得其反）、选择性记忆，以及对信念的自我操纵。

亲社会行为

我们现在回到亲社会行为上，即个体并不优先考虑自身物质利益，而是以无私的方式内化其他人的福利的行为。这类行为极大地改进了社会生活的质量。当然，一些合作行为也属于亲社会行为。在重复性关系中，即使出于自身利益这一狭隘目的，我们也愿意恪守规矩。与我们交往的人或我们所处的社会团体，会根据我们是合作还是追逐短期利益而表现出不同的行为。

但正如我们已经指出的那样，在狭义的经济学模型世界里，没有人会热衷慈善、投资社会责任共同基金、购买公平交易商品，或以远低于平均水平的工资为非政府组织工作。经济人也不愿意参加投票选举，因为投票并不利己：除非在一个非常小的团体中，否则，你的投票改变选举结果的概率几近于0。甚至在史上最难分难解的2000年美国大选中，小布什最终以佛罗里达州的微弱优势赢得选举，但选票的差异也有好几百张。因此，一张选票无足轻重，而按照狭义的理性选择理论，花费15分钟去为一个你希望当选的候选人投票不值得。这意味着，我们之所以去投票，要么是寄希望于能使我们的首选目标当选，要么是自欺欺人地觉得，投票并非为了满足自己在经济和意识形态方面的利益，而是一项义务，是为了让别人和自己看起来愿意承担社会责任。[11]

更一般地讲，个人并不总是严格遵循自身物质利益最大化原则来做出决策的，利他主义是可供我们解释这类行为的原因之一。但正如下文将要看到的，仅仅用利他主义来解释未免过于简单。

利他主义和自我形象

内化别人的福利可以用来解释为什么存在慈善捐助，但并不能解释所有问题。为了理解这一点，我们以社会科学中著名的"独裁者博弈"（Dictator Game）为例来阐释（见图5.1）。

在匿名情形下，[12] 一个参与者（称为"独裁者"，在博弈中占主动地位）需要在计算机上的选项 A 与选项 B 之间做出选择：选项 A 中，"独裁者"获得 6 美元，同时给实验中另一个参与者（不为"独裁者"所知的被动参与者）1 美元；选项 B 中，每个参与者都获得 5 美元。我们可以称 A 为自私选项，B 为慷慨选项。经典意义上的理性行为意味着"独裁者"将选择 A 以最大化自身收益。但实际中，由于选择慷慨选项做出的牺牲足够小，有四分之三的"独裁者"都选择了 B。[13] 但我们能说这仅仅是因为"独裁者"内化了其他人的福利吗？

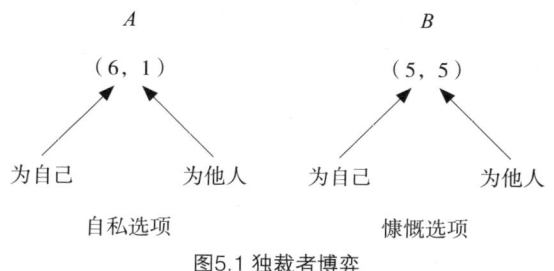

图5.1 独裁者博弈

实际上，慷慨是个非常复杂的现象，它有三种动机因素：一是内在激励（天生慷慨大方）；二是外在激励（被税收减免等外部激励驱动）；三是树立美好形象的愿望（想在他人和自己面前树立良好形象）。

在"独裁者"博弈中，自我形象起到了关键作用，此时"独裁者"仅与自己打交道（因为博弈参与者完全匿名，即使实验组织者也不知道谁是参与者，所以，对社会形象的关注在大多数室内实验中都不起作用）。更广泛地讲，社会形象和社会声望也是基本动机，这从现实中博物馆和大学的捐赠者只有 1% 匿名可以看出。这一点也可由图 5.2 来解释。如果捐赠金额是分级的（捐赠金额为 500—999 美元者是"白银级捐赠者"[silver donor]，捐赠金额在 999 美元以上者为"黄金级捐赠者"[gold donor]），我们可以看到大部分捐赠金额都集中在每个级别的最低水平附近，而不是均匀分布。

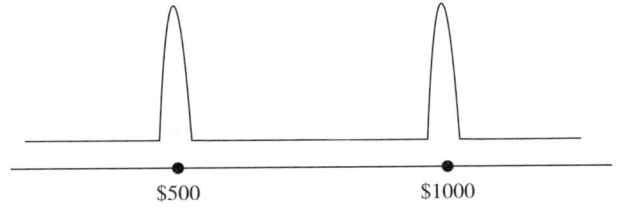

图5.2 分组现象（按照级别捐赠）

另外一项针对类似现象的有趣研究，是关于在瑞士某些州采用邮件进行投票的。[14] 依照传统经济学，这种方式会使投票成本降低（至少可以不必再去投票站），进而提升投票参与率。然而，经验表明，投票参与率并未增加，相反，在一些州，特别是在农村地区，参与人数竟然下降了。其原因在于，农村地区的选民彼此熟悉，他们的社会压力也比较大，选民去投票站投票，部分是为了向他人显示其好公民形象，而使用邮件投票为其提供了一个不去投票站投票的绝佳借口。也就是说，即使不去投票，也不会有损其社会声誉。这个研究再次表明了社会行为及动机的复杂性。

互惠利他主义

人类不同于其他物种的一个显著特征是他们会与没有血缘关系的陌生人合作（蜂巢和蚁群的成员在基因上紧密关联，其他物种如灵长类动物只在小群体范围内合作）。正如我先前指出的，我们要区分这些合作是出于利己动机，如在与其他个体或团体的重复性关系中维持良好形象，还是如"独裁者博弈"中所展现的那样受社会偏好驱动。

另一个涉及社会偏好的著名博弈是"最后通牒博弈"（Ultimatum Game）。这里，参与者甲面临的任务是将10美元在他（她）和参与者乙之间分配。与"独裁者博弈"相似，"最后通牒博弈"同样要求参与者匿名，他们不知道其他参与者是谁，从而排除了物质利益驱动的合作。与"独裁者博弈"不同，"最后通牒博弈"的结果取决于乙的意愿：如果拒绝甲提出的分配方案，两人只能得到0美元。在实际中，达成的方案通常是将10美元平分；而乙得到0美元，或仅能分到1或2美元（即甲得到10、9或8美元）的方案，经常会被乙拒绝，即使对乙来讲，得到1或2美元也比一无所获好。预见到这个结果，甲经常理性地提出不太极端甚至均等的分配方案。[15] 实际上，人们经常由互惠利他主义驱动：谁对我们投之以桃，我们就对他报之以李；反之，如果谁惹怒了我们，我们也会设法报复，即便这样做的代价很大。

互惠主义似乎非常普遍。在15个微型社会（如坦桑尼亚的哈扎人[Hadza]或玻利维亚的提斯曼人[Tsimanes]）的实验研究中，研究者发现在"最后通牒博弈"中的行为与这里的讨论类似。有趣的是，这些实验似乎证明，在交流密集的社会（这样就不存在以家庭为中心的生活方式），人们似乎更加合作。[16]

利他主义与诚信的脆弱性

借口的力量和道德回旋余地

试图对利他主义进行全景式分析非常困难,为了理解这一点,我们对"独裁者博弈"做一点调整,如图5.3所示。

实验中有两种可能状态,第一种状态同之前一样,A(6,1)对应自私行为选择,B(5,5)对应慷慨行为选择。如果"独裁者"选择 A,则其获得 6 美元,另外一人获得 1 美元;如果"独裁者"选择 B,则每人获得 5 美元。在第二种状态下,对参与双方来讲,选择 A(6,5)要比 B(5,1)好,因此,无论从个人视角还是从集体视角来看,"独裁者"都会选择 A。

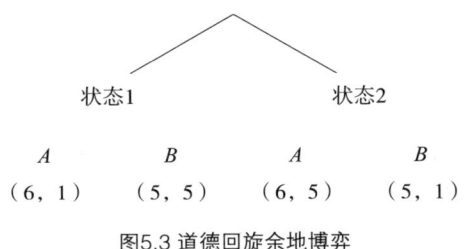

图5.3 道德回旋余地博弈

迄今为止,除了在实验之初"独裁者"不知道出现哪种自然状态外,博弈非常简单。两种状态出现的可能性相同,但实验组织者会问"独裁者",是否愿意弄清自己身处哪种自然状态(无需代价就可以知道),而理性的参与者应该说"愿意"。特别是,利他主义者应该愿意了解是选择 B(在第一种状态下),还是选择 A(在第二种状态下,选择 A 对双方都最佳)。但实验表明,多数"独裁者"无意做出知情的选择,更不想知道状态类型并选择利己行为 A,这是因为不知道所处自然状态掩盖了隐藏在背后的"借口",即可能存在一种状态,在这种状态里选择 A 不会对其他人带来惩罚。换句话说，他们不希望知道自己身处第一种状态中，进而迫使自己在自私和利他之间做出抉择。这与路人选择横穿马路以避免遇到乞讨者，从而逃避施舍的"义务"殊途同归。[17]

由阿明·法尔克（Armin Falk，德国波恩大学）和诺拉·塞奇（Nora Szech，德国卡尔斯鲁厄 [Karlsruhe] 大学）所做并发表在《科学》上的实验研究表明，共担责任会腐蚀道德价值观。[18] 这一结论对市场同样适用，而且只要决策中涉及他人，进而出现共担责任情形，这个结论就成立。在所有组织中，借口的存在（"我应别人的要求这么做的""我不做其他人也会做""我不知道""每个人都这么做"），降低了个人对不道德行为的抵制力。此类研究的一个重要目的，就是更好地理解从市场到行政组织等机构是如何影响我们的价值观和行为的。

语境效应

让我们继续思考另一个由"独裁者博弈"演变而来的实验（如图5.4）。在这个实验中，我们增加了比 A 更自私的第三个选项 C（10，-15）。通常，人们会认为，在面对A与B时，一个利他的人会选择B，即使增加更自私的选项C，他也会如此。换句话说，引入选项C并不会影响慷慨选项B被选的频率；[19] 特别是当一个人无论如何也不会选C时，增加C不会影响其对A与B的选择。然而，在实践中，新选项C的引入，明显降低了选B的可能，使A被选择的可能性大于B。[20] 因此，即使不选C，其他选项被选的概率也会受到影响。

A	B	C
（6，1）	（5，5）	（10，-15）
自私选项	慷慨选项	非常自私选项

图5.4 语境的重要性

这里，语境的重要性有很多可能的解释。例如，一种解释是，当只有 A 和 B 时，选 A 会使"独裁者"觉得很自私，而 C 的出现提供了一种说辞（"我并不是真的自私"），使选 A 看起来不再那么自私。另一种解释是，"独裁者"或许将 C 的引入看作一种信号，表明实验组织者并不一定期望其会表现大度。不管是哪一种解释，这个实验都证明了制定决策时语境的重要性，即使增加一个不相关的选择（在任何情形下都不会选的选项），也会影响我们的选择结果。

一般而言，当个人觉得选择的表达方式（而不单单是选项自身）有某种意义时，语境就会影响选择。这一观念已在很多方面得到了应用。例如，当某个公司或国家针对其雇员或公民的退休储蓄计划提供一个默认选项时，即使某些人在某些情况下有更好的选择，这一举动也等于含蓄地宣称默认选项适用于大多数人。关于决策引导行为，已经有大量文献进行了讨论，并将其称作"家长制自由主义"（libertarian paternalism[21]，或"助推"[nudging]）。有些自相矛盾的"家长制自由主义"这种表述很好地描述了其背后的思想：如果个人知道最佳选择是什么，他就有绝对的自由做出最佳选择，但当他缺乏重要信息或犹豫不定时，他的选择就会受到引导。

记忆的作用

许多实验证明，我们的亲社会行为非常脆弱和复杂，记忆在其中起到重要作用。让我们看一个由心理学家设计的参与者可以作弊但不会被发现的博弈。例如，博弈的参与者可以得到计算机随机分配的 1—10 之间的任意一个数字（显示在他的计算机屏幕上），实验设计者并不知道参与者被分配的数字是多少，参与者只需将分配到的数字报给设计者，就能得到等额的金钱。因此，当参与者被随机分配到数字 5 时，他可以佯称是 7，这样就可以得到 7 美元。在这种情况下，如何发现作弊行为呢？由申报的概率就可以看出。[22] 如果实验参与者非常诚实且样本足够大，申报 1 美元的概率大约是 10%，申报 2 美元的为 10%，依此类推。因此，如果数额大的出现的概率偏高，就意味着出现了作弊（但可能并不均匀一致，其他实验显示，有些人从不作弊，另一些人则会作弊，但作弊程度不一）。但实验并未结束。

在第二阶段，先向参与者宣读"十诫"或大学诚信守则（honor code）[23]，然后继续实验。参与者在第二轮实验中的作弊明显要少于第一轮。如同证伪其他过于简单的个体行为理论一样，这是另一个推翻传统的完全理性经济人概念的实验。宣读"十诫"或大学诚信守则使参与者更难忽视自身的作弊行为，因此也更难忘却这种欺骗行为。

当我们做好事却被惩罚时

为了说明慷慨的复杂性，可以看一下由伯努瓦·莫宁（Benoît Monin）及同事设计的排斥实验。[24] 这些实验证实了人们喜欢慷慨的人，但他们如果过于慷慨，就会遭到别人的排斥。人们并不喜欢在道德上给予自己规训的人，哪怕这种行为是间接的。其原因在于，当一个人的道德过于高尚时，就会提供一个比较基准，[25] 反衬出我们自身形象的渺小。与其长期忍受对自己自私的提醒，我们宁愿对那些道德感优越的人抱以冷漠。

操纵我们的信念

博弈论和信息经济学在心理学中找到了一个意料之外但又很自然的归宿。几个世纪（甚至数千年）以来，心理学家和哲学家一直强调人们操纵自我信念的方法：人们经常试图压抑、忘记或重新解读对自己不利的信息。[26] 近年来，经济学家一直探索信念的"自我操纵"这个主题。例如，普林斯顿大学的罗兰·贝纳布与我合作，发现对信念的自我操纵是不同的"我"博弈均衡的结果。在这个博弈中，个人试图压抑（或忘记）伤害其自信的信息。[27] 个人操纵着自我信念，同时也可能知道自己存在选择性记忆。

要理解自我操纵，我们首先必须理解为什么"需要"自我操纵：为什么一个人会自欺欺人？毕竟经典的决策理论认为，获得更完备的信息有助于做出更好的决策，抑制信息就是对自己撒谎，因而降低了信息质量及决策质量。我们可以找出人们会自欺欺人的三个原因：

1. 担心缺乏意志力及未来可能出现的拖延（更加自信会赋予个人更多的能量来抵消意志力的缺失，至少在一定程度上是这样）。

2. 在真实体验之前就会感到痛苦或愉悦，或者说想象自己的未来会带来"预期效用或负效用"。在假期及其他能令人愉悦的事情发生前，我们就已得到了身心享受；相反，只要一想到将要进行的手术，我们就会不开心。预期效用（或负效用）解释了人们为什么经常忘记一些不好的结局，如事故或死亡等。而这样有利也有弊：无忧无虑让我们享受美好生活；同时也导致决策无效率，例如，不去做某项医疗检查或开车时不系安全带，等等。

3. 对自我信念的"消费"（我们关注自我形象，相信自己聪明、迷人、慷慨，等等）。

在自我操纵的"供给侧"，自欺欺人可通过以下途径实现：

1. 操纵记忆（通过编码、压抑或复述策略）。

2. 拒绝倾听、处理或注意某些类型的信息。

3. 选择展示特定人格特点的行为。

柏拉图坚持认为，操纵自我信念对个体不利。但另一方面，许多心理学家（威廉·詹姆斯、马丁·塞利格曼 [Matin Seligman] 等）强调，人们需要从正面看待自己，以激励自己参与社会活动并追求自身利益。

对于那些缺乏自控力的人，当他们担心自己未来缺乏意志力时，自欺欺人可能是有益的，但对其他人就没必要了。由此，我和其他学者研究了与信念操纵相关的其他主题，从分析个人决心、生活准则、身份及宗教戒律到研究集体信念对政治选择的影响等。[28]

社会人（*Homo Socialis*）

信任

信任是经济和社会活动的核心，但信任并非总是必要的。例如，货币的发明简化了交易机制，只要人们能验证商品的质量，就可以用货币从陌生人手里购买。如果在购买之前无法验证商品的质量，我们通常可以依靠信誉机制：回到让我们满意的商人处购买，或者到朋友满意的商人那里购买。商人当然理解这种信誉机制，因此会努力构建信誉，留住忠诚客户。

在分析行为时，研究人员对人们给予他人的信任很感兴趣。用经济学语言把信任这一概念数学化很简单，我们只需将对他人信赖度和偏好的不甚了解看作一个不完全信息问题来处理。经过一段时间后，所有主体都会修正他们对与其交往过的人的看法。通过与他人相处并与其互动，我们可以了解他们，并可以更好地评估他们的可信赖程度及我们对他们的信任程度。

因此，在与人的不断交往中，我们可以判断他人是否值得信赖；但从与陌生人的一次交往中，人们可获得的信息很少。例如，当我们在旅游景点购买一个质量无法评估的纪念品时，让并不熟悉的邻居或保姆照顾我们的孩子时，或者与某人开始建立私人关系时，等等。人们可以根据某些信息对某些人快速做出判断，但这些判断并不完美，甚至电视中基于信任的游戏节目也都基于这一事实。[29]

现在我们知道,在这样的情形下,激素会对我们产生影响。作为"信任博弈"实验中的一部分,经济学家恩斯特·费尔(Ernst Fehr,瑞士苏黎世)、迈克尔·科斯菲尔德(Michael Kosfeld,德国法兰克福)及其合作者[30]向参与者注射了一种后叶催产素[31]。这个包含两个人(参与者甲与参与者乙)的博弈如下:

- 甲从实验组织者那里得到一些钱,比如10美元,并从中拿出一部分给乙,剩下的归甲所有。
- 乙从实验组织者那里获得3倍于甲所给数额的钱。例如,如果甲给了乙5美元,那乙将从实验组织者那里获得15美元。
- 乙将自主决定返给甲一定的金额,对其数量不做规定。由此可见,乙处在"独裁者"的地位,他(她)可以选择一分钱都不给甲。因此,这反映出甲对乙的互惠倾向的信任很重要。

同样,甲乙二人都是匿名的,他(她)们皆坐在计算机前选择,不知道(也永远不会知道)与其配对博弈的人的身份。对每个人来讲,最理想的状态(如果可以事前商量)就是甲将10美元全部给乙,这会使甲分文未得,但两人可分配的蛋糕最大,达到30美元(3×$10=$30)。但博弈的规则意味着他们不能事先达成最佳协议,因此,30美元的分配完全由乙自由决定。如果把10美元全都给乙,这需要甲对乙的互惠倾向有足够的信任。

乙的"理性"行为(即最大化自身收益)就是把一切都收入自己囊中。对甲来说,因为预见乙不会回馈一分钱,所以在博弈开始时,就会把10美元全部据为己有,这种"理性"行为使可分的蛋糕最小(即等于最初甲的10美元)。但在实际中,实验显示的结果并非如此。一定数量的乙觉得有义务报答甲的信任,而在理性地预见到这种行为后,甲会给乙一部分钱,并希望乙能够兑现互惠行为。

恩斯特·费尔、迈克尔·科斯菲尔德及其合作者发现，非常有意思的是，在被注射了后叶催产素后，参与者之间的信任增强了，因此，甲给予乙的平均金额也随之增加。当然，这一结论在实际中并不可取，因为很容易想象在商业上用这种方式改变行为并不可行。

无论有没有后叶催产素，实验室再现的都是"信任博弈"中的互惠机制，这是最强有力的社会机制之一。正如我之前所说，人们感到有义务回馈那些对自己慷慨大方的人，同时报复那些对自己粗暴的人，即使这样需要付出代价。在市场营销中，这一原则得到了广泛应用，免费送给客户样品和礼物就是试图践行"有付出就有回报"的原则。

经济学中的互惠主义引发了这样一种假设：雇主可通过为潜在员工提供高于吸引他们所需的工资（即该岗位的市场工资）来增加利润，这是因为他们会对这种慷慨行为心怀感激，因而更加努力工作。这种办法看起来似乎行得通，[32] 但在印度某个茶叶种植园做的实验表明，这种激励效应非常短暂。[33] 将采茶者基本工资提高30%，同时下调可变绩效薪酬（以采茶量计），整体而言，无论采茶者采摘多少茶叶，其收入都增加了（但效率最低的员工的相对工资提高幅度最大）。[34] 根据传统经济学理论，与采茶量相关联的可变绩效报酬的减少会导致采茶者积极性降低，然而，实际情况却恰恰与之相反。与对照组相比，采茶者（其报酬与采茶量关联性弱，因此这些人的激励也弱）的生产率得到明显提高。但四个月后，理性经济人又回来了：传统经济学认为的激励越弱努力越少的观点又基本得到了证实。

刻板印象

社会学家强调，在观察某个人时，不能脱离具体的环境，也就是说，必须考虑其社会环境。个体是社会群体的一部分，社会群体会影响个体的行为。社会群体定义了个人的身份及他（她）想要展现给他人及自己的形象。个人具有示范作用：我们熟识的人、我们信任的人及我们认同的人的行为方式，在一定程度上会影响我们自身的行为。这里，我将讨论群体引起的另一种影响：由他人看待这个群体的方式所带来的影响。

人们会认为国家、民族或宗教团体"诚实""勤勉""腐化""具有侵略性"或"关心环境"，他们得到这些印象的方式，与企业通过其产品质量赢得或好或坏的声誉的方式相同。[35] 与外界交往时，这种刻板印象或集体声誉影响着人们对群体内成员的信任。

从某方面讲，群体的信誉（无论在特定时间点如何）无非是由群体内个体的既往行为塑造的。假设不能完美地观察个体行为——实际上，一旦可以完美地观察个体行为，就可以直接依据其行为来评判，集体声誉则变得无关紧要；相反，如果个体行为完全不可观察，由于群体信誉变成了一种公共产品，那么每个人都会表现得不负责任。维护群体信誉的成本完全由个人承担，但得到的好处却由整个群体分享。这就是为什么会存在搭便车的倾向。出租车司机额外收费或酿酒师在酒里掺假，会给各自行业的其他成员造成极大损害。因此，需要统筹考虑方法论上的个人主义（出租车司机寻求与群体目标不一致的个人利益）与整体论（理解个人行为必须考虑其所属群体的特性）。

个人行为与集体行为在一定程度上是互补的。如果所在社群名声不好，个人也就不会有很强的动力好好表现。这是因为个人无论如何表现都得不到信任，所以他与社群外的人接触的机会也会减少，也就没有动力在社群外建立良好的信誉。反过来，个人的这种理性行为强化了外人对这个群体的偏见，从而进一步巩固了已有的负面刻板印象。因此，两个事前完全一样的群体，却可能形成人们不同的成见。此外，还可以证明，集体声誉有滞后效应，[36] 特别是某个国家、某种职业、某个企业必须忍受很长时间的偏见，才能修正其声誉。由于不良声誉会自我应验并持续存在，因此，最好不惜一切代价避免形成不良的集体声誉。

激励人（*Homo Incitatus*）：奖励带来的负面效应

主流经济学中激励的局限性

我们在第二章注意到，因过分强调激励的作用，也就是把个体行为看成仅由胡萝卜加大棒决定，经济学家经常饱受批评。从理解激励作为经济学的基本要义的角度讲，这样的观点有一定道理，但它同时也忽略了过去 30 年经济学的发展。

首先，当激励效果有限，甚至产生适得其反的效果时，经济学家认为激励在某些环境下比在其他情形下效果更好，也就是让个体行为与组织或社会目标更为一致。相关理论和实证结果与我们的个人经历完全吻合。下面是一些案例：

假定经济人有多项任务需要完成。例如，对（中学或大学）老师来讲，他们一方面需要向学生传授帮助其升学、考试或就业的必备知识；另一方面，从长远来看，他们还必须培养学生的独立思考能力。如果老师的薪酬由学生的考试成绩决定，老师就会全力培训学生的应试技巧，这就会耽误学生的长远发展，而因为长远发展更难度量，也就更难以对老师予以奖励。当然，这并不意味着必须放弃对老师提供激励，因为在某些环境下激励还是有益的。爱思特·迪弗洛（Esther Duflo）、雷玛·汉娜（Rema Hanna）和史蒂夫·瑞恩（Steve Ryan）在印度做的一个实验证实，老师会对货币激励和监督做出积极反应，其结果是学生旷课少了，学生的成绩也得到了提高。[37] 但我们必须谨慎，避免引入没有经过仔细思考和检验的激励措施,以免扭曲教育过程。

很多领域都存在处理多重任务的情况。[38] 本书提供了几个案例:金融领域的人面临短期绩效激励时,其行为方式损害了长期利益,结果导致2008年的金融危机(详见第十二章)。对于一个受到监管的企业来说,如果对其降低成本的努力给予慷慨的奖励,它就会牺牲日常运维,从而增加事故出现的风险。因此,当使用强激励措施促使企业降成本时,监管机构必须加强对日常运维的监管(详见第十七章)。

经济学研究还指出了关于强激励的多个缺陷。当个体对团队的贡献难以识别,或当个体表现与无法测量的及其他不可控的因素相关联时,这类激励措施都不适用。在这种情形下,人们得到奖励也许仅仅是因为运气好有个好队友;相反,如果仅仅因为运气差而与坏队友搭档,人们也会受到不公正的惩罚。另一个强激励的局限性产生在科层组织,这样的激励措施增加了信息操纵带来的收益,因而加剧了内部派系的勾结合谋。例如,领班可能会和工人合谋谎报产量或任务难度,或高管可能俘获董事会损害股东利益。最后,强激励并非必不可少:如果委托人和代理人的关系是重复性的,信任关系可能会取代正式激励,并且由于信任关系更加灵活,也就是信任关系取决于更完善的信息,所以在一定程度上,它会有助于改善正式激励。

内在动机的挤出效应

另一个针对外部激励的批评是,它会扼杀内在动机。因此,强化外部激励可能适得其反,导致参与度下降或努力程度降低。这个问题对公共政策非常关键,例如,是否应像某些国家那样对献血行为给予补偿?应该指望个人的善意,还是让警察上岗监督?为保护环境,是应该对购买混合动力车的行为还是对购买家用绿色锅炉的行为进行补贴?

为研究亲社会行为，罗兰·贝纳布与我首先假设，每个人在参与提供公共产品的内在动机及获得报酬的渴望程度上皆不相同。个体行为由三种因素驱动：为提供公共产品做贡献的内在动机；因表现良好而获得货币激励（图5.5中以r表示），或因表现不好而被处以罚金的外部动机；以及对由个人行为衬托的自我形象的关注。根据内在动机和货币激励的个体统计分布特征，我们确定了个体行为随外部激励变化（平均而言）的方式（图5.5中，纵轴代表个体提供的公共产品量，横轴代表对个体的货币激励）。

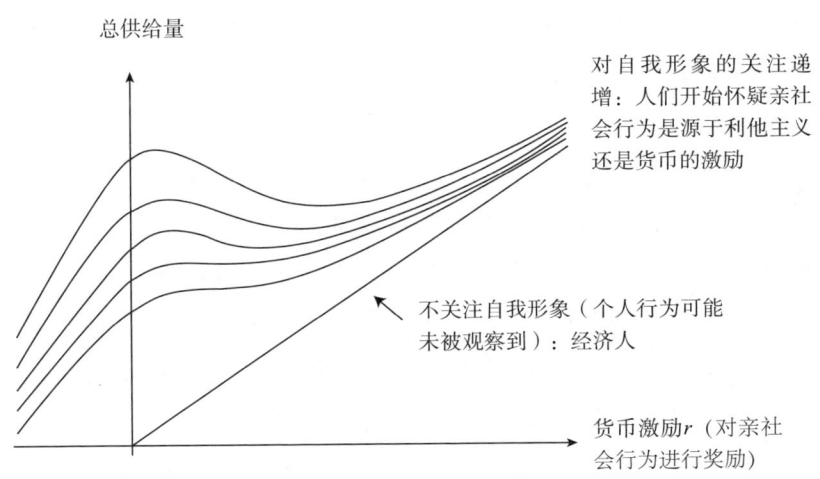

图 5.5 内在动机与外部激励

注：此图表示与货币激励r相关的公共产品的供给；不同的曲线代表个人自我形象的不同水平（曲线越高意味着个人越看重自我形象）。当个人非常看重自我形象时，会出现一个间隔，在这个间隔中奖励的增加反而会产生逆向效果。

利用该模型我们可以研究以下问题：是否应该向献血者支付报酬？对经济人来讲，显然提供奖励将鼓励个人献血，这可以由图5.5中较低的曲线表示，也就是提供更多的货币激励会促进献血量增加。但是，如果一个人很看重自我形象，其行为结果对经济学家而言就显得非常有意思了。

在1970年出版的一本非常有名的著作中，理查德·蒂特马斯（Richard Titmuss）认为，不应该对献血者支付报酬，其原因在于，这将破坏献血者以亲社会方式表现的动机。[39] 考虑不同动机的贡献，将有助于我们理解他的观点。在图5.5中的曲线上，我们看到，如果捐赠者特别关注自我形象，当物质奖励增加到某一点时，献血总量反而会减少。这是因为如果希望通过献血表现其慷慨善举的人得到了报酬，他们会担心其他人认为自己献血仅仅是为了钱。由此可见，对个人形象的关注，可能会打破报酬与努力或结果间的正向关系（微观经济学中通常如此假设）。

因此，外部激励对内在动机有挤出效应。除了激励可能产生挤出效应外（当然，比起社会情境来，在经济学家最常研究的合同和交易情况中，这种效应相对少见），这一理论预测，当人们的报酬被可能质疑他们动机的同事观察到时，货币激励不大可能得到亲社会行为。在这种情形出现时，一旦他们对货币激励做出反应，他们的形象也将随之受损。这些结论对公共政策非常有用。我们回到之前提出的问题：应该对购买混合动力汽车进行补贴，还是应该对购买绿色锅炉提供补贴？答案很明显，最好对绿色锅炉进行补贴。其原因在于，购买绿色锅炉一般不会被他人看到，这种情形下的货币激励更强，而汽车每个人都能看到，因此，人们在购车时也会权衡社会的认可。

该理论在室内实验和田野实验中都得到了验证，尤其是两位经济学家和心理学家丹·艾瑞里（Dan Ariely）[40] 组成的团队证明，当做善事受到他人关注时，人们会更加致力于做善事（证实了人们会受到塑造自我形象激励这个假设），而在其善举不能被外人观察到时，货币激励将是一个非常有力的手段。但研究团队也发现,当人们的善举被外人观察到时,货币激励的作用就会非常有限。这证实了人们的担忧,即一旦与金钱挂钩,他们的付出就可能被解读为贪婪而不是慷慨,进而向其他人传递"错误"的信号。[41]

社会规范源于行为传达的社会信号这一观点也得到了田野实验的证实。最近的一些研究分析了不同情形下外部激励对社会规范和个体行为的影响,其中包括英国的逃税行为;[42] 分属不同民族的中国父母(父母一方是汉族,另一方是少数民族)对其孩子所属民族的选择;[43] "一战"期间英国士兵开小差的举动,等等。[44]

在献血的例子中,如果献血者得到报酬,他们的慷慨举动可能会被视为贪婪,献血量这一公共品也将会减少。另一个外部激励挤出内在动机的途径是,如果支付报酬会暴露委托人(即报酬支付者)掌握了关于将要执行的任务的信息,或对执行人信任程度的信息。这个观点再次与心理学家的发现不谋而合,也就是说,奖励有两个方面的效应:一是经典的激励效应(鼓励我们更努力);另一个是当奖励可以揭示个人能力或任务难度时引发的效应。例如,通过付钱鼓励孩子在学校取得好成绩,长期来看会产生反作用,因为孩子们可能失去学习的内在动机,变成只有金钱激励时才去学习。对此的理论解释与对献血行为的解释完全不同:[45] 在此,孩子们会认为,大人之所以给予奖励,是因为自己缺乏内在学习兴趣,或者缺乏学习的能力和信心,而所有这些都会削弱他们的内在学习动机。这一理论预见到,奖励在短期内有效,但长期来看,将导致习惯成瘾。一旦随后取消奖励,孩子的内在学习动机会比一开始没有奖励时还要低。

更一般地讲,我们关注他人如何解读我们的选择。在公司中,我们知道,对下级的监督过于严密,会让他们觉得自己不被信任,从而破坏其自信心和工作动机。监督也会侵蚀本章前面讨论过的互惠利他主义。基于"信任博弈"衍生的一个经典实验证明,甲(必须决定是否信任其他人的互惠倾向)希望乙至少返还部分所得的想法可能适得其反:你不能在信任他人的同时,又表现出对其不信任。⁴⁶

法律人(*Homo Juridicus*):法律和社会准则

经济学家经常将法律看成一整套激励机制:预见到可能被罚款或触犯刑法,将使我们避免超速行驶、盗窃或犯下其他罪行。但心理学家和社会学家并不完全接受这个观点,他们认为用规劝和社会惩戒的方式引导亲社会行为更为有效。

首先,国家不可能在每个领域都建立正式的激励机制。对许多轻微的不良行为,例如乱扔垃圾或扰乱治安,就不可能交由警察和法庭来处理,毕竟执法的成本太高。此外,准确界定我们的期望也不可能:给陌生人带路是很自然的一件事,但我们的帮助义务到哪里为止呢?在某些时候,社会必须自行决定。社会规范不仅在定义我们的期望方面,而且在构建社会激励机制以驱使我们更好地作为方面,也发挥着重要作用。

其次,强调"表达法"(expressive law)。尽管法学学者承认法律对塑造激励机制的重要性,但他们强调法律和规章还体现着社会价值导向。因此,按照法学学者的观点,在公共政策领域,不能完全依靠惩罚和货币激励来促使经济主体产生亲社会行为。

亚利桑那州州立大学的社会学家罗伯特·西奥迪尼(Robert Cialdini)定义了两种形式的社会规范。⁴⁷"描述性规范"(descriptive norm)向个体揭示其同伴或社群的行为方式,例如,展示同伴的平均用电量、其他人的环保举动或者向慈善机构捐赠的金额。而"规定性规范"(prescriptive norm)是同伴或社群共同认可的规范。显然,人们的某些行为会考虑同伴及其所在群体的评判。针对规定性规范，普林斯顿大学做了一项关于校园酗酒的实验，实验者们发现，实际上多数同学酗酒并不是因为想喝，而是（错误地）认为这样做会让其他同学觉得自己很"酷"。由此，这种旨在建立社会规范的干预，是为了向经济主体提供其他人的行为信息（例如，饮酒情况或用电量），或者人们认为可接受事情的信息。

但根据西奥迪尼的观点，或依据经济学理论，[48] 我们需要注意选择信息。如果政府劝说人们，"很多人都在避税，因为我们收不到足够的税，所以你们的纳税对社会尤其重要"，据此要求公民纳税，这可能难以有效地促进税收征缴。我们选择释放的信息应尽可能鼓励个体选择亲社会行为：例如，可以说"x%的人参与了环保回收"，当然，如果真实的话，这个 x 最好很高。最好突出强调人们的美德。

法律同样是社会价值的表达，它还可以传递出关于个人行为的成本、一般的道德标准或社会价值等信息。显然，某些公共政策就是基于这些考虑而制定的。例如刑罚：经典的经济分析可能建议选择比把犯罪分子送到监狱成本更低且对社会更有效率的替代性惩罚措施（如罚款或公共服务）。但是，一些人认为这一利用经济手段规范人类行为的方法是不可接受的。

同样，对死刑的讨论主要基于这样一种观念：死刑本身是执行死刑的社会的反映。对绝大多数发达国家的大多数立法者而言，死刑代表暴力和对人格尊严的不尊重；但相比之下，对美国的大多数立法者而言，死刑是一个清晰的信号，反映出社会绝不能容忍某些行为。在关于死刑的辩论中，成本收益分析（即分析死刑是否对犯罪产生威慑效果，社会为此付出的代价是什么）的作用微乎其微。简而言之，对死刑的讨论一般不会出现在经典的成本收益分析情景中，而是出现在社会价值讨论的语境里，这是传统经济学之外的研究领域。这个例子也帮助我们理解为什么现代社会为了寻求彰显其价值观而禁止酷刑及非同寻常的惩罚，哪怕犯人对其行为后果完全知情。因此，大部分人会认为，即使罪犯同意，用鞭刑代替监禁的想法也是错误的，尽管对社会而言这样做的成本更低。

最后，运用激励机制可能显示出公民缺乏提供公共产品的积极性，从而破坏文明行为规范，最终可能产生适得其反的效果。人们都希望维持社会充满美德这种假象，在这个意义上，这也为我们理解为什么经济学家普遍受到抵制提供了一点灵感：因为他们经常持有一些负面观点，认为人并非善良。

更多新奇的探索

最后，我想对两个通常与经济学联系不大但正在快速发展的领域做一点介绍：演化经济学和宗教经济学。

达尔文人（Homo Darwinus）

最近 20 年，经济学研究最明显的进展之一是将人类的经济观与达尔文的自然选择观相融合。很多例子展现了经济学与演化生物学的交叉。例如，对经济学家来说非常重要的社会偏好（正如本章所展现的那样），也可以用演化论的观点来考察。[49]

生物学家对博弈论也做出了贡献，例如，我们把"消耗战"（war of attrition）博弈的第一个模型（描述了在战争或罢工这样的场景中每一方都损失惨重，但都寄希望于对手先投降的集体非理性）归功于生物学家梅纳德·史密斯（Maynard Smith，1974）。这一思想随后由经济学家进一步完善。

信号理论是经济学家和生物学家共同关心的第三个领域。这一理论的基本观点是，如果浪费资源本身能说服其他人减少资源浪费行为，那么浪费资源对某个人、某个动物、某种植物，甚至某个国家都是有益的。动物常常使用一些代价很高或非正常的信号（例如，孔雀开屏）来求偶或吓退入侵者。同样，人类有时也会采取冒险措施，给对手或想要引起注意的人留下印象，或者企业以低于成本的价格出售商品，以便让对手相信其成本很低或自己有雄厚的财力基础，进而劝他们放弃进入市场。在经济学家迈克尔·斯宾塞有关信号理论的著名论文发表之后不久，[50] 生物学家阿莫茨·扎哈维（Amotz Zahavi）也发表了同样主题的研究。[51] 这些文章吸纳并将社会学家托斯丹·凡勃伦（Thorstein Veblen）的观点（《有闲阶级论》[The Theory of the Leisure Class]，1899）和一系列法国学派对社会分化研究的社会学方法（让·鲍德里亚[Jean Baudrillard]，《消费社会：神话与结构》[The Consumer Society: Myths and Structures]，1970；皮埃尔·布尔迪厄，《区分：判断力的社会批判》[Distinction: A Social Critique of the Judgment of Taste]）体系化。信号理论的思想起源于达尔文的《人类的由来》（The Desent of Man，1871）。在经济学家和社会学家对信号理论感兴趣前，这本著作已经出版很长时间了。

总体而言，经济学与自然科学之间的界限，并不比经济学与其他社会科学之间的界限更清晰。

宗教人（Homo Religiosus）

多数国家都认识到宗教在政治组织和经济生活中的重要性。经济学家作为科学家，自然不能忽视宗教的作用。为避免误解，这里必须强调，经济学家的作用并非评估宗教信仰本身，而是聚焦于宗教中经济学可以为其带来启迪的那些方面。"宗教经济学"重现于经济学大约是在二三十年前,但它其实是经济学中一个比较古老的研究领域。[52] 亚当·斯密对神职人员的资助问题颇感兴趣,[53] 他的理论考虑到其中的道德风险问题,认为如果其资助直接来源于信徒(而不是由国家或宗教机构支付),神职人员会更好地服务于信徒和宗教。

马克斯·韦伯(Max Weber)的著作《新教伦理与资本主义精神》(*The Protestant Ethic and the Spirit of Capitalism*)确立了宗教的社会经济影响这一研究主题。韦伯的观点是,新教改革对资本主义的崛起产生了重大影响,这一观点在人文社会科学中产生了广泛争论。现在,计量经济学让我们可以对韦伯的研究做深入细致的检验。韦伯指出,在新教徒与天主教徒混居的地区,新教徒比天主教徒收入多,且富有家庭和区域性社团会更快地接受新教教义。这样的研究也为二者的因果关系提供了启迪。例如,马里斯特拉·博蒂奇尼(Maristella Botticini,米兰博科尼大学)和兹维·埃克斯坦(Zvi Eckstein,特拉维夫大学)已经挑战了关于犹太人经济成就的传统解释。传统观点认为,在被驱逐出某些行业后,犹太人转而在银行、工艺和商贸领域找到落脚点,从而转变为一个居住在城市、受过良好教育的群体。[54] 根据博蒂奇尼和埃克斯坦的研究,在犹太人被拒绝进入某些行业前,这样的转变就开始了。他们认为,由于犹太教要求阅读《摩西五经》(*Torah*),并在塔本德(Talmudic)院校提升读写能力,犹太群体的人力资本得到提高,这为他们后来从事比传统技能(如知道如何种植小麦)更有用的金融和司法行业做好了准备。

基于同样思路,穆罕默德·萨利赫(Mohamed Saleh)研究了自公元640年被穆斯林征服后埃及在几个世纪里的伊斯兰化。[55] 他记录了埃及向伊斯兰教皈依的过程,以及科普特人(Copt,即埃及的基督徒)和穆斯林相对收入的变化。起初,科普特人几乎构成埃及人口的全部,但后来科普特人变得比穆斯林少很多,不过前者却受过良好教育并且富有。对此,穆罕默德·萨利赫给出了经济方面的解释。同很多国家类似,非穆斯林必须缴纳人头税,但穆斯林却不用,一些不富有且不虔诚的科普特人便皈依了伊斯兰教,使剩余的科普特人平均而言更虔诚且更富有。这种选择效应持续了几个世纪之久。

当然,经济学家还研究了宗教间的竞争——这里要再次强调,经济学家不是宗教专家,他们研究的并非宗教思想,而是宗教竞争的经济维度。众所周知,宗教通过提供福利吸引信徒,有时甚至发挥了"福利政府"的功能(这可能是宗教团体与财政上保守的右翼结成联盟的一个解释)。[56] 例如,一些穆斯林组织提供保险、教育及地方公共产品。在帮助成员选择潜在结婚对象时,宗教团体甚至扮演了"双边市场"[57]的角色。[58] 最后,经济学家还探索了宗教与科学之间的联系。[59]

总体来看,这些例子只是对一个不断拓展的庞大学科领域简短而有选择性的介绍。我们正在见证社会科学逐渐走向再统一,这种统一将是缓慢的,但也是必然的。事实上,正如我在本章开头介绍的那样,人类学家、经济学家、历史学家、法学家、哲学家、政治学家、心理学家及社会学家都对同样的个体、同样的群体、同样的社会感兴趣。19 世纪末之前的融合趋势必须重建,这需要科学界各个学科在技术和思想上彼此开放、相互包容。

第三部分　经济制度框架

第六章　走向现代政府

"我不想生活在你描述的世界里。"

——匿名小组对拉丰报告的评论

1999 年 12 月，巴黎：让-雅克·拉丰，那个时代法国最著名的经济学家，向法国经济分析委员会（Council of Economic Analysis）陈述了他关于通往现代政府之路的报告，[1] 此时，距总理利昂内尔·若斯潘（Lionel Jospin）成立该咨询委员会业已两年。在这个经济学家被高度怀疑的国度，这是一个打破常规的举动。反响如何呢？拉丰兼顾各方观点的报告，竟然被高官、学者和政治家等听众视为异端邪说，现场一片反对之声，一连串的发言"恭贺"拉丰"不同凡响的报告"——往好了说，他们认为拉丰什么都不懂；更糟糕的是，他们认为拉丰还可能腐蚀法国的年轻人。

拉丰的报告到底说了什么？他讲到政治家和官员都会对其面临的激励做出反应，恰似首席执行官、雇员、失业人员、知识分子或经济学家一样，政府的组织模式也应考虑到这一点。尽管拉丰具有原创和深邃的思想，但他在说服这些听众方面并未表现出强大的"创造力"。政府会牺牲集体利益而被特殊利益集团俘获，以及在民主制度中，政治家赢得选举或连任的愿望超过一切。这些思想已成为所有政治思想的根基，从孟德斯鸠到美国宪法之父，甚至包括卡尔·马克思。

拉丰深切关注公共利益。[2] 他并不是在指责政府官员，他知道很多政治家开启其职业生涯时是理想主义者，他们渴望让世界变得更美好；同时他也深知，对民主政治来说，谴责政治家是危险的，这种事情应留给民粹主义者和煽风点火之徒。但他引发了一波抗议潮，仅仅因为他的报告提出法国领导人可能同其他人一样会为了追求自己的利益而行事。这一挑战政府仁政的言论，触动了当天评论其报告的所有人的神经。

从全球来看，大多数人生活在或多或少都有政府干预的市场经济中。我们可能会喜欢、容忍或者讨厌这种社会组织方式，但我们可能并不会扪心自问，是否存在其他可能的组织方式。继计划经济在经济、文化、社会和环境等领域近乎崩溃之后，对于市场经济，我们观察或体验到了某种宿命论，一种被愤怒所刺激的宿命论。法国人尤其感到迷茫，因为他们可能比其他任何国家的人更不相信市场和竞争。

某些想改变这种境况的人想象出一种含混不清的替代制度，希望市场不再成为社会组织的核心；相反，另一些人则支持最小规模政府，它可以制定法律、维持正义、维护秩序及保卫国家，对企业来讲，这是确保合同得到履行及产权得到保护的最小必要职责。但这两种方式都无助于实现共同利益。在本章中，我们将试图理解为什么会如此，并将探索一种不同的政府概念，它让我们重拾对于（治理我们生活的）政府的信心。

反思政府的作用需要识别市场给社会正常运转带来的问题，以及政府干预的边界。为此，我们将退后一步，审视一下当今社会组织方式背后的逻辑。接下来,我们将展示市场和政府是互为补充的,而不是公众辩论中经常暗指的相互替代。随后,我们将讨论政治的重要地位及其影响力的丧失。最后,我们将关注政府如何改革这一敏感话题。虽然理性的人可能无法就理想的政府规模达成一致,比如税收高一点还是低一点,再分配多一点还是少一点,以及公共产品多一点还是少一点,但所有人都肯定反对臃肿的、提供的服务质量乏善可陈的公共部门。而提升公共部门绩效的改革往往困难重重,这就引发了如何实施此类改革的议题。

市场有很多必须矫正的缺陷

市场的拥趸们强调市场的效率和诚信。就效率而言,自由竞争促使企业创新,并以合理的价格向消费者提供产品和服务。由此也提高了家庭购买力,对中产阶级和低收入者来说,这一点尤为重要。

市场诚信虽然比较抽象,但重要性一点也不逊色。正如政治与文化上的自由保护少数人免遭多数人压迫一样,企业与商业上的自由也保护公民免受利益集团的伤害。这些利益集团希图利用政治制度获得特权,却以牺牲我们的利益为代价。

比较一下 1989 年柏林墙倒塌时计划经济与市场经济下的不同生活水平(或目前韩国的生活水平是朝鲜的十倍以上),可见经济自由的好处毋庸置疑。但是,我们知道市场并非尽善尽美,本书就涉及诸多"市场失灵"现象。对于这些市场失灵,我们可以问一个简单的问题:买卖双方你情我愿的交换,为什么会给社会带来问题?如果双方决定达成交易,这一交易必然惠及双方,那么政府为什么还要干预?

我们可以将市场失灵分为六类:

1. **交易可能影响第三方,而第三方并未同意**。例如,企业在为消费者制造产品时可能会污染环境。使用燃煤发电的能源公司会排放温室气体,如二氧化碳及产生酸雨的污染物(二氧化硫、氮氧化物)等。市场机制不能保护这些无辜的受害者,其结果是社会必须采取措施以应对受到细颗粒物、二氧化硫、温室气体等污染的空气,以及受到化肥和化学品泄漏污染的地下水、河流和海洋。因此,市场需要以环境政策作为补充,或核能领域需要核安全机构来维护安全。

2. 交易可能在不完全知情和同意的情况下发生。对于一项需仔细考虑和获得同意的交易,买家必须以适当的方式得到通知。但买家也许并不知道一种药品或其他产品可能有多大危险,或者可能不足以成为一名专家而免遭欺诈,这就是我们需要一个消费者保护机构来监管商业和惩治欺诈的原因。交易也可能是在胁迫之下发生的(例如,受到肢体暴力的威胁),或者涉及不具备管理能力的人的资产,这显然有问题。

3. 买家可能成为自身行为的受害者。人们可能缺乏自制且行事冲动。[3] 从科学时代开启以来(对经济学家而言,也就是从亚当·斯密以来),哲学家、心理学家和经济学家都强调,人们在追求自身利益时,可能过分偏爱当下,他们注重当前消费,而很少顾及未来。这就是为什么需要对香烟、高脂或高糖食品征税,限制毒品的获取,以及对某些耐用品或金融产品的购买设置冷静期,以帮助消费者抵制诱惑(或类似地,为了尽快摆脱上门推销人员的纠缠,人们可能会做出让步购买其产品),还包括是强迫还是鼓励个人参加养老金项目(对于采用基金制养老金制度的国家),或者是否使用在岗工人的工资税为已退休员工发放养老金(对于采用现收现付制养老金制度的国家),这些问题在许多国家都引发了激烈的争论。其背后隐含的基本观念是,人们过于关注当下的幸福,而未能充分考虑和关心长远的未来。家长式管理的缺点显而易见(国家不能把我们像婴孩一样对待,也不能时常替我们决定什么对我们有好处！），但个体认识到自己缺乏意志力，是决定国家何时可以替个体做出决策的潜在基准点。

4. 实施交易可能超出个人的能力范围。当你把钱存入银行时，合同条款列出了你可以提取存款的相关条件（活期存款则可以随时提取）。同样，你的保单规定了在发生事故或火灾时你可以获得补偿，而你在人寿保险或投资账户中的投资也让你有权获得（有保障或无保障的）收益。但是，存在这样一种风险，那就是当你想要提取存款或要求保险赔付时，银行或保险公司已经宣告破产，最后导致你只能自掏腰包。当然，从理论上讲，你自己可以持续关注金融机构的资产负债表内表外活动，以便及时发现经营问题，并取回存款或取消保单。然而，显然存在很多因素制约你这么做，毕竟获取相关信息需要花费时间，而从信息中总结提炼出结论则需要专业技能。现实中，每个国家的银行监管人员和保险监管机构都为你免掉了这些麻烦。

5. 企业可能拥有市场势力。也就是说，企业有能力让消费者付出远高于成本的价格，或者购买乏善可陈的产品。当市场被垄断时，情况尤其如此，比如在规模报酬非常显著时。市场势力是竞争法和产业监管的立论基础，绝大多数国家都有多个机构负责监管市场势力。例如，在英国，竞争和市场管理局（Competition and Markets Authority）同时实施消费者保护法和竞争法，另外还有监管通信、铁路、能源等行业的机构。在美国，联邦贸易委员会（Federal Trade Commission）、司法部（Department of Justice）及诸如联邦通信委员会或联邦能源管理委员会（Federal Energy Regulatory Commission）等监管机构，也被赋予了类似的职责。

6. 最后，尽管市场提高了效率，但没有理由相信它一定会实现公正。我们以医疗保健为例，如果允许私人医疗保险公司或国家医疗保健系统基于遗传数据或个人当前健康状况对不同个体区别对待，那么患有癌症或基因检测显示有潜在健康风险的人，就不可能以某个可承受的价格获得医疗保险。这是经济学中的一个古老主题：信息扼杀保险。这就是为什么许多国家的法律禁止基于个体信息收取医疗保险费。

同样，没有理由相信，市场会导致一个社会合意的收入分配格局。两个原因导致不平等的代价很大：一个与正义有关，另一个与效率有关。在市场经济中，收入不平等可能被认为无非是保险机制的失败而已。在"无知之幕"之下（也就是说，在我们了解自己的未来之前），我们想激励人们为社会创造财富，但我们也希望能够确保当我们运气不好而堕入最不幸的人群中时，也能够过上体面的生活。从这个意义上讲，可以简单地将社会契约视作一张保险单。这是通过税收制度实现收入再分配的基础。总之，在了解自己的社会地位之前，我们没有任何理由相信仅仅通过保险市场和市场主导的收入分配就会带来与在"无知之幕"之下的收入分配相吻合的结果。

此外，除了这种"命运风险"（人们也许可以如此描述）外，不平等也可能意味着不和谐。[4] 不平等扭曲了社会关系，进而使整个社会（包括因工作努力或背景好而成功的人）承受了各种负外部性，包括公民的不安全感、贫民窟的出现及易受极端化影响的群体，等等。封闭式社区产生的令人不安的景象清楚地表明，不平等的负面影响不能简单地概括为针对"命运风险"保险机制的失败。

市场与政府的互补性及自由主义的基础

公共辩论往往将市场的支持者与政府的支持者置于对立的境地。双方的支持者也认为，市场和政府是彼此竞争的关系。然而，政府不能确保公民在没有市场时能够过上（体面的）生活，而市场同样需要政府保护自由企业的权益，通过司法制度保障合同的履行，以及矫正各种各样的市场失灵。

社会组织方式传统上（以及隐含地）源于两大理论基础。第一个是由亚当·斯密在其1776年出版的《国富论》中描述的竞争市场中的"看不见的手"，它利用经济人对自身利益的追求来提升整体经济效率。其基本思想是，商品或服务的价格是由供需匹配而产生的，它包含了大量信息，如买家的支付意愿和卖家的成本。实际上，只有当买家愿意支付的价格达到或超过他被要求支付的价格时，交易才会发生；同样，卖家只有在其得到的价格超过生产成本时，才会同意出售。结合这两点观察可以得出，买家只有在愿意支付超过卖家生产成本的价格时才会购买。在竞争性市场，买卖双方都太弱小而无力操纵价格，如果市场处于均衡状态，此时的价格就是需求与供给相等的价格，所有收益都通过交易得以实现，[5] 其结果是社会资源实现了有效配置。

第二个基础是政府可以矫正前面阐述的诸多市场失灵。它让经济人为其自身选择给他人造成的后果承担应有的责任，这是形成社会凝聚力的原因所在。自由主义的经典做法是，为了充分利用个体的分散信息，应尽最大可能把经济决策权留给个人和企业，而不是政府，但要做到这一点，个人和企业必须对其决策给社会带来的后果担责。这一想法最坚定的捍卫者之一是英国经济学家阿瑟·庇古（凯恩斯在剑桥大学的老师），他在1920年的著作《福利经济学》（*The Economics of Welfare*）中提出了"污染者付费"的原则。

在分析其局限性之前，我想强调一下这个框架的逻辑一致性：政府制定游戏规则，明确市场参与者的责任；随后，市场参与者可能（甚至必须）追求其自身利益。以环境问题为例：政府没有决定哪些企业必须减少污染（由于政府缺乏必要的信息，结果只能是盲目决策），而是说："如果你想排放1吨二氧化碳，那么你需要支付50美元。你自己决定怎么做吧。"由于要对自己的决策负责，企业可在满足政府对二氧化碳排放约束要求的同时，集中精力提升生产效率。

总体而言，斯密和庇古的工作为股东价值和自由主义（不过是区别于通常意义上的股东价值和自由主义）奠定了基石。经济自由主义往往被视为无需政府干预，而只需个体奋斗。但与此相反的是，整个市场大厦的基石是经济人必须为自我选择带来的社会成本负责。

政府失灵

分析表明，市场和政府之间并非相互替代，而是相互依赖。市场的正常运转取决于政府的正常运转；反之，有缺陷的政府既无益于提升市场效率，也不能提供一个市场的替代性方案。然而，恰如市场失灵一样，政府也常常会失灵。导致政府失灵的原因有多种，监管俘获（regulatory capture）即为其中之一。我们知道，提供公共服务的企业与监管机构之间的友好关系和相互支持，为其合谋提供了土壤（政治家和公务员在曾经被监管过的企业中谋职 [即旋转门] 就是例证），但这只是政府失灵的很小一部分原因。政治动机的实质是希望获选或连任，这有可能从两个方面扭曲决策制定。

首先，政治家面临利用选民存在偏见和缺乏知识的诱惑，我们稍后会回到这个话题。其次，对于被高度动员起来的压力集团，它们支持的政策明显对其有利，但由此引起的成本对社会中其他主体（例如纳税人和消费者）往往并非显而易见。这种信息不对称扭曲了公共选择，[6] 有时还通过故意掩盖其偏向性而得到强化。一个典型的例子是地方和区域政府经常实行的以就业为导向的恩庇主义，相对于其政策成本仅为部分人所知而言，其政策收益更容易被多数人察觉，这最终导致地方政府变得过于庞大。

出于公众利益采取政治行动很复杂。选民的制约在某些领域有效，但在其他领域并非如此。例如，公共交通系统的失败显而易见，但其他领域的问题就很少为选民所知，比如州和地方当局（特别是其表外项目旨在掩盖债务）的借款，以及公共部门在创造就业时的无效性（终身薪金形成了另一个事实上的长期债务，而且也在资产负债表之外）。

回到本章导言中提到的一点，即批评政治家的人应首先反思一下，如果自己身处政治家的位置又可能会做些什么。了解换位思考的含义，而不是把政府失灵归咎于个人（尽管政治家在勇气和管理水平上确实良莠不齐），可能会防止我们进行道德说教，或急于谴责整个政治阶层。

最后，由于司法管辖的地域限制，市场失灵无法总是得到有效的矫正：一国政府不能替代其他国家制定政策。在没有国际协议时，监管必须立足于本土。任何国家都可以鼓励本国的企业、公民和政府减少二氧化碳排放或禁止使用童工，[7]但不能插手其他国家的类似问题。

政治家还是技术官僚？

坚持政府干预是必要的，但这远远不够，我们还必须解决如何实施政府干预的问题。在多数国家，民选决策者与由行政人员或技术专家组成的独立行政机构之间的职责分工这一议题非常敏感，可能很少有其他问题如此具有争议。可问责性与独立性之间的紧张关系普遍存在，并可以从很多国家（包括美国、英国和法国）的民粹主义者对"专业知识"的攻击中略见一斑。

独立于政治权力当然不是一个新想法（例如，英国司法独立于王室源自1701年的《王位继承法案》[Act of Settlement]，[8]而三权分立则写入了1787年的美国宪法），但是法国过去30年的改革及对独立行政机构的攻击，或者最近政客们对英美司法独立及对世界各地央行独立性的口诛笔伐，都意味着我们必须重新审视独立性的基础。

在健康的民主制度下，法官的独立性是这一基本观点的绝佳例证：目标的设定属于政治和社会决策领域。但无论社会如何界定"正义"，其公正的实施最好由独立的法官来保证。经济政策的决策同样如此，经济学是一门关乎手段而非目的的科学，因此，应该信任独立的权力机构，并全面给予其授权，以便它能够在授权范围内评估选择方案并找到技术解决方案，这样的授权在保证机构政策的一致性的同时，也让其独立于压力集团。

需要独立机构

我在此重申：责备政治家政治行动的局限性是徒劳无益的，而且是不负责任的；相反，重要的是要认识到，政治家同我们一样，都会对面临的激励做出反应。

就政治家而言，其决策激励深受选举或连任的影响，其优点当然是迫使当选官员充分考虑公众意见，但这一优点也正是民主机制的阿喀琉斯之踵。尽管代议制民主的目标是将决策权授予比选民更知情的人，但这些决策者常常蜕化为民意调查者，他们只知道遵循民意，或至少是媒体塑造的民意，很多人不愿搭上自己的政治生涯去支持不受欢迎的或会遭受特殊利益集团反对的事情。有时，政治家要敢于直面问题，不顾忌公众意见。例如，弗朗索瓦·密特朗（François Mitterrand）违背多数人意见，于1981年9月在法国废除死刑。然而，密特朗当时正处于第一个七年任期的初期，个人面临的政治风险很小（选民的记忆期明显较短）。此外，密特朗富有政治勇气的行为震撼了法国政界的许多观察家，这一事实无非证实了我的观点，就是出现该种行为仅仅是个例外，而非一般规律。在美国，一个虽不受欢迎却被勇敢地决策实施的例子是《平价医疗法案》（即奥巴马医改[Obamacare]）。据一些民意调查，2010年和2016年，该法案的反对者和支持者之间的差距约为10%。

独立性可被视为对监管决策偏离选举目标的一种回应。对世界各国的中央银行来讲，因为政治家习惯于采用"财政刺激"手段（在选举前增加政府公共支出，以换取短期繁荣，但未来又会引发通货膨胀，进而损害长期的经济健康），所以，为防止出现这种情况，各国普遍赋予中央银行独立地位。电信、能源和其他网络型产业往往也有相应的独立性监管机构（政府机构，在某些国家则是法官）。设置独立性产业监管机构的动机是，当部长是监管者时，存在人为压低价格的政治倾向，这种人为干预将抑制企业投资和网络的长期可持续发展能力（考虑一下当选代表呼吁降低电力和天然气价格的情形）。

将竞争政策和产业监管授权给独立性机构，也反映了政府部门力图避免与政治敏感行业的管理层和员工发生冲突，这些行业的人显然将其所在行业视为私人领地，不惜任何代价阻挠引入或强化竞争。例如，当市场上出现滥用市场支配地位或危及市场竞争的兼并活动时，这些行业的人通常都会与政府官员闭门讨论。这是一个政治决策领地，但决策结果与其说取决于经济分析的有效性，还不如说取决于私人关系。将竞争法的实施移交给独立监管机构彻底改变了游戏规则。几乎没有幕后交易的空间，促使各利益相关方都必须摆出确凿的论据和事实，其中经济论证发挥了更大作用。尽管我并不总是认同这些监管机构的决策，但这并不是问题的重点。按照监管指南和听证会程序组织利益相关方进行辩论，而不是依靠权力关系做出决策，让决策质量相比从前有很大提升。如果想提高这些权威机构所做决策的质量，作为经济学家，我们必须改进我们的研究并更好地解释它们，同时监管机构也需要持续深化它们的分析。

另一个例子说明了将决策政治化带来的危险：房地产市场引发的

银行业危机（有时甚至是主权债务危机）。世界各国的政治领导人，从保守派的小布什总统到西班牙工人社会党的萨帕特罗（José Luis Zapatero）首相，都致力于提高自有住房比例。从理论上讲，这并没有什么错。但在实践中，鼓励个人买房的政策包括了放宽金融机构发放房地产贷款的标准，这使那些几乎没有偿付能力的家庭也因此获得了房贷，当他们遇到个人问题或宏观经济出现问题（如利率上升或房价下降）时，他们就会无力偿还贷款并被赶出家门，而面临资本不足的银行只能由国家出手来解救。

关于次贷危机的文章汗牛充栋，无论是美国还是其他许多国家，这场危机都涉及高风险的房地产贷款。直到2008年，西班牙经历了一场房地产泡沫，当泡沫破灭之时，借款人、建筑业、储蓄银行和西班牙人民都遭受了严重后果。政府出面解救银行的做法增加了政府债务（危机前政府债务比例很低，不到GDP的40%），也给经济带来了重创，以致不得不请求国际货币基金组织、欧洲央行（European Central Bank，ECB）和欧盟提供金融援助。西班牙政府在紧缩政策和重新启动经济计划之间举棋不定，（尤其是年轻人）失业率迅速攀升，危机带来了高昂的社会成本。

由此可见，银行的脆弱性是西班牙危机的一个决定性因素。但假如我告诉你，根据同行评价，西班牙银行业监管人员是世界上最合格的官员之一呢？这些监管人员早在2005年左右就预见到房地产泡沫会给银行带来的风险，并在全球第一个要求银行在繁荣时期也要持有额外储备（人们可以想象，如果没有采取这些措施，西班牙危机的后果会是什么样）。这种做法已经预见到债务危机之后在巴塞尔框架[9]内采取的系列改革措施，其中就包括要求银行在经济繁荣时期增加自有资本。然而，虽然中央银行在2005年就指出了问题所在，但是否要求银行降低房地产风险的决定权掌握在西班牙政治家手里。对这些人而言，继续放松房地产以保持经济繁荣的诉求,要胜过审慎监管的需要。

提升政治的优先地位?

决策权何时应该授予政治家?理论上讲,政治进程似乎更适合于那些让全体选民都易于理解的社会选择(当然,前提是多数派不会威胁压制少数派)。另一方面,对选民而言,技术性决策可能难以理解,这也是民主程序的难解之题。有多少选民会为了对货币政策或电信本地环路开放有深入理解以便做出投票选择而去攻读经济学博士呢?有多少选民会为了提高对政府中东政策的评估能力而去学习历史和地缘政治博士课程呢?有多少选民能分析当地公共交通系统的生产率,或理解其他的教育及住房政策是否有效的数据?有多少选民会付出巨大努力去熟悉转基因生物(GMO)、水力压裂开采(fracking)或全球变暖等科学议题的细节?即便对拥有博士学位的专家来说,这些主题也属于难题。公众缺乏专业信息的后果,是技术性决策很容易受到最有权势(从财力和媒体资源方面看)或组织最为周密的利益集团的俘获。

如同不应过分指责政治家那样,这里也无过分指责普通公民的意思。我自身也做不到这一点,我也经常基于粗略的信息对政治决策做出评估。在这里,我只是想提醒大家注意缺乏信息所带来的后果,这是我们必须考虑的。

按照温斯顿·丘吉尔(Winston Churchill)的名言,民主是"最糟糕的政府形式——除了其他所有不断被试验过的政府形式之外"。起源于启蒙运动哲学的现代政府,力求独立于特殊利益集团,而限制当选官员对下属公务员的职业生涯施加影响,就是这一哲学理念的一部分。创设独立机构是另外一种工具,以保障民主体制对短期民意之外的其他考虑做出回应,并限制其迎合利益集团的诉求。法兰西共和国的网页[10]简要总结了这种独立性带来的好处：

> 独立行政机关致力于满足三方面的需求：为民意提供更大程度的保证来保障政府干预的公正性；允许不同背景和不同能力的人广泛参与，特别是受监管行业的专业人员；确保政府干预能够快速适应需求和市场演变。

这里的表述概括了托克维尔对其在19世纪早期观察到的美国行政独立传统的钦佩。[11]

独立机构从未完全独立

对于不受选举约束的决策者（诸多国家的法官或经济监管者），他们有更大的自由度，但作为硬币的另一面，一旦这些人行为失当，就会导致问责缺乏。为了减少独立机构罔顾共同利益的风险，必须选择独立的、备受尊敬的人负责管理独立机构。同时还必须经过任职听证过程，如果可能的话，其任命程序应得到跨党派的一致支持。但是，永远不应该把对某一党派的支持或对政治家的忠诚作为任职条件。一旦独立机构负责人到位任职，协商、透明以及意见必须建立在合理论证基础上的要求，都会鼓励他们做出对社会公正的决策，而发布由独立于监管机构之外的专家出具的决策评估报告，能够暴露其决策失误之所在。

"独立"机构绝不是（也永远不是）完全独立的：一个适当的、由绝对多数决定的司法程序必须拥有根据监管机构整体表现（而不是依据某个具体的、热门的政治问题）罢免其领导者的权力。最后，还必须考虑到潜在的利益冲突，并通过限制其影响的程序给予直接而明确的应对。

解释，别抱怨……

对独立机构的普遍敌意往往缘于选举。例如，在欧洲，反对欧洲央行的言论在某种程度上是一种毫无意义的政治作秀，因为欧洲央行的独立性已写入多边国际协定中，任何一个欧盟成员国都不可能说服其他欧洲伙伴把欧洲央行置于政治监督之下。[12]

但是，攻击独立机构的间接后果更为严重。一方面，抨击独立机构最终可能迫使其屈从于政治权力；另一方面，设立独立机构的缘起就是为了防止唯选票论，民粹主义分子攻击独立机构的行为只会增加公众对政治活动的不信任。再举一个欧洲的例子：2005年法国和荷兰举行公投对构建欧洲统一宪法的提议说"不"，尽现了过去几十年来寻找替罪羊和"布鲁塞尔抨击"（Brussels bashing）带来的消极影响。真正的政治勇气在于尽力调和公民与现代民主之间的关系，而独立机构在其中可以发挥重要作用。

政府改革：以法国为例

政府的新概念

政府的概念已经发生变化。过去，政府被认为是公务员工作岗位的提供者（通过提供城市服务），以及公共产品与公共服务的供给者（通过公共企业）；如今，现代政府的理想状态是制定规则与干预措施以纠正市场失灵，而不是作为一个平庸的企业经理取代市场。[13]当市场出现失灵时，现代政府就会实施监管，涉及的职责包括创造平等的机会、健康的竞争秩序，以及不依赖于公共资金救助的金融体系。现代政府寻求某种方式让经济人承担其环保责任，对医疗保险的投保者一视同仁，并保护那些缺乏信息维护自身权益的雇员（如工作场所的安全保障、参加高质量培训的权利），等等。在实践中，政府的运作是灵活且以问题为导向的。

然而，政府职能的转变需要回到根本问题上来（政府适宜做什么？），同时还要转变其思维方式。官员们不再是"为国家服务"——一种完全忽视公共利益的"不幸"表达——而应该是"为公众服务"。[14] 那些仍将政府视为就业提供者和产品与服务供给者的国家，可能需要向作为仲裁者的政府模式转变。[15]

现代政府必须具备财力以维持其公民依附的社会福利制度，在这一问题上，法国可以从福利制度同样依附其社会体制的其他国家得到借鉴，但必须认识到社会福利制度的存续要求其对公共财政实施严格管理。[16] 法国的公共支出目前位居世界最高行列：政府支出超过 GDP 的 57%！[17] 而在"黄金 30 年"[18] 期间，这一比例在 1960 年仅为 35%。

公共支出上升并非不可避免：从 1991 年到 1997 年，瑞典的公共支出占其 GDP 的比例下降了 10%。通过将有关事务外包给私人机构，20 世纪 90 年代瑞典政府官员数量从 40 万减至 25 万。瑞典政府在其内阁中只保留了几百名官员，这些官员主要负责确定战略、比较预算方案及开展辩论。瑞典政府将日常运营活动委托给大约 100 家专业化机构，这些机构能自主决定其人员招聘及薪酬。以合理成本提供公共服务是可能的，例如，将农村地区利用率低的邮政服务委托给杂货店和服务站，不但节约了成本，还让这些生意得以存在，避免这些人涌向城市。

政府改革过程

对那些饱受臃肿的行政机构困扰的国家,[19] 亟须改革的领域早已明确:减少并重新安置公共部门雇员;用开放的固定期限合同取代终身聘用制;消除机构重叠;[20] 减少行政层级;[21] 给公共部门管理层放权,但要进行严格的事后评估,如果考核目标未能实现,则要进行干预,等等。尽管出发点是好的,但改革常常失败。遵循以下原则,将有助于增加改革成功的可能性。

1. **通过基准(benchmark)比较增加信服力**。对照全球最佳实践,并剖析造成差异的原因。与其他国家学生相比,本国学生表现如何?能否以更低的成本征收所得税?在既定资金情况下,医院是否提供了最好的医疗服务?或者等价地,对于医院提供的一定质量的医疗服务来说,其支出是否合理?

2. **确定解决问题的最佳方法**。加拿大联邦政府提出要在1993年至1997年期间逐步减少19%的公共财政支出,这项改革在此方面具有标志性意义。对于每个项目,加拿大政府都问了相关问题:该项目是否符合公共利益?如果是的话,可否由其他公共部门或私营部门提供?成本是否可以承受及是否还有其他选择?如此一针见血的提问,推动人们提出创新性的解决方案。没有什么属于禁区,但一定要有与公众的对话来对改革计划做出调整和解释。

3. **不要全面削减项目**。确定哪些项目是重要的,哪些是不重要的;哪些是有效的,哪些是无效的。在加拿大,社会福利项目(医疗保健、司法制度、住房、移民)受改革影响不大,但补贴下降了60%,工业和交通部的预算则削减了一半。

4. **监督公共政策与目标的一致性**。改革可能会偏离目标。例如,

> 在法国，旨在消除职责重叠的结构重组改革常常事与愿违，非但没有消除职责重叠，反而创造出更多的工作岗位和机构，用以协调原有机构之间的纠纷。为此，详细的改革计划应该交给一个独立机构制定，一旦改革没有真正实现机构精简，独立机构有权要求各机构从头开始，并对后续的进展实施监督。

德国、荷兰、北欧斯堪的纳维亚国家和加拿大都属于具有社会民主主义传统的国家，都保留了高水平的公共服务和社会福利保障。在维持高水准公共服务的前提下，这些国家都成功地降低了提供服务的成本。此外，这些国家还成功地把各类改革整合在一起。孤立的改革很难推进和实施：单一主题的改革容易受到说客们的集中阻击，而（通常很多）潜在的受益者要么不知道自己会从改革中得到什么，要么认为其潜在的个人收益很小，因此选择搭便车。而综合性的改革方案提供了一个改革全局的整体视角，并且会帮助改革中的利益受损者。

"但时机还不成熟"

从世界各地政府的改革实践中可以总结出一些经验教训：

1. 全方位的改革是有可能的。
2. 全方位改革须从长计议。虽然在某些情况下，改革很难获得跨党派的支持（如美国医疗改革），但在许多国家，反对党已经公开支持或至少无意否决出于国家利益的改革努力，比如关于社会福利制度的财政可持续性的改革。反对党上台执政后，也会持续推进此类改革，这为民主国家的正常运转提供了很好的例子。政府的许多改革都是由左翼实施的，例如加拿大的让·克雷蒂安（Jean Chrétien）、德国的格哈德·施罗德（Gerhard Schröder）、瑞典的社会民主主义者（特别是约兰·佩尔松 [Göran Persson]）及智利的米歇尔·巴切莱特（Michelle Bachelet）等，这些改革随后也得到了右翼的尊重。

3. 如果改革内容得到充分解释并能（在任期内）尽早实施，选民们通常也会支持这些改革。让·克雷蒂安连续执政了 13 年，约兰·佩尔松则执政了 10 年。

4. 在法国和其他地方，人们反对改革，经常说现在不是推行改革的良机，因为当前经济状况不佳，难以补偿改革中的利益受损者。然而，上面提到的绝大多数改革措施，恰恰是在困难条件下实施的。瑞典的改革就是在特别困难的情况下开启的。在 20 世纪 90 年代初金融泡沫破灭和对银行业进行紧急财政救助之后，瑞典的 GDP 在 1991 年到 1994 年间下降了 5%，失业率从 1.5% 升至 8.2%，预算赤字在 1994 年达到了 15%。差不多同时实施的芬兰改革，同样也是在非常困难的情况下起步的，当时的改革面临着其最重要的商业伙伴苏联的解体。施罗德时期的德国改革也开启于困境中，那时德国正处于应对东西德统一的困难时期，福利计划面临着灾难性的人口规模扩张。在 20 世纪 90 年代，加拿大也面临着糟糕的经济形势：总体公共债务规模（联邦、省和市政府）接近 GDP 的 100%，债务偿还负担让各级政府开始体会到痛苦。

类似的例子不胜枚举，但共同的结论是：困难的经济形势有助于改革，而不是阻碍改革。

第七章　企业治理及其社会责任

在探讨了公共领域的治理后，本章我们将转向探讨企业治理问题。当然，仅关注这两个领域是出于简化的考虑，它忽略了其他的组织形式，如志愿者协会、非政府组织、合伙制（cooperatives）及协同开发组织（如开源软件那样），[1] 还忽略了企业之外的管理和劳动在重要的、共同决定的半公共机构中的作用，如法国那些管理继续教育、社会保障和就业法庭的机构。但是，花点时间来探讨一个关键而又令人费解的问题很有必要，这一问题事关市场经济中企业治理的主流模式：为何投资者的所有权和控制权问题在世界各地普遍存在？在什么情况下，除资本主义企业之外的组织模式——如合伙制或员工自我管理型企业——能够出现并繁荣发展？

企业治理是企业管理的核心。所谓治理是指由谁控制企业，又由谁对以下重大事项做出决策：人力资源管理、研究与开发、战略选择、兼并收购、定价与营销、风险管理、监管事务，等等。资本主义治理的主流模式是将决策权赋予投资者，或者更准确地说是赋予股东（或者如果债务无法偿还，实际上是赋予债权人）。投资者再把决策权委托给管理团队，原则上由管理团队管理企业。当管理团队和投资者利益出现冲突时，投资者可以否决管理团队的决策，但管理团队往往比投资者更知情。下面我们先探讨如何解决公司所有权与决策权分离的问题，然后分析企业社会责任（corporate social responsibility，CSR）和社会责任投资（socially responsible investment，SRI）这两个概念：它们的内涵是什么？它们是与市场经济水火不容，还是市场经济的自然拓展？

社会上有诸多可能的组织形式，但只有极少数被选用

令人惊讶的是，先验地来看，资本主义的治理模式无处不在。企业由众多利益相关者或受其决策影响的群体组成，包括提供资本的投资者，当然还有雇员、分包商、客户、企业运营所在国的地方政府部门，以及其他利益相关者，如可能遭受企业污染影响的邻近居民。由此我们可以想象，社会上存在着大量组织，在这些组织中，利益相关者们以不同的组合（如掌握或多或少的董事会投票权）共享权力，进而形成不同形式的联合治理。

事实上，还有很多不同于资本主义模式的治理模式。比如合伙治理存在于众多行业，在这种治理模式下，服务使用者们共同享有所有权，并就如何治理和共享服务达成一致。例如，农业合作社为其成员提供各种服务（设备贷款、存储、加工、营销）。读者可能会有点吃惊，在高度资本主义的美国竟有大量合伙组织，其中包括买方合作社、搬家公司、投资银行，[2] 及互助保险公司（mutual insurance companies）。直到最近，此类合伙制企业甚至还包括维萨（Visa）和万事达卡（MasterCard），这类企业由银行卡发卡行（比如你的开户银行）和收单机构（商户签约的金融机构，主要管理商户的信用卡和借记卡的刷卡交易）联合控制，

而且(像互助保险公司那样)不派发股息。

在世界各地,拥有专业技能的人士大都采用合伙制经营,如医疗诊所、审计、咨询、税务咨询等。在社会事业部门,企业也经常通过协商和成员投票进行管理。在这些企业中,赚取利润只是一种手段(维持企业生存或用于投资),并非目的,只有一小部分利润分给成员,剩余部分则用于再投资。与非营利企业不同,合伙制企业可以向合伙人分红,但分红有一定限制(比如,不能超过利润总额的三分之一)。尽管投资者通常也拥有一定的投票权,但他们无法对企业施加影响。

还有许多其他的治理模式,比如员工自营企业,这种治理模式在铁托(Tito)时代的南斯拉夫比较常见,在其他地方偶尔也出现过。在法国,与其他许多国家一样,大学基本上都是自我管理的;尽管它们受到相关部门的限制,但在实践中,还是由选举出的教师、学生和工作人员代表控制着学校的董事会。

在更为有限的情况下,员工可通过参加董事会会议参与企业的决策制定。[3] 事实上,很多国家(如中国、挪威、瑞典)都要求企业董事会中必须有员工代表。一个典型的例子是德国,其企业采取双层治理模式:一个是企业执行委员会,一个是对企业实施监督的监事会。根据德国法律,员工数量超过500人的企业,其监事会中员工代表需占到1/3,而员工数量超过2000人的企业,这个比例要达到1/2(在这种情形下,通常由股东代表推选出来的董事长有最终决策权)。最新的实证研究表明,从效果看,这种治理模式的影响并不是中性的:与其他类企业相比,董事会中员工代表占据一半的企业的市值往往更低,但就业和薪酬支付更稳定,且董事会愿意为考虑股东利益的管理层提供激励(比如,管理层的薪酬与股东价值和更大负债之间的联系更紧密)。[4]

事实上,一个健康的经济体需要各种各样的治理模式,以便每个

第七章　企业治理及其社会责任

企业的治理结构都能适应其在特定场景下所面临的挑战。在实践中，企业治理模式的选择存在很大的灵活性，所以没有什么能阻止企业采用它想要的治理模式，无论是自我管理模式（尤其是在成立之初）、[5] 合伙制、资本主义治理模式，还是其他治理模式。

由此可见，我们在现实中观察到的组织模式，无非是不同治理模式相互竞争的结果（前提是这种竞争没有被偏向某种治理模式的财政激励或监管激励所扭曲）。我们可能感到有点惊讶的是，经济活动绝大多数都是围绕企业来组织的，企业则把监督权授予唯一的利益相关者——投资者，而管理层又对投资者负责。此外，这些投资者通常来自企业外部。

考虑到这一治理模式存在不足，且时常被媒体大肆报道，我们对这一治理模式的主导地位更加感到惊讶。企业治理失效的例子包括企业业绩与经理薪酬之间联系微弱，在企业宣布破产前突击派发股息，类似安然（Enron）公司的会计操纵行为，[6] 短期利益考量损害企业长期营利能力，以及内幕交易。幸运的是，多数企业的管理者并非如此。尽管如此，如同任何经济或政治制度一样，企业治理不能以普遍仁爱的假设为基础，因为一旦治理模式失效，无论是投资打了水漂的出资人，还是没有机会就企业治理发声的利益相关者，或者失去工作的员工，抑或面临本地就业市场恶化的政府部门，以及必须支付失业救济金和为清理废弃场地污染买单的纳税人，其代价都是高昂和惨痛的。

因此，本章将关注经济组织的核心问题：为什么企业通常采取这种主流治理模式？这种治理模式是社会合意的吗？不同治理模式间的竞争是否会出现失灵？如果答案是肯定的，是应该由政府出面干预，还是由企业自发采纳对社会负责任的行为？

对资金的内在需求

无论是大型企业还是中小型企业,它们都需要为其发展融资,或者在经营不善时借助融资渡过难关。在缺少足够流动性,或者缺少非战略性且易于出售的资产的情况下,企业就只能从股东或债权人那里筹措资金。然而,除非这些出资人(或投资者,我们将交替使用这两个词)期望从投资中获得的回报至少等于从其他投资渠道获得的回报,否则他们将拒绝提供额外资金。这就是为什么企业必须采取某种治理结构、做出某些承诺以保证投资者的投资能够得到回报。下面我们首先讨论将公司控制权分别赋予投资者和员工的结果,然后分析影响出资人投资决策的其他治理选项。

决策权赋予投资者。为简单起见,我们重点关注企业内的两类利益相关者:劳动与资本,即员工与投资者。如果投资者拥有企业决策权,那么员工的利益就不一定能得到体现或被纳入考量范围,企业就可能做出危及员工就业的决定,尽管对企业而言代价非常之高(特别是在劳动力市场刚性的国家,如法国)。当然,对投资者来讲,即便从赚取利润这一狭隘的观点出发,注重企业长远发展并公平对待员工也是有利的。那些通过苛待员工来增加短期利润的企业往往名誉扫地,长远来看也难以吸引和激励新员工。惩罚员工最终会让股东自食其果,但这并不意味着出资人会因此充分关注员工的利益,所以,我们需要关注的是如何才能保护员工的利益。

决策权赋予员工。另一方面,如果员工拥有企业决策权,那么投资者的回报就需要得到保护。确实,投资者可能担心员工自治会剥夺他们获取足够的投资回报。即便投资回报可由合同予以保证(这里不妨假定是债务投资,给债权人的偿还已事先明确),员工还是可能截留当期收入用于增加薪水而非企业投资,或者决定降低工作努力程度,抑或优先雇用其亲朋好友，这些行为都会危及未来的投资回报。预见到这些风险后，出资人可能不愿意把资金投向员工自我管理型企业。他们宁愿把钱用于消费而不是储蓄，或者把钱投向其他领域（房地产、政府债券、其他企业或海外项目）。最终，这将伤及员工，员工也不再能为企业发展（乃至维持生存）提供融资。

而且，即便出资人能保证员工会把利润留成用于再投资，继续给企业投资也非明智选择。以一种名牌香烟为例：尽管当期收入很高，但生产香烟可能并不是一个有吸引力的投资机会（谢天谢地，出于健康监管的原因，其吸引力会日益下降）。对所有的治理模式而言，重要的是把资本投向最佳的可能领域。而最佳的投资领域与企业过去的绩效没有必然关系，反而可能是一个完全不同的经济领域：要知道，成长机会往往出现在新产品和新企业之中。

优先考虑投资者利益同时可能有利于员工的治理理念不太符合直觉。对于第一种治理模式，我们只看到它的直接效应：明显提高投资者回报，但长期来看，企业融资及由此带来的增长和就业却可能面临风险。对于一家有大量融资需求的企业，采用偏向员工利益的治理模式，将治理企业的决策权赋予员工，可能会适得其反：由此带来的资本短缺可能降低生产率，减少企业营收，甚至让员工丢掉工作。

尽管如此，需要重申的是，强调员工自我管理存在风险的观点并非规范性判断：市场经济必须容纳各种治理模式，并让各类组织选择最适合自身需要的治理模式。不过，这些观点初步解释了为什么企业会采用或不采用资本主义治理模式。像毕马威会计师事务所（KPMG）这样主要由人力资本构成的专业咨询服务公司，就可以采取合伙人治理模式，而最需要融资的企业则倾向于将控制权交给投资者。

然而，正如亨利·汉斯曼（Henri Hansmann）在其名著《企业的所有权》（*The Ownership of Enterprise*）[7]中指出的，某些合伙组织也拥有大量实物资本。例如，维萨和万事达卡支付公司在 2008 年和 2006 年分别在纽约证券交易所公开上市之前都是合伙组织，它们都在物理网络、软件和营销方面投入了巨资。那它们是例外吗？还真不是。汉斯曼在其著作中提出了一个适用于我们社会生活诸多方面的关键观点：当团体（如合伙组织）内的成员利益一致时，集体决策是行之有效的。只要支付卡组织的成员银行目标一致（对支付卡组织提供的服务需求相同，时间跨度相似），合伙组织就能以高度统一的方式运营，为投资预留资金也不存在问题。即使有大量资本投资需求，合伙组织也能满足。

但另一方面，当成员利益开始出现分歧时，多数人就可能做出不利于少数人利益的决策。[8] 而且，少数人知道其建议被接受的可能性很小，也就不会积极参与管理过程。成员们开始互不信任，信息沟通趋于停滞。最终，那些有情绪且与组织无关的成员就会寻找其他投资领域。由此可见，目标一致对任何组织的健康运转都至关重要。

所有权与控制权分离：谁是最终决策者？

在每家公司中，管理团队都会获取信息并据此做出日常决策。内部人士因拥有信息而获得优势，这一点让公司董事会或年度股东大会（annual general meeting，AGM）的外部监督[9] 变得颇为棘手。为简洁起见，我们假设投资者拥有决策权。投资者与管理层的分离引发的问题是管理层如何承诺保证投资者的回报（只要涉及公司实际决策权与所有权的分离，后面将要讨论的问题一般都适用。例如，合伙人或者协会的成员同样会担心管理层的目标与自身目标是否一致）。管理层可能会在艰难的决策面前犹豫不决，对公司内部风险管理重视不足，涉足难以赢利的公司外部活动，过度投资，未能选择最称职的商业伙伴,优先照顾亲朋好友,甚至从事非法活动(诸如内幕交易、做假账、侵吞养老金,或当存在利益冲突时转移资产等)。

通过以下两个概念,信息经济学与博弈论有助于我们理解权力或权威:[10]

- **正式权力**:指通过合同明确授权,对某一项或某一类决策有决策权。
- **事实权力**:指代理人没有获得正式授权却拥有的权威。代理人得到这种权威主要得益于:1)掌握与决策有关的特定信息;2)因为利益大体一致,正式权力所有者给予了他(或她)信任。

正如马克斯·韦伯在其著作中指出的那样,区分这两个概念的关键在于信息不对称。企业的年度股东大会可能拥有正式权力,但如果董事会隐瞒信息,年度股东大会就无法发挥其应有作用。同样,对于管理层做出的决策,董事会也可以简单地盖个橡皮图章,尽管管理层披露的往往只是对其有利的信息。[11] 例如,虽然董事会或年度股东大会拥有对企业兼并或选举下一任首席执行官等事项的正式权力,但这并不妨碍现任首席执行官对公司决策产生重大影响,至少在大家相信他(或她)为股东利益服务时如此。实证研究证明,事实权力与(管理层与股东的)利益一致性之间的确存在联系。

在实践中,投资者如何确保管理层的行为不至于太偏离其自身利益呢?答案有多种形式:治理由一系列制度构成,虽然单个制度不能确保管理层的利益与投资者的利益相一致,但如果把这些制度整合在一起,通常都会取得成功(尽管并不总是如此)。

融资结构的作用

弗兰科·莫迪利亚尼(Franco Modigliani)和默顿·米勒(Merton

Miller）在 1958 年发表的一篇颇具争议的著名论文中提出，企业的融资结构对其运营没有影响，因此对企业价值也没有影响。简而言之，无论在不同融资渠道（股东和债权人）之间如何分享一个固定大小的饼（企业的未来利润），都不会影响饼的大小，因而也不会影响投资者准备支付的企业全部权益资本和债务的总价格。换句话说，股票的资本收益和红利、债券和银行贷款的本金与利息全部加起来等于一个固定值，该值仅取决于企业的经营决策，而与现金流如何分配无关。

但是，莫迪利亚尼-米勒假说并不令人满意：饼的大小并不固定，因为在现实中价值创造取决于企业的财务结构及其治理。一家负债过度的企业往往会看到控制权落入债权人手中，而债权人通常很谨慎，他们可能会通过出售资产或拆分企业以确保债务得到偿还。相反，现金流充足（几乎没有负债）的企业经理可以享受安逸的生活，他们没有偿还到期债务的压力。他们可能有些分红的压力，但这个约束较为宽松。

简而言之，只要一切顺利，股东就会控制公司，因此，他们要对其管理负责，一旦公司出现财务问题，首先损失钱财的就是他们。公司债务的持有者在公司管理中通常处于被动地位，但他们可以借助两种方式保护自己。第一种方式（对某些债权人）是获得担保。例如，银行会要求公司把一些资产（例如，房地产、库存或设备）做抵押，一旦公司所欠的债务无法偿还，银行就会扣押这些抵押资产；类似地，即使公司违约，被担保债券原则上也是有保障的。

第二种保护方式是，当公司负债过多且通过发行新股也难以弥补资金缺口时，债权人将获得公司的实际控制权。在公司陷入困境的情况下，将控制权由股东转移给债权人有双重目的：一是防止股东为赚取利润铤而走险（为公司复活赌博）；二是让管理层保持警惕，毕竟管理层通常不欢迎债权人主导的公司变革，因此他们有动机避免公司控制权从股东手中转移出去。

资产负债结构与治理

理论预测和计量经济研究都已证实，公司的资产负债结构与让渡给投资者的条件之间存在系统性关联。从逻辑上说，资产负债很脆弱（即现金有限，可供担保抵押的有形资产几乎没有，未来收益存在很大的不确定性，企业声誉尚在形成之中）的公司，应向投资者做出更多让步。例如，公司可能不得不削减投资计划，接受期限更短的债务（以便债权人在出问题时更快退出），采取更严格的治理，或提供更高比例的抵押。对希望借助融资获得发展的公司而言，答应这些条件虽然代价昂贵，但非常必要。

拥有可用现金、具有担保能力并已建立良好信誉的大型企业将能以相对较低的借贷成本在债券市场上筹到资金；而中小型企业则依靠银行贷款，因为借助银行融资可减少企业与投资者之间的信息不对称。类似地，生物技术或软件领域的初创企业（没有流动资产、没有抵押品、没有可靠的现金流）将不得不接受天使投资人及随后的风险投资人的严格监管，包括再融资、企业治理和投资决策等诸多方面的要求。管理层往往受制于这些投资人的选择，而且随时可能被解聘。[12]

管理层激励

股东价值的创造也是建立在一系列复杂激励机制之上的，尽管其中某一项激励机制并不一定完美，但这些激励机制共同促使管理层的利益与股东利益保持一致。基于公司财务绩效（股票和股票期权[13]）确定管理层的可变薪酬，以激励其采取措施提升股票价格，这种做法经常受人诟病。人们的批评不仅限于激励性薪酬，还包括对管理者的奖励最终并未带来卓越的管理。例如，在披露公司濒临破产前几个月，首席执行官自己先兑现赢利性的股票期权。对许多激励性薪酬机制操作方式的批评完全合理,然而,当可变薪酬的结构设计合理,尤其是薪酬机制随时间逐步到位,与公司的持续业绩挂钩(如果业绩不能持续,要受到"薪酬追回制度"[clawback provisions][14]的约束),并与本行业的股价或股票市场指数适度挂钩时,基于股票的激励薪酬方案可以鼓励管理者关注公司的长远发展。下面我们对这些问题做一些展开论述。

在2008年金融危机期间,一些经纪人和金融机构冒着巨大风险提升短期营利能力,他们因此被谴责为短期主义(short-termism)。这一不负责任的行为要特别归咎于管理层的薪酬机制和声名狼藉的奖金制度(基于年终绩效核算管理层的可变薪酬),正是这些薪酬激励机制驱使他们以牺牲未来发展为代价,最大化公司短期营利能力。通过给管理层分发股票而不是年度绩效奖金来支付可变薪酬,应该说已经是一个进步:如果管理层追求公司收入增长带来的长期成本大于短期收益,那么股票市场就会关注到这一点,因此,即使短期内利润增加,公司股价依然会下跌。而在奖金制度下,管理者并不会因股票价值的提升而受益,但他(或她)却可以赚取丰厚薪酬。然而,这里有一个问题需要引起注意:市场必须意识到现在和未来之间的这种替代,并留意是否过于关注当下的营利能力——市场并非总能意识到这一点。

正如我上面暗示的那样,一种可取的做法是将管理层完成的利润与"薪酬追回制度"相挂钩:如果公司的短期收入增长被证明仅仅是昙花一现,那么企业必须追回支付给管理层的可变薪酬。换句话说,将管理层的奖金冻结一段时间会冲淡管理层对短期营利的渴求。正是本着这一精神,在金融危机之后,巴塞尔银行监督委员会(由其制定全球银行业审慎监管的指导意见)要求支付给银行管理层和交易员的薪酬坚持长期导向。

这些原则虽然有用，但可能还不够。在第十二章我们将会看到，在金融领域，多种因素是如何共同促成了对社会不利的薪酬机制。这些因素包括监管者的失察；纳税人买单的银行救助，这不仅鼓励银行冒险（因为即使银行经营出现问题，直到彻底破产前最后一刻，银行都可以持续再融资），还鼓励股东为管理层提供相应的激励性措施；薪酬委员会与管理层之间的合谋；[15] 以及人才竞争和奖金文化，等等。

外部看法

诸多抗衡力量有助于提示管理层在股东价值创造方面的不足之处，包括独立董事、大股东、企业掠夺者、审计师、年度股东大会上的股东、道德委员会、媒体和监管机构。理论上讲，这些利益相关者都会收集关于公司绩效与战略的信息，基于这些信息，有些利益相关者还会干预公司的管理活动。这些错综复杂的关系、他们之间的互动，以及公司财务结构的确定，都是备受争议的话题，比如，谁来监督这些监督者？他们是在为公司创造价值，还是仅仅在谋取私利？[16]

什么是企业的社会责任？

正如我们在第六章所见，当前处于主导地位且仍在不断发展的经济制度建立在两个原则之上：价值创造和可问责性。这也是经济学家亚当·斯密和阿瑟·庇古所珍视的概念。可问责性，意味着企业关心其经营决策给不同利益相关者带来的成本，并将其"内部化"。一个例子是环境税，其目的就是让企业对其污染排放产生的社会影响担责。[17] 在劳动力市场上，与此相类似的是劳动保险的经验费率（experience rating），它通过在失业保险中引入奖惩机制（而不是对裁员施以法律限制）迫使企业考虑裁员对失业保险体系带来的成本。[18] 所有这些都是力图让企业对其带来的环境影响或人力资源管理方式负起责来。更一般地讲,其目的是保护那些无法参与决策制定的利益相关者,以便让那些有决策控制权的人(股东和管理者)在推行让企业受益的决策时不会给他人施加太多的负外部性。面对正确的经济信号,企业就可以专注于一项单纯的使命:为投资者创造价值。

然而,对利益相关者的保护往往并不完善。合同和监管规定不可能预见到每一种可能情形,所以它们注定是不完备的。而前面讨论的政府失灵问题则让情况进一步复杂化,最终,以利益相关者保护为代表的精致的社会结构(资本主义利润的最大化就是如此)就会出现一些漏洞。

按照欧盟委员会的说法,企业社会责任是"一个概念,即企业在自愿的基础上将社会和环境问题纳入其业务运营以及与利益相关者的互动中"。[19] 除了与利益相关者(员工、客户、供应商、当地政府、非政府组织,等等)之间的互动,"自愿"是该定义的核心。我们再一次引用欧盟委员会的说法:"对社会负责不仅意味着履行法律要求,而且还要超越合规义务,在人力资本、环境保护及与利益相关者的关系方面投入更多。"一个对社会负责任的企业之所以排放更少的二氧化碳或雇用残疾人,并不是因为法律对此有强制要求,也不是因为政府补贴或税收方面的激励,而是因为企业认为自己有责任对社会做出善举。

企业社会责任是一个古老的概念。例如,在 19 世纪晚期,注意到公共当局对那个时代迫切需要解决的社会问题的介入程度较低,法国、德国和英国信奉基督教的雇主们于是实施了一些社会政策(涉及住房、家庭抚育费)。如今,具有社会责任感的企业再度成为大家感兴趣的话题。然而,这个概念具有多重含义,对公民来讲有时候难以把握。我们可以从三个方面来考虑企业的社会责任,它们并非互斥:采纳符合可持续发展的长远发展观,开展企业利益相关者(客户、投资者和雇员)所期望的道德行为,以及从企业内部发起慈善活动。接下来,让我们逐一考察这些可选举措。[20]

企业可持续发展观

很多重视社会责任的私人基金和主权投资基金都强调要有长远的胸襟。与经济学家一样,它们认为利润是一个跨期概念,也就是说,是一个长期概念。因此,无论是通过选择投资项目,还是因为政治上的要求(例如,挪威议会要求挪威的主权财富基金以对社会负责的方式管理),对社会负责的投资基金都把可持续性作为它们思考的核心。

这一观点与具有社会责任感的企业有何关系呢?这难道不是一个改善治理的简单问题吗?答案在于企业的短期行为与危害社会的行为彼此相关。以银行选择风险投资组合为例,这样的投资组合很可能让银行赚取高额利润,却也可能使银行面临灾难性的风险。在过度冒险后,银行倒闭不仅危害股东利益(尽管事件发生之前,股东可能乐于冒这个险),还会伤害储户的利益,或者伤害为银行存款提供担保的存款保险基金的利益,最终遭殃的是公共财政,正如西班牙和爱尔兰房地产崩盘的结局那样。对银行而言,风险加剧是因为当它们遇到困难时政府会习惯性地给予救助。政府这么做的本意是避免风险蔓延到其他银行,以及银行倒闭对中小企业带来代价高昂的恶果,但同时,政府救助的长远影响在于,尽管银行资产状况不佳,但它却能从债权人那里获得新的融资,然后继续冒险,债权人也无须担心债务偿还问题。

还有其他一些例子:一家企业大幅削减其安全和运维支出,或者向市场推出一种风险不明的新产品,这样做可能让企业赚更多钱,却要冒着出现坏消息(例如,石油泄漏或影响新药的丑闻)的风险。这一风险可能不仅会摧毁企业，还会让受害者和政府买单，企业的破产也会导致员工失业。同理，对于一家不尊重员工的公司，未来其员工也不太可能支持公司计划，新员工也将更难招募。这就解释了为什么社会责任经常涉及对可持续发展战略的思考。

因此，对于具有社会责任感的投资基金来说，人们期望它们像积极的投资者那样，在董事会内部或年度股东大会期间，监督公司管理并给予干预，以确保公司政策充分着眼于长远发展。负责任的基金也可以"用脚投票"，拒绝投资给它们认为不满足企业社会责任标准的公司。[21] 当然，关于社会责任标准的定义还存在争议。例如，假设基金不想投资一家排放大量温室气体的能源企业，那么，投资基金是应该将这类企业从投资组合中完全排除，还是应该选择行业内尽最大努力减少污染排放的企业呢（如果我们离不开这个行业，至少在短期内来讲，最佳的方案是鼓励善举）？

受托慈善（Delegated Philanthropy）

正如第五章所述，人们并不总是仅仅追求自身经济利益。一方面，他们可能对他人具有真挚的同理心，并愿意为他人的利益牺牲一点个人经济利益；另一方面，他们可能也想向别人或自己证明他们是"善人"。也就是说，我们身上的利他主义有一部分并不纯粹，而是出于对我们的社会形象和自身形象的关切。这种对亲社会行为的渴望也可以表现在利益相关者希望企业能够以合乎社会美德的方式经营。投资者可能不希望把他的积蓄投向一家与不尊重人权的国家有交易的企业，或与使用童工、生产武器或烟草的供应商签订分包合同的企业。为了避免投向这些项目，投资者可能需要做好牺牲一点回报的准备。类似地，消费者可能乐意为公平贸易咖啡（fair trade coffee）多付一点钱；或者企业雇员可能会牺牲个人收入去为一家支持撒哈拉以南非洲国家儿童发展的非政府组织工作，并为此感到自豪。

在这种情况下，企业让自己成为践行亲社会行为的载体，它代表各利益相关者（投资者、消费者、员工）肩负起社会责任。需要再次强调的是，这样做与亚当·斯密的思想并无冲突。这看起来似乎令人惊讶，但一家咖啡店并不会因为提供公平贸易咖啡而牺牲利润。这样做无非是在回应客户的需求，他们也愿意为拿铁咖啡多付点钱。也就是说，企业正在最大化其利润。

受托慈善是一个简单概念，但要想充分释放其潜力，还要面临众多挑战。一个挑战是搭便车：我们都准备做出一点努力以减少温室气体排放，但具体到个人，都不愿做出重大努力，以便将全球变暖限制在 1.5 到 2 摄氏度以内。我们的同胞们都表示愿意为限制全球变暖做出牺牲，却坚决反对哪怕是非常低的碳税。人们总是希望别人会为此尽最大努力。

另一个挑战涉及利益相关者可获得的信息。无论是投资者选择投资一家企业，还是消费者选择从一家企业购买产品，再或者是员工选择为一家企业工作，都需要掌握足够多的信息，以了解这些企业是否真的以亲社会方式行事，这带给我们以下三个问题。

信息。首先，企业自诩的社会责任承诺可能不足为信。因此，利益相关者要想充分了解企业的真实行为，独立收集数据就变得至关重要。例如，企业或其分包商是否雇用了童工？要知道，分包链越长，信息缺口就越大。[22] 企业是否热衷于"漂绿"（greenwashing）——大肆宣传却又无足轻重的环境保护行动——而非优先考虑实施对环境有更大影响的举措？企业社会责任（CSR，也称为额外金融 [extrafinancial]，或环境 [environmental]、社会 [social] 与治理 [governance]——ESG）评级创设的目的就是为了向利益相关者提供相关的评价指标。[23]

目标权衡。第二个问题是如何统筹考虑各种非财务性指标,包括环境、企业自身的可持续性、员工、税务机关,等等。企业可能在某些方面表现良好,但在其他方面表现不足,因此,企业社会责任评级机构面临的一个挑战是找到一种将不同维度的企业社会责任指标综合成单一指数的方法。我们应该如何评估关闭一家排放大量二氧化碳却为当地社区提供就业机会的企业?一家跨国公司能否通过向企业所在社区的学校、诊所或垃圾处理设施提供资金支持来弥补其对当地环境造成的损害?目前,许多跨国公司一方面在从事某些承担社会责任的良行,一方面又在寻求大举避税的举措,由此引发的辩论尤其引人注目。[24]

社会责任(或不负社会责任)究竟意味什么? 归根结底,因为企业社会责任反映了公众需求,它自然就继承了民主进程的优点和缺点。在上一章中,我已经强调过,好的公共政策的采纳往往依赖于选民对相关问题有充分理解,或者至少不带偏见。同样,消费者、员工、投资者只有清晰地理解企业行为的影响,才会推动企业按照社会道德标准经营。[25] 当然,这一分析绝不会削弱受托慈善的价值,但它表明我们需要集体反思如何才能使受托慈善更加有效。

公司慈善

亲社会行为反映出公司自身乐意从事其所认定的正义事业(比如对弱势社区、年轻人就业、艺术和医学研究提供资助),而不仅仅是赚取利润。显然,很难从实证角度在公司慈善(牺牲利润)与受托慈善(不牺牲利润)之间划出一条明确的界线。毕竟具有社会责任导向的行为有助于塑造良好的企业形象,进而给企业带来财务收益。

这种形式的慈善受到了左右两派的攻击。米尔顿·弗里德曼在

1970年写的一篇著名论文中指出：本质上，企业不应该动用股东的钱从事慈善活动，管理者和董事会成员应使用自己的财产达到该目的。在政治派别的另一端，罗伯特·赖克（Robert Reich）建议，企业不要代替政府。

当然，对这些观点的评价部分依赖于另一个评价，即企业慈善活动所在地区公共管理的质量。这是一个实证问题，我们不能期望得到一个放之四海而皆准的答案。我们对此仍所知甚少，上述评论的目标就是鼓励大家对这一问题进行深入思考。在实践中，实用主义在许多国家占了上风，这为慈善活动留下了自由空间（通过对企业捐赠实施税收减免）。

最后，企业社会责任、具有社会责任感的投资及公平贸易与市场经济是可以兼容的。它们对如何提供公共产品这一问题做出了回应，但这一回应是碎片化的，也是不完备的（因为搭便车问题）。在政府是有效、仁慈且代表公众意愿的世界里，这些问题无足轻重，但在现实世界中，对部分公民和企业而言，这些符合社会道德的行为仍有一席之地。我希望我已经帮助澄清了这一点。

第四部分 巨大的宏观经济挑战

第八章　气候挑战

什么与气候变化利益攸关？

　　海平面持续上升威胁着岛屿和海滨城市的安全，气候异常现象频发，暴雨连绵和极端干旱，收成难料……所有人都感受到了气候变化的影响。这些影响既包括经济上的代价，又带有地缘政治性，饱受其害的人们被迫背井离乡，满腔愤懑。除非国际社会积极行动起来，否则气候变化很可能永久危及我们子孙后代的福祉。尽管气候变化的准确影响仍难以量化，但坐视不管的结果很可能是坐以待毙。专家们认为，我们能合理承受的全球平均升温上限是 1.5—2 摄氏度（意味着海平面可能上升 80—90 厘米），而政府间气候变化专门委员会（IPCC）2014 年发布的第五次评估报告则预测，在 21 世纪末之前，（按目前趋势）平均升温幅度就将高达 2.5 到 7.8 摄氏度。二氧化碳和甲烷（CH_4）等[1] 温室气体的排放还从未如此恣肆。特别是在全球人口持续增长、许多低收入国家希望达到发达国家生活水准的背景之下，要保持 1.5—2 摄氏度的上限意味着我们正面临一项艰巨的挑战。

图 8.1 在一定程度上体现了这种挑战。左图是 1960 年到 2008 年的全球 GDP 和二氧化碳排放增长情况。如图所示，技术进步自然而然降低了单位 GDP 的二氧化碳排放量，只是进展相对缓慢。右图预测了到 2050 年全球 GDP 的增长轨迹，以及将全球升温控制在 1.5 到 2 摄氏度这一良性范围内所要求的二氧化碳排放情况。对比两图可以发现，要实现这一环境目标，必须大幅降低单位 GDP 的二氧化碳排放量。因此，在今后 35 年内，我们要彻底改变我们的行为与技术。为了成功地实现这一变革，我们必须从根本上改变能源消费方式，房屋设计、建造和供暖方式，交通出行方式，商品生产和服务方式，以及农林管理方式等。除了这些旨在减少温室气体排放的"减缓气候变化"政策外，我们还需要配以"适应"气候变化的政策，也就是采取措施应对全球变暖的影响，比如建立预警网络防范洪水、修筑桥梁、保护湿地、改造农业以及移民等，这些措施都有助于减少社会和生态系统在面对气候变化时的脆弱性。

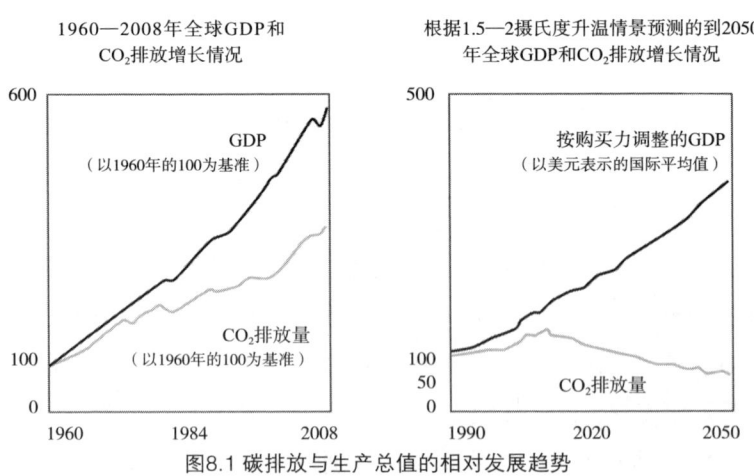

图 8.1 碳排放与生产总值的相对发展趋势

资料来源：帕斯卡尔·康范与阿兰·格朗让委员会（Pascal Canfin-Alain Grandjean Commission）的报告，2015 年 6 月。

很明显，这些都属于老生常谈。事实上，我们应该都记得，国际社会至少自 1992 年里约峰会以来就一直在警告气候变化的风险；特别是 1997 年的《京都议定书》迈出了非常重要的一步，只是其自身缺陷妨碍了它在温室气体减排方面做出实质性的重大努力，这一点后面还会谈到；接下来的另一次重要会议，也就是 2009 年的哥本哈根峰会，[2] 简直毫无魄力可言。

图 8.2 和图 8.3 展示了气候挑战的其他方面。图 8.2 中的温室气体排放总量估计值[3]表明，虽然绝大部分的人为排放（即由人类活动造成的排放）源于当今的发达国家，但在未来排放中，新兴经济体将扮演主要角色。中国已经表现出一些征兆，虽然将中国人的生活标准提高到发达国家水平还有很长的路要走，但如图所示，目前它已经是全球最大的温室气体排放国。我们希望印度和其他新兴经济体及贫困国家的生活标准也向发达国家看齐，但是，它们的发展的确将给全球变暖带来巨大影响。

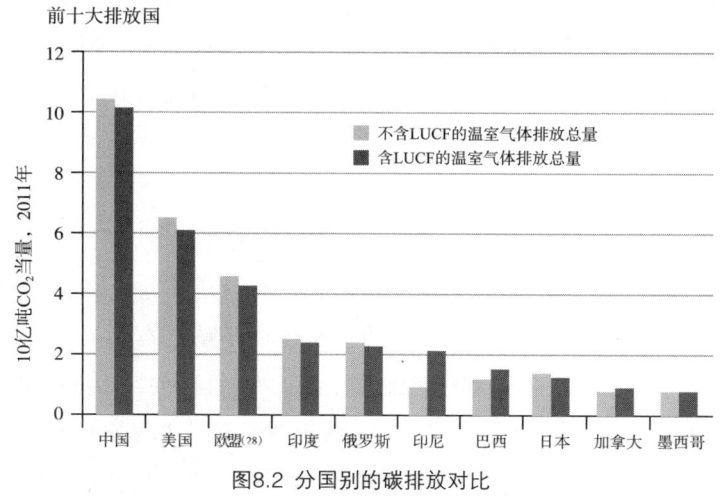

图8.2 分国别的碳排放对比

（LUCF [土地利用变化与林业] 指土地和森林分配变化所造成的排放）

资料来源：世界资源研究所（World Resources Institute）。

碳排放量最高的前十个国家

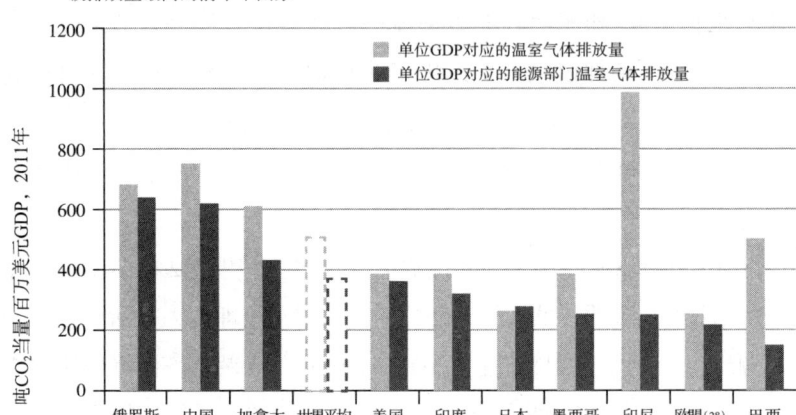

图8.3 分国别的与生产相关的碳排放对比

资料来源：世界资源研究所。

图 8.3 表明，按单位 GDP 排放量衡量的环境绩效（无论是对所有排放部门而言，还是仅对能源部门而言）存在着巨大的国别差异，这也意味着限制温室气体排放的机会在世界各国的分布并不均匀。虽然这样讲显得有些不够担当，但相比其他地区而言，欧洲确实可能没有多少回旋的空间。

然而，纵观全球，太多国家仍在观望。它们非但没有努力减少工业、运输部门和居民住宅的碳使用强度，而且还在建造新的燃煤（污染最严重的化石燃料）电厂，有的甚至还在补贴化石燃料能源（天然气、煤炭、石油），而这些能源制造了约 67% 的温室气体排放量（80%的二氧化碳）。根据经合组织[4]的一项研究，全世界每年对这类能源生产的补贴仍高达 1410 亿—1770 亿欧元，补贴形式包括针对特定群体或行业（农民、渔民、卡车司机、航空公司、低收入家庭等）的所得税抵扣和增值税减免，还有针对大型基础设施投资的税收抵免等。当然，如果存在化石能源税（甚至还存在免税情形），那么很难准确测算净补贴额，但无论数额多少，全世界的各种补贴都强化了"国家利益"高于环境迫切性的观念。

我们何以至此，又如何解释过去25年国际谈判取得的微不足道的进展？我们能抑制全球变暖吗？这些恰是本章要努力探讨的核心问题。[5]

停滞不前的原因

我们可以呼吁对话；我们可以憧憬一个完全不同的世界，在那个世界里，所有经济主体（家庭、企业、公共部门）都改变习惯，并决心以环境友好的方式行事；我们还应该解释什么是攸关之事，让人们意识到这种集体行为可能产生的结果。但是，所有这些很可能仍无济于事。在现实中，关于气候变化的争论已持续了25年以上，媒体报道早就到了街知巷闻的地步。我们大多数人虽然时刻准备为环保做出一点微小姿态，却绝不愿放弃我们的汽车，不愿支付更高的电价，不愿节制肉类消费，或者不愿调整长途航空旅行，而且局部地区的可持续发展倡议虽然值得称道，但绝对是独木难支，力有未逮。在现实中，我们希望每个人都能为大家，或者说是为我们的子孙后代，身体力行做些事情。我们的共同政策可能是不负责任的，但这好解释，它是两种因素产生的结果：我们对子孙后代的自私性与搭便车问题。换句话说，减缓气候变化泽被全球，任重道远；而相关成本则归于当地，就在当下。

搭便车问题……

每个国家采取行动时，首先考虑的是要符合自身利益、代表本国人民，同时希望占别国一点便宜。对经济学家而言，气候变化就是一出公地悲剧。长期来看，因为全球变暖会产生巨大的经济、社会和地缘政治影响，所以大多数国家最终会从温室气体减排中获益颇丰。不过，单个国家承担减排任务的动机却微不足道。在现实中，任何国家为减缓全球变暖而做的努力，大部分都将惠及其他国家。

假定一个国家独自承担了其绿色政策成本的100%，比如，家庭住房的保暖成本，或用更清洁、更昂贵的能源代替污染性能源。另一方面，为简单起见，假设该国人口占世界1%（而且面对的气候变化的风险也接近平均水平），其绿色政策收益也只占1%，那么，其环境政策将主要惠及其他国家。这就好比你必须选择是今年花掉100美元还是先存起来，而你始终很清楚，如果存起来，其中99美元会被拿走送给陌生人。此外，适龄选举人口享受不到这种政策的大部分收益，而是前人栽树、后人乘凉（给那些还没有投票资格的人）。

由此可见，各国都无法将减排政策的收益内部化：这些政策仍不够到位，排放量依旧很高，而且气候变化还在加剧。搭便车问题导致的公地悲剧，在其他许多领域早已轮番上演。比如，当几个牧场主共享一处牧场时，其结果无非是过度放牧。每个牧场主都想多放牧多赚钱，却不考虑他的利润恰是其他牧场主因牲畜食草减少而遭受的损失。同样，猎人和渔民在增加自己的产量时也没有内化带给别人的成本。频繁引发国际争端的过度狩猎和过度捕捞，已经导致许多物种灭绝，从毛里求斯的国鸟渡渡鸟到比利牛斯山的棕熊，再到北美大草原的野牛，均难逃厄运。演化生物学家贾雷德·戴蒙德（Jared Diamond）已经展示了复活节岛的森林砍伐是如何导致一种完整文明消亡的。[6] 此外，在空气污染、水污染、交通阻塞和国际安全等方面，我们还能找到更多有关公地悲剧的例子。

2009年诺贝尔经济学奖得主、政治学家埃莉诺·奥斯特罗姆（Elinor Ostrom）已经论证了在特定条件下小型的稳定社会如何管理本地的公共资源以避免公地悲剧重现,而这要归功于非正式的激励和惩罚机制。[7] 不过,这些限制搭便车的非正式方法显然并不适用于气候变化,因为气候变化的利益相关者是居住在我们这个星球上的 70 多亿人口和他们的子孙后代。解决全球外部性问题非常复杂,最主要的原因在于,世界上不存在一个超越主权国家的权威机构,能够按照经济理论的建议,采用管理公共产品的标准方法,将气候变化的外部性成本内部化(这种方法通常适用于国家层面,详见后文的解释)。

……因"碳泄漏"问题而恶化

碳泄漏问题可能进一步挫伤各国和各地区采取单边减排措施的积极性。对碳排放征税会增加本国产业的成本,而且如果这些产业既是温室气体排放大户,同时又参与国际竞争,那么这样做还会削弱本国产业的竞争力。对任何国家而言,征收高碳税都可以有效应对气候变化,但也可能会促使一些企业远赴海外选址建厂,即转移到能够廉价排污的地区。如果它们不这样做,就相当于把自己的市场(国内或出口)拱手让给那些对污染排放更容忍的国家的竞争对手。所以,单边减排政策仅仅使生产转移到那些不太负责任的国家,事实上只造成了生产和财富的简单再分配,却没有带来任何显著的环境收益。

类似地,一些"有担当"的国家通过增税提价来抑制汽油和燃油需求,却拉低了世界范围内的化石燃料价格,进而提高了其他国家对化石能源的需求,最终反而增加了温室气体排放量。因此,碳泄漏现象降低了此类政策的净收益。

1997 年在日本京都建立的"清洁发展机制"(Clean Development Mechanism,CDM)提供了碳泄漏风险的另一个例子。当碳排放受惩罚国家(比如欧洲国家)的企业在碳排放不受惩罚的国家(像印度尼西亚）实施减排项目时，这种机制就会为这些企业提供碳信用。企业的努力程度以现有碳市场的价格基准衡量，实际上就是欧洲碳排放权交易市场形成的价格（顺便提一下，这解释了为什么清洁发展机制因这个市场的价格下降而中止，这一点我们后面还会讨论）。那时，我的第一反应还很乐观，因为这种机制既扶持了亟需的经济发展，又提供了一种与其他气候变化政策协调一致的评估方式：碳价等于西方国家的企业必须为碳排放所付出的成本（认为这与碳排放权具有一致性的理由在于，每吨碳的排放产生的环境影响与排放主体和排放地点无关）。

但我后来意识到，我直观浅显的想法与《京都议定书》的谈判者一样都搞错了。清洁发展机制未必如看起来那样"美"。一方面，清洁发展机制的管理非常复杂（为了获得碳信用，你必须证明项目是"增量的"，也就是说，若没有这种项目，便不会减少污染，这虽然看起来合乎逻辑，却牵涉到一种无法观测的反事实假设）。[8] 另一方面，清洁发展机制很可能只产生很小的净环境效应，比如，世界上某个地方的森林保护项目可能会带来木材或大豆市场的供求变化，由此反而导致其他地方砍伐森林。在这个例子中，保护森林是一个善意选择，却推高了木材或大豆的价格，从而鼓励了其他地方的森林砍伐。

碳泄漏问题进一步证明，只有全球协调一致才能解决气候难题：对碳排放不予惩罚的国家污染严重，其产品不仅用于满足本国消费，还出口到更有担当的国家。尽管有些国家引入了碳定价，但碳泄漏已经促使一些研究者开始寻找《京都议定书》并未减少排放的实证证据。[9]

……因推迟改革的动机而加剧

最后，人们普遍认为，现在越敷衍了事，未来在谈判中越占优势，这也加剧了搭便车问题。关于其他污染物的理论和经验分析均显示，一个国家现在越依赖碳基燃料，未来参与全球协定时，索要补偿的谈判形势就越有利。实际上，由于碳基燃料在其经济中具有举足轻重的地位，这些国家往往缺乏签署协定的动力，而且国际社会也不得不满足其更多转移支付的要求（或者是经济上的，或者体现为免费的可转让排放权），才能说服它们签署协定。这就是 20 世纪 80 年代美国在大幅降低酸雨污染物（二氧化硫和氮氧化物）谈判时出现的情况。高污染的中西部各州反对这一政策，最终却因丰厚的免费排放权配额而签署了 1990 年的法案。[10] 这是可悲的现实，但耐人寻味。

有些许进展，却依旧……

尽管如此，我们也不能认为毫无进展。

可交易的排放权。欧洲（自 2005 年以来）、美国、中国、日本、韩国等许多国家（合计超过 40 个）和地区，甚至很多城市，都已经建立了排放权交易市场。[11] 这是让经济主体承担温室气体排放责任的一种方式，其基本原理是：公共机构设定所能容忍的污染排放上限。在气候变化领域，这是一种全球性上限，是使地球升温不超过 1.5 到 2 摄氏度时仍能排放的二氧化碳的最大量（有时也称为"二氧化碳预算"）。然后，公共机构发放相应数量的许可，称为"可交易的排放权"（或者是带有贬义色彩的称谓——"污染权"）。接下来，任何经济主体，比如一家发电厂，必须在年末出示与其当年排放量相对应的排放权。如果没有足够的排放权，该发电厂就必须到排放权市场上按市场价格补齐，否则就得支付罚金（原则上，这会远高于市场价格）；而如果有多余的排放权，则可以按市场价格卖出。这样一来，碳排放成本对所有经济主体都是相同的。买卖这些排放权的可能性本身解释了为什么在国际谈判中这种方法被称为"限额交易"（cap and trade）。

碳税。有些国家设立了碳税，政府按每吨二氧化碳排放量强制征税。瑞典于 1991 年就开始实施最具魄力的碳税政策，对家庭按照每吨二氧化碳 100 欧元[12]的标准征收（不过，对企业有很多免税情形，以避免前面所说的碳泄漏问题）。2015 年，法国开始对化石燃料征收每吨二氧化碳 14.5 欧元的碳税；[13]欧洲以外，比如日本和墨西哥，也有几种温和的碳税。

除瑞典外，[14]其他所有碳税方案的碳价都远低于使升温保持在 1.5 到 2 摄氏度以下所需的水平。按可交易排放额等于二氧化碳预算计算，其对应的碳税要等于"碳社会成本"，也就是能激励经济主体做出足够努力，将全球变暖限制在 1.5 到 2 摄氏度之内的价格，但在实际中，碳税标准几乎总是远远低于碳排放的社会成本。这里只以一种估计结果为例，一项旨在引导法国碳排放政策的关键报告[15]估计，2010 年的碳社会成本（即只有全球均执行才可能与政府间气候变化专门委员会建议保持一致的价格水平）是每吨二氧化碳 45 欧元，2030 年是 100 欧元，2050 年要达到 150 至 350 欧元。[16]但是，欧洲或美国市场现在的碳价却仅在 5 到 10 欧元之间，许多国家甚至为 0。

为什么各国会采取单边行动？如果按地缘政治学所描述的那样，一个国家秉持国家利益优先原则，那么其采取任何有利于气候的行动都会让人觉得惊讶。然而，一个国家又为什么会以人类福祉的名义做出自我牺牲呢？首先，这种"牺牲"即便有，也是微不足道的。现有环境措施远不够有力，实不足以避免一场气候灾难。其次，如果各国在意的是环境政策带来的其他利益，那就很难说是一种牺牲。我们知道，绿色政策有助于减少局部地区的污染物，也就是主要影响本国的污染物排放。比如，燃煤电厂同时排放二氧化碳（属温室气体）、二氧化硫和氮氧化物，其中后两种是造成酸雨和细颗粒物的局部污染物，公认会严重危害公众健康；提高燃煤电厂的能源效率肯定会造福本国，但无关乎任何气候变化考虑。与此类似，"二战"后，欧洲用天然气和石油替代褐煤（一种低热质的煤炭，属于重污染能源），这是公共健康和环境领域的巨大进步，其最值得称道的成就之一，就是消除了伦敦的雾霾。但同样，这一政策选择与应对气候变化无任何关系，当时，气候变化根本就不是一个公共问题，而是由地方当局主导的。此外，有些国家鼓励国民少食用红肉并非是为了减排甲烷（属温室气体），而是为了减少心血管疾病。这些"协同收益"创造出一种减排激励，虽不充分，但聊胜于无。

最后，即使缺乏具有约束力的国际协定，像中国（人口约占全世界20%，对气候变化的影响很大）这样的大国，为顺应国内环保民意并避免国际压力，也会采取行动从而部分地内部化二氧化碳排放。因此，各国即使只关心本国利益，也很可能采取一些单边措施。降低产品碳含量的行动，未必代表看重排放对世界其他地方的影响。因此，这些单边措施被称作"零魄力"（zero ambition）措施。[17] 所谓"零魄力"，是指一国为了限制本国污染的直接影响而单方选择的承诺水平。换句话说，就是在没有任何国际谈判时选择的排放水平。当然，这些措施还不足以控制全球变暖。

　　……但有时代价很高

除了可交易的排放权和碳税外，许多国家还采用了各种各样的"行政命令控制"政策（后面我还会再谈）。这些减缓全球变暖政策的效力非常有限，而实施这些政策的成本实在太高。虽然初衷可嘉，但制定非量化的环境标准，或要求公共机构选择可再生能源，通常会导致政策缺乏一致性，进而极大地增加减排成本。有的国家有时会花费每吨上千美元去减排，但采取其他措施减排的成本只需每吨10美元（德国过去就是这种情况，它并没有太多日照资源，却安装了第一代光伏系统）。绝大多数观察家都认为这是一项绿色政策，但事实并非如此：花费同样的成本，减排量本该是100吨而不是仅仅1吨！这说明环境政策也需要重视经济效率，我还会继续讨论这个问题。

有负众望的谈判

从《京都议定书》谈起……

在1997年签订并于2005年生效的《京都议定书》中，缔约国一致同意减少温室气体排放。所谓的"附件B缔约方"（主要是发达国家）承诺，到2012年前的排放水平要比1990年平均降低5%，并建立碳排放权交易制度。尽管充满了美好的憧憬，但议定书无疑仍缺乏魄力，而且其执行也受困于严重的概念性问题。在签署时，《京都议定书》的参与方制造了全球温室气体65%的排放量，而到了2012年，由于美国未能批准议定书，加拿大、俄罗斯和日本退出，议定书只覆盖不到15%的全球排放量。比如，加拿大面对页岩油储量的巨大收益前景，马上意识到需要购买碳排放权配额才能遵守其京都承诺，[18] 于是选择了退出而不是掏钱。美国参议院则坚持，除非消除搭便车现象，否则不会批准议定书。尽管存在上述情况，也绝不能否定达成全球协定的必要性，上述这些反弹主要是某些国家国内政治角力造成的：美国参议院不愿面对国内公众对气候变化的质疑，也不想减少其大量的碳消费（见表8.1）。

表8.1 各国人均二氧化碳排放量

国家	人均二氧化碳排放量（吨）
乌干达	0.11
刚果共和国	0.53
印度	1.70
巴西	2.23
世界	4.98
法国	5.19
中国	6.71
德国	8.92
日本	9.29
俄罗斯联邦	12.65
美国	17.02
卡塔尔	43.89

资料来源：世界银行。

在《京都议定书》框架下建立碳定价机制的尝试，即欧盟碳排放交易机制（EU ETS），也以失败告终。2008年的金融危机和随后的欧元区危机，以及可再生能源的快速发展（尤其是德国），都减少了对排放权的需求，导致排放权供大于求。[19] 由于没有相应地减少排放权，每吨二氧化碳的价格从 30 欧元的历史高位下跌至 5 到 10 欧元之间，如此低价很难有力地激发减排努力，甚至低到连发电厂都开始用煤炭替代天然气，从而使生产每度电的碳排放量变成原来的两倍，更不用说细颗粒物了。据测算，排放每吨二氧化碳的价格只有达到约 30 欧元，才能使燃气电厂比燃煤电厂更有竞争力。ENGIE（法国的一家跨国能源公司）甚至因为燃煤电厂的竞争而关闭了三家燃气电厂，而目前这些燃煤电厂的污染几乎不受处罚。但与此相反，英国开征了一种最低碳税，过去两年里大概是 20 英镑（加在欧洲排放权市场的碳价里，目前碳价大概是 5 欧元），煤炭使用因此受到巨大抑制，其在英国能源结构中的比重从 30% 骤降到不足 10%。以气代煤为英国的温室气体减排做出了重要贡献。[20]

有人认为，排放权市场的碳价下跌是市场的失灵，但事实上，这种市场失灵源自一种隐含的政治决策，就是欧洲不能成为世界上唯一还在坚守京都承诺的地区。于是欧洲并未减少排放权数量以反映经济现实，而是选择让碳价下跌，让自己的行为与世界上其他那些缺乏魄力的气候政策保持一致。这无非是行动上的公地悲剧而已。

在过去 20 年里，欧洲总是感觉自己（有限）的温室气体减排承诺会引领其他国家仿效跟进。然而，不出所料，事与愿违。很遗憾，《京都议定书》最终以失败收场，它本身的体系结构注定了它失败的命运。搭便车问题，加上碳泄漏的影响，证明了唯有全球性方案才能奏效。

……依旧缺乏魄力：自愿承诺

《京都议定书》充满了美好的愿景，但无法防止各国的搭便车行径。对于哥本哈根的非强制性承诺，我们同样可以下此结论，只是原因有所不同。2009 年 12 月召开的哥本哈根峰会，最初的目标是设计一个包括更多签约国的"新京都议定书"，可实际上却产生了一个迥然不同的方案："承诺与审查"机制。联合国自此只是像盖橡皮图章一样，批准签约国的非正式承诺，即国家自主减排贡献（Intended Nationally Determined Contributions，INDCs），而无力施加任何实质性的约束。2015 年 12 月在巴黎召开的联合国气候变化大会，通过了这一新的自愿承诺机制。自愿承诺策略具有几个明显的缺陷，因而在应对气候变化挑战时显得力不从心。

漂绿。减排成本因缔约国而异，因而很难判断各种国家自主减排贡献的真实魄力。[21] 在现实中，这种制度已经催生出强烈的"漂绿"激励，也就是在环境问题上表现得比实际更有担当，这反过来使衡量和评估实际减排贡献的工作更为复杂。

完全可以预测的是，每个国家都会选择对其有利的基准年：美国选择 2005 年（2005 年以后页岩气的开发推动了煤炭替代，降低了美国的温室气体排放），德国选择 1990 年（这一年德国继承了"东德"的高污染电厂，因而觉得实现减排既相对容易，又能创造巨大的本地协同收益）。通过选择高污染年份作为基准年，各国人为夸大了自设减排目标的雄心壮志。因为各国的承诺都有自己的时间跨度和衡量标准（有些国家采用排放峰值，有些国家则采用人均排放强度或相对于国民生产总值的排放强度，情况不一而足），缺乏可比性的问题变得更加突出。此外，还有些国家采取有条件承诺：日本这个高煤耗的国家，其具体承诺要依核电的恢复情况而定；而一些新兴或欠发达国家则以获得"充足的"国外补贴为前提。总之，国家自主减排贡献承诺已经沦为"大锅烩"（potluck）。

依旧是搭便车问题。国家自主减排贡献承诺即便可信，也仍属自愿，因此无法避免搭便车问题。正如约瑟夫·斯蒂格利茨断言，自愿行动还从未在任何领域成功地解决过公共产品供给不足的问题。[22]

在某些方面，自愿承诺机制很像由家庭自由选择报税水平的所得税制。因此，许多观察家担心，目前的国家自主减排贡献承诺不过是些"零魄力"的协议。

承诺的(不)可信性。诺言只能说服那些愿意听信的人，但在现实中，没有正式的承诺机制便没有可信度。人道主义事业（尤其是医疗）接受捐赠的经历从未令人鼓舞。承诺不可信问题的存在，致使签约国虚与委蛇、敷衍塞责，尤其是当其怀疑其他国家也会如此应对时。

对第21届联合国气候变化大会的评价

作为近期一次重要国际会议,2015年12月在巴黎召开的第21届联合国气候变化大会的本意是要达成一项有效的、公平的、可信的协定。大功告成了吗?因为各国政府都未打算做出有约束力的承诺,所以谈判进行得十分曲折。达成的协定确实展现出些许魄力:现在要实现的目标是"远低于2摄氏度",而不是原来的"至多2摄氏度",并且2050年后全世界将不再净增温室气体排放;此外,2020年后,专为发展中国家提供的资金将超过2009年哥本哈根峰会确定的每年1000亿美元。

各方的判断也都是正确的。大会认识到,目前的排放水平已经相当危险。因此,我们需要采取强有力的行动,并采用新技术保护环境,而且承诺必须在2050年之后达到负排放水平(届时通过"碳汇"[carbon sinks]实现的碳吸收必须超过碳排放),并将资助贫困国家。与会各方还呼吁,建立一套污染监控制度(只不过要采取双轨制,对中国等新兴国家应区别对待)。尽管在一定程度上,1992年的《联合国气候变化框架公约》(United Nations Framework Convention on Climate Change,UNFCCC)已经体现出这种判断,不过所有国家进一步认可这一正确判断仍有意义。然而,另一方面,各国在巴黎做出的承诺还远远不够,而且大家关心的具体措施的进展微乎其微。

就应对气候变化的效果而言,尽管碳价受到绝大多数经济学家和决策者的支持,但对委内瑞拉和沙特阿拉伯等国家却仍然是一道危险的红线,因为如果协定导致石油价格下跌,它们甚至会狮子大开口般索要补偿。面对普遍的冷淡,谈判各方放弃了碳价。针对公平性问题,发达国家承诺给予贫穷国家一个整体性补偿,却没有明确其各自的额度。既然没有哪个发达国家觉得应负有履约的责任(还是搭便车问题),也就没有谁会恪守这一集体承诺;倘若明确了发达国家各自的额度,那么补偿机制就会更加可信。此外，还有人质疑，对贫穷国家承诺的补偿方式，是不是设立新的基金而不仅仅是已有环境资助项目的改头换面，是不是需要偿还的贷款，或是不是为未来的不确定性收入提供担保。

另外，协定还避免让各国的减排承诺成为强制性约束，但即便如此，许多国家的承诺也未达到实现 2050 年累积减排目标所需的水平。关于透明度的谈判也失败了。很难理解为什么发展中国家不应该与发达国家一道遵守相同的监测、报告与核查规定。富国理应慷慨，这当然没错，但也不能对穷国的行为视而不见。这种差别对待给富国提供了一个能够在未来推卸责任的现成借口。最后，虽然各方一致赞同通过每五年修订一次协定的方式来寻求一条良性发展之路，却忽略了经济学家所称的"棘轮效应"：我们是否真的相信，如果一个国家现在心甘情愿而不是拖拖拉拉地履行承诺，那么它会为自己在未来的谈判中争取到更有利的地位？我们总是对好学生期望更高。

该协定毫无疑问取得了外交上的成功：196 名代表一致通过，但这种共识对各种各样的要求做出了让步（比如，我们已经看到的对碳价的妥协），从而付出了缺乏（真实而非宣称的）魄力的代价。检验这种刻意迎合的真相其实很简单，只要看一看各国首脑的表现便知。他们都各回各家欢庆协定，却没有因为廉价污染的时代对这个国家来说已经结束而号召同胞现在必须卷起袖子，努力实现减排。[23]

与此同时，新的煤炭项目仍在上马（比如，南非的煤炭项目时常由其他国家提供融资，而这些国家已经削减了其国内的煤炭项目）。在向可再生能源转型的过程中，欧洲仍在使用德国和波兰的煤炭而非天然气。美国这个几乎是依靠廉价页岩气才意外实现温室气体减排的国家仍在出口过剩的煤炭。唐纳德·特朗普（Donald Trump）的当选，使美国的煤炭行业获得了政府的支持，美国对气候变化的现实也提出了官方质疑。2017年6月1日，特朗普宣布美国退出《巴黎气候协定》。未来，有些国家可能不会正式废除这一协定，但会对污染睁一只眼闭一只眼，从而用一种更加隐匿的方式逃避承诺。

综合各方的情况，英国《卫报》（*Guardian*）在《巴黎气候协定》的签署日（2015年12月12日）做出了一个恰如其分的总结："相比可能发生的情况，这是个奇迹；相比应该取得的成果，这是场灾难。"

温室气体减排人人有责

气候变化挑战的核心在于，经济主体排放温室气体时，没有将其他人遭受的损害内部化。为了解决这一搭便车问题，经济学家向来主张强制经济主体将二氧化碳排放的负外部性内部化，也就是"污染者付费"的原则。

要实现这一原则，碳价水平必须与限制全球温度只上升1.5到2摄氏度的目标相符，而且所有排放者都要强制支付这一价格：既然所有二氧化碳分子造成的边际损害都相同，那么无论排放主体、排放地点和排放方式如何，每吨二氧化碳的价格也必然相同。对全世界所有经济主体执行全球统一的碳价，将为实施所有减排成本低于碳价的政策提供保障。

看起来不够"绿色"的政策……

由此，全球统一碳价带来的减排量将确保实现全球二氧化碳的控制目标，而且是以最低的总成本实现目标。

尽管如此，环境监管机构还是常常采用并非税收或限额交易机制等经济手段，而是"命令控制"政策，这些自上而下的政策包括：按排放源分类设定排放上限；规定统一的强制污染减排量；提供与实际污染无关的补贴和税收；仅按年限设计设备标准，以及制定产业和技术标准与规范等（需要澄清的是，我并不反对标准，但我的顾虑是，这些标准通常缺少成本收益分析）。[24]

这些自上而下的政策，造成不同类型排放的隐含碳价之间出现巨大差异，并增加了社会为环境政策买单的成本。这种后果很容易解释：假设有两家公司各排放2吨碳，而我们打算削减一半的总排放量，比如从4吨减到2吨，假定第一家公司的减排成本是每吨1000美元，第二家公司是每吨10美元，那么一项"公平的"政策或许会要求两家公司各减一半以"均等地"分担责任，从而产生1010美元的总减排成本。显而易见，若按效率标准，第二家公司应以20美元的总成本减排2吨，而第一家则不需减排。相比于自上而下的政策，社会节约了1010-20=990（美元），即节约了98%的总成本。

包括碳价在内的一些经济手段有可能实现这种成本节约：如果1吨二氧化碳定价50美元，那么第一家公司就不会花1000美元减排1吨，而是花100美元排放2吨，但第二家公司却会完全停止排放。整体而言，社会节约了990美元。可见，"公平"和"效率"未必一定冲突：实行碳价所带来的节约，在一定程度上可以用来补偿损失者（100美元的税收收入可用来抵消120美元的损失，但自上而下的政策却不产生收入来补偿1010美元的成本）；当然，前提是这种补偿采取一次性转移支付的方式（无关乎未来的污染决策）。

政府之所以热衷于自上而下的政策，是希望在应对气候变化上表现得有所作为。零散却代价高昂的各种倡议，既能吸引选民的眼球，又能瞒过消费者（因为它们包含在电力公司的并网电价或者商品和服务的价格中）。从政治角度看，这种方式比碳税更为廉价，而碳税对纳税人而言过于扎眼。即使羊毛最终出在羊身上，补贴也总是比税收更受欢迎。这恰恰是经济政策被各种看得见和看不见的因素扭曲的又一例证。

不过，实证研究已经表明，自上而下的政策会极大地增加环境政策成本。从其他污染物的经验来看，相比于区别对待不同部门和主体的自上而下政策，引入统一碳价能够削减至少一半的减排成本。[25]

西方国家已经在温室气体减排方面做出一些努力，特别是直接补贴绿色技术方面：电网为光伏或风力发电支付高额并网价格；采取有利于小排量汽车的奖惩措施；补贴生物燃料产业等。我们可以估计每种方案的隐含碳价，即每吨二氧化碳减排的社会成本。对电力部门，经合组织的估计结果在 0（甚至更低）[26] 到 800 欧元之间；对货运部门，隐含碳价可能高达上千欧元，尤其当卡车使用了生物燃料时。这些政策措施的隐含碳价差异再次说明为什么自上而下政策是低效的。类似地，若无法实现步调一致，任何全球性气候协定都注定无效，因为非签约国的碳价为 0，而签约国的碳价最终会很高。

补贴可再生能源的依据是"学习曲线"（learning curve），即成本随企业生产经验的积累而下降。一般而言，这种学习效应既难以预测，又常受到争取补贴的制造商的过度吹捧鼓噪，但这在可再生能源领域确实非常重要。2016 年，迪拜（无疑是一个日照资源充足的国家）按 30 美元/兆瓦时的价格签订了一项大型光伏电站的协议，而这个价格在不久前还令人难以置信。因为学习效应在技术初现阶段尤为显著，所以，如果这种学习曲线确实成立，并能用作补贴基准的话，就意味着补贴必然随时间的推移而逐步减少或退出（参见第六章对产业政策的讨论）。[27]

如我们所见，在对抗气候变化的斗争中，关键要避免区别对待各类主体。面对选民或者游说集团的压力，执行成本过高的协定终将被抛弃。只有尊重经济规律，才能真正尊重绿色规律，二者均有赖于全球性方案和定价机制。经济手段（无论是税收还是市场）不仅不会伤害环境政策，反而是环境政策的必要条件。

经济手段

多数经济学家都主张建立全球性碳价，只不过在具体实施方式上存在分歧，但相比放弃统一碳价原则的观点，这种争论是次要的。许多非政府组织、智库[28]和政策制定者的立场均相同，[29]比如2015年10月8日，克里斯蒂娜·拉加德（Christine Lagarde，国际货币基金组织总裁）和金墉（Jim Yong Kim，世界银行行长）在秘鲁首都利马（Lima）共同宣布：

> 向更清洁的未来转型，既需要政府的行动，也需要对私营部门的正确激励，关键在于针对碳污染价格制定强有力的公共政策。提高碳基燃料、电力和工业活动的价格，将为清洁燃料的利用、能源的节约及向绿色投资的转型提供强大的激励。碳税、碳费、排放权交易和其他定价机制，以及取消低效补贴等措施，能为企业和家庭进行气候智能型发展（climate-smart development）的长期投资提供确定性和可预测性。[30]

对所有国家、所有经济部门和所有主体都采用相同的碳价，是不是显得过于简单？也许吧。不过到目前为止，各国政府显然更乐于化简为繁。

碳税和可交易排放权，是实施全球统一碳定价的两大经济工具。如果不考虑其他因素，我们看一看这些策略有无可能将气候变化政策的决策权以分散化的方式交给各个国家。即使我们很清楚，各国决策者很可能不会选择最经济的减排方式，也仍然倾向于让其自主决策。以征税和转移支付能力有限的国家为例，假定其中有些国家为支持贫困人口住房建设而对水泥实施了低碳价，从而打算偏离一价规则，那么，有两方面的理由可以支持这些国家自主决策：首先，这将为政府与公众的沟通留出空间；其次，其他国家只在乎这类国家的排放总量，而不管其排放方式。

这两种策略要想取得成功，均需要依靠能充分覆盖全球排放量的国际协定，并采用"责任共担"的思路，且皆需要建立实施、监控与核查的机制（一般来说，任何切实有效的减排行动，都要以可信、透明的排放测量机制为前提）。虽然经济学家尚未就碳税与排放权的取舍达成一致，但在我和多数经济学家看来，哪种都比现在的自愿承诺机制更有效。

方案一：世界性碳税

通过征收碳税，各国将就温室气体排放的最低价格达成一致，比如每吨二氧化碳为 50 欧元，并可在各自境内征缴相应的费用。届时，所有国家的温室气体排放价格都将相同。[31] 各国可就共同的最低碳税达成一致，同时限制各国政策的辅助性调整（除非有能力征收更高的碳税，否则如果最低碳税定得过高，这一方案就不大可能实施）。一个更复杂的机制[32] 是让各国就平均碳价达成一致，并允许做些辅助性调整。这样一来，碳价就等于碳税收入除以这个国家的排放量，当只采用碳税政策时，这个价格就等于碳税；但更普遍的是，碳价可能来自一系列政策：碳税、税收抵免和基于汽车二氧化碳排放量的罚款，等等。

核查各国的碳价合规情况

出于各种原因，碳税及其衍生政策会带来如何核查各国遵守国际协定情况的问题。

碳税征收。目前，世界各国（除瑞典外）几乎都没有征收碳税，或者让国民和企业为碳排放买单，因为它们知道，即使公共财政会因此受益，绝大多数环境收益还是为他国做嫁衣。无论签订何种国际协定，这种情况都会一直存在。所以，即使核查国内居民和企业的排放毫无成本（事实并非如此），各国当局也会对排污者视而不见，或者故意低估排放量，从而节省环保政策的经济成本和社会成本。这种个别国家以国家利益为名而采取的投机行为很难避免。为了更好地理解跟踪与监督的难度，只需看一下希腊低效的税收征缴即可，我们从中可以看到希腊的海外债权人和希腊政府明显具有不同的动机。[33] 总之，统一碳价制度极易受到搭便车动机的不利影响，这源于绿色政策是由一国掏钱而全球受益的本质。换句话说，统一碳价政策要想切实发挥作用，必须在各个国家辅以非常严厉的国际监督制度，而这又极不现实。

抵消性措施。如果各国通过补偿性转移支付消弭碳税的影响，那么国际碳税协定就无法执行。比如，某国可能在对化石燃料征收碳税的同时，等额减少这类能源的其他税收（或增加补贴），从而抵消碳税的实际效果。[34]

缺乏明确碳价的各种行动。实施碳税举措需要找到某个转化率指标，以便对那些影响气候变化但本身又没有明确价格的政策进行评估，比如政府资助的绿色研发、居民住宅[35]或高速公路的标准、农业政策，或者人造林与再生林工程等。另外，还可能需要为每个国家确定各自的转化率。比如，建筑标准对温室气体排放的影响会因气候条件而异；类似地，由于树木会遮盖雪地，新的森林有可能增加而非减少（高反照率的[36]）南北半球高纬度地区的温室气体排放。

方案二：排放权交易

排放权交易是让经济主体面对相同污染价格的经典机制。按照这种机制，国际协定首先要确定一个全球排放总量目标，并通过免费或拍卖方式分配相应的排放权。排放高于配额的主体必须在市场中购买更多的排放权，而排放低于配额的主体则可以出售多余的排放权。无论初始分配是否免费，所有主体的污染成本都等于市场价格：额外的排放会使有担当的企业不能享受出售排放权的收益，同时又能使制造污染的企业承受等于排放权购买价格的惩罚。

国际协定限制了未来的二氧化碳排放量，也就事先确定了能够进行全球交易的排放权总额（上限值）。排放权交易确保了碳市场上的互利交易能为所有国家带来统一的碳价。国家之间转让排放权的价格不是通过协商确定，而是由市场供求关系决定。这种方案也许可以从国家间的初始排放权分配开始，兼顾公平和鼓励所有国家参与的双重目标。

然而，不直接参与排放权交易的家庭是否会受到碳价的激励呢？答案是他们会受到间接影响，这是因为碳价会影响商品和服务的价格。就能源消费而言，家庭也可以适用碳税，前提是碳税水平与电力、水泥等厂商在碳排放权交易市场中支付的价格一致。或许，还可以仿效美国前总统奥巴马对炼气厂和进口商采用的可交易权利制度，让这些公司将"碳价信号"传递给消费者。

削减二氧化硫和氮氧化物等酸雨物质的重大标志性事件，是美国两党 1990 年共同支持通过的法案。该法案规定，到 1995 年要将这些污染物的排放量从 2000 万吨减少到 1000 万吨。为此，每年都发行 30 年期的排放权，所以在任何时间点上的排放权价格都具有 30 年的预见性，这种预见性非常有利于投资规划。正因为可交易排放权市场的存在[37]和对法定义务的严格遵守,一个雄心勃勃的环境目标才得以实现。

这段经历提供的一些经验值得借鉴。首先,即使不能对所有主体一视同仁,单一的碳价也能发挥作用。美国中西部各州(因当地的燃煤电厂而成为主要的污染产生地)强烈反对1990年法案,并最终争取到了免费配额。不过,市场价格依然促使它们大幅降低了曾经造成的污染。其次,时间期限的选择至关重要。经济主体(企业、家庭、管理部门、州政府)只有在预见到未来碳价会很高时,才会选用不排放温室气体的设备;类似地,企业也只有在可获得经济利益时,才会开发无污染的新型生产技术。总之,当我们减少未来碳价的不确定性时,成功才更加可期。

碳金融的演变及可能的过剩是否值得担忧,又是否会造成投机和社会危害?一方面,只要碳价投机者用的是自有资金便无大碍;另一方面,如果银行或能源公司利用金融市场持有风险头寸而不是对冲风险(也就是保护自己免受未来价格波动的影响),它就有可能成为一个问题,因为可能的损失会波及银行储户或电力用户,而且如果政府最终出手救助即将倒闭的银行或能源公司,那么很可能会损害纳税人的利益。在这里,我们需要日常的审慎监管,政府必须监管受监管企业和银行的金融市场头寸,确保它们能够抵御风险而不是增加风险。这些企业和银行还必须在具有出清机制的集中市场上交易排放权及衍生品,从而使监管机构能够对其进行合理监控。透明市场中的头寸比场外交易更加清晰,2008年的金融危机已经证明了场外交易的极大危害性。[38]

管理不确定性

无论用什么办法应对气候变化,都有很多政策需要调整:气候科学、技术（关于廉价低碳能源的发展速度）、减排的经济性（关于碳减排的成本）、采取减排措施的社会接受度，以及政治科学（关于各国达成并遵守协定的诚意）等，这些方面仍存在着诸多不确定性。

鉴于这种不确定性，我们要想取得新的进展，就得调整排放权数量或碳税（比如，气候变化的速度可能比预计更快，或者如长期停滞假说所言，世界范围内的增长速度可能放缓）。但是，做这类调整的能力本身反而会损害各国温室气体减排长期承诺的可信度，好在有解决的办法。[39] 欧洲将于 2021 年开始实施一种有助于稳定排放权价格的市场机制。除此之外，允许市场主体选择将来而非立刻使用排放权，也有助于平滑价格波动，比如，如果参与者预计未来价格可能升高，那么他们出于自身利益的考虑就会持留排放权。与禁止持留排放权的政策相比，这种规定可以使忽高忽低的价格更加平稳。[40]

让各国担起责任

从技术上讲，国际社会监控国家层面的二氧化碳排放，要比测量局部排放更容易，因此，让每个国家对本国温室气体排放承担责任也就合情合理。碳核算能够测算各国的人为二氧化碳排放，而卫星能看到与森林和农业相关的碳汇。美国国家航空航天局（NASA）和欧洲宇航局（ESA）按国家领土范围测量全球二氧化碳排放的实验项目长期前景良好。[41] 与现有限额交易机制一样，年末缺少排放权的国家需要购买更多的许可，而有多余排放权的国家则能出售或留待以后使用。

不平等与碳定价

不平等问题既存在于国家内部，也存在于国家之间。

第八章 气候挑战

在国内层面,碳税因增加穷人负担而遭到反对。碳价会降低家庭的购买力,包括那些最贫困的家庭,这可能成为实施碳价政策的一大障碍。事实的确如此,但不应阻碍我们实现环境目标。每个单独的政策目标都必须配备一种恰当的政策工具,特别重要的是要避免试图用一个杠杆(如碳价)实现许多目标。就不平等而言,各国应尽可能利用所得税来实现收入的再分配,同时追求一种可持续的环境政策。环境政策不应该为了满足(一些合情合理的)平等诉求而偏离其根本目标,为解决不平等问题而放弃碳定价的做法极不明智。类似的想法会误导我们,比如仅按成本的十分之一制定电价(这等于是在鼓励边开暖气边通冷风,终年加热户外泳池,向保温隔热建筑说拜拜),或者因穷人吸烟多就取消烟草重税(也许甚至还补贴)反而可能鼓励吸烟。很错乱的例子吧?或许是,但这种逻辑非常适用于碳定价。

相同的道理也适用于国家之间,最好是给予贫穷国家一次性转移支付,而不要采用那些既低效又不可信的政策。正如天主教教宗方济各(Pope Francis)在其通谕《愿祢受赞颂》(*Laudato si'*)中所言:

> 在未来数十年里,发展中国家将承受(气候变化)最严重的冲击。许多穷人居住在极易受气候变暖影响的地方,他们的生活大多依赖天然资源和生态系统,诸如农业、渔业和林业。他们没有任何其他经济活动或资源来使自己适应气候变化或面对自然灾害,而且他们获得社会服务和保障的机会也非常有限。

正如贫困国家与新兴国家指出的那样,富裕国家的工业化是依靠污染地球得以实现的,它们也想达到相似的生活标准。但图 8.4 和表 8.1 显示出这种挑战到底有多艰巨。为简单起见,我们可称其为"共同但有区别的责任"原则:现在发达国家义不容辞,未来新兴国家更要勇于担当。正如图 8.4 所示，新兴国家未来的排放份额将会更大，这导致某些人主张采用"差异化公平"方法：发达国家采用高碳价，而新兴国家和发展中国家采用低碳价。

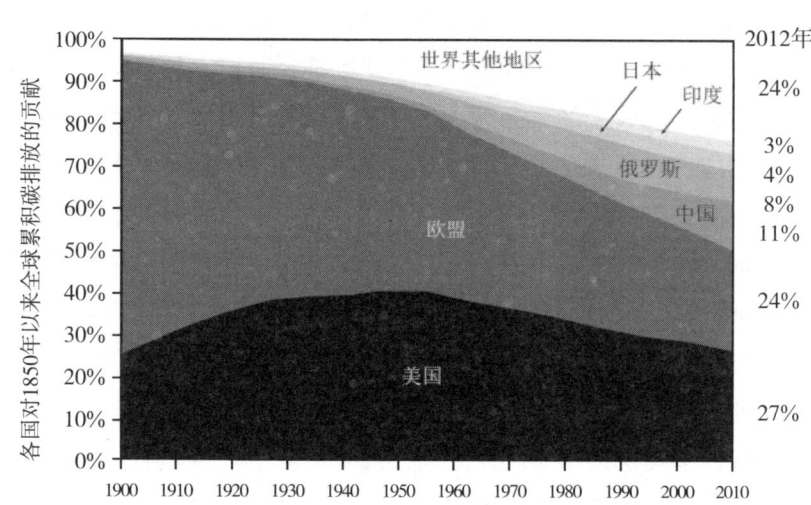

图8.4 自1850年以来的CO_2排放量：历史责任的扭曲

资料来源：气候经济学讲座，根据世界资源研究所的CAIT数据库。

但是，在发达国家采用高碳价的作用有限，因为它们会将生产转移到海外那些碳成本低的国家（更不用说国家立法机构可能退出协定的风险，就像《京都议定书》之后的情况）。更何况即便忽略碳泄漏，只要贫困国家和新兴国家不限制未来的温室气体排放，那么无论发达国家如何努力，限制全球升温不超过 1.5 到 2 摄氏度的目标也绝不可能实现。毫无疑问，低收入国家责无旁贷。

为此，我们能做什么？新兴国家必须让其居民和企业接受真正的碳价（最好是与世界其他地方相同的碳价），至于公平性问题，应该由富国向穷国提供财政转移支付来解决，这种资助是《哥本哈根协议》

就已经达成的共识，也是巴黎的第 21 届联合国气候变化大会上重申的原则。

总之，国家间的不平等提出了如何分摊应对气候变化成本的问题。共同但有区别的责任原则体现的观念是：富国一般都是历史累积温室气体排放量最多的国家。尽管如此，这种想法也绝不应让我们再像 1997 年《京都议定书》那样抛弃统一的碳价。在《京都议定书》中，低收入国家没有接受任何碳价，这使该协定因美国参议院的否决而偏离了轨道。我们不应重蹈覆辙。

最后，比如将新兴国家对欧美出口所造成的污染都算到前者头上，并纳入所有国家都要遵守的排放权体系下，这样做是否公平呢？答案是，因生产出口商品而排放温室气体的新兴国家企业，会把碳价转嫁到欧美的进口商身上，因而富国的消费者最终会为其消费造成的污染买单。国际贸易不会改变在排放产生地收费的原则。

绿色气候基金和每年千亿美元的目标

到目前为止，解决贫穷国家的补偿问题以争取它们共同努力的谈判均以失败而告终。2009 年哥本哈根峰会许诺，每年向贫穷国家提供 1000 亿美元的资助。[42] 2015 年 10 月，经合组织[43]宣布承诺贡献额已达到 620 亿美元，大大高于预期。不过，在仔细研究之后，非政府组织和潜在受益国却对数据的准确性持保留态度。其中，有些承诺实际上是贷款而非捐助，而且很大比例来自多边资助机构（世界银行、亚洲开发银行、欧洲复兴开发银行）或双边发展组织。既然这些机构没有增加预算，那么，这些资助是否属于增量？是真正惠及发展中国家的新资助，还是仅仅把既有援助改头换面变成"绿色"援助？[44]

与其他领域一样（自然灾害之后的人道主义救援，或者为最不发达国家提供的公共医疗援助），各国立法机构都不情愿为发展中国家批太多预算。[45] 即使像全球疫苗和免疫接种联盟（Global Alliance for Vaccines and Immunization，GAVI）——预算规模小得多——这种成效斐然的项目，也多亏了比尔和梅林达·盖茨基金会（Bill and Melinda Gates Foundation）才得以顺利开展。政客们一向有在国际会议上开空头支票的习惯，会议一结束他们就会出尔反尔。很遗憾，搭便车很可能危害到绿色气候基金的进程。

当然，在一个涉及195个国家的谈判中，我们无法把谁受益、谁花钱、各是多少都算得一清二楚。每个国家都想争夺话语权，只不过少付出、多受益的如意算盘终将拖累谈判的进程。因此，我们有必要仅就基于几个主要国家参数（比如收入、人口、现有及未来污染、对全球变暖的敏感度等）的大致测算公式进行谈判，而不是逐国确定各自贡献。即使这样，肯定也会非常困难，但比全面谈判更为现实。[46]

国际协定的可信度

一项切实有效的国际协定会形成一个联盟，联盟中的国家和地区将在各自领土范围内采用全球统一的碳价。根据权力下放原则（决策下放到最基层），每个国家都可以通过碳税、排放权交易或某种混合机制自主设计本国的碳政策。不过，搭便车问题仍然会威胁到这种大联盟的稳定性：我们能否寄希望于这种协定得到尊重？这是个很复杂的问题，但并非没有解决之道。

政府债务提供了一种具有启发性的类比。针对违约国家的制裁措施非常有限（幸运的是，炮舰外交已不合时宜），因而一些国家的偿债意愿着实令人担忧。气候变化同样面临这种问题，达成的协定即使再好，也仍会缺乏执行的手段，这是关于国际气候谈判的公共争论经常忽略的现实。话虽如此,我们还是不得不把希望寄托在有约束力的协定——一项真正的条约——之上,而不是基于空洞承诺的协议。无论对政府债务违约实施国际制裁的可能性多么有限,大多数国家通常还是会履约。更一般地说,威斯特伐利亚(Westphalian)体系的传统(也就是基本遵守各民族国家之间的各类条约),给了我们一个不容忽视的实现机会。

公开点名谴责是一个不错的可行策略,但与京都承诺的情形一样,它可能仍没有太大的威慑力。这些国家总会找出各种各样的借口推卸责任:标榜其他方面的功劳(比如绿色研发)、经济衰退、别国懈怠、政府更迭、保障就业等。虽然国际协定的执行没有完美的解决之道,但至少还有两种工具可用。

首先,各国都看重自由贸易,世界贸易组织(WTO)也许该把不遵守国际气候协定的行为视为环境倾销,并以此为由施加制裁。按照相同的思路,惩罚性进口关税也可用来制裁没有签署协定的国家,这会促使那些犹豫不决的国家下定决心,还会提高这一全球性联盟的稳定性。很明显,单个国家决定不了制裁的性质,它们只会迅速地利用这个机会采取保护主义措施,而这些措施未必与环境问题有多大关系。

其次,气候协定应该像主权债务一样,对一国未来的各届政府都具有约束力。国际货币基金组织可以成为这种政策的一个利益相关方。比如在排放权交易体系下,年末排放权短缺会增加国家债务,而转换率就是现行市场价格。在此,我自然而然地意识到,当气候政策与运行良好的国际机构联系在一起时,后者就面临着产生连带损失的风险。但是还有其他选择吗?无约束力协定的支持者们当然希望仅靠诚意就足以限制温室气体的排放。倘若真是如此,那么仅凭与其他国际机构加强合作而产生的激励措施就已经绰绰有余,更不用说还不会给这些机构造成连带损失。

总结：让谈判重回正轨

尽管科学证据一再证明，人类活动在气候变化中起到了重要作用，但国际行动却一直令人沮丧。《京都议定书》未能建立一个让碳价与社会成本相称的国际联盟，却完美地诠释了忽视搭便车问题导致的国际协定的不稳定。国际协定必须满足三个标准：经济效率、遵守承诺的激励及公平。只有当所有国家都采用相同的碳价时，效率才可能实现；充分的激励则要求惩罚搭便车行为；公平问题，这一每个利益相关者都有不同理解的概念，应该通过一次性转移支付来解决。自愿减排承诺的策略，不过是主要国家采取观望态度的又一例证，无非是为了推迟做出有约束力的减排承诺的幌子而已。

无论如何，本章不能不提及保持乐观的理由。首先，即使近年来的经济危机暂时搁置了一些环境议题，公众对气候问题的认知也仍在不断提升。而且已经有40多个国家，包括几个最重要的国家和地区（美国、中国、欧洲）都建立了排放权交易市场，尽管上限设定得比较宽松从而导致碳价很低，但毕竟释放出一种利用合理政策应对气候变化的承诺。虽然世界各地的碳市场将面临碳"汇率"的棘手难题，但也许终有一天能整合成一个更加协同高效的全球性市场。[47] 最后，太阳能价格的大幅下降，也使我们得以一窥解决非洲和其他发展中国家与新兴国家排放问题的经济手段。但是，所有这一切都不足以实现我们的目标。那么，我们该如何利用现有条件向前推进呢？

尽管保持全球对话非常重要，但联合国进程的局限性已可想见。195个国家间的谈判极其复杂，为此，我们一开始就要把主要排放国整合起来组成一个"气候联盟"，现在和未来都应如此。我不确定是否应该选择20国集团（G20）还是一个更小的集团：2012年五大排放国家和地区，即欧洲、美国、中国、俄罗斯和印度，占全世界总排放量的65%（中国28%，美国15%）。联盟成员国可以就每吨碳排放的价格达成一致意见。刚开始时，不必把195个国家都拉进全球谈判，但要敦促它们积极参与。联盟成员国可向世界贸易组织施压，对拒绝加入联盟的国家征收碳关税。由于非成员国可能触犯环境倾销条款，因而世界贸易组织就成了一个利益相关方，同时为了避免个别国家采取不合理的保护主义措施，它还需要明确惩罚性进口关税的定义。

针对"我们能做什么"的问题，答案很简单：重回共识之路。

1. 未来谈判的第一要务应该是就建立全球统一碳价的原则达成一项协定，以适应全球平均升温不超过1.5至2摄氏度的目标。主张各国碳价应有差异的建议只会打开"潘多拉魔盒"，对我们的环境全无好处。未来排放的增长将主要来自新兴国家和贫困国家。压低这些国家的碳价，将无法把全球变暖控制在1.5至2摄氏度范围内，而且发达国家的高碳价会刺激排放温室气体的产能向低碳价国家转移，从而使富裕国家的减排努力化为乌有。

2. 我们还必须就独立的监控基础设施达成协议，以按商定的治理机制测量和监控签约国的排放。

3. 最后，本着追本溯源的精神，让我们直面公平性的问题。这确实是个难题，但任何谈判都必须面对，将其掩盖在其他问题背后只会弄巧成拙。在接受统一碳价的原则之后，必须确定专门的谈判机制解决这个问题。时至今日，再要求发达国家承诺提供可观的绿色基金，却不能因此建立实现气候目标的机制，已经毫无意义。绿色经济援助可以采取财政转移支付的形式，或者如果存在世界性的排放权市场，则可以给予发展中国家丰厚的免费许可配额。

在我们前方，别无他途。

第九章　劳动力市场的挑战

2015 年戛纳电影节上，最佳男演员奖颁给了法国人文森特·林顿（Vincent Lindon），他在电影 *La loi du marché*（其字面意思为"市场法则"，英文名为 *The Measure of a Man* [衡量一个人]）中饰演一位因公司削减成本而被解雇的中年产业工人蒂埃里（Thierry）。失业以后，蒂埃里参加了一个又一个再就业培训项目，并不断与就业指导办公室的咨询顾问会面，但一切都徒劳无益。面对沉重的经济压力（有房贷，还有一个残疾儿子），蒂埃里接受了在超市当保安的工作。在电影里，这个超市的经理不信任雇员，总是设法监视他们，只要发现哪个人有小毛病就将其解雇，但蒂埃里为了维护自己的尊严不断与之抗争。这部电影揭示了法国社会一种深深的不安，即缺乏有尊严的工作，以至于许多人不断被弱化或被边缘化，雇主与雇员之间有时有非常矛盾的关系。

这部电影的名字仿佛暗示了某种宿命：似乎这种严酷的现实是市场经济的必然结果；似乎一个年过半百的雇员一旦失业就再也无法找到另一份工作；似乎再培训计划不会带来任何改观，而其高昂的成本最终注定由雇员间接承担；似乎我们就应该接受大量工人从一个没有多少收入的短期合同工作跳到另一个类似工作的间隙只能靠国家补贴与失业救济聊以度日；似乎身体状况良好且渴望就业的青年男女就应该"被宣布"为不适合工作，需要提早退休，而退休金却来自对在岗人员的征税。这到底是市场法则，还是社会选择？

显然，不只法国存在劳动力市场问题。英国电影《我是布莱克》（I, Daniel Blake）也描绘了类似画面：电影主角似乎无可避免地跌落到不合意的工作岗位，且与顶头上司关系糟糕，社会福利也微不足道。在美国，许多作者都描绘了短期合同和零工合同（zero-hours contract）的广泛使用，以及围绕提高最低工资标准产生的冲突，最后导致许多人为了糊口而艰难地活着。在不同国家，劳动力市场与社会福利体系的组织方式差异巨大，失业率也迥异：美国和英国的失业率相对较低，而法国和欧洲南部其他国家的失业率则居高不下，尤其是年轻人群体。

本章将以法国为例来阐述我的观点，为此，我将首先简要回顾法国劳动力市场的状况。尽管法国劳动力市场的制度有其特殊性，但本章提供的教训同样适用于其他许多国家。

第一，许多国家的劳动力市场制度与法国类似。例如，对裁员的司法控制，长期失业的普遍性，企业人力资源管理激励机制的失灵，在新工作岗位上短期合同的普遍存在，年轻人、年长者和无技能人员的高失业率，以及从政府预算赤字角度看失业带来的高成本等。谈到这些问题，人们脑海里立刻就会浮现出欧洲南部国家（西班牙、葡萄牙、意大利和希腊）。

其次，即使是对失业率较低或目前创造出更多新工作岗位的国家，全球化、技术变革和移民等也带来了保护工人的政治需求，由此采取的措施包括保护主义政策、反移民法案、对"机器人"征税，以及一系列针对公司裁员和社会优步化（Uberization）的劳动力市场监管举措。

当前的技术变革很可能对未来的工作性质产生前所未有的影响，因此在就业政策的辩论中，长期以来认为工人不是"可支配商品"（disposable commodities）的观念正成为新的关注点。[1]的确，在市场经济背景下，自动化和人工智能对工作的影响使人愈发担忧。人们对工作条件和未来工作前景的担忧，也在为民粹主义运动火上浇油。人们普遍感觉到，政策制定者做得还远远不够，更为糟糕的是，他们甚至不知道应该做些什么。人们祈求政治家们挥动魔杖，缓解他们对工作不稳定、工作条件恶化和不平等加剧的忧虑。有些政客会做出不可能兑现的承诺。但是，你根本无须生活在欧洲南部的某个国家，就能够理解那些用心良苦的就业保护政策的含义，以及为什么保护工人比保护工作更好。

本章将说明，在某种程度上，失业其实是法国社会做出的一种选择，并解释为什么这么说。本章还将说明，为什么大规模失业和二元化劳动力市场并非不可避免，并提出改革的路径。我将把劳动合同改革作为一项标志性改革，但需要注意的是，劳动合同改革只是更广泛的劳动力市场制度改革的一个方面，还有其他同样失灵的领域。要想让法国的劳动力市场回归到已40多年未见的充分就业状态，所有这些方面都必须实施改革。在本章结尾部分，我将简要讨论这些领域的部分内容。我会解释为什么这些改革如此紧迫：简而言之，虽然法国和其他类似国家的失业问题多年来一直在缓慢恶化，但引发一场极端风暴的条件已经形成，这场风暴可能会裹挟这些国家陷入更严重的就业危机之中。最后，我将把法国劳动力市场存在的问题与如何构建劳动政策这一普遍性问题联系起来，以便让身处市场经济大潮中的人们有机会获得报酬体面、条件优厚而且稳定的工作，尤其是在全球化和新技术看似正威胁众人未来生活的趋势之下。

法国劳动力市场

法国人就业状况和工作福利欠佳的说法未免过于轻描淡写。简单的跨国比较就可以清晰地说明,法国的糟糕表现更接近于那些深陷经济困境的欧洲南部国家,而不是欧洲北部国家。

以下是一些主要事实:

1. 法国的失业率比欧洲北部国家(德国、荷兰、斯堪的纳维亚国家)高得多,也明显高于发达的英语系国家(美国、英国、加拿大、澳大利亚);

2. 失业主要影响15—24岁、55—64岁这两个年龄段的法国人;

3. 失业主要集中在没受过多少教育或培训的群体,以及城市低收入人群;

4. 长期性失业自2007年以来持续攀升,这也是迄今为止危害最大的失业现象;

5. 由于工作岗位缺乏流动性、职场中存在冲突以及对工作的稳定性充满担忧,法国人正处于严重的职场抑郁状态;

6. 最终结果是,法国纳税人不得不为就业促进政策付出巨大代价。

法国到底有多少失业人口?回答这个问题非常困难。最保守的估计是来自国际劳工组织(International Labor Organization,ILO)的失业数据。[2] 根据国际劳工组织的估计,法国在2015年第三季度有290万失业者,失业率约为10.6%。这个数字是德国的两倍多,也远高于发达的英语系国家或欧洲北部国家。但是,国际劳工组织的失业定义并未纳入那些有工作意愿的近150万失业人口。[3] 在法国劳工部[4]的失业统计定义中,求职者被划分为五大类。媒体经常报道的是那些计划积极寻找工作但当前仍未找到工作的求职者(A类)。按照这个定义,2015年11月法国有357.486万城市失业人口。然而,即便按照这个口径统计的数字也低估了失业人数，因为这个口径并未包括其他类型的失业者，比如，正在参加培训或实习的人，虽无工作但身体抱恙或休产假的人，依靠补贴性合同维持工作的人或非全职人员，等等。[5] 若把这些人都包括在内，法国在 2015 年 11 月大约有 614.2 万失业者。

失业统计界定方面的问题是所有国家面临的共性问题，而且媒体通常只关注其中某一类群体而忽略其他群体，但是，当政府试图通过将某类失业申请者调整至其他类型来操纵失业指标时，人们很快会意识到这种行为。衡量失业率碰到的另一个问题与未登记的失业人口有关——那些对劳动力市场恶化感到绝望的人，包括因在法国无法找到工作而到国外工作或不得不选择继续深造的年轻人，以及原本尚能工作但决定退休的老年人。鉴于失业度量的复杂性，经济学家有时更倾向于关注就业率或劳动力参与率，这些指标有时会描绘出一幅迥然不同的画面。例如，2008 年危机后的相当长时间里，即使失业率迅速下降，美国的劳动力参与率仍处于低水平。[6]

谁受失业的影响最大

在法国，有两个年龄段的人尤其饱受高失业率之苦。15—24 岁年龄段的法国人很难找到工作，这一群体的失业率高达 24%，其就业率（28.6%）低于经合组织国家的平均水平（39.6%），更远低于欧洲北部国家的就业水平（德国 46.8%，荷兰 62.3%）。[7] 由此可见，法国劳动力市场对新人相对封闭，尤其是对寻找人生第一份工作的年轻人。诚然，所有国家的年轻人失业率都要高于其他年龄段。企业不愿雇用尚无工作经验的人，特别是不愿承担年轻人的就业培训成本，因为他们一旦完成了培训或积累了足够的工作经验，就可能会跳槽到其他单位。尽管如此，相比欧洲北部国家或英语系国家，法国的年轻人仍遭受了更严重的"惩罚"。

这种境况导致代际不平等日趋恶化。相比年长者,年轻人不但失业率更高,而且在寻找住房时也面临麻烦。[8] 经济活跃和能创造就业岗位的地区,往往也是房地产市场最紧张的地区。事实上,限制新建住房的公共政策已经让住房短缺问题进一步恶化,而不利于房东的政策又限制了出租房的供应,抬高了房租,并导致租客需要缴纳一大笔押金。最后,由于就业状况通常并不稳定,许多年轻人还无法获得抵押贷款。

无论是否出于自愿,55—64 岁年龄段的人通常选择提前退休——法国人的退休年龄比其他任何一个欧洲国家的都要低。这个年龄段法国人的就业率(45.6%)也明显低于经合组织国家的平均水平,尤其低于欧洲北部国家(该年龄段瑞士人的就业率超过 70%)。年龄超过 50 岁仍活跃在劳动力市场的人,同时也是长期失业的主要受害群体,而 50 岁(及以上)的失业者中,56% 都属于这一类。一般而言,2016 年,在这个年龄段仍想工作的人中,超过 4% 的人处于失业状态的时间长达 1 年以上,这几乎是欧洲北部国家同类群体的两倍。人们普遍认为,长期失业给个人带来的伤害比短期失业大得多。当这些人试图重回劳动力市场时,他们会面临职业资格的丧失、社会的孤立和耻辱感。法国的长期失业率高得离奇,这实乃令人不安的另一个原因。

在许多国家,年轻人和年长者的失业率都要高于处于黄金年龄段的人。但是,法国的这两个群体遭遇的困难程度要高于其他许多国家的同龄人。

一个令人失望且代价高昂的就业政策

每个政府都会在就业促进政策上花钱,其目的是培训工人,帮助最脆弱的群体,并保护那些不幸身处经济和技术正发生变革的行业的人。然而，法国花费在就业政策上的钱远远超过了国际标准。显然，这些钱不能再用于支持教育、医疗和其他公共服务，或者说（取决于个人看法），这些支出销蚀了公共财政，增加了政府债务偿还负担。失业不仅对工人代价高昂，对整个社会亦是如此。

人们对公共就业政策的内涵仍未达成共识，它可能包括失业保险（2014年达310亿欧元）、应对经济变化的资助、用于失业工人再培训的基金，还可能包括与公共就业服务、补贴性岗位（在非营利性部门，结合在职和课堂培训的合同与城镇开发区的岗位）以及各类一般性措施相关的成本。这些一般性措施可能包括降低低薪岗位雇主的税负，实行税收减免以鼓励竞争和吸纳就业，以及（针对法国）为弥补每周工作上限35小时带来的成本提供资金支持。[9] 1993年以来，公共就业促进政策的预算总额稳步增长。2012年，法国在"消极"政策（如失业保障）上的开支占GDP的1.41%，而在"积极"政策（如培训失业者、支持相关机构、补贴就业等）上的开支仅占GDP的0.87%。[10] 如果考虑到各种财政激励措施，则总支出占GDP的比重约为3.5%或4%。[11]

诉诸速效措施

为了减少失业，法国（和欧洲南部其他国家）的历届政府一直鼓励实行固定期限合同及补贴性就业。

补贴性就业。总体而言，补贴性就业是对公共资金的糟糕使用，特别是针对非商业性部门的补贴性就业。[12] 与其鼓励雇主因为补贴后的岗位成本低而雇用更多员工，还不如用这些资金降低企业的社会保障费，进而激励企业创造自己有需求、雇员也真正需要的稳定岗位。实际上，在经合组织国家中，法国的社会保障费最高。[13]

当然，我这里可能有点夸张。从市场失灵的角度来讲，为缺乏技能的年轻人提供就业补贴或许是合理的：企业耗费资源提升年轻员工的人力资本，而一旦这些员工辞职另谋高就，这些人力资本投入就打了水漂。但总体而言，统计数据显示，员工在补贴性工作岗位就业后再找到一个具有永久合同的工作岗位的概率很低，而且在非商业部门中，受益于就业补贴的员工在两年后找到工作的概率更低。因此，就业补贴是获得稳定工作的跳板这一假设仍需进一步验证。

无保障的工作岗位。在法国，绝大多数新增工作岗位（2013年占85%）都执行固定期限合同（或临时合同），而且这一比例还在稳步提升（1999年占75%）。同时，超短期合同（其雇员在同一雇主名下的两份劳动合同中登记为求职者）的数量也有很大增加，这当然并不是雇员希望得到的，并且失业保险成本也很高。[14] 现在，超过50%的固定期限合同是与原单位续签的。

现实中，有期限合同的就业对雇员和雇主都不利。对雇员而言，这样的合同几乎没有提供什么保障。在理论上（尽管在现实中，这一点常被忽视），经过延长或续签的有期限合同在法律上即转成永久合同，但劳动监管规则却激励雇主不要这么做，哪怕雇员的工作表现非常令人满意。[15] 这正是政府监管想保护雇员，结果却适得其反的例子。事实上，在欧洲范围内，法国是临时合同转化为稳定合同最少的国家。[16] 这意味着，在欧洲其他国家，一个手握临时合同的人有更大的机会看到这份临时合同转变为一个永久性的工作。企业广泛采用固定期限合同（虽然雇主和雇员都不乐意）的事实，揭示了关于永久合同的现行法律法规给法国社会带来的巨大隐性成本。

尽管法国历届政府明知企业不愿采用永久合同，却仍然不敢改变固定期限合同安排。后者为有关永久合同过度严格的规则提供了一个安全阀；它使得保障最低数量的工作岗位成为可能，从而防止失业人数过度攀升。超灵活的固定期限合同与超僵化的永久合同在雇佣条件上的两极分化，将劳动力市场中的就业者划分成两类人：一类人花费越来越多的时间试图寻找一个真正的工作，另一类人则已经得到永久性雇用，并且其工作颇有保障。换言之，这种两极分化是对雇员尤其是对年轻人玩弄的一种卑鄙伎俩。[17]

纵然如此，政治争论的焦点仍在手握永久合同的雇员遭到解雇的问题上。这种解雇只占终止合同情况的很小一部分（4.4%），而且要受到法院的监督，更何况这种事情一旦被媒体曝光，还会面临来自政府的额外压力。另一方面，这类政治争论几乎完全忽视了导致劳动力市场人员流动的两个主要诱因：（1）辞职，其数量很少（占终止合同的9%），且逐年下降；（2）更重要的是，固定期限合同到期后雇佣关系终止的情况要多得多（占比为77%），且在稳步提升（其他情形还包括双方协商终止雇佣合同、[18]试用期结束，以及退休）。

就这些数字来讲，法国例外论并不意味着其他国家就不存在其结果适得其反的劳动力市场僵化问题。例如，出于类似原因，西班牙的年轻人也面临着很高的失业率。拥有灵活的劳动力市场制度的国家，在提供优质岗位时（尤其是面向年轻人）也面临诸多难题。在英国和美国，雇主越来越多地采用零工合同形式，提供许多没有保障的工作岗位，同时自我雇佣与劳务派遣工作也愈加普遍，这引发了关于现行政策是否需要改变的许多争论。尽管美国的失业率较低，但是六分之一没有大学学历的适龄男性都不在劳动力范围内。[19]

工作单位的不适感

对雇员而言，失业和工作不稳定只是冰山一角。隐藏未露的问题各式各样：

流动性不足，员工与岗位不匹配。员工从一家企业流动到另一家企业是一件很自然的事。这些人可能想接受新的职业挑战，在获取新知识的同时也开阔眼界。他们也可能想离开难以相处的同事或上司。与此相反，在一个不断变化的经济环境里，企业也可能为了使其经营活动更好地适应变革而招聘与先前员工技能不同的人。在法国，人们普遍持有一种观念，即有永久合同的工作是一种（相对）特权，并由于担心找不到同等工作岗位而固守一职。这种观念既无助于给劳动力市场带来流动性，也无益于员工与岗位之间的匹配，给劳资双方都带来了成本。

职场关系紧张。在法国，雇主与雇员的关系并不和谐。根据对职场关系感受的调查，在139个接受调查的国家中，法国排在第129位。[20] 我们只能猜测这种令人遗憾的法国特色形成的原因，这会导致员工的倦怠，或许刚刚提及的劳动力市场缺乏流动性就是关键原因之一。在一个流动性强的劳动力市场，与同事或上司关系紧张的员工通常会选择换工作，但法国的员工没有这样的选择，即便存在这样或那样的冲突，他们也只能无奈地留下来。还有一种可能是某些行为不端的雇主故意恶化员工的工作环境，迫使其接受双方同意的终止合同，并离开公司，这样可以使雇主免遭劳动法庭的听证。

法国人表示自己在职场中承受了巨大压力。基于国际数据[21]的研究显示，职场压力与劳动保护立法之间存在正相关关系。这种相关关系并不令人惊讶。如前所述，劳动力市场的僵化和工作岗位的稀缺从多个方面损害了职场关系：员工对工作不满意但还得坚守，而不择手段的老板能轻易利用员工对失业的恐惧恫吓他们。

强烈的工作不安定感。手握固定期限合同的员工对工作有明显的不安定感，毕竟，顾名思义，这些人的工作本身就是不安定的。但令人吃惊的是，手握永久劳动合同的员工，即使受益于世界上最具保护性的劳动法，也会有不安定感。[22] 其实，这种现象并非如表面看起来那般荒谬，因为拥有永久合同的员工明白，一旦自己被解雇或所在企业倒闭，再找到一个与此相当的工作岗位的机会非常渺茫。这种不安定的心理导致整个法国社会弥漫着消极悲观的情绪，也危及了法国社会的适应能力与创新能力。尽管法国的例子很极端，但它说明了就业法规会如何带来意料之外的影响。

改革的必要性

极力反对改革法国劳动力市场制度的一个常见观点是，失业现象反映了市场对产品需求的疲软，并且宏观经济的通货膨胀将降低失业率。毫无疑问，法国与欧洲其他国家一样，正遭受着前景不明的困扰，并受到金融危机和欧洲危机后遗症的影响。[23] 美好的前景和充足的订单当然会对促进就业有积极影响。但是，基于以下几个方面的原因，此类宏观经济观点并未切中要点。

最明显的一个理由是，失业不仅是周期性的，还是结构性的。在法国，尽管实施了代价高昂的就业政策，采取了补偿员工提前退休及鼓励使用固定期限合同等举措，但30多年来，其失业率从未低于7%。劳动力市场制度与法国类似的欧洲南部其他国家，其失业率远高于欧洲北部国家或英语系国家，这种情况并非偶然。与此相对照，在金融危机之后，英国失业率一度高达8.5%，但2017年已降至4.7%，这还是在英国政府采取了紧缩预算政策的条件下。第二个理由是，尽管在经济衰退时预算赤字应维持在什么水平值得探讨，[24] 但法国正经历由欧元贬值、利率下调和油价下跌引发的凯恩斯主义式的通货再膨胀，因此，其失业率本应下降，而非上升。第三，我们应该奇怪为何企业的订单不是很充足。在一定程度上，这一疑问将我们引向法国企业的竞争力问题（影响因素不仅包括小时工资水平，还包括诸如员工匹配到合适岗位的难易程度、社会保障费或管理模式等）。最后，在公共财政状况良好时,由预算赤字引致的通货再膨胀带来的风险,要小于公共财政糟糕(持续40年宽松预算环境的结果)的情况下带来的风险。

劳动合同的经济学分析[25]

让雇主承担裁员成本

关于裁员或解聘的劳动合同与规则必须协调两个目标:对于雇主面临的技术变革或需求冲击,雇员既没有责任,也无法控制,因此,雇员应得到保险保障,避免其岗位过时或无利可图的潜在风险。就企业来讲,在应对供给或需求冲击时,应该在人力资源管理方面坚持灵活性。如果做不到这一点,企业首先就不愿创造就业机会,因为当这些岗位无法带来生产效益时,企业就会遭受巨大损失。这是两种截然相反的目标吗?并不一定。但要协调这两个目标,就必须保护雇员,而不是工作岗位。

雇主知道一个工作岗位是否能给企业带来利润——当然,营利能力取决于如何审视——因为雇主能够应对由于需求临时下降而造成的该岗位或此生产单元的暂时损失,但从长期看,保留该工作岗位仍有利可图。此外,雇主拥有管理人力资源所需要的信息。但我们也不得不问,雇主在留住员工与辞退员工之间的选择,将会给企业的利益相关者带来什么影响。

在此情形中,至少涉及两类利益相关者:第一类是雇员,他们不但要承受因失去收入而带来的经济损失,同时要承受心理上的伤害(比如,失去与工作有关的社会联系,家庭关系紧张)。裁员带来的外部性,是对雇员进行两种方式补偿的理由:企业发放遣散费,以及由政府失业保险提供替代收入,甚至还可能提供免费培训。另一类利益相关者,也是在争论中经常被忽视的，主要包括承担失业保险、失业救济、下岗职工再就业支出和劳务派遣成本等的群体。该类利益相关者主要由其他企业构成，它们通过缴纳工资税（社会保险费）承担上述支出，并且在社会保险系统出现赤字时，还要包括纳税人。

作为经济系统其他领域的基石，可问责性原则应该规定，当某家企业辞退员工时，应将其对社会带来的外部成本内部化，其中既包括给下岗职工带来的成本，也包括对社会系统产生的成本。如果不这样的话，就会出现过度裁员倾向（这里我暂且不考虑与裁员相关的监管约束，后面会对此详细讨论）。为了让企业将其给整个福利系统带来的裁员成本内部化，必须要求它为裁员支付一笔罚金，这笔罚金不是直接支付给员工，而是进入社会保险系统或政府预算。

应当指出的是，这一处罚并不一定通过对企业征收额外的税费来实现，而可以采取制度化的形式，即将罚金用于降低不裁员企业应缴纳的社会保障费用。总体而言，对企业来讲，这在财政上是一种中性的政策。然而，尽管当下每个人都觉得让污染者为环境问题担责合情合理，[26] 但让企业为裁员支付罚金的理念还未成为经济文化的一部分。接下来，让我们更详细地讨论这个不太熟悉的解雇者付费原则（"dismisser pays" principle）。

解雇者付费原则涉及的第一个问题是如何测算裁员行为给失业保险金带来的成本。在巴黎，辞退一个30岁的软件工程师并不会带来任何成本，因为他第二天就能找到工作。但是在一个萧条的就业市场，解雇一个50岁且技能有限的雇员就会截然不同。那么，我们应当如何计算裁员带来的成本呢？

计算裁员罚金的一个巧妙办法是看一个员工下岗后要支出多少失业保险金。这一方法可追溯至富兰克林·德拉诺·罗斯福（Franklin Delano Roosevelt）时期的美国。当时，美国依据这一原则建立了一个沿用至今的机制,即经验费率。[27] 这种机制有两方面的优势:被解雇的员工再就业花费的时间越长,企业应支付的罚金就越高;激励企业从事在岗培训,继而提高员工的人力资本,从而缩短员工被解雇后的失业等待时间。类似地,这种机制还让同一部门的企业管理人员和员工提升正在进行的职业培训的质量,因为他们对失业者的平均待业时间将更加敏感。

后面将会看到,奖惩机制还有其他方面的优点,例如,减少雇主与雇员以损害社会福利体系为代价的合谋,以及改善经济体中经济活动在各产业部门之间的分配等。

讨论

雇主要为解雇员工的行为承担相应社会成本的原则,为如何落实问责制提供了一个基本框架。但是,这一原则还过于简单,还需要做进一步调整。[28]

累进权利(progressive rights)。尽管固定期限合同不可取,因而应当予以废止,但企业确实也需要短期性地雇用一些人手,帮助完成临时性任务或季节性活动。一个具有累进权利的劳动合同体系与短期工作需求是相适应的。

规避机制(evasion mechanisms)。类似于破坏环境的例子,在劳动力市场中,企业也可能将那些最不可预知因而最可能被终止的工作分包出去,以此逃避监管。借助那些没有实际资产也无法因订单消失而支付罚金的分包商,它们能成功逃避责任;这与将危险性活动转移给空壳分包公司以逃避环境治理的做法有异曲同工之处。但是,与征收环境税的情形一样,我们可以想办法防止这些逃避责任的现象,例如,可以要求提供银行担保,或者追溯法律责任至母公司或承包商(即连带责任)。

选择效应(selection effects)。奖惩机制可以使企业在考虑是否雇用可能无法满足其要求的不可靠员工时更趋谨慎。显然,在当前的永久合同下,选择性雇佣问题已然出现,一般来讲,在企业需要承担裁员成本的任何体制中,这一问题都会存在。尽管如此,我们也可以想出一些应对办法,例如,对于雇用在劳动力市场处境非常不利的员工给予补贴支持,或降低适用于这类员工的奖惩机制的力度。

不当的制度性激励

双重犯罪动机……

在法国,企业会向遭其解雇的员工支付遣散费,但不会承担其裁员行为给失业保险体系带来的成本,而这一成本可能要高很多。[29] 但同时,没有裁员的企业需缴纳社会保障费,其中包括失业保险金。因此,那些未裁员的企业反而替那些裁员的企业付费。这简直是颠倒是非。通过让不裁员企业替裁员企业承担裁员行为给失业保险体系带来的成本,这一机制以两种方式纵容企业裁员。

……委托给法院一个不可能完成的任务

法国立法者或许认识到,让没有裁员的企业(而不是实行裁员的企业)承担其他企业裁员产生的成本,为企业裁员提供了激励,为此,他们试图通过对裁员行为进行监管来予以补救。这就赋予了法院判定裁员行为是否合法的权力。然而,无论其能力如何或正直与否,法官都不具备做出正确裁决所需要的充分信息,也不可能比企业的首席执行官更有资格基于经济原因来评判裁员行为的合法性。其结果是，经由裁员司法程序产生的结果完全是武断的和不可预期的。法国的制度赋予劳动法庭的是一个不可能完成的任务。

法国裁员程序的隐性成本

如果走到诉讼这一步，裁员司法程序[30]给当事企业带来的巨大成本，要远远超过给下岗职工支付的补偿金。裁员程序相当冗长（尽管最近已经有了一些简化）。与裁员有关的诉讼可在其发生后两年内由被裁员工提出。[31]法院受理案件后，平均需要13.6个月才能做出一审判决；如遇一审不服上诉，就要35个月才能做出判决（2/3的案例都是如此）。更不用说有些案件存在员工复职的风险，在此情形下雇主还要支付其停职期间的薪水。

雇主必须证明，裁员具有确凿且情节严重的理由。与其他众多国家迥然不同的是，在法国，岗位冗余、员工表现不佳或者要削减成本，都不能作为裁员的正当理由。只有当企业经历严重财务问题而面临生死危机时，从经济层面考虑的裁员才是正当的，故财务状况健康的企业不能关停某项经营活动，即便该活动不再获得持续的订单。[32]毫无疑问，企业的裁员成本还包括其管理层处理裁员案子耗费的时间和精力（他们不能将时间和精力用于与公司未来发展有关的其他任务上）。

对员工而言，裁员过程不但成本很高，而且颇不公平：与那些对复杂的法国裁员制度了如指掌的内部人[33]相比，那些处于弱势地位且对制度不够熟悉的人会很有挫败感，他们无法游刃有余地利用制度。此外，最终判决结果面临很大的不确定性，不同的劳动法庭之间也存在很大差异。[34]

如果引入奖惩机制，裁员制度的效率低下问题将在很大程度上消失。这种制度将对企业每次裁员进行罚款,以换取减少其失业保险费,或者减轻裁员的行政和司法程序负担。事实上,如果接受这种罚金责任,企业将获得更大的灵活性,如同美国、欧洲北部国家及其他很多国家和地区那样,基于经济冗余的裁员原则就变得可以接受。这将平衡雇员和雇主的利益,雇员的身份认同和社会关系取决于他们的工作,雇主则希望能够让他们的人力资源管理适应经济和技术变革的需要。平均而言,员工不会失去工作保障,因为目前签有固定期限合同的员工会有一份更稳定的工作,而签有永久合同的员工失去工作后找到新工作的机会也更大。依据失业工人失业时限确定罚金,还可以鼓励企业加强对员工的人力资本投入,以便在企业必须裁员时,下岗员工能尽快再就业。

最后,法院不应该被完全排除在外。无论是什么样的劳动制度,当人们面临不公正的裁员事件时,例如孕妇或麻烦的工会成员被裁掉,当事人都应该能够诉诸法律。更一般地讲,如果雇主滥用裁员的经济性理由,以满足其无法令人接受的个人目的,法院必须能够介入。

行业的资源错配

如上所述,企业并没有对它们的雇佣决策承担全部责任。这个问题的一个表现是企业过度依赖短期雇佣合同。由此造成的后果是,在法国,相对于付出的失业保险救济金,失业保险应付额有110亿欧元的缺口(失业保险的年度赤字为40亿欧元)。媒体广泛报道的一个案例是娱乐行业从业者的就业制度(临时雇佣现象 [intermittents du spectacle],其中包括媒体雇员),在过去15年里,该行业的失业保险年度赤字接近10亿欧元。其官方目标——促进文化发展——已经被滥用(首先,对文化

法国例外论的另一个案例：企业管理层与员工合谋损害社会利益

在法国，除非是在以纳税人利益为代价进行合谋的时候，否则雇主与雇员之间的关系实在不怎么样。与以往一样，经济主体会对其面对的激励做出反应。因此，真正的罪魁祸首是法国的劳动力市场制度，是它鼓励企业管理层和员工合谋操纵制度。

首先，雇主和雇员已经学会系统地将辞职转变成解雇。与解雇行为不同，雇员主动辞职将失去获得失业补助的权利。因而，企业及其雇员有动力密谋协商，将主动辞职掩饰成被解雇，一起对付失业保险制度。只要雇员承诺放弃起诉企业的权利，并以讲好的条件友好离开，这种"包装"对企业就没有任何损失，因为对于"被解雇"员工的失业补助，企业不需要支付分文。

事实上，雇主和雇员现在甚至都不需要与这种制度博弈了，随着2008年引入"双方同意终止"程序，这种合谋行为已经合法。这个程序允许雇主和拥有永久合同的雇员协商，就解除劳动合同的条件达成一致。这一法律使得将主动辞职伪装成被解雇更加容易。正因如此，这种欺骗行为在现实中非常普遍（2015年，有超过35.8万件双方同意终止的合同）就不足为奇了。

这项措施还对有效退休年龄产生了影响，可能使退休年龄提前三年。当这项法律于2009年开始生效时，法国劳动经济学家皮埃尔·卡赫克（Pierre Cahuc）和安德烈·齐尔贝尔博格（André Zylberberg）就注意到：

> 双方同意终止合同制度允许雇主和雇员友好分手。问题的关键在于细节：由于雇员能持续三年获得失业救济，实际上，

政府已经使57岁退休成为可能。事实上,通过让失业保险制度为相当于提前退休的情况买单,一个年长的员工可以在几乎毫无经济损失的情况下离开工作岗位。[35]

需要注意的是,如果采用奖惩机制对企业问责,这种雇主和雇员串通一气对付失业保险制度的事情就不会发生。在奖惩机制下,无论是辞退雇员还是帮助雇员伪装成退休,企业都将付出沉重代价,也就不会出现如此多的操纵失业保险制度的行为。

企业管理层和员工规避法律的另一个办法是,将基于经济方面考虑(有时是整个团体的)的裁员行为转变为出于员工个人原因的解雇行为。[36] 在这种情形下,终止合同是雇主所希望的。皮埃尔·卡赫克和弗朗西斯·克拉马茨(Francis Kramarz)在2005年观察到:

> 从公司首席执行官、工会官员和人力资源主管得到的所有证言都表明,出于员工个人原因的解雇往往是变相的出于经济原因的解雇。对雇主而言,即便需要解雇一批员工,以员工个人原因为借口也能让其有可能免去出于经济原因的解雇所需履行的程序;这样,雇主就会力争以员工个人原因的名义解雇他们,哪怕这样做意味着要与员工达成一个交易,以损害赔偿换取员工放弃追索权。由此,员工可以从中得到优厚的遣散费。[37]

以上描述的这些行为说明,企业并未为其解雇行为给失业保险制度带来的成本担责。2013年,出于经济原因的解雇每月有1.6万起,而出于个人原因的解雇多达3.8万起,其中3/4出于个人原因的解雇案例未有任何争议。

产业的资助应聚焦于我们希望促进的文化工程，采用公开透明的补贴方式，而不是模糊不清的一般性支付）。娱乐行业的雇主们喜欢这样的制度，这样他们就能从其他行业获得大量补贴，而其他行业当然并不知道存在这样的交叉补贴。影视制作公司雇用临时工并支付很低的工资，而这些临时工游离在短期性就业和失业保险制度覆盖的失业之间的灰色地带。到目前为止，文化产业的政治势力阻碍了政治家们对这套制度进行改革。在其他国家，也有一些例子表明，一些强势行业过度依赖于薪水不高的短期或临时工作，在这些行业之间，同样涉及隐性交叉补贴问题。

如同任何保险制度一样，如果其目标是确保特定职业的雇员免受本行业危机的影响，那么行业间的交叉补贴算是情有可原的。但系统性的转移支付就没有任何理由可言了，因为这类持续的交叉补贴扭曲了不同行业之间的资源配置。最终，如果引入奖惩机制，这些问题也会随之消失。

失业对其他制度的影响

在失业率高企的背景下，保护工作岗位成为一个重大问题，以至于或多或少影响到经济政策的各个方面。我们以法国的破产法为例予以探讨。与外国破产法相比，法国破产法很奇怪，它不怎么保护债权人，却非常偏袒股东和企业管理层。此外，按照我的观点，这项法律的初衷是保护工作岗位。立法背后的考虑是，如果企业陷入困境，将企业控制权交给管理层（而非债权人）掌控更有可能保住工作岗位。然而，首先这种想法并无理论支撑，更没有经验证据证实法国的破产制度能保护工作岗位。[38] 事实上，管理层本来就应当为企业陷入困境负责。没有能力管理好企业的人或许也不适合掌控员工的命运。此外，在努力摆脱困境的过程中，合作伙伴们可能承担了不必要的风险（从而危及工作岗位）。因此，并无清晰的理由说明现有的法律为何能保住工作岗位。

最重要的是，这里实际上忽视了就业机会的创造。如果对债权人保护不力会对企业融资和发展带来负面影响（这很有可能），那么破产法对就业的净影响就肯定是负面的。

在其他国家，并购控制或许受到了错误观念的影响，即认为并购能保护就业——例如，只要竞购者提出并购能挽救一家行将倒闭的企业，具有反竞争效果的并购活动就会被放行。但是，如果拟被并购的目标企业陷入了困境，任何新的管理层无论如何都会考虑裁员问题。

改革能达到何目标及如何成功实施？

从保护工作岗位转变为保护员工、让公司负起责任、在减少法院作用的同时赋予它们更大的灵活性，这与富有经济计划色彩的法国传统格格不入。而且，我们还必须警惕过渡效应。从一项改革中预期能获得什么收益？什么因素可能使改革取得成功？无论改革建议的逻辑多么清晰，让企业承担更多责任的方案都必须有可操作性。例如，改革必须满足社会可接受性和可持续性，而且需要仔细斟酌过渡的问题。这些细节问题主要基于法国国情，但它们更是普适性的：劳动力市场改革因牵涉社会关系和民生而总是格外敏感。

劳动力市场改革有望带来什么影响？

让法国企业更容易辞退员工可能会降低失业率的想法，对许多人而言是有违常理的。确实，这里牵涉两方面的影响：一方面，让裁员变得更为容易提高了永久合同员工被解雇的可能性；另一方面，因有更大的灵活性，雇主可能会雇用更多的永久合同员工。[39] 那么，增加灵活性预期带来的好处是什么呢？

第一个好处是更好的工作岗位。如前所述，当下的制度存在许多无效率之处：长期性失业；当员工想尝试新的职业挑战，或者与同事相处不快，又或者工作岗位变得多余时，他们仍需待在原岗位，此时工作岗位与员工变得不匹配；缺乏一个途径让雇主将拟保留员工的固定期限合同转变成永久合同；最后，裁员司法程序冗长烦琐，裁员时雇主和员工都面临着不确定性。更好的工作岗位意味着更富生产效率（从而创造出更多岗位），或者更有福利的工作，或者两者兼而有之。

第二个好处是降低公共财政和失业保险制度面临的负担。当前，固定期限合同与失业的更迭、双方同意终止合同制度以及长期性失业，要么会增加税负，要么会加重雇主的社会保障费负担，而这些都不利于降低失业率。

可持续改革

如同所有重大改革一样，劳动力市场改革也具有长期性。改革要想富有成效，必须让雇主相信它的可持续性。但是，企业有理由担心，国家是否有能力对就业合同改革做出真正的承诺？未来政府还会坚守现任政府做出的承诺吗？应消除企业可能因新制度下的雇佣合同会在不久的将来随议会多数党更迭而转变为旧式永久合同而产生的担忧。

在任何时候，国家信守承诺的能力都有助于其政策的成功。因而，有必要就改变就业规则的必要性达成最低限度的政治共识。就业问题是国家层面的议题，为最终解决失业和社会排斥问题，我们希望能够达成一项超越党派的协议。这个观点同样适用于正在对劳动力市场做出重大改革的其他任何国家。例如，德国 2003 年出台的"哈茨改革"（Hartz Reforms）的确达成了超越党派的共识，尽管这项改革仍面临着一些批评，但德国 2017 年中期的失业率只有 3.9%。

逐步过渡的必要性

从这个角度看，确保当前在劳动力市场中处于有利地位的员工（在法国是拥有永久合同的员工）不会因改革而受损很重要。再次借鉴征收污染税的经验教训，[40] 可能需要赋予员工现有劳动合同的"祖父权"（grandfathered rights），也就是说，现有合同仍沿用原有的裁员法规，而新合同适用新法规。这种"老人老办法，新人新办法"的做法，正是意大利总理马泰奥·伦齐（Matteo Renzi）在 2014 年推动的。[41]

当然，即便受到祖父权的保护，这些享有特权的员工仍会感到忧虑。他们可能会担心，如果自己不将老合同转换成新合同，未来的晋升机会就会优先留给签订新合同的员工；并且同雇主一样，这些员工也会担忧国家的长期承诺能力，担心在未来某个时候老合同会被完全废止，从而影响仍沿用老合同的人。即便如此，在新制度下找到新工作概率的提高，以及后辈就业的更好愿景，应该能够缓解这些忧虑。

赋予永久合同下的雇员祖父权的另一个理由是，人们可能会想象到，如果不这样做就会立即触发一拨裁员潮，企业有机会甩掉本来就是冗员却不能裁掉的人。更一般地看，从劳动力市场现状开始推动改革，必然需要花费时间逐步改善，所以应倍加谨慎地考虑过渡问题。例如，平均而言，在新合同制度下被辞退的员工仍然可能长时间处于失业状态；直到失业率降低前，我们都应该逐步引入奖惩机制。

教育大众并使改革为社会所接受

相比丹麦（未实行奖惩机制）等国推行的弹性社会保障制度，改革法国劳动力市场的提议要缓和得多。即便如此，给予雇主更多灵活性这个主要亮点也被许多法国人视为主要缺陷，对奖惩机制也存在反对声音。对于让经济主体为自己行为负责的经济手段（诸如碳税或奖惩机制），法国公众表现出普遍的不信任，这是实施改革的一大障碍。实际上，对很多法国人来讲，让企业通过支付费用来解雇员工的理念仍是个禁忌，因为这似乎是在变相地将（解雇员工）这种不道德的行为合法化。

对这种矛盾心理存在两种反应：首先，在当前的制度下，不裁员的企业承担了大部分社会成本，而裁员企业只承担了很小一部分成本（也就是支付了遣散费）。将此问题诉诸道德判断，自然会导致道德评价的滑坡。其次，在二三十年前，征缴环境税存在同样的禁忌，但在今天已变得司空见惯。声称开征环境税（或引入可交易的排放权市场）能促进环境效益并降低合规成本的经济学家们，过去也曾听到过类似的反对声音：为污染付费是不道德的！但是，造成污染却无须为其付费难道更道德吗？最终，环境税还是逐渐为大多数民众接受，并在当下广泛实施。当然，赋予企业裁员的权利也会经历类似的过程。[42]

欧洲南部国家劳动力市场的糟糕表现已很难被忽视，并且其实已经持续了相当长一段时间（尽管由于金融危机和欧洲危机，其劳动力市场问题进一步恶化）。经济学家的工作是力图基于这样的现实理解劳动力市场改革为何受到抵制。当功能失调的劳动力市场制度仍得到多数民众支持时，政府就不会急于推进富有争议的改革，而是宁可采用过去的权宜之计来解决失业问题，这毫不奇怪。普通大众很容易理解，企业一旦获得更多的灵活性，就更容易终止它们的永久雇佣合同。

但对这些员工及失业者和工作不稳定的人而言,让他们分析和认同更灵活的、能创造更多更好工作岗位的经济机制很困难。

经济机制的复杂性并不是唯一的障碍。基于经济原因裁员的名声及其在媒体和政治上的影响,是公众对赋予劳动力市场更大灵活性反应冷淡的原因。因裁员而遭解雇的员工面孔清晰,并经历着一场悲剧(一场非常真实的悲剧,因为劳动力市场可能永远不会为其提供一份类似的工作)。另一方面,每天都有大量好的工作岗位未被创造出来,因为企业不愿意提供更多永久性职位,这反而影响着广大民众:失业者及固定期限合同雇员都不会意识到自己与那些未曾出现的工作职位有何联系。失业能成为头条新闻,创造就业机会却很少为人所知(除非政治家可以因此邀功),而缺乏就业机会在本质上是看不见的。

可识别受害者现象得到心理学家的大量研究,[43] 这种现象是指个体对明确可以识别的受害者的同情程度(甚至愿意帮助他们)要高于定义模糊的受害者("统计意义上的受害者")。例如,公众愿意捐助一大笔钱,为他们在电视上看到其形象和故事的主人公减轻痛楚,但不太情愿帮助匿名的受害者,即便他们更需要资金帮助。在劳动力市场领域,可识别的受害者是遭受大规模裁员的雇员,而匿名受害者是没有对应工作岗位的失业者。

关于就业的其他重大争论

失业的多重原因

尽管劳动合同问题具有典型意义,但它并不是造成欧洲南部国家失业率高企的唯一原因。例如,经常针对法国劳动制度的批判有:

- 企业管理层和工会提供的在岗职业培训平庸无效且花费巨

大,这些培训并未针对合适的员工群体,而且只有一小部分培训项目能使员工获得被广泛认可的文凭或证书。然而,这种培训连同岗位实习每年却耗费掉320亿欧元,或占GDP的1.6%。[44]

- 岗位实习[45]和勤工俭学项目数量都不足。
- 学校培养的技能与企业的需求之间存在差距(实际上,对某些岗位而言,高失业率与某些工种的劳动力短缺并存)。
- 主要通过最低工资标准(在欧盟中处于最高水平)而非税收制度来实现向低收入员工倾斜的再分配;也就是说,不是基于对工作收入的税收抵免(像美国的所得税抵免或英国的税收抵免制度)来实现收入再分配。
- 对下岗职工的管理(通常称为积极的劳动力市场政策)与斯堪的纳维亚国家的做法差异很大,比如,这些国家给予失业人员更强的激励,鼓励他们重新就业。另外,法国的替代率(replacement rate),也就是失业救济与就业收入的比例,基本处于欧洲平均水平,但法国高收入员工的替代率则要高得多(例如,比德国的同一群体高三倍)。
- 公共就业服务管理不完善(一个指征是尽管提供了广泛的公共就业服务,但雇主主要借助免费招聘网站Le Bon coin招募员工)。
- 劳动合同安排缺乏灵活性,合同条款几乎都是基于行业层面(而非企业层面)来制定的。
- 有些特定职业(如出租车司机)的内在封闭性也阻碍了工作岗位的增设,尽管很多人愿意从事该职业。

欧洲南部其他国家(西班牙、意大利、葡萄牙和希腊)也有类似的制度,并出于相同的原因产生了类似的后果,它们面临着同法国一样的灾难性（甚至更严重）的高失业率问题，尤其是年轻群体的高失业率。上述有些观点也适用于劳动力市场更富灵活性的经济体，但各种观点综合起来就能解释欧洲南部国家（包括法国）与经合组织其他国家的巨大失业率差距。

详细讨论这些问题可能需要几本专著，我在此仅做几点评论。

减少工作时间：一项错误的解决方案

经济学家们普遍反对一种错误的说法，[46] 即就业数量是固定的。根据这个概念，一个经济体中的就业岗位总数是固定的，因此必须公平分配（"劳动总量谬误论" [lump of labor fallacy]）。2000年，法国开始实施每周工作35个小时的规定，但这种做法并未得到专业经济学家的支持，而且，试图通过分散工作量来创造就业岗位的做法让人们颇为吃惊。就业机会稀缺的观点已经过时，但经常还会再度出现，特别是在经济衰退时期。矛盾的是（考虑到这是政治谱系中左翼偏好的政策），就业总量固定，进而需要减少工作时间，以便让就业共享的观点，同时也是右翼派别的论调，他们声称移民会争夺本国公民的就业岗位。其他人则借助这样的观点主张降低退休年龄（老年人不是在争夺年轻人的工作岗位吗？）。还有一些人利用这个论调迎合保护主义目标（外国企业不是在争夺我们的工作岗位吗？）。最后，有些人还担心法国在1996年取消强制服兵役的政策对现有就业的影响。

工作岗位是稀缺的因而需要政府介入分配的观念出自哪里呢？间接意义上看，来自马尔萨斯（Malthus）。在19世纪初期，稀缺资源主要还是土地。一般来讲，土地的数量是有限的，因而，与土地相关的工作岗位的数量也是有限的。当然，工作不仅需要劳动力，还需要各种互补性生产要素，例如，机器工具、厂房、计算机或工厂。但是，与马尔萨斯关注的生产要素（土地）不同的是，这些生产要素在数量上并非固定不变，至少从中长期看是如此。即便在短期内，这些生产要素也能在特定环境下进行调整。在一篇著名的文章[47]中，戴维·卡德（David Card，现就职于加州大学伯克利分校）研究了在1980年的数月里12.5万名古巴移民到达美国迈阿密后产生的影响。相对迈阿密的人口规模，这些移民的数量并不算少（劳动力总量提升了7%），却几乎未对失业产生任何影响，也未对与移民有直接竞争关系的劳动力群体（基本上是非裔美国人）的收入产生影响。工作数量并非固定不变，在纺织生产上的投入很快创造了所需的就业岗位。

就分享工作时间而言，其背后的逻辑稍有不同。假定存在一个对员工有利而对企业不利（例如工资不变）的降低工作时间的法律规定（现实中，工作时间的减少常伴随工资协议或国家补贴的变化，后面将回到这个问题），在短期内，为了在工作时间减少的情况下完成既有订单，并利用已有的生产资料，就业数量确实会相应提升。然而，这不过是昙花一现而已，在中期内，订单、其他生产投入和就业量都会下调。显然，一个可持续的就业政策必须能在中长期创造就业岗位。此外，如果采纳了补偿雇主的公共政策，其成本也应考虑在内，毕竟这种政策意味着需要增加税收，或减少用于其他方面的公共开支。

这让我想到衡量政策效果需要使用的严格的计量经济分析方法问题。如前所述，劳动供给或需求的变化（例如降低工作时间或出现移民潮）从来就不是独立发生的。同时，一个经济体可能正处于增长阶段或正在衰退，因此，失业水平自然会随着政策变化而相应地降低或提升；此外，还会引入支撑性的政策。即便我们仅限于衡量短期效应，也应将工作时间降低或活跃人口相应提升带来的影响与就业的其他要素变动带来的影响分开来看。因而，戴维·卡德考虑了在大批古巴人赴美时失业率正处于上升这一事实伴随着的其他影响因素。类似地，在衡量每周工作 35 小时的政策影响时,我们应当修正经济周期(在 1998 年至 2002 年带来了积极影响)、促进岗位创造的支撑性措施(财政手段、工资调整协定,以及一揽子改革计划的其他方面)[48] 等因素的影响。正确识别外来人口移入或降低工作时间政策(如在加拿大魁北克和德国,以及 1981 年和 2000—2002 年的法国)的因果效应[49]很有必要。总之,仅有的少量研究似乎并未证明,纵然是在短期内,移民会减少工作岗位,或者减少工作时间能创造工作岗位,[50] 这与工作总量固定下的预期形成鲜明对比。

关于工作岗位数量固定的谬误观点,也出现在人们对技术进步的态度中。就业在持续不断地变动。在过去至少 200 多年时间里,我们一直担心自动化——从纺织机(19 世纪初期英格兰手工业的勒德分子 [Luddites] 造反)到 20 世纪 50 年代的装配流水线,再到近期的机器人——可能让工作岗位消失。这些技术变革确实会让部分岗位消失,但幸运的是并未造成就业的消失(否则我们都得失业)。类似地,研究显示,移民会给一个国家带来经济效益,包括带来更多的工作岗位和更高的经济增长率,对工资的影响很小甚至毫无影响,[51] 这意味着它也给该国的工人带来了利益。毋庸置疑,这里只是粗略的描述,精确地刻画相关效应取决于具体语境(例如移民的技能、劳动力市场和福利制度,以及移民与当地人在劳动力市场的替代性或互补性关系)。[52]

请不要搞错:在每周工作时间应该是 35、18 或 45 小时的问题上,经济学家们从未选边站队。这是一个应由社会和利益相关者做出的抉择。就每周工作时间这一问题而言,如果任由人们自主选择工作时间的长短(像独立工作者那样),没有任何理由能说明他们会做出相同的选择。有些人愿意拥有更多自由支配的时间,而不是更高的收入,但其他人的想法可能恰好相反。同时,无论在理论上还是实践上,那些认为通过减少工作时间、降低退休年龄、阻止移民、采取保护主义措施或重新引入服兵役的法律能创造工作岗位的想法,都得不到任何支持。

保护主义:另一项错误的解决方案

受到技术和经济变化冲击的员工应该得到帮助。尽管这些变化无可避免,但是在短期内,员工个人会因此承担巨大的人力成本。他们不一定能再找到与之前岗位相似的新职位。让我们考虑一下美国与中国之间类似的贸易问题。美国总体上受益于两国贸易,然而一些地区(比如中西部)确实也因此陷入了严重困境。[53] 中国商品的大量涌入对与之竞争的专注于某些产品制造的美国公司(以及当地经济)造成的冲击,要远远大于其对整个美国经济的影响。[54]

这让我想起广义的贸易保护主义问题。在世界各地,民粹主义政客们正踏着无技能工人对岗位丢失和工资下降的愤怒巨浪而来。这一愤怒反映了现实中的困难处境:政府没有足够重视全球化给某些国民带来的伤害。1990年以前,国际贸易带来的受损者相对较少。从那以后,发展中国家,特别是中国,放弃了早期的进口替代贸易保护主义政策,选择了市场驱动的开放型经济。同一时期,集装箱运输成本急剧下跌。这两种现象使得全球南北分界线的贸易重新布局。虽然发达国家总体而言是获益者,但是它们的许多工人(常常是无技能劳工)都遇到了困难,他们难以就近找到与已失去岗位类似的新职位,旨在提升这些工人技能或适应其他工作岗位的再培训政策也未能同步跟进。

在发展中国家,经济增长有助于脱贫。从1991年至2015年,人均GDP在印度增长了326%,在中国增长了823%。这是人类历史上前所未有的巨大成就。但对同期薪水停滞不前的美国人或英国人而言,这个好消息不会带来任何安慰,更不要说对那些在萧条的劳动力市场中丢掉工作的法国人。

然而,不能因此挥动贸易保护主义的魔杖,这样做只会刺激贸易伙伴采取报复性措施:如果每个人都只关注自身利益,事情就不会得到全面改善,甚至会变得更糟。保护主义侵蚀了跨国专业化分工带来的益处,消除了竞争激励——恰恰是竞争激励推动了企业自我改善,而不是从没有选择的消费者身上渔利。保护主义也无法应对数字技术带来的挑战:自动化带来了生产率的显著提升,同时也造成了甚至比全球化更严重的就业问题。

紧迫性

法国(或总体而言的欧洲南部国家)的劳动力市场制度偏离了国际规范。这些制度原本是要保护员工,但在实际中却可能使员工因为被排斥或被边缘化而受到伤害。要理解这一意料之外的后果,就必须透过现象看本质,这正是本章想要传递的第一个信息。

过去,法国劳动力市场的功能失调问题并非那么明显。30年的黄金增长期("二战"后持续30年繁荣)使创造新的就业机会成为可能,稳健的公共财政为政府救济提供了空间。现在,法国连同西班牙和意大利等邻国正面临着一场"完美风暴"(perfect storm),失业问题将因三个方面的挑战而进一步恶化:

1. **公共财政**。法国的公共债务占GDP的100%,其公共财政持续恶化。如前所述,当下的就业政策代价高昂。如果国家的偿付能力受到质疑,整个福利国家就会陷入危险。降低失业水平从而削减公共就业政策成本将有助于赢得对公共财政的掌控。

法国劳动法的复杂性

在劳动力市场领域，法国例外论的另一个例子是，法国劳动法不仅相当复杂，还具有指令性。法国劳动法的复杂性尽人皆知。它长达 3200 页，并且随着时间推移还在不断加长。即便是高度专业化的劳动法教授也不能对其完全掌握。俗话说："对法律无知并非借口。"这句话很有道理，但在劳动力市场领域就变得近乎可笑。我们真的希望没有专门的法务部门且忙于其他事务的中小企业的首席执行官能够掌握劳动法规吗？即便是拥有很强的法务部门的大公司，也可能在不明就里的情况下违犯劳动法。

法国劳动法的指令性更有争议。法国仍是国家和行业协会介入劳动合同关系最多的国家之一。在其他国家，雇主和雇员之间（如在英国）、行业协会和雇员之间（如斯堪的纳维亚国家）有更多自主协商的余地。有些国家（如丹麦）实际上并无劳动法，合同设置是自由的，因此企业有更多机会根据自身或行业环境调整聘用关系。

诚然，法国立法机构在企业和行业部门层面保留了一些协商的空间。尤其是从 2004 年开始，只要行业协议没有明确禁止，公司层面的协议就允许偏离行业协议。然而，在现实中，很少出现这种偏离规范的案例，其中，规则效力等级依次为：1）劳动法；2）行业协议；3）公司协议。行业协议得到法国劳动部的全面系统推广，以至于明确的公司协议变得毫无实际意义。行业协议可以解决企业提供持续在岗培训面临的搭便车问题，但也准许行业的成员企业自行达成协议，并最终由消费者承担新增成本（特别是在不受国际竞争影响的行业部门）；就后一种情况而言，行业协议对需求和就业都不利。[55] 由于行业协议的准系统性拓展，超过 90% 的法国员工签订了集体协议，而在德国只有 1% 的员工如此。[56]

> 显然，这并不意味着行业部门不应在劳动合同中发挥一定作用。公司管理层和企业工会并不总是拥有起草合同需要的专业知识，也并不总能理解合同带来的影响，中小企业尤其如此。因而，行业部门可以作为服务提供者的角色发挥重要作用，来帮助管理层和工会更好地组织劳动合同关系，或者帮助构想行业协议作为备选方案，而不是限制企业内部的谈判协商。
>
> 最后需要注意的是，即便行业协议或公司协议很普遍，劳动法仍具有重要作用，比如对最低工资的规定。[57]

2. **移民**。2015 年的欧洲移民危机重新引发了很多人对工作短缺的担忧。无论这场危机看起来多么严重，如果我们不能成功控制全球变暖的进程，这也只是一个即将发生的诸多问题的前奏。[58] 然而，对任何国家而言，移民都是经济和文化上的一个机遇，因此，移民应当作为社会的贡献者而受到欢迎，这就要求他们不被劳动力市场制度排斥在外，这也是劳动力市场制度需要改革的另一个理由。

3. **技术**。数字革命[59]会带来两个方面的影响，加剧制度僵化的社会成本。首先，它加快了就业的转变、工作岗位的消失和创造的速度，使过于僵化的永久合同对雇主的吸引力比当下更低，并不断增加对更好的持续在岗培训的需求。其次，工作本身也在不断变化中，出现越来越多的自我雇佣和同时为多个雇主工作的人。许多观察家呼吁制定一部工作者法（worker's law），而不是更有局限性的雇员法（employee's law）。法国劳动法内容庞杂，但几乎完全聚焦于雇员，并且建立在源于工厂雇佣的工作概念之上。因此，在为未来的变化做好准备方面，法国还有很长的路要走。尽管法国以劳动力市场制度僵化著称，但其他发达国家也是如此。即便在美国、英国或丹麦等劳动力市场较为灵活的国家，相关的法律和监管框架也是以雇员（employee）而非工作者（workers）为中心。

尽管劳动力市场制度在不同时期、不同国家的差异很大，但法国的经验为所有人提供了有益的启示：所有国家都有理由关切未来的工作，同时要抵制挥舞着魔杖的民粹主义者；所有国家都要理解善意政策的意外后果，并且要明白为什么保护劳动者要优于保护工作岗位。

我们是否真的为解决高失业率问题穷尽了所有办法？我对此深表怀疑。在本章中，我试图解释为什么需要改革，并指出了改革的路径。移民、全球化和技术变革都更加紧迫地促使我们采取行动。

第十章　十字路口的欧洲

欧洲一体化：从希望到质疑

在这片因饱经战乱而伤痕累累的大陆上，旨在打造一个经济与政治联合体的宏伟计划给其成员国带来了无限憧憬。为了维护和平与促进发展，欧盟多年来一直反对贸易保护主义，维护成员国之间的彼此团结，并帮助成员国实现经济现代化。实现人口、产品、服务及资本的自由流动，是为了遏制贸易主义；动用结构性资金帮助贫困地区发展，是为了维护国家间的团结。最后，欧洲的制度架构回应了欧洲南部部分国家不甚公开的愿望：将通过改革（如开放竞争）把经济现代化的任务委托给超国家权力机构，尽管政治家们认为这些改革极其必要，却不敢在国家层面倡导。

在当前欧盟怀疑论日益盛行的背景下，需要铭记的是，欧盟成员国之间的差距缩小了，欧盟制度对整体经济增长做出了重要贡献。尽管有时候欧盟法律体系（欧洲法律包括所有国际条约、立法，以及1958年以来欧洲法院的审判案例）会受到批评，但毋庸置疑的是，它通过

第十章 十字路口的欧洲

对原来功能失调的经济施以更加严格的管理而让欧洲民众广为受益。

欧盟单一货币——欧元的诞生,同样激发了人们的无限希望。截至 2015 年,欧元已被 19 个成员国接受。当然,很多经济学家从一开始就指出,欧洲远不具备构建单一货币联盟的理想条件。欧元区尚无一套由经济状况良好的国家向相对较差的国家自动转移支付的财政机制来保障其经济稳定(我在后文将对此进行详细解释)。更何况,出于文化和语言方面的原因,其劳动力的流动也受到限制,因此劳动力供给只能对区域需求做出最低程度的响应。早在欧元创立之初,欧盟成员国之间劳动力的流动规模就是美国州际劳动力流动规模的三分之一。[1] 以上两种在联邦国家层面缓解区域经济冲击的典型稳定机制都不存在,而对一个存在贸易赤字的国家来讲,单一货币又限制了通过货币贬值重振竞争力的可能性。

尽管如此,欧元仍不失为欧洲一体化的显著标志。创立欧元旨在促进跨国贸易。它不仅为从巴塞罗那到图卢兹旅行的人提供了直接用欧元支付的便利,还减少了汇率的不确定性,进而降低了外汇收入波动带来的成本。实际上,从欧元诞生的 1999 年到欧元区危机达到最高潮的 2011 年,欧元区国家间的贸易增长了大约 50%。[2] 我们都知道控制汇率波动有多么困难,1992 年乔治·索罗斯(George Soros)主导的量子基金进行投机性狙击后英镑从欧洲汇率机制(European Exchange Rate Mechanism)中退出就是一个例证。

创立欧元还旨在通过促进欧洲各国储蓄的分散化来保障各国经济的稳定:家庭和公司可以较低的成本在国外投资,因此它们的财富不再依赖于当地的条件,这也会影响各国的就业机会和企业订单。实际上,储蓄分散化正是美国各州经济的主要稳定器。最后,创立欧元正是为了促进资本向欧洲南部国家流动,提高这些国家的金融信用,从而为当地的经济发展提供资金支持。

许多欧元支持者也认为，创立欧元是迈向更大范围的欧洲一体化道路的重要一步。他们的观点是，无论是通过逐步凝聚支持欧洲一体化的共识，还是因为趋势难以逆转——"那我们就一直走下去"，[3] 欧盟的成立及随后欧元的诞生皆为通向欧洲联邦的阶梯。但迄今为止，这样的一体化仍未实现，在不远的将来似乎也不大可能实现。彻底的一体化意味着需要比以往在更大范围内让渡国家主权，需要彼此信任、共担风险和团结一致，所有这一切都不可能强制实施，而这在当今的欧洲几乎都不存在。因此，人们对欧盟，特别是欧元，普遍不再抱以幻想（虽然也有例外，如欧洲南部国家的大多数人更倾向于留在欧盟）。

我们是怎么沦落到这一步的？欧洲一体化到底有无未来？为了回答这些问题，我将从欧元危机如何发生开始讨论，接着对希腊危机进行分析。由于主权债务问题如此突出，也是近年来很多冲突的根源所在，因此我将提出更为基本的问题：如果一个国家一直维持在舒适区，它能够向外界举债几何？最后，我将目光转向问题的核心：欧洲面临哪些选择？我的评论将侧重于欧元区的危机，而不是脱离欧洲的因素（例如英国脱欧，或与此相反，欧盟进一步扩大的可能性），或者非经济方面的问题（如在某些欧盟国家，比如匈牙利，欧洲价值观正在消退）。

欧元危机的缘起

双重危机和新债务文化

自 1999 年欧元创立起之后的十年间，[4] 欧元区的南部国家凸显了两个问题：竞争力下降（物价和工资的增速快于生产率）及公共部门与私人部门债台高筑。

竞争力

图 10.1 给出了 1998 年以来欧元区国家的工资收入变化情况，以及德国与欧洲南部国家（法国、希腊、意大利、葡萄牙和西班牙；相比德国，法国在此方面与其邻国更加类似）的惊人对比。德国一贯实行温和的薪酬增长机制（以相对自愿的方式实施，在那些面临国际竞争的行业中，企业工会也支持这样的机制），欧洲南部国家的工资则快速攀升。就欧洲南部国家及爱尔兰来讲，其工资增加了 40%，而劳动生产率仅提升了 7%。[5] 这种工资和生产率的分离导致了国家间的物价水平分化：同样的商品在德国价格较低，而在欧洲南部较高。不出意料的是，欧洲内部贸易变得非常不平衡，其中德国的出口远大于进口，而欧洲南部国家恰好相反。

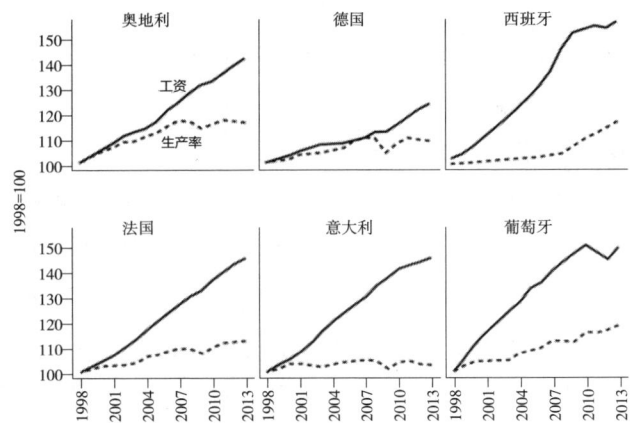

图10.1 1998—2013年欧洲部分国家的工资和生产率

资料来源：欧洲委员会、Ameco 数据库和克里斯蒂·蒂曼（Christian Thimann）。

注：希腊并未出现在上图中；尽管希腊的生产率与葡萄牙相当，但其工资增长更快，从 1998 年到 2008 年增长了 180%，超出了图中纵轴的最高值。

269 　　当一个国家的进口大于出口时会发生什么呢？为维持其净进口，该国家（其公司、公共机构及家庭）必然向海外出售资产。这些资产可由个人、投资基金或外国政府收购，例如，在纳入法国CAC40指数的公司中，50%的股份已由国外投资者持有，此外，大部分位于巴黎和法国蓝色海岸线的房地产也归外国投资者所有。如果不出售资产，政府、银行或商业部门就必须从海外借款。无论采取何种方式，该国都只能靠举债度日、寅吃卯粮。

　　欧元区发展不平衡最终凸显出来的问题是，究竟是何原因造成了欧洲南部国家近期的贫困化？毫无疑问，欧洲南部国家工资增长快于生产率是一个重要原因，但很多观察家同时认为，德国的重商主义政策也应对此负责。对欧洲其他国家的公民来讲，德国的政策产生了相互背离的效果：一方面，欧洲南部国家的消费者愿意以较低的价格购买德国产品；但另一方面，作为与德国公司竞争的本国公司雇员，他们购买德国产品的行为导致本国公司难以生存，从而使其停止雇用甚至解雇员工。欧洲南部国家劳动力市场固有的不完善，进一步恶化了本国公司的困境，也映射出这些国家的政策选择问题（参见第九章）。[6]

　　这正是单一货币的短板所在。如果这些国家仍使用自有货币，德国马克就会随之升值，法国法郎、意大利里拉、西班牙比塞塔及希腊德拉克马则会相应贬值。欧洲南部国家消费者的购买力会因货币贬值而削弱，但对那些面临国际竞争的产业的雇员来讲，货币贬值会重振本国产业的竞争力，并保护本国工作岗位免遭大规模流失。

　　因为欧洲南部国家隶属欧元区，所以货币贬值并非可行方案，其他替代性选择的吸引力也很有限。[7] 其中一种与调低本国货币汇率相仿的选择，就是被经济学家称作"财政贬值"（fiscal devaluation）的政策，[8]

270 即提高消费税（增值税）进而抬高进口商品的价格，由此增加的税收可用来减少雇主缴纳的社会保障费用，而国内企业劳动力成本的下降又降低了国内产品的价格，同时还促进了出口。欧洲南部一些国家采纳了这种"财政贬值"政策，但政策实施的力度相对有限。为了弥补高达10%—30%的竞争力损失，需要大幅提升增值税税率，但这除了有失公平，还会导致大量偷税漏税行为。

另一种替代货币贬值的政策是整体下调工资或物价，经济学家称之为"内部贬值"（internal devaluation），西班牙、葡萄牙、希腊等国家采纳了此政策。事实证明，实施此类政策代价巨大。尽管工资收入调整到了加入欧元区之前的水平，[9]但从加入欧元区起，居民工资收入的大幅攀升就给了大家希望和许诺（例如房贷），他们怎么也没有预料到其收入随后会被下调。同时，"内部贬值"政策在实际中难以操作，毕竟国家充其量只能直接控制公务人员的薪水，不能保证其他的工资和价格也会降下来。

债务

危机是否可以预见？以葡萄牙为例，在预见到即将加入欧元区后，葡萄牙在20世纪90年代经历了一段经济繁荣期。但奥利维尔·布兰查德和弗朗切斯科·贾瓦齐（Francesco Giavazzi）证明，20世纪90年代流入葡萄牙的资金催生出的不过是一场经济泡沫，并没有促进实体经济的发展。[10]葡萄牙经常账户赤字扩大的首要原因是居民储蓄的减少，而非投资的增加。

广义上看，就较为贫困的国家来讲，加入欧元区提振了整个经济的信心，由此大幅降低了这些国家的借贷者需要支付的利息。更加容易获得融资导致资本大量流入，加上对银行冒险行为的监管也较为宽松，由此助长了资产价格攀升，最终引发了金融泡沫，特别是房地产泡沫。

巨额债务，无论是公共部门负债还是私人部门负债，都是这场危机的根源，而这场危机直接威胁着当今欧元区的存废。过度举债有时与公共部门挥霍无度或征税失败有关（如希腊），也可能是金融部门的问题所致（如西班牙和爱尔兰）。例如，正是由于不得不出手救助银行，爱尔兰政府的预算赤字才从其 GDP 的 12% 膨胀至 2010 年的 32%。

与减少储蓄和增加消费相对应的是需要出售资产或借入外债（或两者兼有）。作为一种策略，出售"皇冠之珠"（crown jewels）类的资产有其局限性，特别是当部分资产由外国投资者持有时，这些资产就会贬值。例如，对某个国内公司来讲，如果其资产大部分由外国投资者持有，那么该公司就不大可能获得税收优惠和监管优待，[11] 因此，外国投资者就不愿为这些资产支付很高的价格。

借债同样有其局限性。当外国投资者怀疑借款国政府或银行的偿还能力时，就会要求较高的利率，会坚持要求获得"利差"，即要求借贷者支付高于安全借款人的利率，甚至直接拒绝贷款。

然而，正如图 10.2 所示，直到 2009 年，即使国际投资者已经意识到希腊财政出现了问题，希腊却仍能以与德国相仿的利率借款。换句话说，投资者们预见到欧元区的规则将不会被恪守，并押注欧元区其他国家会鼎力救助希腊，[12] 也就是说，投资者们对希腊债务违约风险感到颇有保障。总体上看，这些投资者认为，如果任意一个欧洲南部国家陷入困境，大家都会团结一致共渡难关。事实可能的确如此，但也只限于一定程度而已。2009 年 11 月，新上台的希腊政府宣布，实际财政赤字是前任政府宣称的两倍，而且国家债务已超出 GDP 的 120%。正如我们已经看到的，高额的举债引发了希腊债务危机，随后投资者只好割肉撤资。

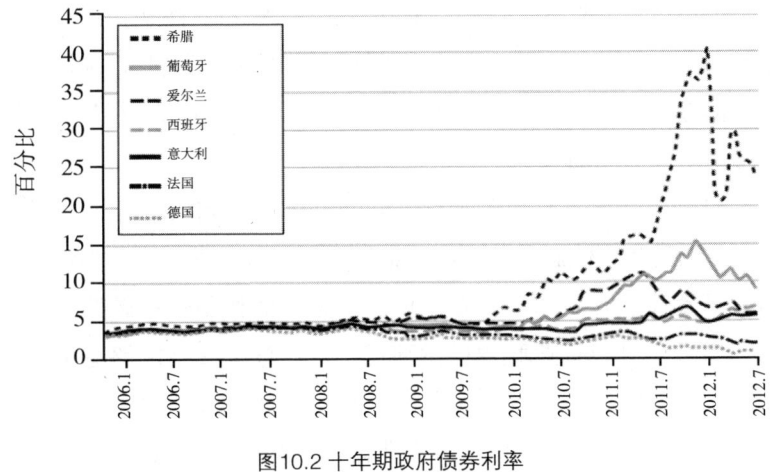

图10.2 十年期政府债券利率

资料来源：尼可洛·巴蒂斯蒂尼（Niccolò Battistini）、马可·帕加诺（Marco Pagano）和萨韦里奥·西莫内利（Saverio Simonelli）的《欧元区的系统性风险和本土偏见》（"Systemic Risk and Home Bias in the Euro Area"），载《欧洲经济》（European Economy），2013年4月，经济论文494（Economic Papers 494），数据由 Datastream 提供。

容忍还是鼓励？房地产泡沫和风险承担

在经典著作《这次不一样：800年金融荒唐史》（*This Time Is Different: Eight Centuries of Financial Folly*）中，经济学家卡门·莱因哈特（Carmen Reinhart）和肯尼斯·罗格夫（Kenneth Rogoff）指出，同样的错误往往重复出现，许多国家的主权债务危机都是政府忽视甚至助长泡沫特别是房地产泡沫的结果。[13] 1999年之后，西班牙降低了借贷成本，由此流入的大部分欧洲资本催生了房地产泡沫。不幸的是，流入的资金并未投向西班牙产业，实际上这些产业恰恰变得缺乏竞争力。一言以蔽之，借贷的资金并未用于未来。最后，这些贷款变成了银行（特别是地区储蓄银行 [Cajas]）的负担，随后不得不由西班牙政府出手救助。应该说，西班牙的例子非常具有教育意义。除了班基亚银行（Bankia）需要由政府注入相当于 GDP 2% 的资本（由此政府成为其大股东）之外，其他的大型银行尚能保持健康运营。[14] 但地区储蓄银行将宝都押在房地产泡沫上，并大肆发放贷款。当这些银行陷入困境时，就不得不由国家出面收购并进行资产重组。[15]

正如我在第六章解释的那样，联邦和地方各州的政客们罔顾中央银行发出的警告，他们对地区储蓄银行的恣意放纵助长了房地产泡沫。这样做虽然让其在政治上受益，但后果是未能控制住地区储蓄银行的风险。如果当时银行业联盟已然存在，这场危机或许能够避免。当今监控欧元区各国银行的欧洲央行可能会强制西班牙的银行业减缓房地产信贷。除西班牙外，德国地方商业银行（Landesbanken）与政界和当地也存在千丝万缕的联系，这些银行采取类似的方式放贷，也导致德国陷入了金融困境。

欧洲范围内宽松的金融监管对私人银行及国有银行都有影响：富通银行（Fortis）、比利时联合银行（KBC）、荷兰国际银行（ING）、德国商业银行（Commerzbank）及英国和爱尔兰的一些银行都有类似问题。如果说欧元区危机尚有可取之处，那就是在欧洲层面上强化了对银行的监管，尽管许多政治家并不情愿。这样的政治家并非仅限于欧洲南部地区，德国也想保留对国内地方商业银行的监管权，因为这些银行也被视为可操纵的政治工具。尽管银行监管得到一定强化，但监管机构的预算资金非常有限，且监管队伍无法与大银行相抗衡，或许他们根本对泡沫视而不见。凡此种种引发了一个强烈主张，即在欧元区组建一家独立的银行监管机构，以免受到国内各方面施加的压力。2014 年，这一想法终于得以实现。

无论是由于公共支出太高，还是银行监管太宽松，欧洲南部国家的债务水平普遍处于高位，如图 10.3 所示。

国家	占比
希腊	179%
意大利	132.6%
葡萄牙	130.4%
塞浦路斯	107.8%
比利时	105.9%
西班牙	99.4%
法国	96.6%
联合王国（英国）	89.3%
欧元区	89.2%
奥地利	84.6%
克罗地亚	84.2%
欧盟28国	83.5%
斯洛文尼亚	79.7%
爱尔兰	75.4%
匈牙利	74.1%
德国	68.3%
芬兰	63.6%
荷兰	62.3%
马耳他	58.3%
波兰	54.3%
斯洛伐克	51.9%
瑞典	41.6%
立陶宛	40.2%
拉脱维亚	40.1%
丹麦	37.8%
罗马尼亚	37.6%
捷克共和国	37.2%
保加利亚	29.5%
卢森堡	20%
爱沙尼亚	9.5%

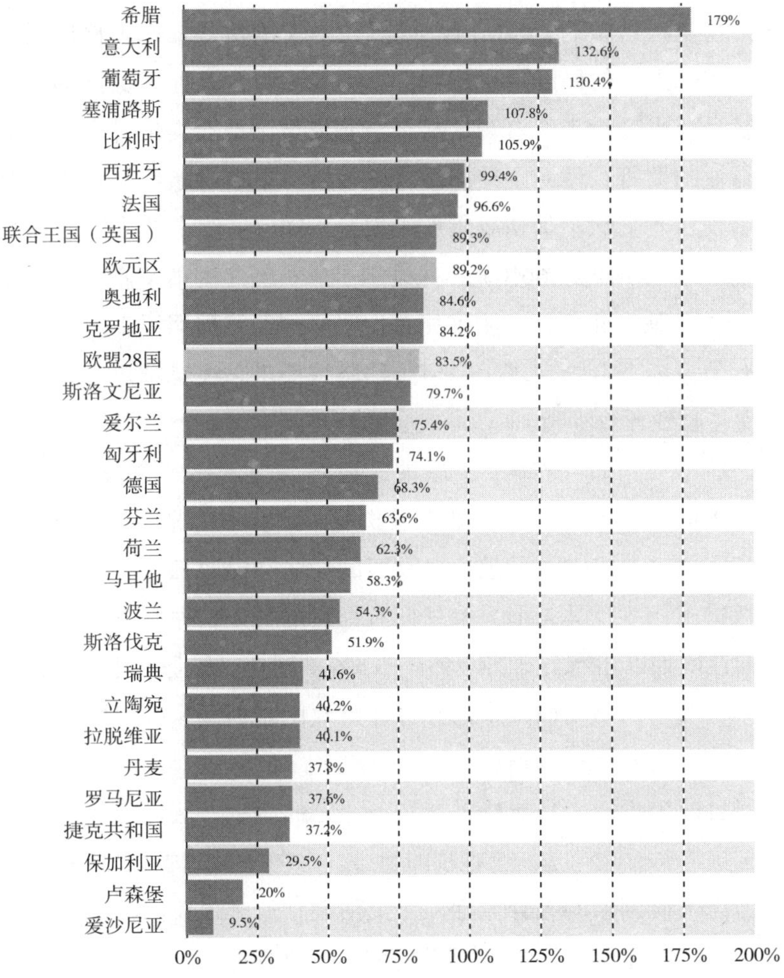

图10.3 2016年第四季度欧盟国家债务在GDP中的占比

资料来源：Eurostat, DebtClocks. eu。

脆弱的防御

纵然欧元区架构仍有许多需要完善之处，但我们不能指责1993年

《马斯特里赫特条约》（Maastricht Treaty）的奠基者们未预见到这些风险。实际上，他们已经意识到，如果能够得到其他成员国的支持，进而轻易获得金融市场资源，那么某些成员国就会支出过度，或放松对银行业的监管。针对这些问题，《马斯特里赫特条约》对各国的财政赤字设定了上限（最初要求的上限是 GDP 的 3%），同时对债务也设定了上限（GDP 的 60%），并设定了成员国之间的"不救助"（no bailouts）条款。此后，又明确相关上限可随经济周期浮动（在经济衰退期有预算赤字合情合理），但条约坚持要求，在经济正常时期，各国需保持财政预算平衡。

这些规定（即 1997 年实施的《稳定与增长公约》[Stability and Growth Pact]）同样构建了多边监管机制。除特殊情况外，对任何一个预算赤字超过 GDP 3% 的政府，欧盟的经济和财政部长都会要求其采取补救措施，一旦其未能采取任何有意义的行动，原则上欧洲理事会可以向该国处以相当于 GDP 0.2%—0.5% 的罚金。但是，这一惩罚措施显然不甚可信，因为向一个已经存在财政困难的国家处以罚金并非明智之举。2012 年 3 月的预算协议对此条款做了修正。[16]

到目前为止，《马斯特里赫特条约》的防御方法已经失效。标准严格但执法不力注定是一个糟糕的组合。[17] 这一方式内在的困难之处在于在考虑不同国家的差异方面缺乏灵活性，债务规模的测算又极其复杂，在如何监督并有效执行方面还存在众多问题。

"一刀切"的问题

尽管从政治角度看，对所有成员国给予平等对待有其重要意义，但要求所有国家都接受同样的约束并非易事。就债务水平的可持续性而言，并不存在单一的神奇数字：对一个国家来说可持续的债务水平，对另一个国家未必如此。就阿根廷而言，其债务超过 GDP 的 60% 就难以维持，但对日本来讲，其债务超过 GDP 的 240% 却（仍）未引起信用危机。那么，公共债务在什么情况下可持续呢？

债务的可持续性取决于很多因素。例如，当满足以下条件时，债务更有可能具备可持续性：1）经济高速增长，税收也随之增加，因而更容易偿还债务；2）债务为内债，因为国家并不希望对自己的国民、银行或中央银行的债务违约[18]（日本 90.6% 的国家债务由本国投资者持有，所以日本的债务占到 GDP 的 240% 还未令人担忧）[19]；3）利率低（即债务偿还成本低）；或者 4）政府很容易征收更高的税（对于既定数额的债务，税收征缴能力较弱的国家，如阿根廷和希腊，就会面临更大的危机；类似地，美国在增加税收方面就比法国有更大的回旋余地）。

还有一些因素也会影响债务的可持续性。譬如，如果预见到其他成员国会在其出现问题时出手相助，这些国家就更容易陷入债务泥潭中，该问题的典型例子是 2009 年前的希腊；相反，在美国，金融市场知道联邦政府不会救助各州政府及市政府，这客观上限制了州政府及市政府的举债空间。此外，政府主权债务发行的司法管辖区域同样发挥着重要作用：在伦敦或纽约，债权人通常能得到更好的法律保护，因此投资者更乐于购买这些司法管辖区发行的政府债券，而非其他国家发行的债券。

另外，一个国家偿还债务的意愿取决于违约成本，因此违约成本反过来决定其借贷能力。违约成本有几种。例如，当债务违约损害其声誉[20]（即市场不再信任它），新出借人和既有出借人与国家协商削减债务（无法及时得到清偿的债权人可能会要求确保优先受偿的权利）面临法律风险时，[21]该国再次借贷就会遇到困难。其他违约成本还包括在国外的国有资产（如国有航空公司的飞机）遭到没收，以及在国际上开展货物和服务贸易变得更加困难，等等。

最后，债务规模越高，问题就越严重，经济学家所说的"自致恐慌"

（self-fulfilling panics）就越有可能发生。如果出借人对一国的偿债能力有所担忧，他们就会要求更高的利率，这反过来将增加债务偿还成本，降低债务偿还的可能性，从而"证明"市场的担忧和出借人提高利率的要求是合理的。[22]

最终，尽管对什么因素决定一个国家的债务规模是否可持续达成了共识，并且对高额债务会给国家带来很大风险也有了共识，但最大的可持续负债规模却难以精确判断。

测算公共债务的难点

一个国家的公共债务仅包括一定会兑现的财政义务。例如，公共债务包括无论出现什么情况，政府原则上都有义务偿还的长期和短期国债。但是，读者可能会惊讶地发现，养老金并不包括在公共债务中，它们在资产负债表之外，因为国家没有义务偿还（也即政府可能会削减养老金，尽管政府会对此三思而行）。在法国，超过90%的养老金是国家负债（英国为60%，荷兰更少一点），但并未计入公共债务。最近的一项研究估计，20个经合组织成员国拥有高达780亿美元的未预提养老金（unfinanced pension commitments），而其正式的债务总额仅为440亿美元。[23] 这些都是不小的数额。

所有国家的政府都不遗余力地以或有负债（contingent liabilities）的形式掩盖其应有债务。审计人员则试图揭露它们的伎俩。这些掩盖手法包括为公共部门或公私合作部门的各种债务提供担保、未预提养老金，或者通过欧洲中介机构（如欧洲央行或欧洲稳定机制）向有风险的国家提供贷款，等等。另一个让债务计算复杂化的问题是只核算债务，但不包括未来收益，这让政府有动机出售资产，有时甚至是廉价出售，以减轻国家负债。

正如最近美国、西班牙、爱尔兰等显示的那样，国家或有负债的另一个重要部分涉及银行业风险。因为这些风险发生的可能性不大，这部分或有负债被放在账外。更为重要的是，明文规定的数额，即由存款保险保障的数额，要比实际保障的数额小得多。当存款保险体系缺乏足够资金，因而国家必须救助储户时，实际上国家也要救助储户存款以外的其他形式的银行债务，比如中小企业的存款及银行发行的债券。确实，多数有关银行改革的讨论都涉及究竟哪些可以救助、哪些不能救助的问题。[24] 有些时候，国家发行的主权债务和由银行发行的私人债务需要通盘考虑，因为政府对银行风险有救助的义务，银行债务在某种意义上也是公共债务，如果银行被削弱，国家也会出问题，反之亦然。然而，非常遗憾的是，多年以来，欧元区仅仅考虑了公共债务。

相互监督的可信度

《马斯特里赫特条约》将监管政府赤字和债务作为第一道防线，第二道防线则是禁止对成员国实施救助，但这两道防线都未发挥其应有作用。

就政府赤字和债务监督而言，齐聚在经济与财政事务委员会（Economic and Financial Affairs Council，ECOFIN）之下的欧洲财政部长们，未能惩罚众多违背《稳定与增长公约》的行为。即使是在金融危机爆发之前就已有多达68次的违约行为，这些行为也无一受到惩罚。甚至早在2003年，法国和德国就违反了相关规则。对于那些即将加入欧元区或虽已加入欧元区却放松了警惕的国家的违规行为，欧盟也是视而不见。意大利就是一个极好的例子。在进入欧元区之前，意大利付出了巨大的努力以减少债务，让资产负债表呈现基本预算盈余（即付息前的预算盈余）。一旦进入欧元区之后，意大利就降低了财政平衡的努力。起初，较低的利率使这种行为带来的影响还比较有限，但 2011 年夏季借贷利差大幅增加，由此带来的破坏也随之加剧。

成员国之间彼此监督的失败可谓在意料之中。某国的财政部长并不愿正式投诉成员国的同行们，因为抱怨本身不能带来任何实际行动，反而会惹恼那些破坏规则的成员国的财政部长们。另外，推进欧洲一体化的政治议程也发挥了重要作用。建立一体化欧洲的目标被当作挡箭牌，让它们对那些国民核算有问题的国家视而不见，或者对尚未做好进入欧元区准备的事实熟视无睹。最终，每个成员国都期望在自己需要的时候能得到其他国家提供的互惠性帮助。

在拒绝救助的问题上，欧盟不得不违反自己确立的规则，对希腊实施救助。同样，欧洲央行不得不接下困难国家的公共债务或者接受其低质量的抵押品。目前来看，欧洲的不救助条款并不可信。面对一个成员国即将破产的既成事实，仅出于害怕主权债务违约可能造成的严重后果，欧元区国家也会表现出团结一致（过去已经出现过），这些后果包括经济影响（贸易中断，本国在债务违约国设立的子公司或子银行的潜在损失或其他风险敞口，或者可能引发对其他脆弱国家债务的挤兑），以及其他类型的影响（对困难国家的同情，对欧洲一体化的未来或者违约国出现骚乱引发麻烦的担忧，等等）。

与美国的对比

对照美国（另一个货币同盟），[25] 奥巴马总统在 2009 年拒绝救助加利福尼亚州；2014 年，底特律州不得不通过法院解决自身债务问题。对各个州和市而言，维持财政平衡是自身义务，不能指望联邦政府予以救助。实际上，自 1840 年以来，美国联邦政府从未救助过任何一个州或市。作为一个极为罕见的债务违约例子，1975 年联邦政府救助了纽约市，随之而来的则是联邦政府对其施以更加严格的监管。

但在 1840 年之前，美国的情况并非如此。在独立战争期间，很多州都陷入债务泥淖，处在破产边缘。自那时起，在大约50年的时间里，联邦政府不断救助有债务麻烦的州。但后来大家取得了政治上的共识，那就是不给予救助，严守财政纪律。如今，视线都集中到较为贫困的波多黎各（45%的人口都生活在贫困线以下）。2016年，联邦政府组建了一个联邦监管委员会，就波多黎各的债务重组进行商议。在与债权人的谈判失败后，2017年5月联邦监管委员申请破产，以寻求美国法院的保护，减少波多黎各的债务负担。

民众的代价

甚至在债务违约出现之前，国家过度负债带来的成本就已开始大幅攀升。偿还债务需要挪用本可以用在其他地方的资金。在经济衰退或银行危机时，若想通过借贷偿还债务，就必须遵守严格的预算要求，唯有如此才能安抚金融市场向其贷款的顾虑和担忧，由此政府会发现，采取逆周期（countercyclical）的调控政策越来越困难。

但是，从最终考虑来看，借贷总成本与债务违约的可能性关系密切。正像债务违约的个人或公司一样，债务违约的国家也需要与债权人重新协商。显然，根据定义，债务人已经破产，所以协商就不单单是给债权人货币补偿的问题。相反，违约国必须在预算削减和改革方面接受一系列让步，采取诸多旨在恢复公共财政的措施，但这些措施往往并非自主采纳：违约关乎自主权的大量丧失。当主权债务违约迫在眉睫时，谈判者面临的最大难题是，制定的措施不但要保证民众可以忍受，还要确保这些努力切实有效。除了最穷困者可免受影响外，大家所承受的损失还必须公平公正。在减少军费开支、改革劳动力市场和退休制度、强化税收征缴的同时，还要加大对出口行业、教育及有助于提高生产力的基础设施领域的投资力度，以便为未来做好准备。

最后，因为欧盟体系太弱，无法为恢复大家对危机国家的信任提供条件，求助于国际货币基金组织（IMF）就变得不可避免。鉴于大家对 IMF 作用的认识时常存在误区，这里有必要重申其成立的目的。简而言之，IMF 为处于金融危机的国家提供救助服务，但没有一个国家被强迫接受这样的救助。那些求助于 IMF 的国家都面临无法在资本市场融资的问题；或者即便可以，也只能以非常高的利率融资，而这样高的利率必将引发债务偿还旋涡，继而加剧债务负担，提高借贷利率，最终使其陷入恶性循环。IMF 向处于困境中的国家提供流动性，但这并非其主要功能，特别是 IMF 的贷款大都需要偿还，因此，IMF 的救助并非真正意义上的无偿援助。[26] 与此同时，IMF 还针对财政政策设置了苛刻的条件，而正是这些条件帮助受助国恢复国际公信力，让国际投资者愿意再度向其提供贷款。我们可能会批评 IMF 强加这样或那样的条件，但不要忘记其存在的原因是为自愿请求帮助的国家提供救助。

再论道德风险

在本书前面的章节中，我提到了道德风险问题。通常而言，道德风险是指一方的行为影响到另一方的福利的情形（给另一方带来了外部性），而且这种行为不能预先在合同中以一种可信的方式具体载明。在主权贷款情景中，道德风险是指借款国采取的各种降低向国外债权人还款可能性的选择。

持续的预算赤字和债台高筑的例子立刻就会浮现在我们脑海中。选择消费而非投资是另外一个例子。当然，并非所有的投资都会对债务的可持续性产生相同的影响。投资生产可贸易商品可以增强一个国家的债务偿还能力，而投资生产不可贸易商品则会降低其偿债能力。这是因为要想偿还债务，该国就必须向外国出售商品或者不能进口太多。欧洲国家（经常通过银行）大量投资房地产这类不可贸易商品，顾名思义，这些商品是由本地居民来消费的。

美国和加拿大这样的联邦制国家认为，限制道德风险最可靠的方法是严格遵守不救助条款。正如我们已经看到的，美国确实就是这么做的：1840年以后，有八个州的债务出现违约，但联邦政府拒绝对它们提供救助。在20世纪，加拿大也拒绝对陷入困境的州政府实施救助，而拒绝救助并未导致州政府破产。与此相对比，在20世纪80年代末，阿根廷对负债累累的州政府予以救助，十年之后差不多是相同的州政府导致国家累积了大量债务，进而引发了1998年的著名危机，以及2002年1月的主权债务违约。类似的现象也出现在巴西，很有意思的是也出现在德国。自20世纪80年代以来，德国联邦政府持续救助一些市州（Länder），如不来梅市和萨尔地区（Land of Sarre），但救助未能阻止其预算超支，实际的结果正好相反，这些市州对德国联邦政府的过度负债应负主要责任。[27]这种松懈的信贷约束也部分导致了欧洲《稳定与增长公约》丧失公信力，因为德国和法国力主修改该公约以避免支付罚金。

希腊：两头受苦

随着2015年7月5日希腊全民公投说不，以及随后各方紧张的磋商，欧洲政策制定者们终于可以松一口气。希腊设法继续留在了欧元区，并接受了"三驾马车"提出的条件（或更严苛的条件，这取决于不同人的看法）。但是，希腊并未就债务进行重组。旅游业是希腊赚取海外收入的主要来源，当游客因安全问题而放弃在北非和近东地区度假时，对希腊来讲，这是一个利好。令欧元区其他国家感到高兴的是，希腊并未因债务的拖累而崩溃。同时，它们也注意到，2015年9月新当选的希腊总理亚历克斯·齐普拉斯（Alex Tsipras），在接受比他在号召全民公投时所谴责的更为苛刻的条件时，态度来了个180度大转变。

在危机爆发五年之后，当支持和反对两个阵营都试图通过平息舆论拖延时间时，欧洲官员仍主要着眼于短期的考虑，而对欧元区的未来仍抱持狭隘的观点。

不考虑欧元区的整体局势，仅就希腊问题而言，相关各方的意见就存在巨大分歧。正如纽约大学经济学教授托马斯·菲利蓬（Thomas Philippon）所强调的："每个人似乎对如何解决希腊经济问题及其大量国家债务都有自己的看法，但这些观点大多是武断的，往往基于不完备或不合逻辑的推理。"[28]

纵使希腊的改革犹豫不决，当然也远远谈不上完备，但对希腊已经开始改革的事实，支持"三驾马车"[29]的阵营却不屑一顾。多年以来，希腊经济于2014年第一次实现了增长。雇员们切身体会到薪水大幅下降，政府也在努力缩减预算赤字，并削减之前过度膨胀的公共部门的规模。[30]这一阵营还拒绝承认，希腊经济复苏放缓不仅源于糟糕的政策，还与其面临的异常严重的经济衰退有关。因为投资者对未来市场需求不确定性的忧虑，以及资产可能被侵占的担心，他们在希腊的投资也搁置了下来。令投资者忧心忡忡的是，政府要么需要偿还沉重的债务，要么需要继续负担公共开支，因此未来可能会对其投资征收惩罚性的高额税收。其结果是，尽管政府试图改革阻碍创造就业的劳动力市场制度，希腊的失业率直到现在仍居高不下（显然，对劳动力市场改革能否持续下去的不确定性阻碍了它充分发挥作用）。尽管希腊政府正在努力支付目前所需的小额债务，一些观察家（虽然不是国际货币基金组织）仍继续否定债务减免的想法（多亏早期的债务重组方案，希腊的偿还期限非常长，真正的偿还时间从2022年才开始）。

反对"三驾马车"的人则拒绝承认希腊已从大量援助中受益，[31]并且在呼吁对希腊进行债务减免时，也未提出任何真正的经济改革措施。迄今为止，一系列改革措施仍停留在纸面上，未能得到落地实施。对富人实施税收优惠政策,对领取薪水的雇员(他们无法逃税)和无薪个体(他们几乎不纳税)不平等对待,希腊政府的这些做法已经广受批评,但改变却微乎其微。在开放市场方面,除采取了一些象征性的举措(诸如放宽药店的营业时间)外,政府所做的努力非常有限。在此方面,政府仍有许多可为但未为之事。类似地,尽管已经取得了有限的进步,但政府仍试图抑制私人企业的发展。国际比较显示,希腊法院在执行合同的有效性或者在营商便利度方面的排名非常低。在某些部门(如公共交通部门),终止集体劳动协议并立法鼓励在公司层面达成合同而不是在分支工会层面谈判意义重大,但这样的决策仍可能被推翻。总的来说,希腊执政党历来有推翻前任政府政策的传统,而这对国家并无好处。

同时,反对"三驾马车"的阵营并不认同在一定程度上整顿公共财政(或者如该阵营所称的"财政紧缩政策")不可避免。正如在2007—2015年任国际货币基金组织首席经济学家的奥利维尔·布兰查德指出的:

> 早在2010年"三驾马车"救助计划形成之前,希腊的债务就已经达到3000亿欧元,占GDP的130%,而财政赤字则达到360亿欧元,占GDP的15.5%。债务规模以每年12%的速度攀升,这显然不可持续。如果仅靠希腊一己之力,根本无法筹措到借款。考虑到总融资需求占GDP的20%—25%,希腊将不得不缩减同等规模的预算赤字。即使其债务全部违约,考虑到其基本财政赤字占GDP的比例超过10%,希腊将不得不在短期内削减占GDP 10%的预算赤字。相比允许希腊用5年时间获得基本预算平衡,这样的方案将需要希腊做出更大的调整,并带来更高的社会成本。[32]

通过要求取消债务并发行等量的布雷迪债券（Brady bonds），[33] 反"三驾马车"阵营（正确地）质疑希腊政府不需要付出巨大社会成本就能还款的能力。但是，与20世纪80年代商业银行作为债权人在拉丁美洲国家遭遇的债务违约不同，这一阵营没有考虑到在希腊债务重组后，欧元区国家并不能与希腊脱离干系。这些国家的福利与希腊的命运紧密相连，希腊债务的重组并不必然结束它们与希腊的财务联系。虽然我认为希腊的债务不可持续，并且很可能对其未来产生深远影响，但现实远比简单免除债务的提议复杂得多。

没有赢家的对抗

希腊债务危机有很多值得关注的地方。首先是经济绩效。短期内，希腊的投资可能不会恢复，其原因在于银行的资产负债表已被企业的非生产性贷款、抵押贷款及政府债券拖累。银行需要资本重组（欧洲央行已经开始坚持这一点），才能为生产性投资提供资金。而且，国外投资者对希腊的信任需要重新建立。

外部侵入性的干预也不一定就能奏效。审视对希腊私有化的要求，我们可能会认同公共资产不应该交由统治精英来管理。但是，廉价出售资产既无助于希腊政府，间接来讲，肯定也无助于债权人。手持现金的国内买家很稀缺，国外买家则担心政府为了满足当地利益集团的诉求，或者为了筹措偿还债务的资金，出台侵吞其投资的政策，因此只愿意出较低的价格购买。这里再一次说明，缺乏长期清晰的计划将会产生深远影响。

第二个不确定性是欧洲内部的关系。欧盟开创者们本想把欧盟内部民族间的和谐关系作为促进整个欧洲大陆和平的一种手段，但这种关系正趋于恶化。随着葡萄牙、爱尔兰、意大利和西班牙经济状况的好转,"欧猪五国"(PIIGS)[34]这一侮辱性称呼已被摘掉,但我们正在目睹古老而又陈旧的狭隘民族主义思想的复活,特别是在德国和希腊。左翼民粹主义,尤其是反对欧洲一体化的右翼,正得到越来越多选民的支持。

协议也越来越多地依靠威胁达成。2015年7月的政治角力就是一个例证。位于一方的是希腊政府,它以希腊脱欧(Grexit)作为威胁。希腊脱欧可能带来的风险是,巴尔干半岛地区的欧元区国家面临地缘政治巨变,希腊出现债务违约(这在一定程度上注定会发生,但相关国家更希望因希腊选举而推迟确认其债务违约),且希腊可能发生的任何问题都需要有人担责。位于另一方的是赢得短期"胜利"的欧洲其他国家,它们的想法是要给民粹主义运动传递一个天下没有免费午餐的信息,并强调希腊脱欧将给希腊人民带来的潜在的人道主义危机和经济后果。希腊人深知,重新使用贬值的德拉马克(尽管货币贬值并非世界末日)需要处理一系列复杂的法律问题,以及面对进一步的资本外逃、平衡预算、接受制裁、遭受另一次短期生产力下降、应对日益加剧的不平等问题。同时,在强大的民粹主义政党压力下,还可能丧失欧盟法律体系(acquis communautaire)[35]中赋予的部分权利。与最初没加入欧元区之时相比,加入后再退出,面临的局面明显不同。

两个极端场景:希腊脱欧与"三驾马车"在雅典的固守

在2015年全民公投之前,媒体对希腊离开欧元区甚至欧盟的可能性做了大肆报道,甚至在公投开始前不久,希腊财政部长就拟定了一份脱离欧元区的应急计划,德国同行称之为"临时性"的希腊脱欧计划。

希腊脱欧的好处是能够快速恢复竞争力,德拉马克随后的贬值将使希腊商品和服务更加便宜,而进口商品更为昂贵,这将激活经济并增加就业。然而,正如我前面所说,退出欧元区对希腊国民来讲可谓代价高昂,而不仅局限于购买力下降带来的损失。首先,脱欧会导致希腊政府和银行违约,因为它们在使用贬值的本国货币偿还以欧元计价的债务时会面临麻烦。为此,希腊政府将不得不用本币重新计算其银行债务(和资产)及合同金额。2001年,阿根廷就采取了这一办法,将其称为"比索化",其实这本质上就是违约的代名词,既避免不了国际制裁,也避免不了国家声誉的额外损失。如果脱欧,希腊短期内将无法从外国贷款人那里获得借贷,而且必须立即平衡财政预算,另外还要损失每年从欧盟获得的 50 亿欧元结构性基金的财务支持。自 1981 年加入欧盟起,希腊就一直是欧盟基金的主要受益者。近年来,欧洲已逐渐成为希腊的主要债权人,如果希腊不偿还贷款,那么欧盟就有理由扣押结构性基金。最终,希腊本已较严重的居民收入不平等问题将进一步激化。那些在海外投资的希腊人将因本国货币的贬值而变得更加富有,普通民众则会眼睁睁地看着自己的购买力大幅下降。要降低这种不平等程度,需要更严厉的财政管理制度。

对于危机传染的可能性,也就是希腊债务危机扩散到欧洲其他国家的可能性,各方持有不同意见。但这种传染肯定不会由交叉敞口导致:在 2011 年实施第一次救助时,希腊违约意味着给德国银行业和(特别是)法国银行业带来巨大损失。但截至 2015 年,欧洲银行业在希腊已经没有多少资产。相反,对危机传染可能性的意见分歧集中在希腊脱欧对其他脆弱国家的影响上。其中阵营的一边认为,由于离开欧元区不再是禁忌,金融市场将会出现恐慌。类似观点的一个更有趣的说法是,金融市场已经知道欧元区将不再为其成员国的债务提供保险。其实,从 2012 年持有希腊债权的私人债权人要自己承担损失,[36] 到 2013 年没有存款保险的塞浦路斯储户也要自担损失,这一点早已开始显现。与此相对,阵营的另一边则认为,离开欧元区将使希腊付出巨大代价,这有助于削弱利用反欧情绪的欧洲南部国家的民粹主义运动。他们还补充指出，与希腊谈判时的坚定态度让那些做出更大改革努力的国家受益，或者让那些没有从救助希腊行动中受益的国家获益（如西班牙、葡萄牙、爱尔兰和东欧国家）。在要求对希腊予以严肃处理方面，这些国家显然都是德国的盟友。

希腊脱欧是一个冒险选择，但一如既往逃避不了风险。拖延时间固然可以，但为了避免最终走向灭亡，政治家应当反思欧元区面临的重大挑战。无论持有什么意见，至少应在以下几点上达成共识：

1. 未来30年，"三驾马车"不应再与希腊共同管理其政府债务。希腊的债务是其国民生产总值的180%，其中很大部分由国外投资者持有，对于财政能力有限的希腊政府来说，其债务负担非常沉重。得益于2010年和2012年的债务重组，这些债务的期限长（大约是其他国家债务还款期限的两倍）利率低，要到2022年才开始大规模偿还，而且需要很多年才还清。我们能想象"三驾马车"如此长期介入吗？希腊的全民公投以及民众的不满已经说明了一切。此外，寻求国际货币基金组织的救助一般是为了重建信誉，并解决短期流动性问题，但民主机制决定了国际货币基金组织的干预注定是临时性的。

2. 在希腊，只要缺乏长期确定性，投资（以及就业）就几乎不可能有恢复的机会。

3. 纵然我们不得不承认在协议中明确界定改革的性质非常困难，但推进改革总比实行经济紧缩政策要好。

4. 债务减免是必要的，但只是提供临时喘息的空间而已，进一步的债务减免很可能在日后被提出。

5. 团结与担当相辅相成，欧洲需要更多的团结，也需要更多的担当。

6. 团结一致是一个政治决策。欧洲央行的作用是以逆经济周期（也就是在衰退或衰退威胁时）的方式提供流动性和及时的援助以阻止问题扩散，但没有义务仅仅因为一个未经选举的机构比议会更容易做到这一点，就为陷入困境的国家长期提供帮助。否则，欧洲央行（不可或缺）的独立性将会丧失。政治家们应该肩负起应有的责任。

7.通过提供流动性，欧洲央行为欧元区走出困境提供了时间和机会。但是，仅靠欧洲央行并不能解决造成困境的根本问题。各成员国必须利用欧洲央行给予的喘息契机，依靠自己或集体的努力实施制度改革。

欧盟和欧元区当下有什么选择？

在管理战后潜在危险方面，欧盟创立者可谓高瞻远瞩。早在1957年，他们就动员了足够的政治支持，创建了一个跨国别的共同体。如今，我们再一次需要远见卓识。就欧元区来讲，（简而言之）有两种选择：现行策略是以完善《马斯特里赫特条约》为基础，但这一选择不能提供自动稳定机制，比如共享财政预算（意味着部分或完全的税收共享）、共同存款及失业保险，以及有连带责任的借贷等，这些举措都有助于让陷入困境的成员国稳定经济。由此可见，这个策略意味着非常有限的风险共担。

另一个同时也是更具野心的策略是实行联邦制，这也意味着更大程度的风险共担。2012年成立的银行业联盟[37]就是联邦制的雏形。如果伴以存款保险保障欧元区内银行的普通储户的存款安全（当然这些银行本身要受到集中监控），那么对欧盟成员国（不再监管本国银行）来讲，这将是迈向有限道德风险下风险共担的一大步。尽管在这个问题上意见各异，但如果操作得当，银行业联盟的确是一个重大变革。很明显，欧洲银行监管仍处于初级阶段，还必须证明其独立于各成员国和银行部门。此外，银行监管的某些特性（尤其是在政治争论和媒体报道中较少涉及）有力地推进了通过创设银行业联盟促使成员国让渡主权，但要想真正建立一个联邦制的欧洲，还缺少其他众多举措。由此可见，民众能否轻易地接受进一步推进欧洲联邦制的措施很难预料。

我怀疑，欧洲人民及其领导者们是否完全意识到让其中任一种方案发挥作用所需满足的条件——人们不可能既拥有更多的国家主权，同时又让其他国家分担更大的风险。这是问题的核心所在。

方案一：完善《马斯特里赫特条约》

《马斯特里赫特条约》侵蚀了成员国的主权，但仅限于监督欧元区的政府债务和财政赤字而已。[38] 理论上，该条约排除了救助的可能性，但实际上，当一个成员国陷入困境时，欧元区其他国家往往选择手挽手团结起来。正如我们讨论过的，这种团结一致的动机也许是源于金融利益，也许是出于对陷入困境国家的同情，又或许是担心不救助会引发地缘政治影响。不管出于何种动机，这种非计划性（或事后）的团结共渡必然有其局限性，正如德国财政刺激计划出台后马上引发了关于谁是受益者、谁是受损者的激烈争论。

这种有限的团结自然提出了一个问题：为什么不能创立一种正式的成员国互救机制呢？一种方案是共同发债，同时共同承担连带责任，因此如果某个成员国违约，其债务将由其他国家连带承担。然而，正如我在最近一篇文章[39]中指出的，尽管经济健康的国家总会在救援行动开始后表达团结一致的想法，但在此之前，它们却没有互相帮助的动机。也就是说，如果一个国家面临风险，其他成员国更愿意在该国出现危机后才做出各自的贡献，但在此之前它们没有兴趣向其提供帮助，因为面临风险的国家只有靠借入更多资金，才能偿还其接受救助的成本。

《马斯特里赫特条约》的阿喀琉斯之踵是财政赤字管理。正如我们已经看到的，财政赤字管理在经济上并不令人满意，但这也是欧盟缺乏提前干预的政治意愿导致的结果，要知道只有提前干预，实施严格的财政政策的成本才最低。虽然在财政预算政策中引入外部监督的"双重监管"（two-pack）改革已取得一些进步，但其效果仍有待进一步检验。如果一个国家拒绝遵守规则，那么很难明确谁有权力强迫其执行这些规则。

鉴于依靠政治进程几乎不可能得到预期结果，继续完善《马斯特里赫特条约》就需要建立一个高度专业化且独立的财政委员会，在出现不可持续的财政赤字时进行干预，但财政委员会不会对某一国家是否应减少开支或增加税收给出建议，也不会就其开支与收入的合适构成比例给出建议。最近的一项创新是在成员国引入类似于美国国会预算办公室（一些欧洲国家如德国、瑞典已经有这种机构）的独立财政委员会。专家们[40]的独立评估对于甄别一些反常现象很有帮助。例如，多数政府都对未来的经济增长做出了系统性乐观预测，由此导致高估了未来税收收入，低估了社会项目的公共支出成本（如失业救济），因而使预算中的这些支出项目看起来并不高。有时候，具有独立地位的财政机构拥有更广泛的权力，例如瑞典财政政策委员会有权评估政府政策的效果及其可行性。[41]

与2011年欧盟成员国组建的国家财政委员会不同的是，这个财政委员会必须是欧洲层面的（归根结底，基本问题是如何在欧盟与成员国之间搭建起具有上通下达作用的"机构"），而且能够要求成员国立刻采取整改举措。此外，既然在一个国家已经陷入财政困境时再对其实施金融制裁并不明智，就必须采取其他措施，尽管这样会加剧民众对欧盟干预合理性和国家主权受到侵犯的担忧。目前来看，现有的固守国家主权的冲动与完善《马斯特里赫特条约》的要求两者之间相互矛盾。

综上所述，无论2011年引入的独立的财政委员会多么振奋人心，我们都不应期待奇迹。不幸的是，尽管欧洲财政委员会的使命是代表整个欧洲而非某国的利益，但委员会的成员是由相关成员国的公民组成的。最重要的是，当一个国家对财政委员会发出的警告置之不理时，委员会也别无他法，这种情形远不只是一种理论上的可能性。

方案二：实行联邦制

共担更多风险

自18世纪末的美国开始，为了解决联邦成员出现的经济问题，许多国家采取了提高联邦政府的举债能力，以及建立联邦成员之间系统性的财政转移支付机制等应对策略。相比欧盟国家目前的状况，联邦制不可避免地意味着在更大范围内实现风险共担。完全一体化将使欧元区国家对其他成员国的债务承担共同偿付责任，其操作方式是联合发行欧元债券，也就是由欧元区成员国共同发行债券，债务的偿还也由各国共同担保。联合预算、共担失业保险和存款保险也可以起到自动稳定器的作用，并为暂时陷入困境的国家提供更多保护。例如，所得税（不仅因为它是一项累进税）的主要作用是实现富裕地区向贫困地区的转移支付，而这些贫困地区的支出（退休金、医疗保健等）与富裕地区大致相同。

联邦国家需要的风险共担机制的现实重要性经常受到质疑。在美国这样的联邦国家，这种机制在稳定经济方面的实际作用似乎比较有限，还不如金融市场带来的稳定作用显著，即个人和企业通过跨州开展证券组合多元化投资。[42]但无论如何，风险共担机制可以让不救助政策变得更加可信。回想一下，自1840年以来，美国联邦政府不再救助州政府：稳定器的存在或许减少了为经济表现差而寻找借口的行为。

联邦制的前提条件

实现联邦制要求成员国必须满足两个前提条件：首先，每一份保险合同都应在"无知之幕"之下签署。就好比如果你怀疑我的屋顶明天可能坍塌，你就不会向我出售保险。这也是欧洲北部国家不愿接受更大程度风险分担的原因。对于欧洲南部与北部在风险分担程度上的不对称性，可以通过对历史遗留下来的问题加以识别和区分，并予以适当处理来纠正。虽然这样做比较复杂，但这个问题是可以解决的。例如，在引入欧盟体系的存款保险制度时，处于困境中的银行持有的问题资产可以移交给每个成员国设立的坏账托收银行来处置。

第二个也是更为基础的条件是，朝夕相处的成员国需要建立约束道德风险的共同规则，这些规则应涉及可能导致一国寻求外部帮助的潜在管理不善的领域。我们已经知道，银行监管不应在国家层面实施，否则，银行部门和政治家们将对监管过程施加很大影响。建立共同失业保险体系更为复杂。在欧元区国家，失业率仅部分由经济周期决定，而经济周期本身就足以证明在各国间建立共同保险机制的合理性。除此之外，失业率还取决于政府在工作保护、积极的劳动力市场政策、对社会保障的贡献、职业培训计划、集体谈判及职业保护等方面的选择。在同一个风险分担体系中，失业率为5%的国家并不希望与失业率为20%的国家为伍。类似问题在养老金和法律体系中也存在。然而，许多欧洲人，甚至包括一些自称联邦主义者的人，仍然反对放弃更多主权的理念。

如果仅仅是创建一个被赋予更多权力的欧洲议会，联邦制还不能在更大程度和更大范围内被接受。首先，必须就共同法律和法规的基础达成一致，正如欧洲一体化计划推进初期那样，只不过当时采取了更温和的方式而已；其后，再逐步建立欧盟法律体系。那些经历过痛苦政治改革的国家可能会担心本国已建立的法律体系将被逐渐废除。一般来说，每个成员国都会担心自上而下的"政治欧洲"存在的契约不完备性可能导致其结果与目标的距离比现在还要大。在我们踏上这条路之前，每个人都应该想清楚联邦制的后果。

团结的有限性

联邦制有时并不仅仅是联邦内部各个地区之间的保险政策。换言之，地区之间的转移支付可能更多是结构性的，而非视条件而定。在美国，加利福尼亚、纽约等富裕州对阿拉巴马、路易斯安那等贫困州给予了系统性的、大额的补贴。在过去20年里，新墨西哥州、密西西比州、西弗吉尼亚州通过这种方式获得的补贴平均超过其GDP的10%。目前，波多黎各从美国其他州获得的补贴占其GDP的30%。德国在各个市州之间也进行了大规模、定期的财政转移支付，保证这些地区的每个居民都能获得大致相同的数额；意大利由北部向南部地区转移支付；英国由南部向北部转移支付；西班牙则由加泰罗尼亚向其余地区提供转移支付；在比利时，佛兰德斯地区转移资金给瓦隆地区（Wallonia），而过去则通常由瓦隆地区向佛兰德斯地区转移资金。

最终，一切都依赖于富裕地区是否愿意向贫困地区提供资金。然而，我们尚未完全理解这种资金转移意愿到底由什么决定。显然，共同的语言和民族主义情感促进了意大利转移支付的单向流动。同样可以说，西班牙加泰罗尼亚和比利时佛兰德斯的激进分裂运动与其在文化和语言上的距离感不无关系。一般来说，在同质性社区，福利国家制度通常更容易建立。[43] 这一在地区政府成立的结论，在国家和国际层面亦成立。无论这样的结果是好还是坏，当受益者在文化、语言、宗教、种族上更为接近时，再分配机制更容易被付出者接受。

如今

我们事前很难预测欧洲将采取什么样的途径解决其问题。或许是对《马斯特里赫特条约》做出修正，同时借助银行业联盟的模式，推进更为特定的但肯定也更为有限的一体化。但是，如果欧洲人想成为一个大家庭，就必须接受让渡更多主权的理念。在狂热的民族主义情绪日益高涨的时代，要想实现这一目标，我们必须重塑欧洲理想，并紧密团结在这一理想下。当然，这绝非易事。

第十一章　金融有何用？

在整个经济学领域，很少有学科像金融学这样激起了如此多的情绪反应。自2008年金融危机以来，批评它的队伍空前壮大，其捍卫者则已经潮退。每个人都承认，金融仍是发达国家经济发展的主要驱动力。但这是好事还是坏事？要想回答这个问题，我们首先需要了解金融的内涵、用途以及金融的失调和它的监管。经济学家的作用是帮助减少市场失灵的发生，为此，在阐述金融在社会中的重要性之后，我将用本章的大部分篇幅阐明金融何以引发问题，以及政府对此有何可为之处。在下一章，我将探讨金融危机的诊断及危机后的恢复。

金融何用之有？

显然，金融对经济不可或缺，否则我们只要取缔金融就可以摆脱金融危机而无需救助。但毋庸置疑的是，世界上尚无任何国家选择取缔金融。广义而言，金融对借贷者发挥两种功能：首先，金融为家庭、政府和企业（从创业公司到主要的公开上市公司）提供融资，或者帮助其融资。其次，金融为借贷者提供应对不稳定性风险的手段。在此过程中，金融系统还为所有追求财富积累的家庭、企业、政府等提供储蓄产品。

特别要提到的是，金融在消息极不灵通的储户（你和我）与借贷者之间发挥中介作用。直至最近，银行交易在本质上依然是吸收居民储蓄，将其变成贷款，借贷给投资房地产和耐用消费品的其他居民，或者借贷给需要资金来发展或渡过难关的中小企业。传统上，家庭和中小企业只能从银行借贷资金，而大公司可以直接通过市场发行债券进行融资。金融部门将家庭的资金配置给最有前景的企业，从而对现有资金进行分配与再分配，以达到资金的最佳使用。在此意义上，金融体系是经济增长不可或缺的要素。

在此过程中，银行通过转换存贷期限创造流动性。换言之，银行将储户的短期存款转换为长期贷款（尽管很多时候银行还吸收消费者的长期储蓄及向企业发放短期贷款）。为此，银行给予我们随时支取存款的权利，但在我们打算购买房产时，可向我们提供 20 年或 30 年期限的贷款。这样做可能存在隐患：如果银行的所有储户同时提取存款，并且在银行没有充足资金给付时，银行将被迫寻找新的资金来兑现兑付现金存款回报的承诺，比如靠借款或出售资产（为购置房地产提供的贷款和企业贷款）。我在后面会再提到这个问题。

金融同时也为企业、家庭和政府提供保险。正如保险公司为我们提供车祸、火灾、工伤及身故保险一样，银行、保险与再保险公司也为企业提供相关保险，保护企业免受威胁其发展乃至生存的事件的影响。例如，欧洲空客公司的收入主要以美元计，但仍有部分开支以欧元结算；如果美元突然下跌，它的经营活动就可能遭受损害。为此，空客公司可以运用被称为"外汇掉期"（foreign exchange swap）的金融工具为自己投保，以免受美元与欧元汇率波动的影响。[1]

与此类似的是，银行经常受到利率波动的影响。银行的一般操作模式是短期借入、长期借出，如果利率上升的话，银行成本就会立即增加，但其大部分收入仍保持不变（向企业和家庭放贷的利率通常设定为固定的名义利率，不会随着市场利率的波动而变化）。当然，银行可使用被称作"利率掉期"（interest rate swap）的金融工具抵御这类风险。最后一个例子：如果企业的主要客户或供应商面临财务困境，企业自身也会受到不利影响，此时，该企业可以购买被称为"信用违约掉期"（credit default swap，CDS）的金融工具来避免损失。其背后的机制是，一旦此类不利情形发生，CDS 将为企业带来收益。以上皆为金融衍生产品的例子，即金融产品的价值取决于其他因素的变动，譬如汇率、利率或者公司破产等。许多衍生品为经济主体提供了对冲风险的手段，从这个角度看，金融对社会是有益的。

如今，银行和其他金融中介机构的经营活动比过去复杂得多。对社会而言，金融系统崩溃的代价总是高昂的，但从 2008 年金融危机以来，金融系统整体上已开始受到非常严格的监管。那么，过去究竟发生了什么？

有用产品何以变成有害产品？

为说明金融如何可能变得有害，下面列举两个在 2008 年金融危机中发挥主要作用的例子：衍生产品和证券化资产。为什么这些原则上有益的产品却变成了危机的元凶？答案在于信息不对称，就像本书许多其他例子一样；同时也与外部性有关，因为这些产品可能会给第三方（如纳税人和投资者）造成损失。

衍生产品的危险

正如我们将在下一章详细探讨的那样，衍生产品严重伤害了金融行业。这里举一个法国公共部门购买有害产品的例子。在法国，大约有1500个地方机构（公社、部门、医院）从德克夏（Dexia，发放有害贷款的专业银行，后来得到比利时和法国政府的紧急救助）这样的金融中介机构得到了有害贷款。[2]

首要的问题是，此类贷款涉及"引诱利率"（teaser rates），即贷款初始利率水平很低，但其后大幅攀升。[3] 难道是这种利率安排本身使这类贷款有害吗？未必。如果地方机构在贷款初期能够储蓄，之后就可偿还利率更高的贷款。但问题是，地方机构通常不会这么做（如果地方机构不打算花掉通过降低初始还款而释放出来的额外资金，那么引诱利率便会失去意义）。实际上，利用引诱利率的好处是可以使地方机构在有高额支出或重大公共部门招聘时，维持虚假的预算平衡表象。

这种机制显然有益于在任的政客，因为在选举中政客们可以说过去的预算是平衡的。至少在暗地里，金融机构与相关政府机构是串通一气的，它们预见到官员们有这种政治需要，并通过延期偿还投其所好，以赢得生意。政客们如此迅速地谴责引诱利率和次级贷款，却频频在自己管辖的地区接受这种延期还款安排。当然，地方政府的账户要受到监管（在法国受地区审计法院 [Court of Accounts] 监管，在美国受州审计长监管），但这种监管通常安排在事后，并且在审计时往往已然晚矣。有些高官也曾提醒法国地方机构防范这类有害贷款，但其警告并非总能得到重视。当然，不存在单一的公共会计（public accounting）方法，[4] 不同国家尝试了各自不同的解决方案，但在我看来，更大的透明度会对此有所帮助。[5]

第二个问题更像传闻，却也颇有启示性。向法国地方公共机构提供的贷款之所以在某种程度上有害，是因为这些贷款与某些变量挂钩，这些变量包括欧元与日元或瑞士法郎[6]的兑换汇率。例如，有500个地方公共机构和医院获得的贷款与瑞士法郎挂钩。换言之，需要偿还的

第十一章 金融有何用？

金额取决于汇率的变动,而非借贷人的财务状况。2015年1月15日,瑞士国家银行宣布汇率不再与欧元挂钩,即不再将欧元的瑞士法郎价格控制在1.2或以下,随后瑞士法郎价格飞涨,结果在欧洲央行的核心利率几乎为零的情况下,地方公共机构不得不以高达40%或50%的利率偿还贷款。

是否如报纸头条新闻所言,"地方机构是金融投机者的牺牲品"呢?既是,也不是。显然,一些金融中介不够谨慎,德克夏银行就是其中最有名的。在设计和发放这样的贷款时,这些金融机构完全明白它们在做什么。这些专业人士(专家)出售的金融产品应该符合社会的利益,而非与其谈判的当选官员的利益。但他们未能履行自己的义务,因此必须承担相应的责任。我们当然很容易想象,没有接受过训练或缺乏经验的政治领导人可能受骗(尽管缺乏经验应该促使其更为谨慎),但我们同样可以推测,在很多情形下,有些地方机构的财政部门与银行之间存在合谋,尤其是那些大而复杂的地方公共机构。[7]

一方面,初始利率低但随后需支付高额还款的做法很容易理解,但另一方面,纵然官员不是金融产品的专家,他们也应明白,日元或瑞士法郎与地方机构面临的风险几乎毫无联系,因此他们根本无法对冲这些风险。无论是否有意为之,地方政府使用衍生产品的目的要么是在短期内粉饰财务账目,要么是制造风险而非消除风险(日元或瑞士法郎指数是纯粹的轮盘赌),抑或两者兼而有之。地方机构唯恐被谴责是在投机,所以当其在金融交易中亏损时,往往猛烈抨击金融机构,而当其从中获利时,又会夸耀自己健全的管理。颇具讽刺意味的是,法国政府竟然为地方机构设立了补偿基金,这等于事后认可了某些银行缺乏谨慎,以及地方政府财政部门有合谋行为或它们无能。

这些地方政府有害贷款的例子既是个别案例——在全球范围内,这些有害贷款仅代表一小部分受损失的资金,即通过衍生品的黑幕操作产生风险而非抵消风险——同时又是有典型意义的代理问题。在绝大多数情况下，金融工程的风险往往由缺乏信息且无法控制风险的第三方承担，其中包括城市居民、银行储户或纳税人。在这些情形下，金融很快会变得功能失调。

衍生产品还造成审慎监管机构与受其监管的银行、保险公司和养老基金之间的信息不对称。场外交易（over-the-counter）[8]产品非常复杂，有时是故意为之。简单来讲，这里的关键问题在于如何区分需要特别加强监管的金融服务与面向专业投资者的金融服务，后者为完全理解其内在交易风险的人所使用，并且不会对小额储户和纳税人的资金构成危害。如果沃伦·巴菲特（Warren Buffet）[9]想对复杂的衍生产品或某家风险企业押注，这并不会引发什么担忧，因为他是在用自己的资金或其他成熟投资者的资金投资。对银行、保险公司、养老基金和金融中介机构实施审慎监管的基本原则是保护弱小投资者，因为这些投资者不了解金融产品的复杂性或其内含的风险，或没有能力监督金融中介的表内表外交易。顾名思义，这类审慎监管也是为了保护公共财政，因为一旦这类金融机构出现问题，往往需要动用公共资金来救助。

再例：证券化

当银行提供30年期限的抵押贷款时，它可以选择将其计入表内。在30年贷款期限内，银行将连续收取所有到期利息和本金。但是，它也可通过向其他银行或投资基金出售该贷款及与之相关的收益权而将其移至表外。在实践中，银行将许多抵押贷款打包，然后以金融证券的形式转售，而这些金融证券的股息源于抵押贷款各不同组成部分的偿付。

银行可选择介于这两种极端做法之间的某种安排，将一部分抵押贷款组合证券化，另一部分则继续留在表内。在银行资产负债表上保留部分贷款（在金融术语中，将部分贷款保留在表内称为"风险共担"[skin in the game]）的作用是敦促银行更加负责，毕竟如果银行知道不能将所有风险都转移给他人，那么它在发放贷款时将更加谨慎小心。换言之，如果证券化贷款组合的发行人知道不用承担后果，[10] 那么他将没有动力去监督其内含贷款的质量。其中的危险在于，发行人可能发放有风险的贷款，并在买家无法知道发行人是否尽职的情况下，通过证券化的方式将其甩掉（尽管发行人不想保留贷款的事实本身已经给买家提供了信号）。事实上，抵押贷款的违约率以高达 20% 的比例增长，不同抵押贷款的违约率也许有所不同，但区别仅在于贷款被证券化的难易程度。[11] 这实乃活生生的道德风险问题。

证券化是一种已被广泛接受的做法，且几乎任何东西都可以被证券化：中小企业贷款、汽车贷款、未偿还的信用卡债务、保险或再保险合约，等等。证券化的目的何在？首先，证券化可以为贷款人提供重新融资的机会，以便他们在其他经济领域投资，并使"呆滞资本"（dead capital）恢复生机成为可能。其次，在风险特别集中于单一贷款人的情况下，证券化可以帮助其分散风险，并减少某一特定贷款的违约风险。由此可见，如果运用谨慎得当，证券化是一种非常有效的工具，但与衍生工具一样，它在危机爆发前的几年已被滥用了。

以前在资产负债表上保留部分贷款的出借人，实际上已开始转移相当大一部分相关风险。[12] 从 1995 年到 2006 年，抵押贷款证券化的比例从 30% 飙升到 80%，而且最重要的是，从 2001 年到 2006 年，次级抵押贷款（即违约风险很高的抵押贷款）的证券化比例从 46% 暴涨到 81%。正如我们已经提到的，出借人不能完全脱身这一点非常重要。如同保险公司只能将部分风险转移给再保险公司那样，贷款发行人也应保留部分风险。而且，证券化程度的显著提高正是在贷款风险不断增大之时（尽管理论和实践都强调，当贷款风险变大因而更容易受到信息不对称影响时，银行应保留更多贷款）。

此外，证券化资产在市场上买卖之前应当进行"认证"。在其他众多机构发生的重大事件中（例如股票市场上首次公开募股），这一认证工作通常都经历了由潜在买家和/或评级机构严格审查的过程。正如我们将在下一章中看到的那样，有时买家购买证券化抵押贷款时并不太担心质量问题，他们设法绕过了审慎资本金要求（对高评级的抵押贷款允许持有较少的银行资本），而且很多AAA级证券（应该是市场上最安全的证券）的违约本身可以证明，评级机构低估了相关风险。[13]

"不把婴儿和洗澡水一起倒掉"带来的挑战

任何金融工具或金融交易本身都无害，但前提是：1）风险为使用金融工具的各方所熟知；2）如果第三方（投资者、担保基金、纳税人等）不知道其风险敞口，就不能通过金融工具或金融交易将其置于风险之中。如果运用得当，金融工具有助于使经济充满活力。就市场失灵和监管问题进行不可避免的技术性辩论，比全盘否定现代金融的成就更有建设性。但不可否认的是，这些金融工具使金融系统的监管变得更加复杂。所谓的"金融创新"往往是绕过规则，并将小额投资者或纳税人暴露于重大且不必要风险之中的伎俩，所以应该消除滥用金融工具的行为。摒弃致使资产证券化或衍生产品走偏的指导原则没有错，但我们需要重新回到经济基本面上来，防止这些做法可能造成的弊端。

投机：神话还是现实？

在经济领域，最大的侮辱莫过于被称为"投机者"。实际上，投机者无非是对金融市场下赌注的人。其实，我们每个人都是投机者，只不过各有各的方式而已。请试试以下实验：你的一位朋友告诉你，由于国际投资者不投资希腊，并拒绝以低利差向希腊政府提供贷款，故此夺去了希腊经济的"氧气"（事实如此）。然后问他，在这种情况下，他是否已经或正在考虑将其储蓄账户上的资产或退休金转换成希腊政府债券。再考虑另一个例子：如果我们购买一所房子，希望在未来将其转售时附近房产价格保持稳定或者升值，那么，我们就是在对一项资产的价格押注，我们正在做的事就是投机。事实上，如果我们有所储蓄，我们所有人（包括个人、企业、金融机构或政府）都会投资，投资的目的至少是保值，甚至希望优化未来的收益（根据我们的风险偏好权衡风险与收益）。

股票市场的作用

让我们暂时离开债务世界，进入权益世界。如果一家公司发行了可交易流通股，该股票并不承诺回报，但会在未来支付不确定数额的股息，那么，这对该公司有何益处？这些未来股息将由股东大会（年度股东大会）根据董事会的建议决定。这种做法可能有下面几种好处：

首先，与债务利息不同的是，支付给股东的款项事先并未明确，所以当公司缺乏现金时，可以有更多回旋余地。在这种情况下，暂时性缺乏现金流不会对公司的生存构成威胁。当然，硬币的另一面是，管理者创造收益的动力会减弱。最终，负债水平（或更确切讲是杠杆率）将取决于公司的预期收入。例如，初创公司前几年的收入通常很有限，所以偿还债务可能会将其扼杀。相比之下，支付常规债息的模式更适合可获得经常性收入且对营利性新投资不抱憧憬的公司（如大品牌烟草公司）。[14]

第二个好处看起来有些像悖论，因为它与这样的事实相关联：对持有人而言，股票比债券的风险大。[15] 至少在不必担心公司可能破产时，公司债券的收益与其业绩无关。与此相对的是，股票对公司业绩高度敏感，这使股票市场分析师更小心地审视股票：管理团队的战略能否最终创造利润，从而产生红利和资本收益？从这个意义上讲，一个公司在股票市场上的价值体现的是市场对公司管理质量的看法。不用说，这是一种"嘈杂"的观点，因为股票市场价值可能受泡沫的影响（正如我们稍后将看到的），并且通常会高度波动。高管们还有可能试图通过策略性地泄露公司信息去推高股价，尤其是短期股价。尽管股价确实存在缺陷，但它是衡量公司业绩的有用指标，有助于评估管理团队的业绩，并影响其任期和可能的报酬（通过授予股票和股票期权的形式）。相比年度财务数据，公司的股票价值是更好的长期绩效衡量指标，而基于当年利润给高管发放薪酬奖金会产生过度的短期行为。

最后，对一家公司的股票进行投资或撤资，虽然完全受个人利益驱使，但也会有利于那些想投资股票市场的储户的利益。当消息灵通的金融市场参与者卖出高估的股票时，股价就会下跌，没有任何消息的小投资者就可能在更接近股票真实价格时购买该股票，譬如通过共同基金渠道购买，从而有可能避免被"宰"。事实证明，这种金融套利是一种有用的投机方式。

有害的投机

然而，不良投机行为也是存在的，其唯一目的和寻租有关，甚至是完完全全的欺诈行径。例如，基于马上要发生的企业并购或法规变更等特权信息的投机行为。这是臭名昭著的内幕交易罪。通过内部消息了解公司未来事件并不意味着任何有价值的洞见——无论如何，这些事实在几天之后就会变成公共信息——因此，利用内部消息买入股票（如果消息是正面的）或卖出股票（如果消息是负面的），无非是以小投资者为代价的个人敛财行为。换句话说，内幕交易非但不能创造经济价值，还会摧毁经济价值，因为它会阻碍小投资者利用其储蓄为有效率的项目提供资金。

内幕交易的另一种变形方式是，得到大额买入订单的经纪人操纵股票价格。经纪人预计该订单将导致相关股票价格上涨，于是抢先为自己购买相关股票（称为"提前交易"[frontrunning]），并在客户订单执行完后将其出售，因此差不多即时就可获得资本收益。毋庸置疑，这样的操作也是违法的（但并不妨碍其发生），并受到金融监管机构的密切监视。例如，这种行为在美国由证券交易委员会监管。但是，仅使用公开信息进行市场操纵是合法的，这正是乔治·索罗斯的所作所为。他在1992年通过卖空英镑让其他投资者相信英镑即将贬值，而事实也的确如此。

除了金融监管机构为保护投资者需要打击各种欺诈行为外，还有一个问题是：通过购买和出售各种资产做盘交易本身是否足以保证市场有效？这是我接下来要探讨的问题。

市场是有效的吗？

不仅仅是2008年的金融危机，所有的金融危机都会引发金融市场和金融市场参与者可能出现非理性的问题。许多现象表明非理性的存在，这些现象有些早已有之，有些最近才出现：股票、期货商品或债券价格快速波动；过去很活跃的金融市场突然冻结；房地产和股市泡沫；汇率和主权债务利差波动；金融机构倒闭。既然如此，经济分析是否应该建立在金融市场代理人是理性的假设之上？

在从经济学家的视角看待这个问题之前，我首先必须强调，经济学家对金融市场效率充满信心的观点至少已经过时了30年。经济学家大多认同理性假设是分析金融市场的起点，但同时认为，要想很好地理解我们观察到的价格波动现象，还需要更丰富的概念框架。目前，泾渭分明的两种极端观点（金融市场要么完全有效，要么完全非理性）已被一种对金融市场运行方式更微妙的观点所取代。这种观点建立在金融泡沫、委托–代理问题、金融恐慌、行为经济学和套利摩擦基础之上。在过去几十年里，这五种方法得到了广泛深入的研究，因此值得在这里多说几句。

金融泡沫

有效市场假说基于这样一种观点，即金融资产的价格反映了其"真实"或"基本"（fundamental）价值，也就是其未来收益按利率贴现后的价值（按术语讲，就是未来收益的"现期贴现值"）。用一个简单的例子即可说明基本价值的概念：假设一种金融证券来年收益是1美元，后年收益是1美元……以此类推，一直到无穷远的未来，并假定有关经济体中的年利率为10%。在本例中，这项资产的基本价值是10美元：如果你有10美元，并按10%的利息回报投资，那么你每年都将收获1美元，并且永远循环下去。[16] 拥有这项金融资产产生的资金流，与拥有并投资10美元到其他账户产生的资金流相同。

有效市场假说的确有些道理：关于企业的坏消息（法院对其做出不利判决、产品技术缺陷被曝光、客户或关键经理流失等）会导致其股价下跌，除非这些坏消息已被市场完全预见，进而已被考虑到企业资产价格之中。关于某国艰难偿还债务的坏消息会扩大新公开发债的利差，并使该国已发行债券的价格下挫。如果你的住处附近将要修建地铁站的消息公布出来，你的房屋价格就会上涨；如果城市规划者宣布，将在你的住处附近建很多新住宅，这会让你家附近的房地产不再稀缺，

第十一章 金融有何用？

你的房屋价格就会下跌。

然而，金融资产的价格不一定与其真实价值相符，一种可能的原因是存在泡沫。当一项金融资产的价值超过其"基本价值"，即超过与持有该资产有关的未来股息、利息、租金或福利的现期贴现值时，就产生了泡沫。在上例中，当资产价格超过 10 美元时，就表明可能存在泡沫。

现实中有许多泡沫的案例。以黄金为例，黄金的价值并不体现于它在医学、电子或牙科方面的用途中。更确切地说，如果对待黄金像对待任何其他原材料一样，并且中央银行和个人持有的金锭都用于工业中，其价格就会低很多。世界上第一枚邮票，即英国黑便士邮票（British Penny Black），售价高达数万英镑，它的"表弟"红便士邮票（Penny Red），售价更是高达约 50 万英镑（世界上仅存 9 枚红便士邮票，在邮局销毁印刷母版之前，只有 1 版邮票进入流通）。无论是在金融还是在美学意义上，这些邮票本身都没有价值（尤其是其货币价值意味着它们通常被藏匿在保险箱里）。即使是毕加索（Picasso）或夏加尔（Chagall）的绘画，也可能被视为泡沫：尽管其美学价值不可否认，并且在这个意义上，这些画为其拥有者产生了"回报"，但利用现代技术，只需几千美元就可复制这种审美价值，而且使用这种技术生产出的复制品用肉眼根本无法与真迹相区分。[17] 由此可见，正是邮票或油画的稀缺性产生了泡沫，并使其达到奇高的价格。目前，虚拟货币为这一现象提供了教科书式的范例。如果某一天市场认定比特币并无价值，譬如投资者对其失去了信心，比特币就将没有任何实际价值，因为与股票或房地产截然不同的是，它本身没有基本价值可言。

股票和房地产也可能产生泡沫，也就是其估值超过其基本价值。2001 年网络泡沫破灭便是一个例证，但幸运的是其后果相对不严重，这主要是因为与 2008 年持有房地产贷款资产的银行不同，互联网股票的持有人并未债台高筑。房地产泡沫非常普遍，正像卡门·莱因哈特和肯尼斯·罗格夫在其著作《这次不一样：800 年金融荒唐史》中指出的那样：[18] 银行和主权违约常常伴随着信贷泡沫，尤其是在房地产行业。

有关金融泡沫的经济学文献早已有之。这些文献的一个分支，研究了在理性经济人的世界里产生资产泡沫的可能性，由此说明非理性并非产生泡沫的先决条件。[19] 在理性投资人的世界里，若金融泡沫能够维持而不破灭，利率一定不能超过经济增长率，[20] 这是因为我们可以证明，泡沫的平均膨胀水平一定等于利率水平（这是因为持有资产的平均收益必须与其他资产持平）。[21] 利率水平高于经济增长率意味着，与实体经济增长相比，此时金融资产呈指数增长，在这种情况下，金融产品购买者无法为其购买行为融资。与此相对的是，长期的低利率助长了资产泡沫的出现。

在微观经济层面，也就是从单个资产角度看，泡沫只能发生在某些具有特定性质的资产上。首先，可用资产的数量必须有限，否则市场会因为高估值而复制出更多该类资产，这样循环往复，资产价格就会下降。毕加索的真迹可能是泡沫资产，但毕加索作品的复制品不可能成为泡沫资产，且其价格水平将保持在接近于制作复制品的成本水平（接近程度取决于高质量复制品市场的竞争程度）。

其次，资产必须有较长的时间跨度。理性泡沫不可能发生在一年期债券上。理性投资者绝不会为了持有而购买价值被高估的资产，因为相比于按市场利率投资其他资产，该投资者会折本。为此，该投资者必须在资产到期前卖掉这个烫手山芋。举个简单的例子，假设某债券仅需在 12 月 1 日最终还款 100 美元（这种债券被称为"零息债券"[zero coupon bonds]），并假设该债券只能在每个月的第一天交易，且市场利率为 0。在 12 月 1 日，本金被偿付后，该债券不再具有价值。在 11 月 1 日，投资者愿意支付 100 美元购买该债券，以便在 12 月 1 日收到 100 美元的现金付款。在 10 月 1 日，投资者愿意为该债券支付 100 美元，以便在 11 月 1 日以 100 美元的价格转售，或者持有至到期日，从而在 12 月 1 日收获 100 美元。以此类推，在到期前的每一天，债券价格均等于其基本价值（这里是 100 美元）。

也有许多研究探讨泡沫产生的条件及其影响。[22] 在此仅以一例说明，[23] 泡沫不仅增加相关资产的价值，还会提高金融系统中的利率水平和整体流动性。此外，只要泡沫不断膨胀，就会抬高持有这些高估值资产的机构的净资产水平，从而使其可以提高杠杆率（通过发行新债）并投资，进而推动经济发展。然而，当泡沫破裂时，通过削减资产价值，泡沫产生逆向"财富效应"，导致持有泡沫资产的机构缺乏资金。如果这些机构深度负债，就会像 2008 年时那样造成经济衰退，但与 2001 年网络泡沫破灭时的情形迥然不同，这正是确保银行不过度投资泡沫资产的理由。有几种方法可避免泡沫。银行监管机构可以要求银行持有更多准备金，以应对高估值资产中泡沫破灭的风险。监管机构也可以限制相关资产的需求（例如，就房地产市场来看，要求以最高贷款价值比的形式支付最低个人首付，或设定借款人每月按揭付款与其收入比例的上限）。

一些重要的实证研究指出金融市场存在泡沫。特别值得一提的是，获得 2013 年诺贝尔经济学奖的罗伯特·希勒（Robert Shiller）一再发出泡沫的警告（却并不总是有人理会）。[24] 但是，发现泡沫绝非易事。目前使用的一种方法（特别是在希勒的开创性工作中），是从泡沫背离基本价值中得到启发。该方法将资产价格与由这些资产衍生出的股息或其他收益进行比较。例如，我们可以将购买房地产资产的成本与租金收入进行比较。当然，业主也许会因为住在自己家中并可按自己意愿随意改变房子结构而使自有住房产生额外价值（相反，有些业主则不喜欢处理这些麻烦）。除此以外，也会有税收方面的考虑。纵然如此，如果价格超过租金的现值，就可能出现泡沫。[25]

为使价格和租金收入可比,原则上需要对未来租金和利率做出假设,以计算未来租金收入的现期贴现值。但在实践中,研究人员往往只看价格与租金之比的演变,这可能颇有启发性。例如,1998年至2006年期间,法国的房价-租金比几乎翻了一番(见图11.1),现在这一比率依然更接近2006年的水平,而不是1998年的水平。事实上,法国现在的房地产价格比德国高,但在2003年之前则是德国房地产价格比法国高。如今,法国的房价-收益比要比德国高25%—30%。因此,监管机构应监控暴露于法国房地产风险之中的金融中介机构的偿付能力。

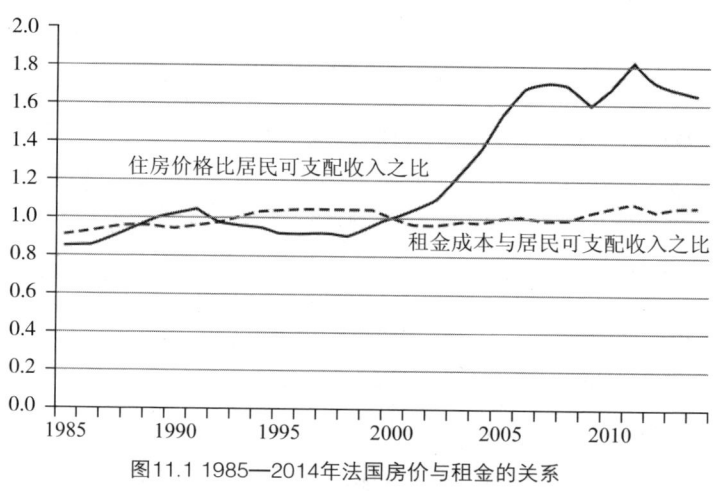

图11.1 1985—2014年法国房价与租金的关系

资料来源:纪尧姆·沙佩勒(Guillaume Chapelle),根据环境与可持续发展理事会提供的数据制图。

就股票而言,我们可以类似地参考市盈率(price-earnings ratio)指标,非常高的市盈率意味着存在泡沫。但依然有许多复杂问题:我们需要判断未来股息(类似于房地产案例中的租金流),以及用于计算未来股息贴现值的利率水平。同样,为简便起见,我们可以将重点集中在价格-股息比上。1981年，罗伯特·希勒注意到，相对于股息（也就是基本价值）的变动，股票价格的波动要大得多，这表明存在随时间变化的泡沫。

代理问题：个人利益与集体利益的分化

第二种考察金融市场效率的视角是区分个体理性与集体理性。经济主体的行为从其自身角度看可能是理性的，但从群体的视角审视则可能是有害的。这一监管经济学里的经典主题已在本书反复出现。

我们来考虑一种由某家银行持有的高风险资产。如果一切进展顺利，该资产将产生高收益，银行股东将会挣一大笔钱。如果进展不顺，该资产将失去部分价值，股东就得不到任何回报，并且银行的债权人，也许还要加上其雇员和借贷人（依赖关系型借贷从银行贷款的中小企业），也将蒙受损失。这是一种影响所有利益相关者的负外部性。此外，如果银行认为在其遇到困难时政府会实施救助，它就可能无视风险继续贷出。在这种情况下，个人利益与集体利益的分化程度更大。有句古老的格言说得好：利润私有化，损失社会化。

依赖纳税人的可能性也可以用来解释某些乍看不合理的行为。在欧元危机之前，希腊政府债券的许多买家明白，希腊并不像德国那样安全，但他们笃信，如果希腊出现问题，德国和欧元区其他国家会驰援救之。自然，他们接受了这些债券赋予的非常低的利率，接近德国国债（Bunds）的当前利率水平。

同样，雷曼兄弟投资银行在2008年倒闭时，其首席执行官理查德·富尔德（Richard Fuld）的行为似乎也很难看出是理性的。当时银行即将崩溃，他却购买了更多的次贷产品。要知道，当时这些产品的危害性已众所周知。同样不合乎逻辑的是，他竟然能继续从金融市场借贷，用于购买这些次贷产品。当然，许多继续借钱给雷曼兄弟公司的投资者都指望联邦政府最终会提供救助防止其倒闭。[26] 保持金融市场继续向雷曼开放，使其能承担更多的风险，希望它在再无可失的时候最后一搏。就好比一支在比赛最后15分钟仍以0∶2落后的足球队，纵然最后可能以0∶4输掉比赛，也甘愿冒各种风险放手一搏；雷曼兄弟公司和每个陷入困境的机构一样，只要有一点渡过难关的可能性，都愿意冒这个风险。但是，对足球比赛来说，除了对球员的"自尊"有所伤害外，以0∶4输掉比赛并无危害。事实上，俱乐部的支持者们还会赞同这种冒险行为。与此相反，银行"孤注一掷"的策略并不完全符合债权人或雇员的利益。

薪酬体系与代理问题有关，它是导致失衡的另一原因。无论是由于高管与薪酬委员会的合谋，还是常常讲的出于吸引和留住人才的愿望，奖金制度都强烈地助长了我们看到的2008年金融危机前的那种短期行为。下一章，我将回到薪酬及其监管问题。

作为个人利益和集体利益分化的最后一个例子，高频交易在从事此类交易的机构层面固然是合理的，但其对社会的价值尚不明确。目前，金融机构在计算和通信基础设施上投入了大量资金，以期能比竞争对手更快地执行订单，哪怕只抢先几分之一秒。计算机能对金融市场信息（例如价格）瞬间做出反应，并抢在竞争对手利用相同信息在不同资产价格间套利前的几毫秒内执行订单。这种交易执行速度产生的社会收益并不明确。目前许多人呼吁，在交易前建立一个等候期，以便在很短的、不确定的延时后再执行买卖订单。此做法将结束这种高频的、具有零和结果的"军备竞赛"。[27]

金融监管旨在消弭个人利益与集体利益的分化，但它也需要面对信息不对称问题。很多领域的经济学文献都探讨了经济学专业所称的"代理问题"，即经济代理人利用信息不对称的能力。各种各样的信息不对称使投资者对基金经理、银行对交易员及审慎监管机构对金融机构和评级机构的监督复杂化。

过度增长的金融业

在金融危机爆发之前,金融的方方面面都在增长。经济学家托马斯·菲利蓬和阿里尔·雷谢夫(Ariell Reshef)研究了金融领域就业的变动情况。[28] 他们特别证明:放松金融监管改变了金融行业的工作岗位构成,这些工作变得高度技能化。但在一定的教育和技能水平下,1990—2006 年的工资仍增加了 50%。1980—2006 年,金融中介在经济中所占的份额迅速扩张,[29] 这一现象在美国和英国尤为突出。金融业的这种过度增长由"太容易"获得的利润所驱动,由此吸引了受过良好教育的人进入该行业。另外,正如我们将在第十二章中看到的那样,政府对冒险行为和(合法地)规避监管行为视而不见,就像对待资产负债表外工具的情形,允许银行在几乎不动用自有资金的情形下投资。当然,纳税人提供的安全网也极大地鼓励了银行的冒险行为,只要冒险行为进展顺利,就会为其带来可观的利润。由此可见,代理人问题是 20 世纪 90 年代和 21 世纪头 10 年金融业过度增长的根源。

金融恐慌

金融市场另一个潜在的失灵之处在于,投资者以某种方式集体行动可能带来负面影响。[30] 在上一章讨论欧洲主权债务危机时,我曾经谈到这个问题。银行挤兑是另一个引人注目的例子(读者可能会想起华特迪士尼的电影《玛丽·波普斯》[Mary Poppins],[31] 这部电影对银行爆发挤兑恐慌的描述幽默而贴切)。

正如前文所述,银行中介的基本特征是期限转换,将短期存款转换为长期贷款。如果所有存款人同时提取存款，银行将被迫清算资产（向企业提供的贷款），以满足存款人的提款要求。如果这些资产的流动性不强，即如果它们不能以公允价值（fair value）尽快转售，[32] 其价格就会下跌，银行随之遭受损失，并可能没有足够的资金偿还存款人。因此，所有存款人都有一种动机：只要还可以做得到，就赶紧从银行提款。这就是所谓的自证预言，在这种情况下，虽然银行是稳固的，但仍然会倒闭：个人理性的累加导致集体非理性。

如今，在被认为濒临倒闭的银行前排队等待提款的人群实际上已经消失。其原因在于：一方面，零售银行现在可以购买存款保险；另一方面，它们可以获得中央银行提供的流动性，从而为其以合理价格出售资产赢得时间。2007 年 9 月，英国的北岩（Northern Rock）银行网点门外排队等候取款的客户震惊了全世界（这是自 1866 以来英国银行第一次出现存款人挤兑的现象）。出现银行挤兑的原因是英国的存款保险制度存在问题：对 2000 英镑以内的存款提供 100% 担保，对其后 3.3 万英镑以下的存款提供 90% 的担保。但问题是，只要存款保险担保低于 100%，哪怕只是一点风吹草动，都可能引发存款人挤兑现象（相比之下，现在欧洲的存款保险覆盖范围为 10 万欧元，在美国为 25 万美元，二者均 100% 担保）。

当今，银行挤兑不再涉及小额（零售）存款人，而是仅关乎存款保险计划未覆盖的大额（批发）存款人，包括企业存款人、富裕家庭及同业拆借市场和货币市场（短期贷款市场）的参与者。事实上，在媒体对小额存款人银行挤兑的关注之外，我们可以看到，北岩银行的问题在于其筹集的四分之三的资金来自批发市场（而不是零售存款），这些资金都没有投保，并且通常都是短期存款，因而容易出现挤兑的情况。

尽管每个国家的保险计划都用于保护小额存款人的存款，但中央银行提供流动性是为了保护银行以应对大额存款提取——尽管不像存款保险那样自动触发。传统上，缺乏流动性的银行可从中央银行借入短期且基于抵押的贷款。在 2008 年的危机中，还有许多其他机制补充了这种传统的提供流动性的方式。后来，借助长期再融资操作（Long Term Refinancing Operations，LTRO），欧元区银行能够从欧洲央行获得更长期限（三年）的再融资，同时欧洲央行还买下了银行持有的政府债券，因为这些债券在二级市场（直接现金交易 [Outright Money Transactions，OMT]）上的风险已变得很大。无论央行如何操作，都是在为银行赢得时间。如果问题仅仅是缺乏流动性，就像银行挤兑时那样，那么银行有更多时间以合理价格出售资产。但如果问题很严重，且问题源于银行资产负债表的质量，就必须采取更严厉的措施改善管理并降低风险。

对于主权债务，通过一种不同的机制，也可能会出现逆向的协调。假设按市场利率（即没有或几乎没有利差），一个国家能够偿还约定的贷款，但是，如果投资者认为这个国家可能违约，他们将理性地要求更高的利率，以补偿相应的风险。其结果是偿还债务的成本增加，这意味着更高的预算赤字、更多的债务和更大的违约风险。反过来，这又可能增加投资者的担忧，他们可能会合理地要求更高的利率……最终结果是可能产生不信任均衡，而非信任均衡。这是个体理性而集体非理性的又一个案例。

向一个国家提供流动性比向银行提供流动性更为复杂，我们也看到在实践中有许多提供流动性的方法。2012 年 7 月 26 日，欧洲央行行长马里奥·德拉吉（Mario Draghi）发表声明："在我们的职责范围内，欧洲央行准备尽一切努力维持欧元稳定。"欧洲央行发挥了在整个欧元区提供流动性的作用。一般来说，一个国家为获得流动性可以求助国际货币基金组织，同时引进其他投资者，而国际货币基金组织反过来对该国的财政施加附带条件。此外,一个国家可以在危机发生前与国际银行财团或国际货币基金组织建立早期信贷额度,而不是在承认问题存在之后再进行操作。

行为金融学

"行为金融学"旨在将认知偏差和其他偏离理性代理人模型的行为纳入金融市场分析之中(在过去 20 年中,将心理学纳入经济分析的行为经济学已得到更广泛的发展)。[33] 在此情况下,需要考虑的不是个人理性与集体非理性之间的分歧,而是更好地理解个人的"非理性"。这里有太多的问题需要详细介绍:过分乐观主义(例如,基金经理总认为自己比同事优秀)、对某类风险的有限关注及与之对应的过度关注[34]、错误的信念(源自对贝叶斯定理的错误理解或其他一些偏差)、厌恶损失、内生道德问题(由于在社会可接受的事情上有回旋的余地),等等。

在这一领域,理论和实证方面的研究均有。从实证结果看,研究人员发现了资产定价中大量的小异常,且这种异常并非总是被"套利":代理人没有注意到某些相关关系或因果关系,或者其资产分类方法过于粗糙。在这里,我们看到理性(代理人是理性的,但要在更深入的分析与进行这种分析的成本之间权衡)和非理性(代理人对金融环境存在误解)之间的微妙区别。

这里只需给出一个理论研究的例子,为此我将提及罗兰·贝纳布(普林斯顿大学教授)对持续否认状态(persistent state of denial)的研究。根据他的观点,持续否认状态对导致次级贷款的集体错觉产生了重要影响。[35] 贝纳布考虑了由高风险和不确定性造成的情绪(如焦虑)因素。例如,人们都宁愿不去想有压力的前景。人们可能会被他或她的情绪误导而忽略真正的危险，纵然这样做要付出错误决定的代价。人类的记忆力和注意力有限并且可塑，这使我们有可能以有偏误的方式更新我们的信念：将接收到的信号编码（将信息进行转换，以便存储到记忆中），选择性地将其忘记，事后合理化，等等。这些假设基于大量的实证研究，它们注意到这样的事实：我们以非对称的方式对待好消息和坏消息，甚至宁愿不知道真相。[36]

贝纳布还系统研究了人与人在经济或社会方面互动的本质如何塑造出一般均衡情形下的思维模式。这种对"群体思维"的分析表明，整个社会都可能陷入一种传染式的对现实的否定。[37] 这些研究结果有助于解释反复出现的企业、制度或政权因集体失明而自毁的情况。这种集体失明是小说（和电影）《大空头：世界末日机器的内幕》（*The Big Short: Inside the Doomsday Machine*）中的核心，而这正是我接下来要探讨的问题。

金融市场中的摩擦

分析的差异。在过去30年里，一个特别活跃的研究领域涉及在信息传播不对称的金融市场上达到"合理"定价的困难。这一研究肇始于乔治·阿克洛夫1970年发表的论文。他和迈克尔·斯宾塞、约瑟夫·斯蒂格利茨因对信息不对称理论的贡献共获2001年诺贝尔奖。简单地讲，我们不愿意——或者说出于自身利益，我们至少不应该——与一个比我们更知情的人交易，除非我们可以从该交易中获得很大收益。不妨假设我向你出售一种金融证券，其真实价值只有我自己知道（我们不经常接触，所以我们之间还未建立起信任）。假定该证券可以相同概率产生50美元或100美元收益，那么你应该支付75美元购买该证券吗？对此问题，你应该用下述方法思考：如果这种证券的真实价值为100

美元，那么我会自己持有，而不是以 75 美元的价格卖给你。如果我愿意以低于 100 美元的价格出售，这本身表明它一定是劣质证券，因而其价值为 50 美元，故你不该为此支付 75 美元。在此例中，证券的价格是 50 美元，因为你知道，只有这种证券的价值低或者说是一种"柠檬品"时，我才会卖给你。假如你不习惯这种推理，它看起来就会很复杂，但专业人员对这种现象很熟悉，不管这种经验是经过推断而得，还是通过痛苦经历才最终学到。[38]

只要市场参与者之间存在信息不对称，金融市场就没有应有的流动性。有时，金融市场甚至完全冻结，我们称之为"有市无价"。准确地说，市场上不再有任何交易，因为唯一可以产生交易的价格不会被卖方接受。正因如此，在 2008 年金融危机期间，短期内许多市场消失了。[39] 广而言之，对金融市场微观结构的研究强调信息摩擦，这种摩擦阻碍了金融市场像有效市场理论预测的那样顺利运行。

对套利的限制。如果市场参与者拥有信息但缺乏必要的金融资源来进行大规模交易，那么市场价格就可能无法正确反映出资产真实价值的信息。有些人也许意识到某些资产的价值被低估或高估，但可能因为资金短缺，他们无法依据这样的信息操作（如果他们这样做，将有助于纠正定价的错误）。当今，我们对"套利限制"的理解有所提高（一般来讲，"套利限制"是因为前文提及的代理问题，这一问题阻止了信息持有者筹集必要的资金，利用价格与真实价值之差套利），但我们对这个问题的了解还有待进一步完善。

这种现象可以在《大空头》一书（和电影）中找到绝佳示例。在此书（和电影）中，一群金融交易员试图"卖空"房地产。他们笃信，那些收益取决于风险抵押贷款偿还情况的金融资产的价值被高估了，且评级机构在给这些资产投资评级时并没有做好工作。所谓卖空某种证券，是指在实际并不拥有的情况下，承诺在未来某个时点（1 个月后、6个月后或任何时间）向交易对方交割一定数量的该种证券。如果该证券的价值在约定时点前下跌，卖方在用资金购买证券兑现承诺时就会获得资本收益，而当前持有价值下跌证券的交易对手则遭受亏损。与之相反，如果该证券的价值上升，卖空者就会赔钱。如果卖空者没有足够资金并且破产，交易对手就不能获得本应获得的利润。因此，如同许多贷款合同一样，在这样的交易合同中，交易对手会要求卖方提供存款担保（deposit collateral），在此称为"保证金"（margin call）。套利者面临的问题是，即使他们的判断是正确的，并且证券的确被高估，他们也并不知道过高的估价何时能得到修正。只要价格修正尚未发生（即只要价格未下跌），交易对手就会不断要求更多的存款抵押补仓，在卖空者的赌注被证明正确之前，他们就耗尽了资金。这就是《大空头》里的情节：套利者对次贷产品的诊断是正确的，但价格修正来得如此缓慢，以至于他们在黎明到来之前就已倒下，并失去了全部投资。[40]

为何监管？

金融监管包含两个部分：规范证券交易和金融市场，以及监督金融机构的偿付能力。这两项监管任务常常由不同的监管机构承担（在美国为证券交易委员会和美联储；在英国为金融行为监管局和审慎监管局）。监管的目的是避免金融市场中的不良行为，以保护投资者免受操纵和欺骗。

另一方面，审慎监管主要关注金融中介机构的偿付能力，其主要目的是保护与金融中介机构（银行、保险公司和养老基金）交易但缺乏信息的债权人（如存款人、投保人和储户）。在政府可能不得不救助陷入困境的金融中介机构（尤其是贝尔斯登 [Bear Stearns] 或苏格兰皇家银行[RBS]等大型金融机构）的意义上，其任务也是保护纳税人的钱。[41]因此，审慎监管机构的主要责任是代表小投资者的利益。[42]

审慎监管的第二个主要职能是限制多米诺效应，即人们所称的"系统性风险"。这种风险针对的是市场恐慌：如果某个金融机构出现问题，当其他机构因向其贷款而损失资金，或当陷入困境的机构在饱和市场以"地板价"（fire-sale prices）出售资产时，该金融机构的倒闭就可能导致危机在市场中蔓延。监管者希望避免商业银行和其他受监管机构的多米诺效应，此监管目标可能与第一个目标一致，但在维持整个金融体系的完整性方面，这个监管目标具有更广泛的意义。当救助没有小额储户的机构（如投资银行）时，也会诉诸这个维护系统稳定性的理由。例如，在2008年，即便没有任何小额储户，金融财团美国国际集团（American International Group，AIG）和投资银行贝尔斯登也得到了美国政府的救助，其原因就在于这些机构的违约可能产生系统性影响。

为了理解金融监管的理念，仔细研究一个早期国际监管框架是有益的，尽管这个框架已经被取代。20世纪80年代，国际社会试图限制各国竞相降低监管门槛的行为。这些国家通过降低监管门槛，使银行在不具备充足的自有权益的情况下，或通过过度负债的方式，在国际市场上迅速扩张。对于零售银行（也称为"商业银行"），源于1988年《巴塞尔协议》（称为《巴塞尔协议Ⅰ》）的监管条例要求，每家银行都要拥有足够的资本金（即自有权益），使其有能力承担损失风险。这一最低权益资本金数量的要求在世界各国得到了统一采纳。

有关银行资本化的规则只能是综合权衡的结果。一方面，银行必须保有充足的资本金，以确保小额储蓄者（或更多的是纳税人）在银行遭受损失时免遭伤害；另一方面，过于严厉的权益标准可能造成信贷稀缺，妨碍金融中介机构履行其经济使命：比如，银行应为企业（尤其是中小企业)提供融资,以便它们能够投资,并为企业和市场提供流动性。

更严格的监管要求监测"影子"金融的发展(理论上,这类业务既无获得存款保险的权利,也无获得央行流动性的权利)。将经营活动从受监管的银行业务中剥离(我们目前看到的是中国的"影子银行")很可能在未来引发问题,正如我们将要看到的2008年五大投资银行(雷曼兄弟、贝尔斯登、美林、高盛和摩根士丹利)的情形。这几家投行总共受到六个人的监管。

表11.1为一家零售银行极其简化的资产负债表。这家银行主要从事的是在资产端向个人和中小企业提供贷款、在负债端吸收存款等传统经营活动。

第一项有关最低审慎标准的国际协议,也就是上文所述的《巴塞尔协议I》,侧重于违约风险,要求银行贷款业务有充足的自有资金(权益资本)备用,其具体金额取决于贷款的风险水平。

表11.1 传统零售银行简化资产负债表

资产	负债
小企业贷款	自有资金 (普通股股本、留存收益)
居民抵押贷款	补充资本:普通贷款损失储备金、混合债务账户资金(二级);次级债务、可转换债券、优先股
其他资产 (货币市场贷款、金融市场投资)	未保险存款(比如,超过10万欧元的个人存款、小企业存款、货币市场借款)
安全资产 (国债、政府贷款等)	保险存款 (比如,不高于10万欧元的个人存款)

注:为计算资产负债表右侧所需的资本,这里将"基本"或"一级"(普通股加上未分配利润)资本与"补充"或"二级"资本(相对稳定的银行债务,如长期次级债务或混合证券)进行区分。一级资本应占资本总额的至少一半(即至少占加权资产价值的4%)。

例如，安全贷款（如持有国债）无须持有任何资本金为其抵押，而向私营企业提供的贷款必须以 1 美元贷款对应 8 美分的权益资本作为担保。推而广之，银行的每类资产都被赋予介于 0 到 1 之间的权重：权重 0.2 对应于向地方政府或其他银行提供的相对安全的贷款，权重 0.5 对应于以财产担保的抵押贷款，[43] 权重 1 则对应于商业贷款和其他高风险证券。以这种方式按风险加权，银行必须持有的准备金总额至少要占其负债总额的 8%。因此，假如向地方政府提供 1 美元的贷款，就必须有 1.6 美分的资本作为准备金。

然而，监管者们知道，这种机制对于理解银行风险还存在重大局限性：资本金要求并未根据贷款业务的质量（如贷款评级）做出区分，这些规则也未涉及可动用的流动性情况，资本金要求还忽略了市场风险，以及市场之间的相关性。事实上，计算资本金要求的公式是简单相加的：总的资本金要求只是每笔贷款所需资本金的简单叠加，并未考虑风险之间的相关性（这些相关性通常源于宏观经济因素，如利率、汇率、交易对手、房地产价格等的变动）。这些风险是相互抵消还是相互增强呢？忽视这一问题会激励银行持有相关头寸，从而使其资产负债表风险增大，尤其在它已经陷入困境的时候。[44]

在国际层面，20 世纪 90 年代酝酿了另一套监管规则（《巴塞尔协议 II》），并于 2007 开始执行。制定新的银行监管规则的目的是更精确地测度风险。首先，新规则允许银行根据各种金融资产的质量，结合经过认证的评级机构的评级，调整其必须持有的资本金。[45] 同理，《巴塞尔协议 II》启用了"按市值计价"（mark-to-market）的价值标准，也就是用同类资产在流动性充足的市场中交易的价值衡量某些银行资产的现值（传统的"历史成本"会计法以购买价值计算，除非发生非常严重的事件——通常是在借款人违约时——否则不会修改这一数值）。

最后,《巴塞尔协议Ⅱ》准许(大型)银行使用监管机构批准的内部模型测算其总风险及相应的资本金要求,这样就可以使监管机构在红灯亮起时进行干预,譬如要求银行筹措更多资金或限制某些活动。这种监管者和受监管银行之间的结构性对话是在所谓的"第二类支柱"("第一类支柱"为资本金要求,按前文所述的方法修正)的框架内进行的。最后,"第三类支柱"增加了银行经营活动对市场的透明度,从而依靠市场的力量限制贷款流向脆弱的银行(当然,如果参与者预期银行将得到政府的救助,即相当于向银行提供的贷款被间接担保,这种市场监控就不能发挥作用)。

　　从《巴塞尔协议Ⅰ》到《巴塞尔协议Ⅱ》的过渡说明了在机械性的规则与更大的灵活性之间进行抉择所面临的经典困境。《巴塞尔协议Ⅰ》建立了一套机械性的准备金要求,这些要求往往脱离经济现实,但《巴塞尔协议Ⅰ》的这种刚性要求限制了操纵的可能性。《巴塞尔协议Ⅱ》允许银行有更大的灵活性,如果其评估过程是健全的,银行就可以更好地评估风险,但需要在更严格的监督下才能奏效。毕竟,内部模型即使得到银行监管机构的验证,也会给不太谨慎的银行带来操作自由度。银行拥有独家信息,可以向监管者隐瞒其面临的真实风险。同样,只有在评级机构不与行业合谋从而导致评级膨胀的情况下,广泛使用的评级机制才能发挥作用。

　　经济理论提出了一些常识性规则。任何监管灵活性的增加都必须相应地让评估者(评级机构、监管机构)和被评估实体(银行)之间保持更远的距离。更大的灵活性提升了监管对象的潜在利益,从而增大了监管机构的压力或与之合谋的危险。反过来,如果担心监督和评估的可信性,我们就只好回到刚性规则。[46]

第十二章　2008 年金融危机

> 太可怕了。为什么没有人预见到它的到来?
>
> ——英国女王伊丽莎白二世[1]

2008 年的金融危机对经济产出和就业产生了持久的影响。尽管当前美国的经济增长已恢复正常,失业率已降至 5%,经济信心也得以恢复,但经济产出花了很多年才恢复到危机前的水平。对欧洲来讲,众所周知的是,除了面临金融危机及其他困境外,欧洲南部国家还陷入了大规模失业的复杂经济状况。这场危机也给公共财政带来了沉重负担,削弱了各国政府未来干预危机的能力。

2007 年 8 月 9 日是美联储和欧洲央行首次干预的日子。当时,包括经济学家在内,没有人能够预见到整个银行系统将会求诸政府救助,或者五家最大的投资银行将会消失(雷曼兄弟和贝尔斯登彻底销声匿迹;美林证券由美洲银行收购;高盛和摩根士丹利为获得流动性救助,请求将其变更为受监管的零售银行而得以幸存)。同样,没有人能够想到,成功的商业特许机构,如花旗集团、苏格兰皇家银行和瑞士联合银行，因为其愚蠢的冒险行为竟然需要政府的支持；一家保险公司和两家房地产贷款担保机构将从美国政府那里得到大约3500亿美元的支持；在此之后一年多一点的时间里，美国政府把相当于其国内生产总值50%的资金用于恢复工作；美国和欧洲各国政府将直接向产业领域提供大量贷款；或者各国央行将实施非常规的货币政策，由此进入一个超低利率时代，并且远远超出其职权范围为政府提供支持。

在欧洲，英国、比利时、西班牙、冰岛和爱尔兰都经历了大规模的银行问题。[2] 其他国家，如法国、斯堪的纳维亚国家及日本，在这方面表现较好，尽管这些国家的一些银行也受益于美国纳税人对某些机构（如美国国际集团）的救助，因为它们对这些机构存在风险敞口。如今的这种相对稳定是因为从早期的错误中吸取了教训吗？要知道这些错误导致了20世纪90年代法国里昂信贷银行破产和其他国家大范围的银行危机。

是什么原因导致了这次金融危机？我们从中吸取教训了吗？我们能免于再次遭受危机吗？为回答这些问题，我将首先对危机的原因进行分析，然后讨论危机后的局势。最后，我将探讨经济学家在预防危机方面的责任和作用。相比其他章节，这一章更专业一些，也是本书唯一不完全自成体系的章节：尽管并非绝对必要，但我建议读者最好还是先读前一章再读本章。

金融危机

关于经济危机，已经有许多非常出色的论述，[3] 这里我只是点到为止。有一点是肯定的：2008年的金融危机俨然是经济学系讲授信息理论和激励课程的教科书的案例。在风险转移链条中的每一个环节，一方都比另一方拥有更多的信息（信息不对称），而这种境况扭曲了金融市场及其监管的正常运作。

信息不对称产生的市场失灵原本是一种常态，但由于引入了新的、常常甚为复杂的金融工具，市场参与者和监管者又对其不熟悉，因而信息失灵变得愈加严重。我们也不能单凭这个理由解释这场危机，还有两个因素导致了市场失灵：首先，监管不力和执法不严为冒险行为提供了诱因，尤其是在危机发源地美国，当然欧洲也存在类似情况，最终结果是以牺牲公众利益为代价；其次，市场失灵和监管松懈产生了更大的影响，是因为当时的环境从未如此有利于冒险行为。

流动性过剩与房地产泡沫

危机往往源于经济景气时缺乏自律。在21世纪初的头几年里，美联储维持了异常低的利率，为市场提供了极其廉价的流动性，有时短期利率甚至低至1%。再加上投资者渴望投资收益率高于低水平市场利率的项目，其结果是，这种货币政策助长了房地产市场的"繁荣"。[4]

更重要的是，在2008年之前的10年里，大量资金流入美国寻找投资机会。美国金融市场高度发达，创造了多种对投资者有吸引力的可交易的证券。一些来自中东和亚洲主权财富基金的盈余储蓄，以及出口顺差国家（如中国）积累的外汇储备，由于无法投资于自己的金融市场，转而选择投向美国。这种国际储蓄过剩致使金融中介机构将资金投向房地产。反过来，对证券资产的强劲需求及宽松的监管措施（直到危机之后才得到纠正）鼓励金融机构将债务证券化。这些宏观经济条件创造了一个宽松的环境，鼓励参与者陷入市场与监管失灵造成的违规行为的深渊。

充裕的流动性和低利率导致高风险房地产贷款大幅攀升，而获批这些贷款的美国家庭偿还能力有限。[5] 尽管这些贷款前两年的固定利率通常很低，但之后就变成能够给放款人带来高利润的可变利率。除此之外，放款人也常常无法核实潜在借款人提供的信息（例如收入）。[6] 随后，房地产价格的停滞抑制了由于房产增值而变得容易的再融资，再加上 2005 年前后利率开始上升，致使这些利率上行的贷款出现违约情况。此时，有些家庭的确无力再偿还贷款，但另一些家庭则在美国个人破产法保护下，在房屋的市场价值低于抵押贷款的未偿余额时，选择放弃其贷款和房子。由此可见，高风险房地产贷款带来的危险是，当宏观经济低迷时，可能会导致房屋被没收、房主被驱逐，放款人只能通过在市场上重新出售房产来弥补巨大损失。但市场上其他放款人也在出售房产，这就会使前者的房产价格下降，从而蒙受更大损失。[7]

美国政府对这种房地产贷款的态度是什么呢？恰如其他发生银行危机的国家一样（比如同时期的西班牙），美国也采取了相似的政治决策，鼓励更多家庭拥有自有住房。在 21 世纪初的几年里，美国政府放任房地产泡沫膨胀，且更具破坏性的是还允许银行暴露在这种风险之中。美国政府本应减少房屋购置税补贴（对房地产贷款利息的税收减免），削减为房地美（Freddie Mac）和房利美（Fannie Mae）等半公共机构提供的购房贷款隐性担保。此外，明智的做法是应该强制采取更为严格的贷款标准，比如，对房地产贷款与价值比（loan-to-value ratio）及借款人年度债务偿还额占收入的比例（debt-repayment-to-income ratio）设置上限要求。但是，政治上的强制命令占了上风。

高风险贷款当然可以让不富裕的人成为房主，但问题是，许多家庭可能面临因还款利率上升或因房地产价格停滞而无法获得新贷款来应付更高还款额的风险。一直以来，房地产贷款机构都在利用居民拥有自有住房的美好期望，兜售高风险的抵押贷款。至少美国联邦政府应该在风险披露方面确保放款人与借款人拥有对称的信息，因为很少有州政府对抵押贷款的条件予以规范或对违规操作进行限制。

为了解决放款人与借款人之间的信息不对称问题，政府可以在借款人的选择自由得到尊重的前提下为借款人提供更多的信息，还可以选择更具"家长式"的方法保护借款人，当然这种方式存在一些固有的危险。采用家长式制度的理由是，与在冷静状态下做出的选择相比，人们会经不住诱惑并有过度消费的趋向。这一理由为某些政策干预措施提供了基础（参见第五章）。从这个角度看，国家应该对房地产贷款价值比和借款人的年度债务偿还额占收入的比例设定上限，并禁止那些早期促销利率很低、看似很吸引人的"引诱利率"贷款。

过度证券化

回想一下，有益的证券化需要具备两个条件：1）贷款银行必须风险共担（例如，足够多的未偿款风险），从而使其有动机监控贷款质量；2）对贷款组合投资质量进行评估的评级机构必须有足够的动力开展尽职调查。在上一章我们看到，在金融危机发生之前，银行只保留了一小部分风险，导致其没有足够的动力只发放优质贷款。

在美国，评级机构是资产证券化过程中不可或缺的重要参与者。[8] 回想一下，银行权益资本金的要求取决于其资产的风险程度。2004年后，当《巴塞尔协议Ⅱ》在美国得以实施时，银行能够运用评级机构的评估结果衡量这种风险。当银行购买证券化产品时，与评级为BB的产品相比，评级为AAA的产品所要求持有的权益资本会少很多。对政府监管机构来说，信任评级机构至关重要，因为这些评级机构其实是辅助性监管机构。

当时的主要问题是，对风险远高于企业或地方政府发行的AAA级债券的证券化产品，评级机构却给予了AAA评级。这是因为对证券不熟悉，还是因为利益冲突？对此很难说清楚，但可以明确的是，评级机构面临的激励与监管机构的目标并不完全一致。这些机构收取的评级费用与待发行的证券化资产的价值成比例，从而产生了给予更高评级的动力（就像假如教授的薪水随着他们给学生论文打的高分而增加一样）。评级机构讨好其主要客户，即投资银行，尽力使其感到满意，也是问题的一部分。

过度转换

正如上一章所解释的，银行通过借入短期资金进行长期放贷。这种做法可能使银行面临挤兑风险，尤其是当储户担心银行会变成空壳而试图在同一时间提款时。在危机发生前的几年里，许多金融中介（而非仅仅是零售银行）都冒着巨大风险从批发市场（银行同业拆借市场和货币市场）借入期限非常短的资金。只要短期市场利率保持在很低的水平，这种交易策略是有利可图的，但如果银行自身未能防范利率上升的风险，它就会暴露在这种风险之下。如果利率水平从1%上升至4%，对一个几乎完全靠短期借款融资的机构（如同为了将房地产贷款证券化而创造的许多金融工具一样）来说，其融资成本大约是原来的4倍。

没有零售存款的银行特别容易受到这种风险的冲击（自从引入存款保险，个人存款变得非常安全，因此银行不存在挤兑危机）。正如我们已经看到的，美国五大投资银行要么破产，要么与零售银行结伴，以获得政府支持。但问题是，在融资上先天比投资银行更为稳定的零售银行，也增加了对短期批发资金的依赖程度。

通过大量期限转换，这种普遍的冒险行为将货币监管当局置于一个微妙的境地。它们要么不采取行动让利率保持低水平，如此金融体系可能会崩溃；要么人为地将利率维持在很低水平，从而间接救助脆弱的金融机构。如果它们救助了这些金融机构，就会使过度的期限转换这种冒险行为合法化，由此产生的代价我将在下文给予解释。可见，短期资金向长期放款的过度转换使货币监管当局陷入困境。危机之后，这一点立刻变得十分清楚（现在的问题有所不同。对中央银行来说当然如此，因为央行不可能让利率水平远低于零，如果利率远低于零，经济人将宁愿持有现金，毕竟，不考虑交易成本的话，持有现金至少是零利率；对银行来说亦如此，因为对于所有期限的产品来说，利率远低于零都会降低其收益率）。

规避权益资本监管的一种方法

正如上一章解释的那样，受监管的金融机构（零售银行、保险公司、养老基金、经纪人）受到最低权益资本要求的约束。对银行而言，《巴塞尔协议》在全球范围内制定了一般性原则，其理念是保留一个缓冲器，即银行的自有"资本"，使银行能吸收其面临的大部分风险。这样就保护了储户保险人、存款保险基金，在使用公共资金救助银行时还保护了纳税人。与此相反，在资产负债表规模既定的情形下，银行则希望尽量降低其权益资本（甚至在极端情况下，将权益资本降至监管要求的最低水平）。实际上，对提供权益资本的出资股东来讲，持有的权益资本越少，意味着回报率越高。

金融监管机构肩负着复杂的任务。一方面，银行资产负债表和金融技术不断演化；另一方面，监管机构履行监管职能的手段很有限，或者无力吸引人才（这些人有更多选择，可以去受监管的银行、保险公司、投资银行或评级机构工作）。当不同监管机构彼此角力时，金融监管机构的任务又进一步复杂化。在危机之前，美国的银行可以通过界定其主营交易活动选择监管机构，以便获得最宽松的监管（例如，选择"房地产"意味着将面对一个干预很少的监管机构)。顺便说一下,正是对各国监管机构在资本金要求方面竞相降低监管门槛的担心,促成了《巴塞尔协议》并设定了一个国际通行的最低标准。

在危机发生前,许多金融机构利用监管机构分析其风险时存在的缺陷,以低估其对资本金的需求,从而提高自有权益资本的回报率。例如,即便其风险与将证券化贷款留在资产负债表上的风险相当,金融机构也宁愿发放只需很少资本抵押的贷款,向包含它们且已被证券化的资产提供融资工具;[9] 简单地讲,将抵押贷款从资产负债表转移到另一个实体,并通过信贷额度为再融资提供保险,大大降低了银行的资本金要求。最终,监管机构不能或不知道如何抑制这种危险行为。

监管领域的界限过于模糊,且有时存在不健康的公私混合

简单地讲,银行的审慎监管涉及取与舍的问题。零售银行业务受到监管,其中涉及权益资本要求及其他约束。反过来,零售银行可以获得中央银行提供的流动性和存款保险。这两个因素可降低其风险敞口。如果某家零售银行面临的经营困难公开化,存款保险可以作为小储户不从银行取款的"定心丸"。借助于中央银行提供的流动性,零售银行可以在以合理价格出售资产或者发行新股重组资产之间从容做出选择。未纳入监管的银行(称为"影子银行",包括投资银行、对冲基金、货币市场基金和私募股权公司)没有这个特权,至少理论上没有。

2008 年的危机表明,对受监管部门与未受监管部门之间相互暴露风险的疏于监管,可能迫使当局以各种形式(比如通过注资、购入资产或仅仅保持低利率)来拯救未受监管的实体。由此可见,未受监管的部门能够获得纳税人的资金和中央银行提供的流动性,但无须受到审慎监管的约束。这种受监管部门与未受监管部门之间的相互依存关系，可以从 2008 年美国政府拒绝救助雷曼兄弟公司所引发的激辩得到证明。但纳税人的钱已被用来救助另一家投资银行，也就是贝尔斯登。[10] 就在雷曼兄弟公司破产几天以后，美国政府还救助了另一家很大的未受监管的实体，即美国国际集团。它本来是一家保险公司，但后来事实上已经蜕变成一家投资银行。在此之后，美国政府向零售银行和投资银行提供了更多的公共援助。很难估计当时提供这样的救助产生的成本。在美国，事后证明代价并非很大：银行最终会偿还其收到的大部分资金。显然，事情也可能变得很糟，就像欧洲某些国家那样。

回到美国国际集团的案例。先验地讲，拯救一家大型保险公司并没有什么异常。但是，美国国际集团的保险业务本已单独资本化且可以为继，保护它正是为了使其免受从事冒险活动的控股母公司倒闭的连累。在这种情况下，纵使控股母公司破产，其保险业务也不会受到严重影响。由此可见，美国国际集团的控股公司既能够逃避监管，又可以因管理不善而得到纳税人的资金救助。这看起来有些不可思议，但它与其他受监管金融机构之间存在的相互联系——例如，通过衍生产品的场外交易市场——产生了一种系统性风险。这一风险让政府救助"合理化"。[11]

公共领域和私人领域之间的边界，与受监管部门和未受监管部门之间的边界一样模糊。2008 年，两家半公共房地产信贷机构房利美和房地美也得到了政府救助。这两家机构为美国 40% 至 50%（2007 年高达 80%）的房地产债务提供保险或担保。[12] 当时，房地产又一次成为问题焦点，但救助这两家公司很反常，因为它们是私营企业，它们产生的利润并未惠及纳税人。[13] 另一方面，它们拥有美国政府担保（以美国财政部信贷额度的形式），并相信当其遇到经营困难时，可以指望政府出面救助。这再次证明利润是私人所有，而亏损则由国家承担。最终，这些机构没有受到严格监管。[14] 令人颇为惊叹的是，在美国房地产贷款担保方面，这些机构仍在发挥着重要作用。[15] 相比之下，在欧洲，欧盟委员会通过成功利用国家援助法阻止欧盟成员国政府[16]借助隐性政府担保来补贴私营企业，进而遏制了这一现象。

后危机时代的新环境

这场危机至少留下了两大"遗产"：低利率和新型监管方式。

历史最低利率

这种低利率状态曾被认为是暂时性的。就在危机爆发后不久，美国、欧洲和英国的中央银行提供了大量流动性，从而将利率降至接近零的水平。换句话说，如果考虑通货膨胀的话，（实际而非名义）利率为负。自20世纪90年代中期以来，日本的利率水平一直低于1%，到2017年则变为零。预计在日本和欧洲，利率将在一段时间内保持在接近零的水平，而美国则开始非常谨慎地提高利率。

在经济低迷时期，维持低利率水平有明确的理论依据，特别是较低的短期利率使金融机构能以低成本再融资，由此缓解金融部门的难题。[17] 最终，只有国家才能为经济注入流动性。国家可以做市场永远无法做到的两件事情：第一，抵押家庭和企业的未来收入（甚至那些并不存在的收入），或者更准确地说，抵押公共当局对这些收入征缴的税收。税收征缴的主权奠定了国家在宏观经济调控中的角色。政府可以利用经济主体未来收入的能力来发行国债，并向银行系统提供流动性。[18] 政府可以在今天激活银行和企业，以换取明天税收的增加。第二，中央银行可以制造通货膨胀，以改变按名义计价的合同（比如贷款合同以及未与通货膨胀挂钩的工资协议）的实际价值（目前，各中央银行在努力营造温和通胀的预期，因此第二种做法没有效果）。

当然，提供流动性的主要目的并非拯救那些因轻率陷入困境而需要再融资的银行，而是为了维持经济运行不可或缺的金融中介的生存。中小企业没有获取金融市场支持的渠道（它们不能发行企业债券或商业票据为自己融资或再融资），因为它们在金融市场上尚未树立起信誉，也没有资产作为质押，并且其风险没有分散化。这些中小企业依靠银行对其实施监管，并确保抵押的资产质量上乘。正如我们在所有信贷紧缩事件中看到的那样，当银行遇到经营困难时，中小企业首当其冲。

然而，无论在金融危机时维持低利率多么必要，这样做都不是没有代价的：

- 低利率导致大量资金从储户转移至借款人。事实上，这正是对银行的货币救助计划希望做到的。但是，利率的下降会增加资产（如地产或股票）的价格（与债券市场的低收益率相比，这些资产的未来收益率更具吸引力），因此，低利率不仅让受监管的银行受益，也会让其他投资者受益。无论这些资产的所有者是否受到监管，当他们卖出资产时都会得到更多收益，由此催生了财富再分配。[19] 因此，低利率具有巨大的再分配效应，有些人希望如此，有些人则并不情愿。
- 正如我们在前一章节看到的，当利率很低时，往往会出现金融泡沫。
- 低利率鼓励那些向其客户保证更高收益率的金融机构冒更大的风险。例如，德国就存在这个问题，有些德国保险公司承诺的人寿保险基金投资收益率高达4%。这样的担保是很难兑现的，因为10年期德国国债的收益率也不过在0%至1%之间，除非将资金投入到具有更高收益同时也具有更大风险的债券（甚至是"垃圾"债券）。[20]

- 低短期利率可能因其鼓励银行借入更多短期资金而为下一次危机埋下祸根。目前，这一论点说服力有限，其原因有两个：1）"量化宽松"（quantitative easing）对长期利率产生同样大的影响，目前长期利率常常像短期利率一样低，因此，银行的前景并非如其低融资成本显示的那么诱人；2）监管机构目前正在制定流动性要求，以限制银行机构的短期负债。

- 当名义利率达到零时，就不会再继续下跌了，因为人们宁愿持有现金，以保持其名义价值（即名义利率等于零）。[21] 这正是经济学家所说的零利率下限（zero lower bound，ZLB）。中央银行无法通过将利率降至负水平来刺激经济增长，而这很快会导致经济衰退和失业。在此情形下，中央银行不得不求助于一套复杂的且不完美的工具，[22] 对此我在这里不予讨论。

长期低利率？

直到金融危机发生之前，宏观经济学家们的共识是，我们正处在一个"大稳健"（the great moderation）时期。在危机前的20年里，货币政策，有时伴随着财政政策（在"政策组合"中），似乎做出了巨大贡献。它通过将目标通货膨胀率锁定在某一水平（例如2%）来稳定物价，并通过调整货币政策反映经济状况和失业水平。如今，关于货币政策居首要地位的共识已不复存在，其部分原因在于这种政策组合在零利率下限时是不可行的。

若低利率不仅仅是与金融危机相关的暂时现象怎么办？如果我们

注定要在低利率的经济中生活很长一段时间，在此环境下，货币政策无法为市场注入活力，并防止衰退和失业，也就是出现一种所谓的"长期性经济停滞"（secular stagnation）的现象怎么办？[23] 对于目前是否正处于这种状况，经济学家尚未达成共识。但可以肯定的是，自20世纪80年代以来，安全资产（比如政府债券）的利率水平一直在下降。按实际价值计算（即剔除通货膨胀），这些利率在20世纪80年代约为5%，90年代约为2%，在2008年雷曼兄弟破产之前为1%，破产之后一直到现在约为-1%。利率水平下降的原因何在？

第一个结构性原因涉及安全资产的供给与需求。如果供给很少而需求很大，这些资产的价格必然会很高。对某种金融资产而言，高价格对应低收益（直观地讲，如果资产所有者只获得在将来得到低收益的权利，那么他就支付了高价）。除了低利率外，这种过度需求还伴随着其他症状。在2008年危机之前，金融市场盛行一股证券化热潮，其目标是创造安全的金融资产（尽管正如上面所解释的，这种证券化最终创造了高风险资产，但当时并不是这种说法）。另一个迹象是泡沫的出现。

对安全资产的需求已经增加。首先是因为整体储蓄水平较高。由于新兴经济体（如中国）和具有原材料收入的国家（如石油价格仍很高时的石油生产国）的金融市场不发达，它们试图投资发达国家的金融市场，这导致了前面提到的"储蓄过剩"（savings glut）。导致高储蓄率的另一个因素是社会不平等程度的加剧，毕竟富裕家庭比贫困家庭有更多的储蓄。更多的储蓄可能会降低支付给储户的收益。

储蓄已表现出"安全投资转移"（flight to quality）现象：储蓄组合向安全资产倾斜。自金融危机以来，更为严格的审慎监管惩罚了冒险行为。其结果是，现在银行、保险公司和养老基金对安全资产有更多的需求，这些资产只要求持有相对较少的资本金。在不确定时期，个人也在安全资产中寻求避难。法国把近85%的长期人寿保险储蓄投资到"欧元基金"（主要是由各国政府和高评级公司发行的债券），这些欧元基金大多按名义价值担保（即不存在本金损失的风险）。它们不愿投资风险较高的资产，比如股票。

安全资产的供给似乎在下降：风险分散的房地产投资组合和经合组织国家的主权债务，过去被认为是完全安全的，现在也是有风险的。这种状况导致全球范围内流动性大幅下降。根据里卡多·卡巴里洛（Ricardo Caballero）和艾曼纽·法里（Emmanuel Farhi）的观点，安全资产的供给量已从2007年占全球GDP的37%下降到2011年的18%。[24]

最后，较低的人口增长率经常被人们援引来解释低利率。[25]人口统计学的影响很复杂，但许多研究者认为这的确是一个影响因素。例如，低人口增长减少了相对于资本的劳动力供给，从而降低了资本收益率，由此导致了利率的下降。在现收现付养老保险制度中（即退休津贴由在职工作人员缴纳的收入覆盖，而不是由养老基金资产提供），人口增长放缓也会转化为在职工作人员相对数量减少，以及为抵消养老金减少而增加私人储蓄，最终导致较低的利率。

因此，低利率很可能会存在一段时间。在这种情况下，我们必须重新思考宏观经济政策。

新的监管环境

凡事皆有风险。尽管我们需要积极应对监管失灵，并减少金融危机发生的频率和规模，但我们无法杜绝危机的发生。就像一个从未错过电影开头、从不开会迟到、从未错过火车的人可能过度谨慎一样，当一个经济体的人们以这种方式行事从而杜绝危机隐忧时，该经济体的表现将远低于其潜能。为避免所有危机，我们将不得不限制冒险和创新。此外，因长期投资不确定性更大，风险也更高，我们还将倾向于短期投资。由此可见，监管的目标并非根除危机，而是消除那些促使经济人采取有损自身以外经济要素的各种行为的激励。这就要求限制金融体系对储蓄者和纳税人施加的外部性影响。

事实上，由于很难收集到精确度量理论预测效果的数据，我们只能说，审慎监管和监督更多是艺术而非科学。尽管很难将其相关性加以量化，但仍有一些可供采纳的一般性原则。2008年，包括本人在内的许多经济学家建议[26]：保护受监管部门免受未受监管部门的风险传染；增加受监管金融机构的权益资本，并更加重视流动性管理；使监管更趋向逆周期操作；监督银行高管的薪酬结构；允许资产证券化，但同时监管其使用方式；监督评级机构；重新考虑"监管架构"（regulatory infrastructures）；在欧洲央行内部建立一个泛欧监管机构（这一建议已经实现，参见第十章）。那么，如今的情况如何？

两全其美

监管机构、中央银行和政府被迫实施干预，通过紧急救助、购买有害金融产品和放松货币政策等措施，拯救之前并未接受监管的金融机构。正如我们已经看到的，这个现象的一个例证就是最近美国投资银行的经历，特别是贝尔斯登和美国国际集团。只有一家投资银行（雷曼兄弟公司）未被救助，从而引发了金融市场的严重恐慌，打消了政府让私人部门继续自救的想法。

对系统性风险的担忧在公共政策制定方面发挥了极其重要的作用，其部分原因在于，金融机构之间相互暴露的风险缺乏透明度。对金融机构彼此风险敞口的确切性质，以及场外交易市场中交易对手风险的确切情况，监管机构几乎不掌握任何信息。更一般而言，监管机构几乎不可能计算出金融机构之间在全球金融体系中的直接和间接风险敞口，尤其是因为一些相关金融机构要么不受监管，要么受到其他国家的监管。

因此，问题变成如何将尽可能多的有害金融产品逐出公共领域。在此，公共领域即受监管的领域，理论上这也是唯一可被救助的领域。迄今已经采取了一些改革措施，使得实践中对有害产品的遏制更有可能实现。

在这些改革中，第一项就是推进产品的标准化及其在有组织的市场上交易（而非场外交易）。虽然对金融体系来讲，设计满足不同特定需求的产品非常重要，但这也会使监管人员难以评估相应的担保和价值。显然，不能禁止金融创新或适用于具体需求的工具，但是应鼓励受监管的金融中介机构向交易场所的标准化交易迁移（通过合理选择权益资本要求）。当然，未受监管的中介机构仍然可以自由地将其重点放在场外交易上。正如上一章所述，企业和银行主要依靠保险合同来应对直接风险，譬如宏观经济变量（如汇率或利率）的变化，以及最容易置它们于危险境地的交易对手的违约。[27] 这些标准化产品可在限制彼此风险敞口的衍生品平台上交易，为此监管机构需要清晰地了解受监管的金融机构因另一家金融机构违约而暴露的风险情况。使用具有充足资本金且要求交易参与者提供担保存款的清算机构，再加上供给和需求的集中化，就有可能达到这样的目的。[28] 新的、后危机时代的《巴塞尔协议Ⅲ》已朝这个方向迈进。《巴塞尔协议Ⅲ》要求场外交易持有更多的资本金作为担保，以此惩罚场外交易。如果能更进一步，效果将会更好。与此同时，清算机构也必须受到严格的审慎监管规则约束，否则，监管机构不过是通过增加清算机构违约的风险而降低（直接）银行破产的风险。

一个将零售银行"绝缘"的更激烈观点是将零售银行业务与投资银行业务在结构上实施分离。这是美联储前主席保罗·沃克尔（Paul Volker）和欧盟委员会委员利卡宁（Liikanen）以不同方式提出的建议，而最激进的当属英国著名经济学家约翰·维克斯（John Vickers）在英国银行业独立委员会（the UK's Independent Commission on Banking）报告中提出的观点。[29]

权益资本要求的逆周期特征

实行逆周期的偿付能力比率，即在繁荣时期要求较高的资本金，在银行危机期间则降低资本金要求，尤其具有理论依据。首先，银行权益资本供给短缺期与信贷紧缩期相伴而行，这种关联使依赖银行体系的企业经营困难；对于中小企业来说尤其如此，因为它们要么必须支付高额利息，要么被拒绝贷款。其次，在流动性稀缺时，决策者应该救助金融体系，尤其是在其面临罕见的流动性冲击时（这将使私营部门为防万一而囤积流动性的成本变得过高）。在这种时期，放松偿付能力约束，并与货币政策相结合，是一种提供援助的方式。[30]《巴塞尔协议Ⅲ》为银行提供了逆周期的"资本缓冲"，以反映其面临的宏观经济状况。

流动性和偿付能力的监管

在危机之前，无论是在《巴塞尔协议》中，还是在欧洲层面上，都没有统一的流动性监管，并且对银行的流动性要求很低。理论上，监管机构应该强制实施流动性比率和偿付能力（或资本金）比率要求，但实际执行起来非常复杂。众所周知，构建一个衡量金融中介机构流动性优劣情况的指标非常困难。在资产负债表的资产一端，银行的流动性取决于在必要情况下以没有太多折扣的方式转售有价证券（长短期国债、定期存款证、证券化产品、股票和企业债券）的可能性（此谓市场流动性）。在负债方面，银行的流动性取决于金融机构能否快速地（如银行活期存款或定期存款）并以合理的条件筹集资金（此谓融资流动性）。银行的流动性还取决于其信誉，因为银行信誉影响其试图出售的资产的价值及筹集新资金的能力。

巴塞尔委员会正在对两个新比率做最终调整：流动性覆盖比率（the liquidity coverage ratio）要求银行持有美国国债等流动资产，其金额等于或大于30天内的净现金损失，以防再融资无法弥补（基本上未投保的）存款的大规模提取。净稳定融资比率（net stable funding ratio）也有类似规定，但着眼于一年的时间跨度。

计算权益资本要求将是一项永远在进行的工作。权益资本的适当水平取决于监管机构准备容忍的风险、经济环境的波动、监督的质量（这些监管规则是否得到正确应用？）、银行的资产和负债构成，以及银行活动迁移到不受监管的影子银行部门带来的危险。因为必要的数据难以获取，所以外人很难准确估计权益资本的合理水平。总会有一些试错过程，但我们深知：在危机发生前，银行未持有足够的权益资本。

《巴塞尔协议Ⅲ》已经增加了资本金要求：所需的第一级资本（tier 1 capital）[31] 从4%上升到7%，在此基础上还可以增加0%到2.5%的逆周期缓冲资本（针对经济中出现较高的信贷增长时）。对于系统重要性银行，额外增加了最高至2.5%的资本金要求。第一级和第二级资本金的总体要求从8%上升到13%。基于监管者衡量风险的能力极其有限的理念，还设定了一个新的最低杠杆比率；按照当前的提议，银行需要在第一级资本中至少有3%未加权风险敞口（资产负债表内表外，以及与衍生产品和证券融资相关的风险）的资本，对于那些被认为具有系统重要性的大银行来说，可能还会有额外的资本金要求。

这些做法是否已经足够？[32]这很难说，但提高资本金要求是向前迈出的重要一步。

宏观审慎方法

当前的改革倾向于"宏观审慎"：这些改革根植于这样一种观念，即某家银行的稳健不仅取决于自身的权益资本和流动性，还与其他银行的稳健性有关。其中有很多原因。

银行可以通过彼此暴露的风险而相互关联。如果一家银行倒闭，其他相关银行就会担心被殃及；另外，它们也会以更间接的方式互相影响：当这些银行同时遇到经营困难时，它们就会争先恐后出售资产。同时抛售资产的汹涌态势将导致资产价格下跌，出现所谓的"减价出售"（fire sales），并降低每家银行的市场流动性。

银行在危机时期倒闭产生的后果与稳定时期相比有所不同。如果其他银行也同时受到宏观经济冲击的影响，则很可能是出现了系统性影响。进一步讲，如果政府已经被迫拯救其他银行，那么由纳税人买单的救助代价会更高。最后，我们已观察到，在金融中介机构过度转换（短借长贷）的情形中，中央银行除了降低利率外别无选择。所有这一切都意味着，当某家银行的经营战略使得其破产风险与宏观经济冲击密切相关时，该银行应持有更多的资本金。

薪酬

金融圈的薪酬涉及两个有争议的问题。一个是薪酬数量问题：金融领域的薪酬水平奇高，特别是在美国和英国。高薪酬本身并不能作为对金融界特殊看待的凭证：无论国家对收入再分配持有何种偏好，都应该通过税收手段对收入进行再分配,而不是由国家决定银行家的收入是否应少于电视主持人、成功的企业家或足球运动员。争论的另一个问题是高薪酬福利是不是对优秀业绩的奖励,或者反而产生了不良激励。比如后来失败的经理们[33]之前获得的巨额奖金,在股价暴跌之前套现的股票期权,或者业绩不达标而获得的"黄金降落伞"(golden parachutes)[34],无论是从道德角度还是从效率角度来看,都令人震惊。显然,这些结果不会产生良性的激励机制。

奖金文化既与金融业过度冒险相关,又与不平等问题密不可分。实际上,为管理层提供的薪酬体系往往过于关注超额业绩和短期业绩,从而鼓励过度的冒险行为。当存在小概率的极端损失风险("尾部风险")时,尤其如此。假设一种冒险策略获得盈利的概率为95%或99%,但在其他情形下可能会带来灾难性后果,那么这种策略将保证(多数时候)给管理层带来丰厚的报酬,但给股东、债权人和纳税人带来高昂的——尽管是不大可能的——损失。

为什么股东会赞同这样的薪酬政策呢?第一个理由是,只要下行风险没有发生,他们就会获利,即使发生时会让他们输得精光。第二个理由是,银行倾向于优先考虑用短期薪酬吸引人才,这在2008年危机发生前的几年里尤为明显。对人才的无节制竞争人为抬高了奖金,并加剧了短期主义现象;奖金政策不仅催生了高于平均水平的薪酬,还导致基于利润的报酬在管理层或交易员中间广泛分配(因为为吸引和留住人才而增加的薪酬主要在于可变薪酬而非固定工资)。[35]

为什么即便在这样的条件下,银行的债权人还同意借款呢?其主要原因在于他们未必了解银行的冒险行为,但重要的是国家存在着显性或隐性安全网,使得银行纵使面对坏兆头,也能继续筹集新的资金,因而可以冒更大的风险。也许这就是金融业如此与众不同的原因。要知道,当电视主持人、企业家或足球运动员陷入财务困境时,他们是无法请求公共资金援助的。

由此可见，国家对私营部门的薪酬方案实施监管似乎合情合理，至少对部分需要动用公共资金救助的私营部门是这样。为此，国家可以坚定地要求薪酬计划必须促使银行经理放眼长远。在此，一个比较可行的方案是递延薪酬，即经理的薪酬在一定的时间跨度上发放，只有在明确管理层的绩效并非昙花一现时才予以奖励。[36] 此外，如果薪酬制度助长了短期主义和过度冒险，《巴塞尔协议Ⅱ》第二类支柱允许监管机构增加权益资本要求。当然，仅仅将薪酬推迟几年可能还不够：某些冒险行为的时间跨度很长（例如，在人寿保险中的长寿风险），它们的实质影响在很久以后才会显现。但问题是，在很长时间内（比如说十年），很难将某个管理者的贡献与其后继者的贡献区分开来，[37] 所以必须找到一个折中办法。

最后，银行的薪酬委员会完全可能纵容高级管理层。目前尚不清楚这种情形是否只限于金融领域。诚然，所有行业都存在治理问题，所以针对金融业的监管不能仅仅依靠这个理由。

反对监管银行家薪酬的理由有二：

首先，就像任何其他行业一样，银行必须吸引最优秀的人才引领其发展，这一点对银行业至关重要。为说明这一点，我们假设在成功吸引了一位比其他人更有才华的首席执行官后，银行的价值提升了0.1%。如果这家银行在股票市场上的价值为1000亿美元，那么增加0.1%就代表1亿美元。显然，这家银行愿意为获得这位更有才华的经理付出很多。[38] 这种观点的一种提法是，银行受到来自不受监管的金融中介机构的竞争，比如来自对冲基金和私募股权公司的竞争，这些公司给那些它们认为最优秀的经理提供丰厚的薪酬，所以银行对此别无选择，如果提供的薪酬敌不过这些雇主，零售银行就会失去最佳人才。

其次，金融行业的过度冒险现象无法通过调控薪酬和奖金予以纠正。作为引起功能失调行为的原因,傲慢的作用和利润的作用同等重要。[39] 回想一下那些有着勃勃野心的首席执行官们:希望率领雷曼兄弟击败高盛的理查德·富尔德(Richard Fuld);想把里昂信贷变成全球领头羊的让-伊夫·哈贝雷尔(Jean-Yves Haberer);或者有着个人野心的流氓交易员,如(法国兴业银行的)热罗姆·凯维埃尔(Jérome Kerviel)和(霸菱银行的)尼克·李森(Nick Leeson)等。假如傲慢是冒险的主要驱动因素,那么调整薪酬几乎毫无效果,而只有传统的审慎监管才能对其有所限制。

总之,薪酬过高的问题似乎超出了金融监管框架的范畴。无论是银行业还是其他领域,这类问题引出了什么是政府乐见的再分配水平的普遍问题。但因为银行倒闭时需要动用公共基金实施救助,所以薪酬结构和激励问题似乎对银行业更具针对性。因此,控制鼓励冒险的薪酬和面向短期的薪酬必须成为监管框架的一部分。

《巴塞尔协议Ⅲ》已经创建了一些相关指南(具体监管规定取决于指南在不同国家的落地实施情况)。这些指南减少了可变薪酬的比例(例如,诸如奖金之类的可变薪酬不能超过固定薪酬);此外,指南引入了递延支付期(通常为三至五年),以惩罚短期内有利可图但长期看代价高昂的冒险行为。如同提高权益资本金要求的情形一样,这些改革也很难校准,但看起来正朝着正确的方向推进。

评级机构

这场危机还引发了有关评级机构的问题。通过将金融工具的风险告知个人投资者、机构投资者及监管机构,评级机构在现代金融中发挥着核心作用。但在次级抵押贷款情况中,评级机构却未能做到这一点。支持对评级机构实施监管的主要理由是,随着时间的推移,评级机构的判断已成为监管部门评估风险的组成部分，而且它们从评级活动中赚取了大笔收入。众所周知，当受监管的金融机构（银行、保险公司、经纪人、养老基金）持有评级很高的债务资产时，其资本金要求就会大幅下降。评级机构享有的这种特权，必须通过政府对其评级方法和利益冲突进行监管来予以制衡。但同时，尚无任何依据对与审慎监管无关联的评级活动实施监管（除非这些活动导致利益冲突）。

《巴塞尔协议Ⅲ》和保险公司的新审慎监管规定（"偿付能力Ⅱ"）保留了使用评级来估计风险的原则，不过现在美国监管机构对评级结果的使用更为谨慎。

监管架构

这场危机不仅针对监管规则，而且对应用这些规则的监管机构，也提出了质疑。监管机构能否在一家银行濒临关门或被救助之前就迅速采取正确的整改措施呢？能否实现同一国家的不同监管机构之间或几个不同国家监管机构之间的有效协作呢？在国际合作方面，主要问题涉及跨国金融机构。不同国家的存款担保和资产转移制度及治理破产的法律都有所不同。监管（对资本金要求的监督和执行）和危机管理（救助金融机构或接受其破产、收购有害资产等）提供了诸多"搭便车"及钻金融监管体系空子的教科书式案例。遗憾的是，我没有足够的篇幅就此进一步展开。

金融体系现在是否安全？

正如我之前所说，我们的知识现状和获取数据的局限性，特别是难以获取能够让监管者（或经济学家）精确计算资本金和流动性要求的数据,让我们不得不保持谦卑。然而,只要改革措施得到实施且不会被推翻,金融体系的风险将比以往更小:《巴塞尔协议Ⅲ》的改革似乎正朝着正确的方向推进。增加权益资本金要求,引入最低流动性比率,以逆周期权益资本缓冲的形式开始实施宏观审慎措施,更大程度上使用集中交易而非场外交易市场,监管机构改革(例如,建立欧洲单一监管机制)等,都是真正的改进。

然而,目前仍然存在重大风险领域。有些与宏观经济环境有关,比如全球经济增速放缓,金融市场更加动荡,以及如何在不影响经济增长的情况下退出低利率政策带来的挑战等。其他担忧则来自地缘政治风险和当地经济状况的叠加,比如英国脱欧公投这样的政治冲击,欧盟政治前景的不确定性,某些经济体的结构性缺陷,欧洲(尤其是意大利)银行资产负债表上相当比例的不良贷款,以及银行与主权国家之间的紧密关系。[40]中国如何从一个追赶型经济体过渡到技术和制度设计前沿的经济体(包括管理信贷泡沫和改革金融市场),仍存在着不确定性。在新兴经济体中,如果对国内经济依赖的商品(自然资源、农产品)的风险管理不足,以外币计价的过度负债(通常以美元计)就可能导致企业和银行陷入困境。[41]最后,经济学家对审慎监管应如何运作仍知之甚少,其中包括投资者应在多大程度上对其在受监管金融机构的投资负责(例如,在违约情况下自救),[42]当然还有资本金和流动性要求的适当核定等。

最后,我将以一个特殊问题的讨论作为结束,这就是影子银行问题。随着监管变得愈加严格,银行业的经营活动倾向于迁移到"平行"银行,而这些"平行"银行要么只受到轻微监管,要么根本不受监管约束。只要这种迁移不以牺牲易受伤害的参与者(小额储户和中小型企业)或纳税人的利益为代价,就没有理由反对这种迁移行为。但如今,正如我们在 2008 年已看到的那样,影子银行部门实际上可以从公共流动性和救助中获益。毕竟,如果影子银行业务陷入困境,就会使受监管银行暴露在影子银行的风险之下,或者是通过影子银行欠受监管银行的债务,或者引发影子银行贱卖某些类型的资产,从而使受监管银行难以通过出售其资产筹资;除此之外,我们还能想到其他一些在影子银行经营不善时,需要求助公共财政的因素:比如,个人把钱放到影子银行,或者小型企业开始依赖影子银行借贷(这两种情况如今在中国都存在)。

谁应担罪?经济学家与危机防范

归根结底,2008年的金融危机也是国家的危机,因为国家没有很好地履行监管者的职能。与本书第十章讨论的欧元危机一样,2008年的危机亦发轫于监管机构的失灵:对金融危机来说是审慎监管失灵,而对欧元危机来说则是政府监督失灵。在这两种情况下,只要一切顺风顺水,监管就会普遍松懈。在危险变得明显之前,金融机构和国家的冒险行为都得到了容忍。与许多人的想法相反,这些危机与其说是纯粹意义上的市场危机——经济人对其面临的激励做出反应,其中那些最不谨慎的人利用监管漏洞欺骗投资者,并钻公共安全网的空子——毋宁说是国家机构和超主权国家机构失败的表现。

由于没能预测到危机,[43] 经济学家一直遭到严厉指责,甚至被要求对此负责。但实际上,造成金融危机的大部分原因都与危机发生前已被研究过的风险有关:资产泡沫,过度证券化对发行人激励的影响,短期负债增长及金融机构可能缺乏流动性,无法准确衡量银行风险,评级机构的道德风险,场外交易市场不透明,市场枯竭和市场价格消失,金融市场的羊群效应,以及监管的顺周期性影响。

话虽如此,纵使学术研究提供了理解导致金融危机的重要因素的钥匙，但在预防金融危机方面并未取得多少成功。我们必须承认，在危机爆发前的那段时间里，经济学家几乎没什么影响。有四个方面的因素促成了这种情况：

首先，也是非常关键的一点，我们必须明白，经济学家更适合识别导致危机的可能因素，而非预测危机是否会发生或何时发生，就好比医生更适合找出可能导致某种不适或心脏病发作的病因，而非确切地说出疾病发作的日期一样。[44] 就像流行病和地震一样，金融危机很难预测，但我们可以识别可能导致金融危机的原因。由于金融数据非常不完善，而且世界在不断变化，相关效果的影响程度总会有很大的不确定性，更不用说那些不可预测的自证因素（如银行挤兑[45]）了，因为用凯恩斯的话讲，这些因素基于"投资者内心的感觉"。[46]

其次，学术知识的传播非常碎片化。这方面的责任既要归咎于研究人员，因为他们常常未努力向大众传播他们的知识，并使之更具有操作性，同时政策制定者也难辞其咎，因为他们在经济运行良好时对经济学家发出的悲观警告置之不理。研究人员不能指望决策者去阅读技术性文章（即使知识经常由为监管部门工作的经济学家传播），他们必须提取精华，让研究成果易于理解，并准确说明如何应用。这些都是顶级经济学家痛恨做的事情，他们宁愿花时间去创造而非传播，更不用说其学术声誉取决于同行而非决策者的认可。为了促进科学知识的传播，培养优秀的应用经济学家的做法百益无害。他们将为监管机构工作而非从事学术工作，并愿意在研讨会上与监管机构、央行行长和银行家分享研究见解。

第三，几乎所有研究人员都未意识到金融部门承担风险的程度。例如，他们不知道资产负债表外负债的数额，也不了解场外交易合同的规模和相关性。毋庸置疑，监管者对此了解也很有限，但即便如此，在监管小圈子外，也很少有人知道金融领域发生了什么。学界的经济学家是否应该更知情？我对此没有好的答案。一方面，如果决策者能听取经济学家的意见，这自然是有益；另一方面，经济学家术业有专攻：研究和教学与应用经济学相去甚远，尽管两者互有裨益。

最后，部分经济学家，无论是基于内在信念还是由于利益冲突，低估了金融监管的重要性，或过分吹捧了场外交易市场和金融创新的优点，而这些论点很快被利益相关者利用。虽然查尔斯·弗格森（Charles Ferguson）2010年精心导演的电影《监守自盗》（*Inside Job*）有些争议，但它展现了研究人员与研究对象之间合谋的危险。当私人或公共利益入侵研究领域时，相关的利益冲突问题与其他科学产生的利益冲突并无区别。这里的困境是显而易见的：那些拥有与公共决策密切相关信息的人，往往与监管中的利益相关者也有关联。对此问题，没有灵丹妙药可言。为了减轻利益冲突问题，大多数研究小组、大学和公共组织现在都建立了道德规范，要求研究人员声明潜在的利益冲突。这样的做法无疑是有用的，但研究人员最终必须受到个人伦理的约束。

第五部分　产业挑战

第十三章　竞争政策与产业政策

　　历经政府与市场之间毫无结果的二元争论之后，如今人们已经知道，明智的政府监管可以减少市场效率低下的问题，同时限制政府干预对创新和创造力的负面影响。经济主体间的博弈、信息不对称、不确定性及场景多样性构成的复杂局面，使人们颇费心思才能找到管理竞争和设计监管的最佳方式。得到实证研究支撑的系列理论进展，已指引经济学家提出众多关于市场监管和组织管理方面的改革建议。

　　即便在市场经济国家，政府也至少在经济活动的六个方面发挥着核心作用：在政府采购中，政府是公共建筑、交通（包括高速公路、铁路和城市公共交通）、医院、国防和其他政府活动等产品或服务的购买者，并组织供应商竞标。作为立法和行政机关，政府核发超市经营许可、颁发出租车经营许可、授予航空公司着陆权，向电信、广播和电视运营商发放频谱使用许可，由此间接影响消费者在购物、出行、通信或其喜欢的项目上支付的价格。作为市场裁判，政府鼓励竞争，以促进创新和向消费者提供他们负担得起的产品。政府通过竞争法设定规则，由竞争主管部门制止滥用市场支配地位和可能导致价格显著上涨的协议与并购等行为。[1] 作为诸如电信、电力、邮政和铁路产业的监管者，政府要确保垄断或高度集中市场中的企业不会盘剥消费者。作为金融监管者，政府要确保银行和保险公司不会牺牲储户和投保人的利益冒险追逐利润，或者当金融机构必须由政府救助时，以牺牲纳税人为代价。作为国际协定（尤其是国际贸易协定）的签署者，政府决定着各产业部门对外国竞争对手的开放程度。

或者是因为政府疏于职守，或者更多时候是因为有组织的游说集团对其施加了强大影响，政府可能无法有效履行上述职能（正如经济危机所表明的）。对于用户或纳税人来说，尽管代表着利益相关方的大多数，但由于缺乏组织，加上消息不灵通，他们通常对政府的政策无动于衷。因此，政府非但没有保护用户和纳税人，还倾向于与游说集团保持良好的关系，或至少避免与其发生激烈的冲突。

特殊利益集团尤能产生影响的一个领域涉及对竞争的限制甚至禁止。无论是在位企业的股东还是员工，如果可能失去独占某个特定市场的权力，他们很自然会试图阻止新竞争者，或者从政府那里获得经济补偿，而令人感到奇怪的是，政府竟然会迁就这些要求。实际上，政治家们并不总是乐见竞争，或许是因为他们想为寻求保护的游说集团提供好处，或者是因为担心竞争会对其政治行动和权力施加约束。我们再次见到，缺乏竞争的受害者们（也就是购买力因此而削弱的消费者们）组织不力，对自己不支持或不理解的公共决策的影响一无所知。世界各地皆是如此，但法国尤甚。而令人吃惊的是，消费者和消费者协会竟然对竞争持谨慎态度，这显然与其最佳利益背道而驰。

在所有国家，相对于特殊利益游说集团而言，消费者和纳税人对政府的影响微乎其微。正是这个原因，在欧盟法律体系中，欧盟立法者在泛欧竞争规则和其他经济活动监管方面发挥着主导作用。这些规则通过防止诸多国家的政治家免受来自利益集团的影响，使得这些国家有可能实现本国经济的现代化。一个明显的例子就是波兰（欧盟成员国）和乌克兰（非欧盟成员国）截然不同的发展轨迹。在加入欧盟前，波兰与乌克兰的经济发展水平不相上下，但自波兰加入欧盟后，两国的 GDP 水平甚至在最近的乌克兰冲突之前就彻底分化了。在波兰经济自由化时，欧盟竞争法阻止了垄断的形成，而在乌克兰经济私有化过程中，政治腐败等原因导致了垄断的肆虐（爱沙尼亚可能比波兰更有代表性，因为它在市场自由化方面走得更远）。

竞争的目的何在？

经济学家总是利用一切机会赞美市场竞争。然而，竞争很少是完美无瑕的，市场确实存在缺陷。其中，市场势力，即企业能够将价格水平维持在显著高于成本之上或提供劣质服务却不会丢失众多客户的能力，必须得到遏制。竞争的鼓吹者和贬损者有时忘了竞争本身并非目的，而仅仅是一种服务社会的工具。如果竞争导致效率低下，就必须取消竞争或纠正竞争机制存在的问题。

竞争如何服务于社会？对此，存在如下三种观点。

提高支付能力

竞争最明显的好处是降低消费者支付的价格。垄断者或卡特尔可以抬高价格，一直到非常高的水平，却只会损失一部分客户。主导企业，不管是追逐利润的私有企业，还是（通常）旨在以营收冲抵高额生产成本的公有企业，都不会放过攫取高价或提供低质产品及服务的机会，其结果是人们的购买力下降，其消费也相应减少。而竞争者的进入使消费者很难被垄断锁定，并对价格施加下行压力。

以法国出租车行业为例。法国出租车不仅价格高、服务差,人们还经常无车可打。除非家境富裕或能够报销出租车费,否则法国人很少打出租车。不过,居住在巴塞罗那或都柏林的许多人都会选择打车,这是因为这两个城市都放松了出租车市场监管并开放竞争,由此降低了出租车价格并增加了车辆的供给量。优步的进入虽然存在争议,但它已经强化了法国众多城市出租车市场的竞争。类似的变化也出现在法国城际交通市场,促进市场领域开放竞争正是《马克龙法》(Macron Law)的初衷(以该法发起者,时任法国经济、产业和数字事务部部长马克龙的名字命名)。

另一个体现竞争好处的例子是非洲的移动电话或互联网市场。过去,(固定)电话曾经是某些精英阶层成员的"摇钱树",而且只有富人用得起。农村地区的电话服务不仅非常少,垄断运营商还总是收取过高的费用。其结果是,多数非洲人不使用固定电话,甚至大部分非洲人未安装固定电话。但受益于移动电话对固定电话的替代,以及移动通信公司之间的竞争,这一局面已彻底改变。由于移动通信公司提供了负担得起的服务且相互竞争,现在数百万低收入群体得以享受到医疗或金融服务(以及由慈善组织与企业合作提供的免费在线教育和其他服务)。

在多数发达国家,居民家中基本都安装了固定电话,但很少使用。在这些市场开放竞争之前,人们很少打长途或国际电话,因为它们价格太高。市场竞争降低了固定电话服务价格,提高了固定电话的使用率。

限制竞争带来负面影响的一个例子,是法国1996年颁布的《拉法兰法》(Raffarin Law)和《加朗法》(Galland Law)。这两部法律如此弄巧成拙,要不是因为其对家庭尤其是贫困家庭有些许作用,简直可以说是一个笑话。根据《拉法兰法》,未经政府许可,开设一个面积超过300平方米的新超市属于违法行为。实际上,禁止开设大型超市的法律执行了十年之久。² 它的本意是约束大型超市的市场势力，但这些大型连锁超市的股价却立刻上涨，因为投资者知道该项立法会限制它们之间的竞争，而这对已经存在的大型超市而言是一个利好。同年，同样是为了限制大型连锁超市扩张以防止其从供货商那里得到更多优惠，《加朗法》禁止超市将其得到的价格优惠让利给消费者，于是大型超市停止了打折，这实际上提高了产品价格。因为我住在市中心，所以希望附近能有一些小商店，即使价格贵一些也无妨。不过，我从该经历中得到的启示是，这些法律虽让我这样的消费者受益，却牺牲了其他许多居民的利益（而且，本该有其他方法在市中心保留这些小商店）。

最后一个例子是产业保护与国际竞争。在20世纪90年代早期，法国汽车产业远远落后于其竞争对手，特别是日本汽车产业，前者生产成本高且产品质量差，市场上缺少竞争压力。欧洲市场的开放和竞争的引入，显著改变了汽车行业的产业组织和生产效率。与国际最佳案例相比，雷诺、标致-雪铁龙都大幅提高了生产效率。³ 2001年中国加入世界贸易组织，是国际贸易影响效率和创新的另一个例子。经济学家的研究表明，迫于引入竞争的威胁，中国纺织企业的创新能力和生产率迅猛提升。⁴ 对消费者而言，竞争产生的效果并非无足轻重。法国四分之一消费品是从低工资国家进口，由此为每个法国家庭每月节省大约100—300欧元。⁵ 当然，这些好处很大一部分源自工资差异，而非仅仅来自让法国的垄断者或寡头垄断者面对竞争。

促进创新和提升效率

竞争不仅体现在更低廉的价格上，它还促进企业更高效地生产和创新。正如我们在互联网上所见，竞争会催生各种各样的方法和实验，带来新的技术和商业模式。生产率的提升既包括现有企业因竞争刺激而提高的收益,还包括低效企业被高效企业取代(即"创造性破坏")带来的收益。在美国和法国,至少四分之一的生产率增长要归因于这种新旧更替。[6]

竞争缺失让公司、管理层及员工过着舒坦的日子,在受保护的市场上享受着安逸的生活;用经济学术语来说,他们享受着垄断租金。垄断不仅带来高昂的成本,而且通常很少创新。创新会侵蚀其现有活动(新产品产生的部分利润会被现有产品销量下降带来的利润损失所抵消),而且他们实际上根本不需要任何创新,因为其管理层不会因为创新动力不如竞争对手而受到指责。

这些现象并不鲜见。产品和客户服务的创新并不一定来自非凡的技术进步。回到出租车的例子,像优步、SnapCar、来福车(Lyft)和其他利用移动应用程序连接司机和乘客的网约车公司,只不过引入了一些简单的想法,便吸引了大量用户用脚和钱包投票。位置定位使得跟踪司机到达目的地成为可能,而且可以计算出到达目的地所需的时间,这种可跟踪性保护了消费者。用绑定借记卡的应用程序进行支付简化了支付流程,还可以直接给用户发送电子发票,也让商务旅行者更容易报销费用。另一个"创新"是让司机和用户建立起礼貌和守时信誉的反馈机制。提供一瓶水或者给乘客的手机充电绝对算不上一场技术革命,然而,出租车公司要么从未想到过这些创新,要么懒得尝试它们。

保障市场的公平

"自由"竞争的另一个重要好处与形容词"自由"有关。当存在竞争时,企业难以通过政府监管获取垄断租金,从而也不会花费巨资从事给社会增加成本的寻租活动。腐败代表寻租活动的极端情形。一些发展中国家实施进口管制的一个灾难性后果,是政府官员将进口许可证颁发给有权势的朋友,却牺牲了他人的利益。倘若进口管制的目标在于限制进口,那么更好的办法是直接征税,或者通过政府拍卖,把配额授予出价最高的企业,而拍卖收入则归政府所有。

在不那么明目张胆的情况下,不能自由进入市场可能导致政府官员出于私人关系或政治方面的考虑而偏袒本地供应商。出于直觉,我们会认为从本地供应商处采购是一件好事,有时候的确如此,但也只有当政府对所有供应商一视同仁时才会如此。[7] 处于不利地位的非本地供应商也是其他社区、地区或国家的本地供应商,无论是在一国之内,还是按照世界贸易组织的规则开展国际贸易,这种地方保护主义都应受到市场准入规则的谴责。重要的是,地方保护主义并不是一种最终结果此消彼长的零和博弈,比如由各地的本地企业替代非本地企业。竞争可以让消费者购买到世界上最好的产品和服务。决策者照顾本地供应商的做法是以损害纳税人或消费者的利益为代价的,后者将支付更高的价格或者接受更劣质的服务。

最后,在民主国家,旨在影响公共决策的活动会随着政府权力的加强而变得更加频繁,并会产生社会成本,无论这些活动是在暗中展开(比如在巴黎、布鲁塞尔或华盛顿进行游说),还是在众目睽睽之下进行(比如在法国阻断高速公路或者扰乱公共服务)。

产业经济学

产业经济学研究市场势力的滥用及其监管,其主要做法是构建模型,抽取出每种情形下的关键要素。这些模型的预测结果可基于实验室里的实验或实测数据进行计量经济学检验。最终,任何模型都必须建立在合理假设的基础之上,并做出能得到实证研究支持的稳健预测。

以此为基础，经济学家可以有把握地就政府政策或商业策略提出建议。

产业经济学有着悠久的传统。它起源于法国，肇始于经济学家古诺（1838）和杜普伊（1844）的开创性研究工作，二者都试图建立一个有助于更好地理解某些具体问题的分析框架。杜普伊是一位土木工程师，他设计了一种计算公路、桥梁或铁路使用者的支付意愿的方法。这一概念（经济学术语称为"消费者剩余"）非常重要，因为它可以让我们通过对比服务的提供成本来判断是否应该提供该项服务。杜普伊还提出了与定价有关的一些问题。他很惊讶，为什么火车三等车厢的服务如此之差（甚至没有顶棚），而企业根本不用耗费多少成本就可以提高服务质量。现在回过头来看，他的答案显而易见：如果企业这么做，二等车厢的乘客将会转到三等车厢；接着，二等车厢不得不提高服务质量或者降价，这将导致一等车厢的乘客转到二等车厢，进而要求一等车厢提高服务质量或降低服务价格。这种不完整但富有开创性的分析，后来发展为一种复杂的市场细分理论，并广泛应用于从交通运输到计算机软件等众多领域。

当1890年美国颁布《谢尔曼反垄断法案》，并且在差不多同时期其他国家也出台竞争法和监管法规后，产业经济学随之转向了公共政策。立法者试图限制各种排斥和限制竞争的行为。后来，这种干预主义的方法得到了哈佛学派（结构-行为-绩效范式的倡导者）[8]描述性研究方法的支持，主张对市场组织进行干预。20世纪60年代和70年代，芝加哥学派发动了一场革命，批评竞争法的许多领域缺乏理论基础，并挑战整个竞争法的根基。然而，这些批评竞争法的经济学家并未提出相应的学说，也许因为他们只是一般性地对监管持谨慎态度而已。到了20世纪70年代末和80年代初，人们不得不重新审视竞争法规的理念，这些研究成果为政府干预提供了更坚实的根基。

竞争总是好的吗？

这个问题的答案显然是否定的。比如，竞争可能带来重复建设的成本。可以想象一下，如果在纽约和波士顿之间，或多个牛津广场站之间，有三四张配电网、几条平行的铁路线，将会造成多少重复建设。现实中，铁轨和车站等基础设施存在大量的"固定成本"，即与运输量近乎无关的成本。同时，还可能存在"网络效应"，即使波士顿市运输局（MBTA）的竞争者可以在游乐园站（Wonderland）和鲍登站（Bowdoin）之间建第二条线与蓝线（Blue Line）展开竞争，但如果它不经由州街站（State）再前往林山站（Forest Hills）的话，也无法在通向林山站或另一条线路上其他站点的线路中与蓝线展开竞争。

固定成本和网络效应导致在基础设施服务的供给上很难甚至不太适合形成真正的竞争。于是，基础设施就成为由一家垄断企业运营的瓶颈环节，监管机构则对提供互补性服务的企业接入基础设施时需要支付的接入价格进行监管（比如，铁路运输运营商需要接入铁路线路和火车站），其中，"开放接入"强迫基础设施所有者向竞争者提供非歧视性的接入服务。在法国，基础设施提供商包括法国国家铁路公司（SNCF Réseau），它是法国国家铁路系统的一部分；或者法国电信运营公司 Orange，它既拥有基础设施，也在毗邻的电话和互联网市场上与竞争者展开竞争。

非常重要的一点是确保价值链上某一自然垄断环节不会将整个产业异化为垄断性产业。如果存在这种危险，就可能需要进一步将竞争性服务从基础设施部门拆分出来，以便在潜在的竞争性环节实现公平竞争。"结构拆分"的一个典型案例是，1984年美国电报电话公司（AT&T）被拆分为本地基础设施拥有者、号称"贝尔七兄弟"（Baby Bells）的七家本地电话基础设施所有者和一家专营长途电话业务的新 AT&T 公司，后者在长途电话市场上与其他长途电话公司展开竞争。其他例子还包括市属机场或国家机场从使用它们的航空公司彻底剥离出来，另外还有拥有和管理天然气管网和电网的英国国家电网公司。

除此之外，也有出于意识形态考虑引入竞争的例子。一个著名的案例是1986年英国在城市公交公司之间引入竞争，由此导致了"公交大战"：公交车竞相抢夺乘客，并围堵竞争对手的车辆。部门内的抱团及不能运营整个公交线路网络，在很大程度上（尽管不是全部）导致这场实验以失败告终。如今，这一幕仍在马尼拉重复上演。而在圣地亚哥和智利，公交车司机无固定薪水，他们的收入取决于运送的乘客数量，他们的公交车被戏称为"黄色怪物"。

然而，市场内部没有竞争并不意味着完全不存在竞争。为了得到市场而进行的竞争（竞标特许经营合同）取代了通常所见的竞争模式：这种情况经常出现在公共服务领域，如城市供水、公共卫生等，或者是争夺运营公交或铁路线路的许可权。

最后，如果存在竞争，那么竞争一定要让用户受益，不能任由企业采取肮脏的伎俩打压竞争对手，而不是提供有吸引力的服务、投资和创新。对市场上此类行为的监管是竞争法的一项关键职能。

竞争和就业

人们经常将竞争和工作岗位的减少联系在一起。显然，一般来讲，事实并非如此：由推理可知，更充分的竞争意味着更低的价格、更高的质量，或二者兼而有之，也会带来更多的消费者，最终形成工作岗位净增加的更大市场。因此，从逻辑上讲，竞争总体上会增加就业。例如，核发更多的出租车经营许可将增加出租车的供给，降低打车费用（正如优步进入出租车服务市场），增加对打车服务的需求，最终创造更多的工作岗位。

但是，也确实存在一种合理的担忧：引入竞争常常伴随着重组和调整，这对相关从业者来说代价惨重。竞争会产生与技术进步类似的效应，对此有一段著名的小插曲。19世纪初英国的一群纺织工人（所谓的勒德分子），面对新引入的节约劳动力的织布机，竟然捣毁了它们。尽管这种极端行为非常罕见，但对受影响行业的从业者而言，技术创新往往会引发各种恐慌，而这是可以理解的。

促进基础设施产业的自由化以引入竞争，很可能导致在位运营商裁员，因其雇不起多余员工或无法提供更多的服务。如果新进入的运营商不能创造出足以抵消那些损失的就业岗位，竞争就蜕变成一个有关人的问题，即便结构调整最终会提升产业前景、增加工作岗位、为消费者提供更多服务，短期内这一问题也非常重要。因此，必须采取一些应对措施，包括冻结招聘（而不是解雇）、再培训等。但正如我们一直强调的，需要解决的问题是保护人而非保住岗位，这一点尤为重要。[9]

有人可能会提出分阶段开放竞争的设想，以便给现有企业一个逐渐适应的机会，当然，前提是这种过渡不会成为无限拖延或阻止竞争的托词。1991年，欧盟颁布了一项法令，要求在铁路运营商之间引入竞争。其后德国、瑞典和英国都先后开放了竞争，且其铁路货运量和客运量都出现了增长（尽管这一过程并非一帆风顺），但法国却还停留在讨论2019年引入竞争的可能性上——尽管法国铁路部门之前已有些许改善，但目前仍处于低迷状态。

产业政策适用于何处？

产业政策是运用公共资金（或税收优惠）以惠及某些技术、部门甚至特定企业，或支持小企业的政策。

任何产业政策都需要首先回答："我们想要解决什么问题？"考虑政府干预必须首先反思"市场失灵"的本质，但仅有对市场失灵的简单分析还不够。以环境为例，[10] 由于经济主体不能内部化其污染活动对其他主体带来的负效应，因而存在市场失灵的可能性。但是，减少污染排放的经济方法在于对排放征税，而不是在不同减排方法中做出取舍。减少二氧化碳排放的方法包括发展电动汽车、投资可再生能源、碳捕获和碳封存、节约能源等。假如我们认定发展电动汽车是一个绝佳的主意，那么我们应该选择哪种技术呢？可再生能源也会遇到类似的问题。可再生能源对低碳发电必不可少，但我们应该选择发展哪种可再生能源呢？我们应该更支持风能而非太阳能，从而将所有鸡蛋都放到一个篮子里吗？我们应该促进能源选择的多样化，还是偏爱一些替代能源？想想滥用公共资金推广生物燃料的例子吧！

所有这些问题都会引向另一个问题：创造有利于各种类型能源投资的条件，而不是事先"挑选赢家"，难道不是更明智吗？还是坚持"百花齐放，百家争鸣"吧。[11] 碳税是一种不会扭曲不同能源之间竞争的政策。有证据显示，促进经济较快增长的产业政策都是竞争中性的。[12]

支持实施产业政策的理由包括：

- 中小企业（SMEs）融资难。
- 私有部门研发投入不足，特别是上游基础研究经费不足，这是因为研发投资者不能完全占有研发带来的收益，而其他企业可从无须付费的知识中得到部分收益（这类似于在职培训，由于人员流动，经过培训的员工反而使竞争对手受益，所以企业的在职培训投入不足）。
- 在可能形成空间集群或产业网络的地方，互补性企业之间缺乏协作（借用传统经济中的一个例子：使用某种煤炭或钢材的工厂与这两种材料的生产商之间缺乏协作的情况）。

前两点困难可以成为实施"横向产业政策"（如研发补贴或中小企业补贴）的依据，这种政策并非偏向特定的企业、技术或区域。不过，还是让我们先来讨论另一种情形，即旨在扶持特定对象的产业政策。[13]

定向产业政策

国家在产业发展中的作用是一个由来已久的政治议题。有些政治家对商界领袖获取公共资金的需求比较敏感，有些则真诚地认为，尝试发展或挽救他们认为能够创造财富和就业机会的特定产业，无论对错，都是出于公众利益的考虑，而多数经济学家对产业政策表现出的冷淡态度让政治家们感到很吃惊（有几位经济学家例外，特别是哈佛大学的丹尼·罗德里克和哥伦比亚大学的约瑟夫·斯蒂格利茨）。那么，为什么经济学家对产业政策持怀疑态度呢？

盲目的方法……？

挑选赢家。 质疑产业政策的主要原因是政治家和选民缺乏关于能够造就未来经济财富的技术、产业和企业的信息。不管专业资格或正直程度如何，决策者都无法预见到哪个领域将出现突破性创新（而且如果他们与游说集团联系过密，其决策可能更具灾难性）。负责制定这些政策的委员会通常会提出一个包含各类行动的庞杂清单，但对政府支持的技术选项一般都缺乏令人信服的依据：没有严谨的成本收益分析，甚至缺乏技术可行性研究。在甄别未来可能成功的产业和活动上，政府并无过人之处。最好的情况下，它们是在或多或少地进行随机选择；最坏的情况下，它们是在偏向某些压力集团。

许多成本惊人且毫无用处的"白象工程"（white elephant projects）

可以支持上述观点：英法协和式客机（Anglo-French Concorde，于 2003 年停飞）、布尔科技公司（Groupe Bull，旨在与 IBM 的超级计算机竞争的法国计算机公司，竞争失败后靠公共资金维持生存），或马来西亚失败的生物谷（BioValley）项目。

战后，许多国家面临的主要任务是重建，所以产业政策比较容易制定和实施。其时，重建工作显然需要大量的基础设施投资，而这些基础设施都基于熟悉的技术且存在显著的需求（如交通运输、电力与钢铁生产等）。然而，当今在结构上具有重要地位的产业（如数据处理、生物技术和纳米技术）却不再满足这样的标准。

集群。很多国家在一小片地域内投资打造产业集群，其令人称许的目的是促进专业化研发和产业园区的发展（仍主要在生物技术和制药、软件或纳米技术等领域）。支持产业集群的经济学理由是，集群可以产生临界规模，从而创造深度劳动力市场，对那些快速变动的、企业间劳动力流动频繁的行业而言，这是一个不容小觑的优势。基础设施共享，技术外溢效应因邻近性而产生，因而促进了非正式的互动和专业知识的交流。[14] 但是，政府的此类干预通常无法实现既定目标，这是因为其目标太多，[15] 导致了资源分散，并且此类集群更多是为了满足地方政府的要求，而不是作为一项清晰战略的组成部分。[16]

我们必须了解的一个现实是，一些最重要的高科技产业集群通常都是自发形成的。一个令人赞叹的例子是麻省理工学院附近的肯德尔广场（Kendall Square）地区，它现在是生物技术产业的圣殿。麻省理工学院没有医学院，但其教师队伍中有多位著名的生物学家，如菲利普·夏普（Phillip A. Sharp）、戴维·巴尔的摩（David Baltimore）和萨尔瓦多·卢里亚（Salvador Luria），其中，夏普（因核糖核酸研究获得 1993 年诺贝尔生理学/医学奖）于 1982 年与他人联合创立了百健公司（Biogen）。麻省理工学院高质量的研究吸引了全世界的顶尖研究人员。学生们在教授的帮助下创建了一批相关研究领域和经济活动的先锋企业:例如,安进公司(Amgen)、百健公司、健赞公司(Genzyme,现属于赛诺菲集团[Sanofi])等。大型制药公司,如阿斯利康(AstraZeneca)、诺华(Novartis)、辉瑞(Pfizer)、赛诺菲等,也在那里建立了研究实验室,它们如同初创公司一样,也希望从该大学的学术研究中心及其营造的正外部性中受益。

展望未来,将气候变化限制在可容忍范围内需要重大的技术创新,这一点显而易见。但同样明显的是,没有人真正知道哪些技术可以实现这一目标。我很难想象政府如何在这些情况下挑选出制胜的技术。一般来说,纳米技术、生物技术和其他未来技术面临同样的难题。

我以对产业政策提出的另外一个批评为本小节作结。无论融资来自公共部门还是私人领域,技术的选择都有其内在的风险,所以政府有时出错不足为奇。世界上不存在零风险的事,而且没有风险并非好事,因为我们将永远不会做任何事情。但另一方面,重要的是我们要认识和承认所犯的错误,而非继续支持那些正在走向失败的项目,那些资金用于支持其他投资项目会更好。

政府往往抑制不住通过砸钱解决问题的冲动,无论是为了证明自己最终是正确的,还是为了迎合(它们帮助创建的)压力集团的诉求,这都多亏了公共财政的支持。让公共项目停下来非常困难,当项目取得初步成功时同样如此,这是对公共财政补贴的批评之一。从经济学视角看,为一种新兴技术提供补贴以对其发展"助力",并从产业内的"干中学"(指成本随生产经验积累而下降)中获益有可能是合理的。但问题是,即使已经无须继续提供补贴,补贴的受益者还是会组织起来阻止政府取消补贴政策。在此方面,私人融资有其固有优势,因为私人投资者知道何时停止那些不再有价值或不再必要的投资,以及何时将资金投向其他更具前景的项目。

370 ……还是有远见的方法？

上面提到的产业政策失败的例子都是传闻，这是一个问题。遗憾的是，很少有人运用严谨的统计分析方法对这些产业政策进行事后评估。（经济学家中）少数产业政策捍卫者讲述的成功故事也仅仅是传闻性质的，例如欧洲利用产业政策支持空客公司成功的案例。空客背后的逻辑其实并不一样，成立空客的目的是在可能被波音公司完全垄断的市场上维持竞争。倘若没有空客公司进入市场，波音公司很可能早已将极高的价格强加给航空公司，从而间接地强加给乘客。20年前，达米安·纳文（Damien Neven）和保罗·西布莱特已证明，美国支持波音公司和欧洲支持空客公司的竞争性补贴让全世界受益。无论是否存在补贴，这两家制造公司之间的竞争，使航空公司可以买到相对质优价廉的飞机，进而惠及消费者。[17]

产业政策的支持者也喜欢援引美国国防部高级研究计划局（DARPA）的例子。作为一家支持先进研发项目的联邦国防机构，DARPA开发了互联网的前身——阿帕网（Arpanet）及全球卫星定位系统（GPS）。支持者们还引用了产业政策对韩国等经济体发展的贡献。[18] 最后，这些产业政策支持者注意到，尽管美国许多著名高校（如麻省理工学院、加州理工学院、哈佛大学、斯坦福大学、耶鲁大学、普林斯顿大学和芝加哥大学）都是私立学校，但国家也通过给予其（有竞争力的）资助发挥了至关重要的作用。稍后我将回到这个例子，但现在我想指出的是，欧洲同美国一样，成功的政府干预鲜有基于产业政策的考量，更多是出于诸如国防等国家目标的考虑。

何种产业政策？

既然缺乏严格的实证证据，那我们的结论是什么呢？作为支持某些类型的产业政策(但肯定不是全部)的经济学家,丹尼·罗德里克提出了如下常识性的观点:无论我们是否喜欢产业政策,政府都将一如既往地实施这些政策;无论我们对产业政策的看法如何,我们都必须设法使这些项目尽可能成功,并承认我们对产业政策的理解还在发展。结合个人经验,我在此提出以下七项建议:

1. 识别市场失灵的原因,以便更有效地做出反应;
2. 邀请独立、有资质的专家遴选接受公共资金资助的项目;
3. 重视科研能力的供给和需求;
4. 采取不会扭曲企业间竞争的中立性产业政策;
5. 评估政府干预措施并公布评估结果;政府干预应包括"日落条款"(sunset clause),以确保产业政策在不起作用或不再需要时可以退出;
6. 让私营部门承担更多风险;
7. 牢记经济结构是如何演变的。

第一项建议旨在识别市场失灵的必要性,前面已经提到,此处不再赘述。

第二项建议涉及事前评估的必要性。政府应借助高度专业化和不受政治干预的机构做出项目选择。前面提到的几个在美国成功实施的产业政策案例(DARPA 和大学研究)就采取了同行评议机制。基于同样的视角,罗德里克注意到,20 世纪 90 年代智利鲑鱼养殖业受到国家支持后的迅速发展,与半独立性的专业人士的参与不无关系。当然,要找到能胜任的、有时间的独立评估者并不容易,因为最优秀的评估人才通常很忙,很可能已受雇于相关行业。但这种程序是最为可靠的。除技术方面的考虑之外,官员们还要通过雇用风险投资专家或寻求私人联合融资的方式来召集融资方面的专业人才。

对于学术研究的资助,需要动员顶尖学者为项目排序,并提供不会因政治因素而受到质疑的项目排序结果。这正是同行评议的原则所在。例如，作为自治机构，美国国家科学基金会和国家卫生研究院都很尊重专家意见。同样，成立于 2007 年的欧洲研究委员会也存在类似机制，并在专业能力和公正性方面赢得了声誉。当然，重要的是找到最优秀的专家，确保排除或控制任何利益冲突（例如，评估方案由密切合作者提出）。研究人员、团队和大学之间的竞争对创新非常有益。[19]

第三项建议意味着，当我们关注研究队伍时可以发现，国家或地方政府经常是确定了其（合理地）认为重要的研究领域（例如环境或生物技术），却并未调查这些领域取得成功所需的条件。然而，如果没有享誉国际的研究人员承担这些工作，即使花钱也是毫无意义的。这一问题会在科学研究中产生，在其他情形如构建产业集群时也会出现。在此方面，常常存在一个风险，就是政府在没有多大现实潜力的情况下就建设设施或资助研究，然后希望成功自动到来。

这就是我所说的"梦幻成真"（field of dreams）心态：只要你把东西建好，人们自然会来。这在棒球电影中或许是真的，但是经济和科学发展的主角们却不会蜂拥加入每一个得到资助的新项目或产业集群。对于寻求拓展技术前沿的项目来说，找到能够吸引同行和杰出学生的核心专家才是成功的关键。

第四项建议是不要扭曲市场竞争，这在前面已经提过。此项建议不仅有经济学上的原因，还因其可以防止官员偏袒某一特定公司或某个公共资金的使用者。

第五项建议是事后评估。因为没人会对事后评价有很大热情，所以这项工作开展起来很困难。尽管如此，事后评估仍是从以往错误中吸取教训，并识别"白象工程"背后所犯错误的一种有用方法。当然，所有公共政策都需要做事后评估，并不限于产业政策。[20]

第六项建议意味着以风险共担的方式构建私人参与的融资机制。如果私人投资者不愿承担风险，可能是项目的可行性有问题。应该把私人投资者是否愿意做出投资承诺作为项目是否符合公众利益的一种信号。[21]

最后，我们需要努力预测经济变化的方式。在美国、英国和法国等国家，人们对制造业颇有怀旧情结。显然，我们不应该排除好的工业项目。例如，德国就从其活跃的工业部门获益匪浅。但是，向后看会导致未来面临困难：若要将法国制造业占 GDP 的比重从 18% 降至 12%，从过去的角度看意味着需要国家实施再投资战略，但是，这样做并未找到问题的症结所在。与其假定制造业复兴本身就是正确的目标，不如探讨制造业衰退的原因。回到产业政策支持者们展示的明星案例上，我们应留意的是，韩国的经验[22]运用了此处列举的众多原则：保证企业相互竞争，运用同行评议，设定产业政策时限，确定成功的出口企业，以及与私营部门共担风险。

"产业复兴"更多是口号而非战略。至少在发达国家，21 世纪的经济将以知识和服务为基础。如果我们着眼于产业复兴，那么不但会有使用公共资金的风险，也可能将国家导向没有附加值的经济活动，最终导致人口的贫困化（另一方面，正如德国那样，由企业自身驱动、着眼于高价值细分市场的战略是有道理的）。当然，这并不是说我们应该放弃工业。发展具有高附加值的好工业项目的最可靠方法，是为企业创造有利于融资和发展的环境，并确保其融入创新文化。

欧洲的产业缺陷

法国产业结构的缺陷众所周知：既缺乏快速成长的中小企业，也（相应地）缺乏跻身大企业精英俱乐部的新成员。法国的情况并非个案，欧洲其他国家也同样长期存在此问题。15 年前，法国经济分析委员会发布的一份报告[23]指出，在世界 1000 强企业中，美国有 296 家，其中有 64 家（22%）创立于 1980 年以后，而在欧洲的 175 家中仅有 9 家（5%）创建于 1980 年以后。法国 CAC40 企业的平均寿命为 101 年，而美国标普 500 企业的平均寿命已从 1958 年的 61 年降至如今的 18 年。[24] 相比较而言，欧洲非常缺乏活力，20 世纪下半叶以来仅诞生了英国沃达丰和德国 SAP 两个"代表"企业。

在法国，中小企业问题尤为突出：仅有 1% 的企业有 50 名以上员工，而德国的这一比例是 3%；德国有 12500 家中型企业，而法国仅有 4800 家。

应为中小企业提供什么支持？

应该向中小企业提供特别支持吗？认为应该的理由是中小企业缺乏获得信贷的渠道。因为大企业已建立起可用作借款抵押的信誉和资产，所以它们更容易获得融资。相应地，它们还可以利用债券市场渠道，而小公司则不具备这些条件，欧盟的小公司主要依赖银行贷款。这就是欧盟法律不把"横向"协议（比如研发税收抵免，或为中小企业的银行贷款提供担保）视为国家援助（通常被禁止）的原因。

基于现有的安排，中小企业是否需要额外的融资渠道值得商榷。在包括法国在内的许多国家，中小企业目前享受着各种形式的公共财政支持和降低借贷成本的税收减免政策。此外，融资体系的复杂性和多项税收漏洞使企业可以钻空子。支持创新的体系可能非常复杂，企业需要耗费大量资源才能为其想要推动的项目找到公共资金来源。这对企业来说显然得不偿失，而且中小企业甚至没有足够的资源玩这种游戏。

一般来说，如果政府能消除中小企业面临的各种障碍，就会使其从这样的改革中受益。例如：

- 门槛效应。[25] 产生这种效应的原因是中小企业的界定标准是其员工应少于某具体数目。经济学家经常批评这种门槛的设定，认为其阻碍了企业的成长。例如，对于法国企业来说，如果其雇员分别超过10、20或50名，就要相应承担不同的责任，包括会计责任、社保缴款率、工会、裁员时要求提供职位保全的计划，等等。当雇员人数从49增加到50时，企业要多履行34项义务。对未来发展充满信心的公司当然会继续负重前行，因为别无选择，但是对未来怀有忧虑的企业则会在跨越这个门槛之前三思而行（它们会依赖加班、外包或创建新企业等措施）。门槛效应产生了"中小企业陷阱"。图13.1显示，在法国，"50名雇员"门槛产生了令人震惊的扭曲情况，从49名雇员到50名雇员的企业数量急剧下降。不过，这种门槛效应几乎无处不在，其中包括美国（例如，为少于50名雇员的公司提供补贴）。在法国、意大利、葡萄牙等国家，门槛效应尤为显著，而且由于本地劳动力市场的特殊问题，这一效应还会造成额外的失业。一些研究[26]表明，门槛效应的成本可能相当于GDP的几个百分点。

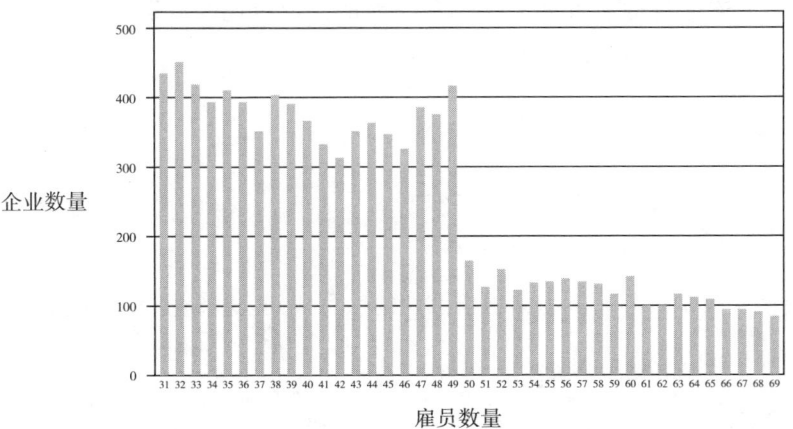

图13.1 法国企业数量和雇员数量的关系（雇员人数介于31到69之间）

资料来源：Ficus（fichier fiscal），2002。

- 复杂性。劳动法、财政体系及公共采购的极端复杂性（就像支持创新的政策的情况）对缺乏专业管理人才的中小企业尤为不利。
- 拖欠款项。在法国，公共部门和大公司在支付中小企业的服务费时可能非常缓慢。
- 破产处理。[27] 在对处于困境和破产的企业的法律处理上，法国显得与众不同。在企业经营可能已经失败的情况下，股东和管理者仍被赋予很大的权力。与世界其他地区不同的是，当企业遇到经营困难时，法国的债权人得不到很好的保护。在这种情况下，法国中小企业借贷难也就不足为奇。
- 劳动和税务监管。在法国，中小企业成长面临的其他障碍还包括：将行业层面的劳动协议几乎照搬到企业[28]而带来的人力资源管理限制，以及有利于企业将生意向其家庭成员或非居民转移的税收政策。[29]

消除这些在所有国家都存在的形形色色的障碍，要比为中小企业提供额外的融资支持更为有用。

第十四章　数字化如何改变一切

我们日益频繁地在网络上购物，处理金融业务，浏览网站新闻，使用优步预订网约车，使用布拉卡（BlaBlaCar）预订顺风车，以及使用爱彼迎（Airbnb）预订民宿。社会数字化是 21 世纪经济与社会变革的核心。正如数字化改变了贸易、金融、媒体、旅游和酒店业一样，它将影响人类的所有活动。

每个人将不得不适应这场变革，包括一些令人惊奇的组织。面对新闻和传统媒体的衰落，2014 年美国国家公共广播电台（NPR）也转型为广播电台界的"声破天"（Spotify）：其应用程序 NPR One 邀请用户对节目打分，并关注用户在每档节目上的收听时长，分析用户播客下载的内容，进而根据用户兴趣提供定制化的节目服务。这些变革才刚刚开始。数字化将颠覆保险、医疗、能源及教育等领域。正如机器人将改变众多其他服务领域一样，基于机器学习[1]的智能算法将重塑专业化的医疗、法律及金融服务。

经济领域只是这场变革的一个方面。数字化还影响到人际关系、公民生活乃至政治。各行各业都在担心产业结构的变化、工作性质的变革，人们对网络安全和"钓鱼"软件也充满担忧。总的来说，数字化对知识产权、竞争法、劳动法、税收及监管都产生了影响。数字经济带来了非凡的技术进步，进而带给我们更好的健康、更多的时间和更强的购买力，但也引发了不可忽视的风险。本章及下一章的目的是分析几个最大的挑战，以便我们能够更好地理解并为商业、职业领域和监管体系的转型——简而言之，整个社会的深刻变革——做好准备。

本章聚焦于数字化公司的策略，以及政府监管这类市场时面临的挑战。双边平台是分析的焦点所在，它们使市场不同侧的用户（我们称为"供给侧"和"需求侧"，或者"卖方"和"买方"）得以匹配和互动。这类平台的体量都比较大，并且变得愈发重要。当今（2017年8月），全球前五大公司（按照市值计算）都是双边平台型企业：苹果、谷歌、微软、脸书和亚马逊。前十家最大的初创公司中，有七家是双边平台型企业。本章将分析它们的商业模式，探讨这些企业是否正让我们的生活变得更美好。

平台：数字经济守护者

你的维萨卡、索尼游戏机（PlayStation）、谷歌搜索引擎、即时通信服务软件瓦次普（WhatsApp），以及街角的房地产中介，都具备许多你想象不到的共同点。它们都属于"双边市场"，[2] 即这些市场中都有一个中介平台（维萨、索尼、谷歌、脸书、房地产中介），卖方和买方通过平台进行互动。这些平台把寻求互动交易的不同群体聚集在一起，比如电子游戏产业中的玩家与游戏开发者，操作系统（Windows、安卓、Linux，或 Mac 电脑的 OSX，或 iPhone 手机的 iOS）的用户与应用程序开发者，搜索引擎与媒体产业中的用户与广告主，或者银行卡交易中的持卡用户与受理商家。这些平台将这两类用户群体撮合在一起,并提供技术接口以促成买卖双方达成交易。这种交易机制值得进一步阐释。

注意力经济学

长期以来,经济学家认为经济增长主要源自发明新产品,以更低成本生产它们,并通过降低运输成本和关税等交易成本(检验国际贸易"引力模型"的实证研究表明,随着交易成本的下降,国际和国内贸易量均会上升)来更高效地开展贸易。

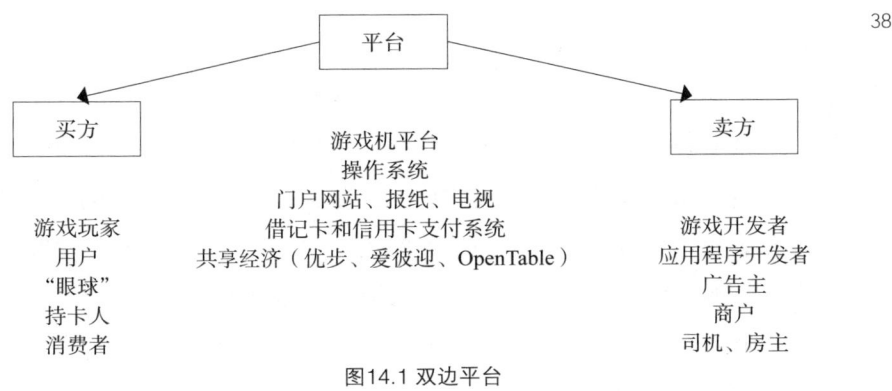

图14.1 双边平台

50年前,打算阅读或听音乐的人仅能获得数量有限的参考资料。读者通过购买报纸来了解时事新闻,至于想读一本书或听一张唱片,则要受限于当地图书馆的馆藏。富有的家庭可能会拥有私人图书馆,但规模相对较小。购物时,消费者一般会去附近的商店。想交朋友或找伴侣的人,则依赖于所处村庄或社区的关系圈。

相比之下,现在共享信息或将数字产品从地球一端发送到另一端的成本几乎为零,可供选择的产品类型也无限丰富。数千年来,我们的祖先担忧的是难以找到贸易伙伴,而现在我们的问题是如何在数百万伙伴中找出最符合我们期望的那一个。困扰我们的是选择太多，而不是太少。当前，我们的问题是，如何在这些繁多的潜在活动、交易和关系中，最佳地分配自己的时间和注意力。注意力经济学从根本上改变着人们的行为和互动方式。我们需要综合经济学家、心理学家和社会学家的观点来理解其影响。

因此，最重要的交易成本不再是物理运输成本，而是评估销售什么产品、选择与谁做生意，以及相应的沟通成本（以说服潜在的贸易伙伴相信自己值得信赖）。我们拥有几乎无限的信息来源，但只有有限的时间去处理和理解它们，由此让那些帮助我们找到交易伙伴的中介和平台站在了经济活动的核心位置。其他成本（运输、关税、展示）下降得越多，与信息甄别、阅读和选择有关的成本就显得越重要，我们就越需要专业平台来匹配买方和卖方。

这些平台通过披露供应商的信誉（如对缤客上的宾馆、易贝上的店家或优步上的司机等的评级信息），提供最符合我们口味的产品建议（如在亚马逊或声破天上的推荐信息），进而展示在售产品质量及最佳匹配顾客等重要信息。这些平台使我们与更可靠或更符合我们需求的合作伙伴联系。它们通过纷繁复杂的后台撮合，帮助我们以较低成本达成交易。

所谓的共享经济就属于这一范畴，其逻辑是更好地利用闲置资源：民宿（爱彼迎）、私家汽车（Drivy 或优步）、私人飞机（Wingly）、汽车出行（布拉卡）或货运车辆（Amazon On My Way，You2You）中的空闲空间。但是，中介平台需要帮助每一端用户确认他们从交易中能得到什么好处。例如，当游客寻找特定日期特定类型的民宿时，就需要找到恰好在那段时间离家外出和想赚取外快的户主。迷失在海量信息迷宫中的用户需要信任平台：信任推荐的公正性与质量，信任企业会保护或删除个人数据的承诺，并相信这些数据不会被转给第三方。

我将在下一章回到这些问题上。

寻找供应商的便利性催生了交易,否则这是不可想象的。同时,平台常常让供应商相互竞争,从而推动价格下降。然而,事情并非总是如此。麻省理工学院的格兰(Glenn)和萨拉·埃里森(Sara Ellison)的研究表明,稀缺二手书的需求很小,所以在网上的价格总是较贵。[3] 那些有意寻找"小众产品"的用户愿意为此支付较高的价格,而那些在书店或车库市场上偶然购买的人,往往不愿付那么多钱。但是,网上价格较高并不一定意味着经济效率低下,因为如果没有搜索引擎或平台,买家可能永远找不到这类稀缺书籍。

技术平台

与谷歌、易贝或缤客不同,贝宝(PayPal)或美国运通(American Express)等支付平台并不让卖家和买家直接接触;相反,它们的商业逻辑是:我们已经与商家达成了交易,并为用户提供了一种快捷、安全的支付方式,因而用户无须再去找自动柜员机或通过银行转账。

类似地,我们并不需要索尼游戏机或微软游戏机(Xbox)来告知我们,电子游戏开发者已经为其设备开发出众多游戏产品,自然会有独立的信息渠道(包括广告、报刊评论、商店展示或谷歌搜索引擎上的关键词等)告诉我们关于新游戏的信息。况且,索尼或微软生产的游戏主机也允许我们玩游戏开发者开发的其他各类游戏产品,正如Windows 操作系统允许我们安装和使用各类商业或非商业的兼容性软件。更常见的是,平台的第二个功能并非匹配和推荐互不了解的买家和卖家,而是提供一个技术界面,以便用户间的互动尽可能顺畅。基于同样的精神,Skype 或脸书允许我们通过一个便捷友好的界面与家人和朋友保持联系。

双边市场

383 对于这些迥然不同的市场上的公司行为,双边市场经济学提供了一套理论。这一理论也常被管理顾问和竞争主管部门使用。

商业模式

这些平台有两类用户,它们面临的挑战在于如何找到一套可行的经济模式,确保平台双方都参与交易。每个双边平台都面临着"鸡和蛋"的问题。游戏机生产商必须吸引游戏玩家与游戏开发者,玩家希望平台上有大量的可选游戏,游戏开发者希望其游戏产品能进入尽可能广阔的市场上,而游戏机生产商则力图激发这两边用户的参与热情。媒体机构(报纸、电视频道、网站)也面临同样的问题。为了建立一种可持续的商业模式,它们不但要吸引观众的眼球,还要博取广告商的青睐。美国运通、贝宝和维萨等支付卡系统的目标是在吸引顾客的同时,确保商家接受他们的支付方式。所有这些商业活动都必不可少的是抓住这两类用户各自的利益点,吸引他们共同参与平台交易。

经过大量的试错过程,新的商业模式浮现出来。在介绍一些熟悉的案例之前,我先用经济学语言来进行解释。阐述这一新商业模式的经济模型取决于市场上不同边的需求弹性及跨边外部性。首先,对市场上的某一边而言,需求弹性指标衡量的是当价格提升1%时,平台会损失多少用户(按百分比计)。在所有产业中,无论是不是双边市场,需求弹性都是制定价格时需要考虑的关键概念。高需求弹性导致价格适中,而低需求弹性则使价格上涨。虽然这是一个理论概念,但它对应于日常商业实践,并解释了为什么竞争通常会驱动价格下跌:在提高价格的过程中,企业将失去更多的客户,因为他们可能会转向竞争对手,而不仅仅是停止消费。

其次,对双边市场来说,更为具体的体现是,一边的用户受益于另一边用户的出现,即两组用户之间存在交叉外部性。如果在交易活动中,市场一边受益比另一边大,那么平台将对前者收取更高费用,而对另一边收取较低费用,以吸引后者入驻平台,此即"跷跷板"定价模式。因此,平台提供者需要了解哪一边会对平台服务更感兴趣(具有最低的需求弹性,因而更愿意支付较高价格,而不是停止消费),以及哪一边会给另一边带来更多价值。

平台的发展常常归功于在市场一边制定非常低的价格,以激发这一边用户的增长,进而间接地确保平台在另一边赚取收入。市场两边的价格结构充分考虑了两边的交叉外部性。其基本思想很简单:一个用户带来的真实成本并不是为其服务过程中产生的实际直接成本。一边的用户能够给市场另一边的用户带来收益,这些收益可以用货币来度量。事实上,这相当于减少了向用户提供服务的总成本。因此,在某些情况下,市场一边的用户可能不需要付费,甚至还可能得到补贴,而另一边的用户则需要为此买单。许多报纸,特别是《地铁报》(*Metro*)和《20分钟报》(*20 Minutes*)这类免费报纸,以及广播电台和网站,其用户不用支付任何费用就可以享用它们提供的信息和娱乐服务,因为这些平台所有的收入都来自广告。PDF阅读软件可以免费下载,但任何想要制作PDF文件的人则需要购买专业版软件。为什么呢?因为相对于潜在的读者,任何一个想制作或传播PDF文件的人通常都更加希望读者能阅读到自己的文章。相比之下,读者则愿意为畅销书买单。

类似地,谷歌的用户从其提供的众多免费服务(搜索引擎、电子邮件、地图、YouTube等)中受益。用户(连同在搜索时获得的信息、从发送的电子邮件中获得的信息,以及通过谷歌平台上的其他活动获得的信息,还有从其他网站上收集或从数据交易商处购买的信息)吸引了广告商,而广告商可以有针对性地在平台上宣传他们的产品,并为此支付大笔费用。⁴ 其他行业的平台也常常采用这种模式。例如,在线订餐企业 OpenTable 每个月的订单量超过 2000 万,但它并不向消费者收费,而是按照 1 美元/人的价格向餐馆收取费用。

支付卡行业特别有趣。当消费者通过美国运通卡付款时,美国运通向商户收取佣金(比如用户付款额的 2% 到 3%)以获取利润。这笔佣金也称为"商家费率",是从用户支付给商家的购物款中直接扣除的(维萨和万事达卡旗下的成员银行也能从交易中获取一定比例的收入,而且是通过"交换费"的形式,由商户所在银行支付给持卡人所在银行)。这就是免费发卡(甚至是以负价格发卡,如向用户提供免费的航空里程,或直接给用户返现)的原因所在。支付卡的商业模式是:向消费者提供廉价的借记卡或信用卡,并由商户按一定比例支付每笔交易的费用。即使向商家收取的费率较高(维萨和万事达卡是 0.5% 到 2%,贝宝是 3% 左右),商家也乐意接受支付卡付账,否则就有失去顾客的危险。对于美国运通来说尤其如此。由于其高端的市场形象和众多的商业客户,美国运通可以向商家收取更高的佣金。

正如大家所看到的,平台的价格结构往往是有利于市场的一边而对另一边不利。那么,这是掠夺性定价(即异常低价)或是滥用定价(异常高价)吗?相关结论还不很清楚,因为即使是那些根本不在其市场上占支配地位的公司(不像谷歌)也会采用这种价格结构。在讨论双边市场的竞争政策时,我们将进一步探讨这一点。

当蛋比鸡先到时……

如果平台某一边在另一边进入市场之前就必须投资的话,双边平台就面临着另一个重要问题。此时,用户的预期就很关键。例如,当一款新的游戏机投放市场且没有培育起用户群时,独立的游戏开发者在确保游戏机成功之前就开始行动了。他们(以巨大成本)开发电子游戏的风险是,平台可能无法吸引足够多的用户,导致其投资无利可图。为了打消游戏开发者的疑虑,平台开发者通常会针对售出的每款游戏收取 5 到 7 美元的特许使用费。这些特许使用费主要用来加速游戏机平台在市场中的广泛扩散,并鼓励平台以低价投放市场来吸引新玩家:平台不仅可以获得游戏机设备销售收入,还可以在随后的游戏销售中获得佣金。与此相对的是,如果平台唯一的收入来源是销售游戏机设备,那么它将以高于制造成本的价格对外出售,这将导致更少的用户购买游戏机,游戏开发者卖出的游戏数量也将减少。游戏销售的特许使用费给平台带来了一些好处,可以说,在某种程度上,让平台与游戏开发者的利益相一致,并使游戏开发者确信游戏机价格不会太贵。

表14.1 非对称但有效率的定价结构

低价格一边	高价格一边
消费者(搜索引擎、门户网站、报纸)	广告主
持卡人	商户

事实上,索尼和微软等游戏机制造商常常以低价销售游戏机,甚至每台亏损额高达上百美元。[5] 鉴于此,游戏开发者愿意在游戏机投放市场之前就开发出大量游戏。在游戏机投放市场之前,平台也可以开发自己的游戏,正如微软在 2001 年发布 Xbox 游戏机的同时,推出了科幻游戏《光晕》(Halo)。

电子游戏是一个极端的例子,因为市场一边进入的时间远远滞后于平台创建的时间。但在其他领域也存在类似问题。微软发布《光晕》游戏的战略经常被大家借鉴,也就是在培育起用户群之前,平台公司自己先开发一批应用程序。当 iPhone 手机在 2007 年推向市场时，苹果公司还没有自己的应用商店，所以它自己先开发了不少应用程序。网飞（Netflix）公司除了从其他内容提供商那里购买节目外，也自制节目。最近，由大卫·埃文斯（David Evans）和理查德·施马兰西（Richard Schmalensee）所著的一本书阐释了双边市场策略中把握时机的重要性。[6]

平台间的兼容性

在双边市场中，很多时候消费者可以在多个平台之间进行选择。那么，这些平台是否应该选择合作以实现兼容性？在电信领域，政府监管政策强制要求运营商互联互通。我们很难想象一个移动电话网络的用户不能与使用另一个移动电话网络的朋友通话。不过，也有自愿兼容的情况：房地产中介经常共享房源，以便为顾客提供更多选择。

有些平台则选择不兼容策略。如果商家只接受维萨卡和万事达卡，顾客就无法使用美国运通卡来支付账单。专为 Windows 操作系统编写的应用程序也无法在 Linux 操作系统上使用。平台不兼容可能导致市场一边的用户会选择加入多个平台，以增加其与市场另一边更多用户接触的机会，这就是"多归属"（multihoming）策略。例如，消费者持有多种支付卡，或商家接受多种支付卡以便收款；电子游戏开发者将同样的游戏适配给不同的游戏机平台；当房地产中介不共享房源时，无论是购房者还是卖房者都希望与多个中介接触。

另一个例子是智能移动终端应用程序。这是一个由苹果和安卓操作系统共同主导的、相当稳定的双寡头市场。[7]正如大家想到的，大多数流行的移动应用程序都采用了多归属策略。在这种选择下，开发者就要为每个操作系统开发对应版本的移动应用程序，其营销成本也要翻倍，因为要想引起消费者关注，让移动应用程序成为此生态系统中

"最受欢迎"的程序至关重要。在苹果与安卓这两个操作系统上，有4个同样广受欢迎的移动应用程序（脸书、潘多拉[Pandora]、推特、Instagram）。而且在最受欢迎的移动应用程序中，实施双归属策略的大约占65%。[8]

这种行为影响着商业模式的选择。用户多归属策略关乎平台的定价方式。例如，在20世纪90年代初维萨和万事达推出免年费支付卡后，美国运通不得不下调其向商家收取的佣金费率。美国运通的用户更愿意再持有一张免年费的支付卡，因为如果运通卡坏了或者商家不接受运通卡支付时，他们就可以使用第二张银行卡支付。同理，商家认为，"由于使用运通卡的顾客同时还持有维萨卡或万事达卡，而且这些卡向我收取更低佣金，那么我可以拒收运通卡而不会引起顾客的反感或损失顾客"。基于此，美国运通公司被迫降低其商户费率，以吸引零售商继续使用其支付系统。

开放

某些情况下，平台本身也可能成为双边市场中的一边，这样它就要符合企业的标准商业模式，即只需吸引最终消费者。这方面的一个著名案例是苹果公司。[9]在20世纪80年代的个人电脑市场上，苹果公司对兼容其操作系统的应用程序和硬件设置了限制。苹果公司自己制造电脑，并对软件开发工具包收取高价，这导致其成为一个准封闭系统。相反，从20世纪90年代开始主导市场的微软公司及其DOS操作系统（以及之后的Windows），一开始就采取开放策略，[10]免费发布软件开发工具包，而不是自己制造计算机。随后，苹果公司在生态系统之战中吸取了教训，开始采取开放策略（目前，苹果应用商店有150万个可供下载的应用程序）；不过苹果公司仍保持着对其操作系统的控制权（MacOS 和 iOS），以及对计算机（MAC）和手机（iPhone）硬件制造的控制权。谷歌的安卓手机操作系统比苹果的更为开放，尽管谷歌仍然被起诉限制了其他竞争性产品，就像当年微软受到的起诉一样。

除了可能带来的进入壁垒外（后文还将对此进行探讨），选择是否开放系统基于如下考虑：苹果公司选择封闭策略，原因是它可以更好地控制硬件，但也限制了消费者对硬件的选择，并抬高了硬件价格，而这反过来可能降低苹果品牌的吸引力。在法国，作为微型计算机的先驱，微电公司（Minitel）对其应用程序也采取了封闭策略，但它很快就在市场竞争中败下阵来。正如我们所看到的，另一个需要考虑的是平台的知名度。[11] 新平台企业并非总是有选择，即使是在一个开放的体系中，它也可能被迫自己生产硬件和应用程序，或者采取签署协议的方式，正如20 世纪 80 年代早期比尔·盖茨与 IBM 签署协议（使 IBM 计算机运行 DOS 系统）那样。只有随着时间的推移，平台才能充分享受开放的好处。

一个不同的商业模式：平台作为监管者

传统组织与双边组织

为了理解平台与传统市场之间的差异，让我们以制药业的"传统"或"垂直"商业模式为例。比如，越来越多的新药是由创业型生物技术公司生产的。然而，这些初创公司在很多方面都没有优势，比如开发、临床实验，以及获得监管部门（如美国食品药品监督管理局，FDA）许可、生产制造或营销等，因此，它们选择的商业模式是转让专利，授予排他性许可，或被安万特（Aventis）、诺华、辉瑞和葛兰素史克（GlaxoSmithKline）等大型制药企业收购。

无论如何，每一家制药企业都要面向市场推广其药品。如果生物技术公司把专利同时授予多家企业,则下游制药企业之间的竞争就会降低药品价格,进而降低专利价值,减少专利许可收入。因此,生物技术公司千方百计要创造一个垄断性的下游市场,以使其药品销售利润最大化。

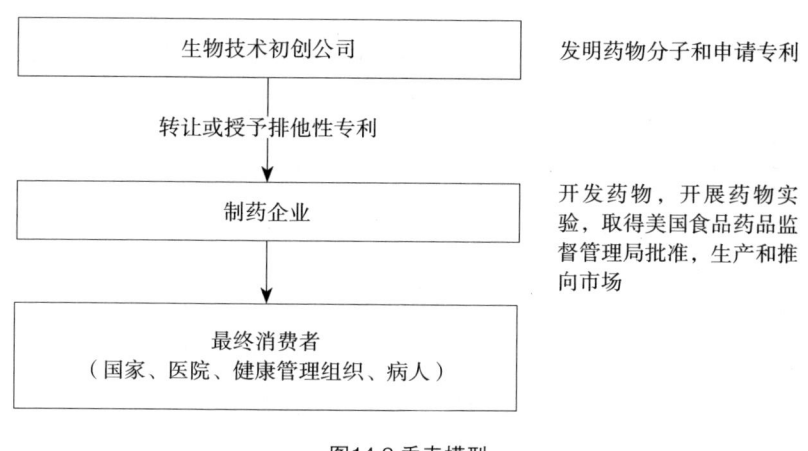

图14.2 垂直模型

我们来比较平台模式(图14.1)与垂直模式(图14.2)。在垂直模式中,生物技术初创公司与最终消费者没有直接联系,仅与作为药物卖家的制药企业交易。初创公司对制药企业是否降低价格以增加药品消费没有直接兴趣。在这里,虽然制药企业与初创公司和最终消费者都打交道,但这并不意味着制药企业扮演了平台角色,因为初创公司与最终消费者之间并没有互动。区分垂直模式与平台模式具有重要意义。

另一个能够解释垂直组织和平台组织差异的例子是果蔬市场(这是平台企业,因为卖家直接与消费者交互,只是需要借助市场平台)与超市(食品供应商与消费者没有交互,而是直接将自己的产品卖给超市,再由超市零售给广大消费者)的比较。在果蔬市场上,卖家不仅关心获得摊位的条件,以及摊位租金占营业额的比例,而且关注这个市场能否吸引消费者。而超市供货商只需按照合同,以约定价格向超市供应一定数量的产品,并不关心有多少消费者去超市购物。

这些例子表明,虽然数字技术使平台无处不在,但平台并不是数字时代特有的现象,而且组织模式的选择(传统市场还是双边市场)也并非一成不变。亚马逊在1994年刚起步时并不是一个真正的双边平台,而是一个垂直(虽然是数字化领域的)零售商:向出版商采购图书,然后在网上售卖。

平台作为监管者

双边平台同时连接着买卖双方,这意味着它关心顾客的利益,但这并非慈善之举,而是因为满意的顾客将在平台更多地消费,或成为回头客。这体现了双边平台商业模式的独特本质。

卖家之间的竞争。第一层含义是,平台并不介意卖家之间的竞争,这与制药专利持有者不同。例如,Windows等操作系统通过向外部应用程序开放平台而获得成功。这些应用程序之间常常相互竞争,甚至也与操作系统所有者自身开发的应用程序竞争。[12] 激烈的竞争压低了价格,提高了质量,使平台对消费者更具吸引力,就好比这个平台已向若干卖家授予了经营许可。它更关心的是保护买方利益,而不是垂直模式中的生物技术初创公司。

价格监管。同样,平台有时也会规范卖家的价格。2007年苹果iTunes商店限定了在线音乐的下载价格,单曲为0.99美元,专辑为9.99美元。与此类似,支付卡平台也经常禁止商家对刷卡付费收取额外费用。

监督质量。为了保护顾客利益,平台也会试图阻止不受欢迎的顾客使用平台。比如,夜总会和婚介机构会在入口处甄别用户。股票市场则有偿付能力要求(确切地说,是要求抵押物),以防止一个成员的破产对其他成员产生负面影响。它们还禁止"抢先交易"(front running)这种不道德的行为,这里所说的"抢先交易"是一种近似内幕交易的做法,也就是经纪人在为客户执行重大的买卖订单前,先为自己买入或卖出。苹果公司监督其应用商店中应用程序的质量,脸书也雇用了很多人密切关注冒犯性的内容与行为(考虑到"假新闻"等问题,人手可能还不够多)。许多平台在买家收到商品并明确表示满意之后,才会把货款发放给卖家。

提供信息。最后,平台通过评分系统向用户提供有关卖方可信赖性的信息来保护用户。有时,它们通过提供纠纷仲裁而具有了准司法职能,比如,拍卖二手车的网站就是这么做的。

近来很火的共享经济已经采用了上述所有策略。诸如优步这样的平台,会对司机背景进行验证,要求司机提供高质量服务,鼓励用户对司机在线打分,并拒绝信誉不佳的司机接入平台。共享经济平台有时也提供调解,并承诺对不满意的顾客给予赔偿。

双边市场对竞争政策带来的挑战

竞争政策的软肋

我们该如何看待双边平台的技术和营销实践呢?当前,每个国家的竞争主管部门都面临着这一问题,竞争法中设定的传统规则已不再有效。需要记住的是,平台企业在市场一边设定非常低的价格,而在另一边则制定非常高的价格,这是极为常见的现象。在市场一边以低价(甚至免费)出售商品,自然会引起竞争主管部门的怀疑。在传统市场上,这可能是针对弱势竞争对手实施的掠夺性定价行为,换言之,这可能是在财力上打击对手而将竞争对手赶出市场的一种竞争策略,或者说，这是意图攻击对手的信号。相反，市场另一边设定的高价又可能意味着垄断势力。但实际上，即使是刚进入市场的小公司，比如一个新建的网站，或一家收入主要来自广告的免费报纸，都会采取这种不对称的定价方式。如果不考虑双边市场这种不同寻常的特性，监管者就可能会错误地将定低价视为掠夺性定价，或将定高价视为滥用市场势力，即便这是由刚进入市场的小型平台公司实施的定价策略。因此，监管机构应避免机械套用竞争政策的传统原则，因为它们根本就不适用于双边市场领域。新的适用于双边市场的竞争政策指导原则应将市场的两边同时纳入分析，而不是分别单独予以分析，不过当前竞争主管部门有时仍然会那样做。

这些产业不需要竞争法了吗？

尽管在双边市场中实行竞争政策需要慎之又慎，但如果将其涉及的产业领域视为竞争法的"法外之地"则是大错特错。

让竞争者的用户买单

许多平台都会采取一种间接影响所有人利益的做法：要求卖家向平台上的顾客收取的费用，不得高于顾客通过其他渠道支付的费用。通常，买家除了可以从平台上购买商品外，往往还有其他替代途径，但是平台禁止商家在平台上的定价高于其他渠道上的定价。换言之，卖方不得将平台向其征收的费用转嫁给最终顾客（用经济学术语来说，这是"单一价"或"统一价"，即"价格一致性"，或者说平台顾客享有的"最惠国待遇"[most favored nation] 条款）。

第十四章　数字化如何改变一切

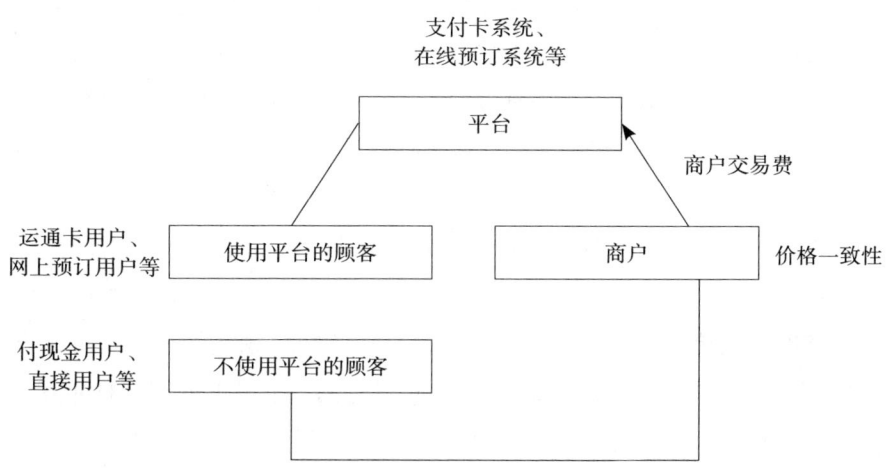

图14.3 支付卡、在线预订和其他双边平台中的"价格一致性"示例

例如（如图 14.3 所示），美国运通向商户收取交易费，但顾客可以使用现金、支票或其他支付卡向商户付款。在缺少特定监管规定的情况下，美国运通要求商户不得针对使用运通 AmEx 卡的顾客收取更高的价格。同样，由于预订宾馆或机票时，既可以通过缤客或 Expedia 等在线平台，也可以直接与宾馆或航空公司联系，因此，在线预订平台就会要求直接联系宾馆或航空公司订购的价格不得更低：无论是直接通过宜必思（Ibis）、诺富特（Novotel）和美居（Mercure）等宾馆的母公司雅高（Accor）来预订，还是通过在线平台缤客和 Expedia 来预订，[13] 不同渠道上的价格必须保持一致。亚马逊也对来自众多国家的供应商（如图书出版商）实施这一政策，尽管英国和德国等一些国家的监管机构已经出台相关规定，要求平台企业不得强制规定统一价格。

在支付卡方面，一些国家的竞争主管部门认为，商户有权自主决定是否向持卡顾客收取手续费。然而，价格一致性也有两个优点。首先，避免持卡顾客在付费时才发现要支付意料之外的附加费。[14] 例如，我们已经在某网站上找到了我们想预订的机票，输入所有信息后，却发现因为是持卡消费，所以还要额外支付 10 美元。有时，这类线上经历在线下实体店也会遇到，在商家不必履行价格一致性义务的国家（如英国、荷兰、美国、澳大利亚等国），商家收取的附加费甚至远高于支付卡平台向商家收取的费用。不过，在商业实践中，收取附加费是比较少见的，在回头客比较多的商户中更是少见。其次，当通过缤客或其他在线旅游平台预订时，统一定价还能防止顾客在平台网站上找到他们想要的宾馆后，再去宾馆官网或其他网站上寻求更优惠的价格，进而导致平台丢单和失去收入，尽管是在线预订平台先帮他们找到了心仪的宾馆。

然而，事情不可能两全其美。统一定价也并非总是有利于消费者，原因很简单：在平台收取的高额手续费中，有一部分转嫁给了那些不使用网络平台的顾客，于是，在缤客平台向宾馆收取的 15% 到 25% 佣金中，有一部分由不使用缤客的顾客分摊。比如，假定所有宾馆房间的订单有 20% 来自缤客，那么该公司的顾客实际上只分担了一小部分（20%）的平台佣金，而其余 80% 的佣金则由不使用网站平台预订的顾客分担，这实际上是向非平台顾客征收的一种私人税。[15] 由此可见，平台可能会征收过高的佣金就不足为奇了。[16] 在这种情况下，市场失灵并非源自非对称的价格结构（这是双边市场的典型特征），而是源于强加给非平台顾客的负外部性。

这类问题还有很多其他的例子。那么，随之而来的问题是，我们是否应该监管销售佣金？如果是，应该如何监管？优步显然创造了附加值，但是否应该抽取司机交易额的 20% 或 25%？平台之间是否有足够的竞争来限制它们的利润？

平台必须创造价值，而不是当寄生虫。但是，把市场两边撮合起来的平台可能寻求攫取经济租金，或者对卖方抽取高额销售佣金，或者在消费者这一边滥播广告和提供低质服务。我们都有过如此的经历，即在网上寻找一家小餐馆，却怎么也找不到它的网站，因为它根本就不可能位于搜索引擎搜索结果的第一页，其根源是有些平台在我们和餐馆之间作梗。

目前，无论是针对销售佣金还是针对平台的其他商业实践的经济分析，都处于起步阶段。即便如此，这些分析也能为这类市场的监管提供一些基本原则。例如，对于支付卡来说，正如本书前几个章节描述的那样，[17] 经济学认为商户被收取的费率应基于外部性内部化（internalization of externalities）原则来确定，即商户费率应等于商户因接受银行卡支付所得到的额外收益。[18] 此时，消费者对付款方式的选择，不会给商户带来任何外部性。这正是目前欧盟委员会监管维萨和万事达卡支付系统时所采纳的原则。

在这一领域，实行完全的自由放任或草率监管都是不妥的，应有的方式是进行全面的经济学分析。

当卖家反击时……

平台并不总是处于主动地位。有时，它们也要面对比它们更为强大的对手，美国航空旅行预订业务的比价网站就是一例。[19] 这些比价网站的商业模式高度依赖于获取航班价格和空座数量（只有空座位才会存在价格）等信息，而美国民航市场非常集中，较大的航空公司力图阻止比价网站（尤其是较小的网站）获取这些数据。那么，航空公司为什么拒绝把自己的价格展示在比价网站上呢？

航空公司希望保留对顾客数据的控制权，以便它们能有针对性地对目标顾客群推送广告，或提供合适的报价。有时，它们不希望向网站支付销售佣金（实际上，佣金有可能比较高，结果反而伤害了顾客，但即便没有佣金，航空公司仍会拒绝提供数据）。尽管它们不情愿承认这一点，但它们的确不希望顾客能很容易地对比机票价格。在其他一些行业，消费者能够轻易地比较价格，这就给卖家带来了降价压力。如果一家航空公司有许多航班可以飞达某个目的地，那么即便比价平台上没有相关信息，顾客也可能会直接去访问它的官方网站。拒绝将相关信息列入比价网站的行为可能是反竞争的行为。

可竞争性

用不了多久，大家就会注意到信息技术市场是高度集中的。通常，一家公司（谷歌、微软、脸书）就主导了市场。这并不反常，用户最终会不可避免地聚集到一两家平台上，但竞争是否正常仍然值得关注。诱发市场集中的原因有两点：

第一个原因是网络外部性：我们需要与交流对象处于同一个网络内。这就是脸书的模式。如果朋友使用脸书，我们就也需要加入脸书，即使我们可能更喜欢另一个社交网站。当我们的朋友在 Instagram 上时，只要我们想分享照片给他们，就必须加入 Instagram。在电话诞生的早期，多个（互不相联的）网络相互竞争，但用户却希望能相互通话，市场竞争的最终结局是大网垄断市场。在 20 世纪 80 年代到 90 年代电信业引入竞争时，这些电信网络必须实现互联互通，如果没有政府强制性的互联互通规定，新进入的小运营商将无法接入在位运营商的网络。

网络外部性包括直接网络外部性，比如脸书的案例；还有间接网络外部性，比如对于承载应用程序或电子游戏的平台来说，使用该平台的用户越多，应用程序的数量就会越多，反之亦然。或者说，更多的用户可以让平台服务商改善预测精度，进而提高服务质量，恰如搜索引擎服务商（谷歌）和基于全球卫星定位系统的位置导航应用服务商（Waze）那样。举个例子，谷歌的竞争对手虽然可以提供非常常见的搜索服务，但它们缺乏足够的数据来满足特殊的搜索请求。因此，平台上的用户受益于同处一个平台上的其他用户，即使他们之间没有直接交互。同样，市民也可以因城市中的其他居民而获益，虽然这些居民彼此可能永远是陌生人，但他们都是催生酒吧、电影院等休闲服务设施的共同因素。

第二个原因与所谓的"规模经济"有关。有些服务需要大规模的技术投资。比如，无论一年只有 2000 次搜索请求，还是有 2 万亿次搜索请求（如谷歌），设计一个搜索引擎的成本大致相同。但是很明显，这两个搜索引擎的用户数据的价值，以及能向广告商收取的广告费的高低，有天壤之别，因为规模放大了两者的差距。[20] 规模经济引发了"自然垄断"。由于存在网络效应和规模经济，在线经济往往是赢者通吃。浏览器市场早期由 Netscape 浏览器（网景）垄断，然后是 IE 浏览器（微软），现在则是 Chrome 浏览器（谷歌）。

当然，也存在例外情形：规模经济和网络外部性并不总是最重要的，市场也并不总是由一两家公司所垄断。网上还有很多音乐和电影在线平台，如苹果、Deezer、声破天、潘多拉、Canalplay 或网飞（尽管从与受众的互动程度来看，它们之间是有差异的）。

数字市场的集中再度引发了竞争问题。如果一家公司占据支配地位，就会产生价格过高和缺乏创新等一系列风险。如果新企业比在位垄断企业更有效率或更富有创新性，那么新企业就必须能够进入市场，用经济学术语来说，市场必须是"可竞争的"（contestable）。如果在某个时段，公司之间缺乏激烈的竞争，那么我们就需要寄希望于动态竞争，也就是熊彼特所说的"创造性破坏"——主导企业被取得技术或商业进步的企业所取代。

可竞争性问题时常出现。由于 IBM 公司在硬件领域占支配地位，1969 年美国发生的一桩反垄断诉讼案要求 IBM 将其软件业务与硬件业务剥离开来。而后，微软因其 Windows 操作系统占据支配地位也面临同样问题（1996 年美国和 2004 年欧洲的诉讼案，都要求微软 IE 浏览器和媒体播放器从其操作系统剥离出来），而最近谷歌也面临类似的反垄断诉讼。这些反垄断案通常与占支配地位的公司实施的搭售行为有关。比如，要么用户以同样的价格可以免费得到另一项附加服务（IBM 例子中的软件），或者更一般地讲，要么卖家以非常低的价格出售这一附加服务，这样购买基本服务的用户就会同时购买这两类服务。

分析清楚为何同时销售免费或廉价的附加产品存在问题，比表面看起来要复杂得多。假定 IBM 的软件质量低于竞争对手的质量，那么由推理可知，IBM 更愿意让其用户使用竞争对手的软件，以增强其硬件产品的吸引力，进而能以更高的价格出售硬件产品。按照这一推理，IBM 将软件与硬件捆绑在一起销售的做法表明，其自身软件必定优于竞争对手，否则 IBM 就没有兴趣采取搭售策略，据此也就没有理由担心这一问题；相反，阻止 IBM 在市场上推出其软件反而会有损用户体验。

在反垄断案例中，具有支配地位的公司会给出各种理由实施搭售，当然有些是合情合理的，如责任分摊问题：如果产品坏了，用户怎么知道由谁来负责？用户无法搜索网站是因为浏览器坏了还是搜索引擎坏了？有时，保护知识产权也是一个理由。比如，要实现与竞争公司的产品兼容，就要让竞争对手了解自己的商业秘密。另一个理由是实现市场细分：IBM 就是基于这种观点，声称搭售穿孔卡片（具有潜在竞争性的附加服务）是为了区分普通用户和高频用户，以便从后者那里获得更多收入。类似主张也出现在 20 世纪 90 年代几个"售后垄断"诉讼案中，其中，主产品制造商（如汽车制造商、施乐、柯达）拒绝向社会上其他独立服务机构（ISO）提供维修部件或墨盒，其理由是这使它们能够区分经常使用和不常使用的顾客，也使它们能够对维修部件和墨盒收取更高的费用，从而降低不常使用顾客的总成本，提升经常使用顾客的总成本。实施搭售的最后一个理由是，当供货商只有一家时，搭售分销有助于节省成本。不过，这个理由在数字时代并不具有充分的说服力，因为许多产品都是通过互联网销售的。

可竞争性的必要性有助于理解为什么搭售的做法可能是有问题的。事实上，市场可竞争性非常关键。在线市场的新进入者通常采取细分市场战略（niche strategy），从某个特定产品切入市场，而不是同时推出全线产品，只有在一个产品成功打入市场之后，进入者才扩充其产品线。比如，谷歌在成为今天人所共知的巨型公司之前，也只提供搜索引擎服务；亚马逊则是卖书起家的。但为了确保能进入市场，新进入者的产品必须比在位企业的更上乘。此时，即便新进入者不会降低在位企业的短期收益，在位主导企业也不希望任何新进入者进入，因为前者担心后者进入自己具有支配地位的市场展开竞争。[21] 在这种情况下，搭售行为是反竞争的行为。

上述分析表明，制定"一刀切"的政策是不可能的。竞争主管部门是否应禁止具有支配地位的企业实施搭售或类似行为（例如，对大宗客户的回扣），这一问题并没有现成的答案。这些商业策略可能是正当的，但也可能会巩固企业的市场支配地位。为确保通过竞争充分释放数字领域的潜力，唯一有效的途径是逐一处理这些问题，并对其进行严格的经济分析。

第十五章　数字经济：社会面临的挑战

数字革命蕴含无限机遇。无论你喜欢与否，这场革命都不可避免，且将席卷所有经济部门。我们必须预见到数字革命带来的诸多挑战，比如对网络平台可信度、数据保密性、全民医保体系可持续性的担忧，对工作岗位丧失及高失业率的恐惧，以及实施日益复杂的税收体系所面临的困难等，以便能主动适应这些挑战，而不是无奈地忍受。这些极具挑战性的问题凸显了这场革命涉及的巨大经济利益，以及探求一个分析框架的紧迫性。

我先从互联网用户信任数字生态系统的必要性这一问题开始讨论。这种信任包含两类问题。就像我在前一章提到的，当前有太多的选择、太多的信息、太多的人无法与之互动，虽然网络平台在引导着我们，弥补着我们有限的注意力，但这又带来网络平台推荐的可信度问题。第二个问题是个人数据的使用。当前，对数据所有者来说，数据是一种巨大的经济和政治资产，但它并非总是按照我们的意愿被使用，这就带来了复杂的数据产权问题。接下来我将解释为什么信息能够破坏基于风险共担的医疗保险体系，然后大致勾勒出相应的监管制度安排，以应对此类风险。

数字革命还引发了人们对就业前景的担忧，以及对未来工作如何组织的疑问：哪些工作正在消失或即将消失？一旦智能软件和机器人取代那些有技能或没有技能的工人，还会有工作机会吗？剩下的工作将被"优步化"吗？社会是否正在走向传统的领薪就业的终结，而被自主就业或"打零工"一族所取代？任何详细的预测都可能被证伪，所以，在此我仅提出一些重要问题，并尝试提供一些答案要点。

信任

如果我们已通过计算机、智能手机或平板电脑上网，那么未来的物联网（IOT）将使我们保持深度连接。无论我们是否喜欢，智能家居、网联汽车、传感器（智能手表、智能服装、谷歌眼镜）以及其他联网事物都会使我们一直在线。这一前景既激起了希望，也引发了担忧。当我们中的一些人还在担忧计算机上的上网日志技术（cookies）时，[1] 诸如面部识别软件之类新事物的迅猛发展将很快使公共网站与私人网站掌握更详尽的个人资料。面对此情此景，我们自然会担心自己一直受到监视，就像乔治·奥威尔在《一九八四》那本书中所描写的"老大哥"一样。数字化的社会认可，取决于我们相信我们的数据不会被用来对付我们自己，以及我们使用的在线平台会尊重我们与其签订的合同条款，还取决于它们的推荐建议是值得信赖的。简而言之，信任是基础。

信任推荐

在许多领域，我们需要听取有识专家给予的建议：比如，在健康方面找医生,在投资和信贷方面找财务顾问,在建造房屋时找设计师或建筑师,在设立遗嘱方面找律师,在购买产品时找推销员。这种信任建立在信誉基础之上,恰如选择餐馆一样,我们会参考顾客的评价、朋友的建议或导餐手册。如果我们对附近的一家餐馆不满意,我们就会拒绝再次光顾。但是,只有在推荐的质量可以事后评估时,信誉才能构成信任的基础,[2]否则就需要诉诸监管来改善市场发挥作用的方式。

信任与专业能力密切相关,且不能有利益冲突裹挟其中(如销售提成、友情,或与供应商之间存在财务瓜葛)。这些利益冲突可能诱使专家推荐一些并不符合我们最佳利益的东西。正如为获得一笔更大的佣金,商场的推销员可能会推荐某特定品牌的相机或洗衣机;在面对网站推荐的产品或服务时,我们自然也会质疑其推荐的产品是否符合我们的偏好且物有所值,或者仅仅是为了从我们的购买中谋利。当今,人们越来越希望揭露医生们中间存在的利益冲突,如从药企获得礼品或回扣,它们可能导致医生推荐一些效果不佳或更昂贵的药物,或者将我们转到次一级的诊所治疗。未来,网上的医疗应用程序亦面临同样的问题:它们是否能既是裁判员又是运动员?显然,这个问题并非医疗服务所独有。越来越多的职业(包括研究工作)要求(无论是法律强制要求还是自我约束)披露潜在的利益冲突。

对个人数据保密性的信任

我们信任我们的医生,因为他或她受到职业保密誓言的约束,这一点总是受到大家的尊重。但是,对于网站或社交网络,我们能确信它们也会尊重其收集到的个人信息的保密性吗?数字化交往信息的保密性与医疗数据的保密性同等重要,但目前网络上的数据保护力度却要弱得多。

第十五章 数字经济：社会面临的挑战

网站的确有保密政策（但很少有人阅读），它们告知我们上网日志会存储在我们的计算机中，并力图使这种行为透明化。但是，用经济学术语来说，我们与网站之间的合同仍是一种不完全合同，因为我们无法确切知道自己面临的各类风险。

首先，我们无法评估网站安全投资的质量。近期大量广为报道的例子表明，这并不是一个虚构出来的问题：从盗窃信用卡信息（2013年塔吉特[Target]商场的4000万客户，2014年家得宝[Home Depot]公司的5600万客户，2015年安森[Anthem]健康保险公司的8000万客户的信息均被盗取）到窃取政府机构持有的个人信息（例如，在美国，2015年人事管理办公室，2013年国家安全局，甚至2016年国土安全部和联邦调查局3万雇员的信息都被窃取），更不用提耸人听闻的2015年阿什利·麦迪逊（Ashley Madison，一家婚外情平台）公司[3] 3700万用户的邮件、姓名、地址、信用卡以及性幻想信息被盗。虽然这些公司确实在网络安全系统方面投入了大量资金，以避免其信誉受到损害，但如果要把出现网络安全问题对用户带来伤害的成本内部化，这些公司本应有更大投资。

随着物联网、网联汽车、家用电器、医疗设备及其他日用产品可部分或全部远程管理，它们遭到恶意攻击的概率也在不断提高。尽管这些技术的发展势头良好，但我们仍须小心，避免"亡羊补牢"：不要只是在出现安全事故时才想起强化个人电脑的安全防护，而应在设备设计之初就把安全性作为其不可分割的一部分。

此外，防止将用户数据转售给第三方的条款尚不明确。例如，如果一家公司将用户数据免费转移给其子公司，子公司再利用这些数据向我们提供服务，那么此举是否违反了合同约定？数据共享话题非常敏感。一般来说，无论是直接还是间接获得数据，任何收集数据的公司至少都应对后续不良使用数据的行为担负部分责任（这有点像如果某公司的一级或二级供应商污染环境或剥削工人，则应通过法律机制——如连带责任，或通过影响其信誉——让处于供应链顶端的公司也担责）。

如果掌握数据的公司破产，那我们的数据怎么办？无论是线上还是线下，当一家企业违约时，债权人可以通过取得其资产或转售其资产的方式收回部分投资，这是企业起初获得信贷的基本条件。如果数据是主要经济资产，债权人自然也希望将其变现。但如果用户有数据保密的要求，此时数据还应该被转移吗？这同样不仅仅是一个假设：美国电子产品连锁公司睿侠（RadioShack）曾许诺，不会把用户数据分享出去，但 2015 年该公司破产，这些数据也随之被出售。[4]

另外一个问题是，用户并不总是有时间和专业能力理解数据保密政策的后果，这是因为保密政策往往非常复杂，而且其影响又似乎很遥远（在求职或申请贷款时，大多数在网上发布自己照片和个人信息的年轻人，并不会想到这些数据可能被使用的问题）。

因此，我们可能会问，我们对网站的"知情同意"是否真的"知情"。正如传统的线下商业交易一样，通过法规保护消费者非常重要。当我们把车停在公共停车场时，在入口处领取的停车卡上会注明，进入停车场就等于默认我们接受了某些管理规则。但是，我们从来不会去看卡片上的内容，因为那样会浪费时间，还会阻塞停车场的入口。所以，法律必须保护我们免受那些赋予卖方（如停车场的所有者）太多权利的霸王条款的约束。在网上也应该如此，我们不能指望用户每次在网站上注册时都会详细了解复杂的合同条款。

谁拥有数据？

未来，数据处理可能是产生附加值的主要来源。那么，我们是自己控制数据，还是被那些觊觎我们数据的公司、行业或政府所劫持呢？

第十五章　数字经济：社会面临的挑战

如今，许多人对谷歌、亚马逊、脸书、苹果和微软等公司进入医疗保健等领域表示担忧。引发这种反应（在美国之外的国家肯定存在）的部分原因在于嫉妒美国有实力为国内公司和大学的最前沿研究（如信息技术、生物技术等领域）创造条件，由此亦可以知晓美国与其他少数国家的压倒性科技优势不仅仅是靠运气。尽管如此，对于行业内那些尚未拥有海量数据的公司来说，它们的确有理由担忧横亘在其面前的市场准入壁垒。[5]

数字技术公司可利用收集到的数据向用户提供更具针对性和更适合的产品。理论上讲，这并无过错（要谨记前面提到的一点，即数据的使用可能并非最初交易内容中的一部分），收到与己有关的广告总比收到无关的好。但这里可能存在一个问题：如果潜在竞争者因缺乏信息而无法提供同样有吸引力的条件，那么拥有数据的在位企业就具有了市场优势地位，且可能通过牺牲用户的利益来谋取利润。

这就带来一个实质性问题：拥有用户数据的公司是否有权从数据中获利？根据常识（这个问题在第十六章和十七章还会讨论），如果公司收集数据需要创新或巨大投资，就应允许公司持有数据并通过数据营利；相反，如果收集数据很容易且成本低廉，那么数据就该归个人所有。

为了阐明这一点，我们来看一个关于个人数据的简单例子：数据由用户在平台上键入，或由平台上（消费者、卖家）的交易产生。当我们在易贝上出售商品时，买家可以对卖家进行评价；优步上的乘客可以对司机进行评价（司机也可以评价乘客）；猫途鹰（TripAdvisor）网站上的顾客可以对餐厅进行评价。在这些例子中，收集数据基本不涉及创新，分散化评价自然而然地产生，这在网上也司空见惯，那么，这些评价数据就应属于用户。一旦易贝公司提价或者提供劣质服务，我们就希望转移到其他平台，但又不想从头开始积累或失去在易贝上辛苦建立起来的个人信用。类似地,当优步的司机想离开优步,跳槽到来福约车平台上时,他们也希望将之前的信用评级带走。但现实并非如此:从社交网络到在线商店,数字技术公司已占有了我们的个人数据,尽管这需要取得我们的正式认可。即便是植入式医疗设备和联网智能手表收集的健康类数据,通常也是在线发送给供应商的网站,而这些网站一般都声称拥有这些数据的所有权。

如果用户提供的数据与后续的数据处理之间存在明确的界限,那么正确的政策就非常简单明了:数据属于用户且可携带,如果用户愿意,就可将数据转移给第三方。[6] 因此,自 2014 年起,美国的患者已可以获取其医疗数据,这些数据已经以一种标准且安全的方式存储起来。通过"蓝色按钮"[7]应用程序,患者可以访问其医疗档案,并选择是否分享给医疗服务提供商。另一方面,处理这些数据需要公司投资,因此理论上讲,处理后的数据应变成公司的知识产权。这里,对属于个人用户的数据与属于平台的数据处理之间做出区分似乎是很自然的事情。

然而,在实践中,我们往往很难确定数据与数据处理之间的界限。

首先,数据的质量可能取决于公司的努力程度。缤客或猫途鹰等网站面临的主要挑战是确保数据的可靠性,防止有人操纵数据,如宾馆雇人发布好评帖子(或给竞争对手差评)。类似地,谷歌需确保其网站链接排序(部分取决于其受欢迎程度)算法不会因某个希望提升排名的网站人为增加点击量而被歪曲。如果无人试图操纵缤客上的评价数据,缤客要求获得宾馆评分数据的所有权就缺乏理由,而只有当缤客投入大量资金提升评分的可靠性,并能创造经济价值时(宾馆的声誉),它才有理由索要相关数据的所有权。

其次,数据的收集与处理可能相互关联。收集的数据种类可能取决于信息的用途,而在这种情况下,在属于用户的数据与属于公司的数据处理之间做明确区分则更为困难。

人们经常说我们把数据提供给平台,所以平台应向我们付费。实际上,许多网站确实付费,但并不是以现金形式,而是以提供免费服务的方式。我们提供个人数据以换取有用服务(如搜索引擎、社交网络、即时消息、在线视频、地图、电子邮箱)或出于商业交易的需要(如使用优步和爱彼迎)。于是,网络服务供应商经常辩称它们已为获取我们的数据支付了费用。

关于这个问题,我们还可以换一个角度看。把数据从网络服务供应商转移给用户(也可能被转给另一家企业,如蓝色按钮公司),就需要制定数据可携性的标准,那么,谁来选择用哪些数据进行组合以及如何组合?标准化是否会遏制创新?鉴于数据是价值创造的核心,制定数据使用的管理规则就变得刻不容缓。不过,这类问题的答案非常复杂,必须基于严谨的经济分析。

医疗保健与风险

医疗保健部门提供了一个关于数字化将如何改变未来商业和公共生活方式的绝佳实例。

一直以来,医疗保健数据通过人们与医疗行业的接触而产生:比如在医生办公室、医院或医学实验室。但在未来,随着智能手机传感器或联网设备(就像现在的起搏器、血压监测仪和胰岛素贴片)的普及,人们将不停地产生数据。结合基因遗传信息,医疗保健数据必将成为提高诊断和治疗水平的有力工具。

大数据,或者说超大型数据集的收集和分析,对医疗保健部门来说,既是机遇也是挑战。这是一个宝贵的历史机遇,因为它提供了更精确的诊断,且能够减少技术精湛的医生花在每个病人身上的宝贵时间,进而降低医疗成本。利用计算机做检查和诊断的时代很快就要来临，这将把医生和药剂师从日常工作中解脱出来。

与其他领域一样，机器能够替代人类完成某些任务。相对于人类而言，计算机可以处理海量的患者数据，并与其他有类似症状和遗传背景的患者的数据关联起来。计算机不具备人类的直觉，但通过机器学习，也就是机器在经验的指引下不断修正其方法，这些缺陷将逐步得到克服。在过去20余年里，人工智能（AI）通过模仿人类，并试图发现新的下棋策略，使计算机主宰了国际象棋界。2016年，计算机在围棋比赛中又击败了世界冠军。计算机科学家和生物技术与神经科学领域的研究人员将在医疗行业价值链中处于核心地位，并在其创造的价值中占有较大比例。[8] 这也许有推测的成分，但有一点是肯定的：未来的医疗行业将与现在的医疗行业迥然不同。当前，预防医学的进展仍落后于临床医学，但数字化医疗将提高预防能力。数字技术还有助于回答如何提供受到治疗费用高企和公共财政薄弱威胁的医疗平等问题。

所以，对全社会来讲，机遇非常之大，但对医疗保健系统的相互依存与风险分担的挑战同样巨大。下面，我们先回顾一下基本的保险原则，这些原则适用于所有提供医疗保健的体系。

保险经济学的核心原则

这里，对经济学家称作"道德风险"和"逆向选择"的两个概念做出区分至关重要。道德风险是指，当我们投保后不用承担行为后果的全部责任时，就会减少注意力或降低努力程度的普遍倾向。一般而言，道德风险意味着，当无须承担全责时，我们就会以对他人不利的方式行事：当不用承担全部成本时，我们就会离开房间而不关灯，或者浪费浇灌草坪的水。另一个例子是，当银行知道可以永远从储户那里借到钱，而储户预见到即使银行出了问题，政府也总会出面救助时，银行所面临的风险承担问题。还有一个例子是，公司与雇员达成协议，将解雇行为伪装成终止雇佣关系，从而有权获得由纳税人支付的失业救助。[9] 类似的例子数不胜数。

另一方面，有些事件的责任可能并不在我们：比如，闪电击中我们的房子，干旱使我们的庄稼受损，长期病痛或先天疾病，以及意外交通事故，等等。我们希望通过保险抵御这样的风险，并且其风险成本最好在全部人群范围内被分担。但是，如果不同个体面临这种不幸的概率各异，且对此概率的了解存在信息不对称，那么风险池的作用就非常有限。此时，保险公司会担心其提供的保单可能吸引高风险而非低风险的投保人，这是因为要么低风险的人拒绝购买保险自行退出市场，要么其他保险公司提前"摘樱桃"（即吸引最有利可图的低风险投保人）。例如，健康的人不希望支付适用于普通人那么高的平均保费，因而选择退出市场，或者知情的保险公司向这些健康的人提供较低的保费，从而占据身体状况不好的人以外的全部市场（相对于不知情的保险公司而言）。当此类情况发生时，我们认为市场上存在逆向选择。

共同利益保险的指导原则很简单：不可控的风险应由所有相关方共同承担。但是，当人们的行为影响风险水平时，这些人必须承担部分责任，以激励其行事方式着眼于集体利益，而不仅仅基于个人利益。如果某人因为土地价格便宜就在洪泛区建房子，那么在其房子被洪水淹没时，此人就不应该得到政府救助。[10] 但是，如果其损失由不可预测的事件造成，相应的损失就应该得到完全补偿。在医疗方面，这一原则意味着治疗大病重疾产生的医疗费用应由保险全部覆盖，但对小病小恙的药物与治疗，或不必要的门诊咨询与检查，则不应该提供保险，而应让患者自负其责。

在实际情况中，保险问题更为复杂。在道德风险和坏运气之间做出明确区分并非易事，所以很难确认相关人应承担的责任：农业歉收的原因是农民不够勤奋，还是土壤或气候出现了未预料到的问题？如果我们首次就诊后还想找其他医生复诊（在由政府提供医保的国家，这样会产生额外费用），是因为首次就诊的医生不够细心或不能胜任，还是由于我们自己有疑心病（hypochondria）？[11]

保险业务中这种责任的内在不确定性解释了（在任何类型的保险中）投保人与保险公司通常需要共担风险的原因。通常，免赔额的作用就是实现风险分摊。以法国的医疗保险为例，在公共医保计划建立之初，自付比例非常高，其中门诊费为30%，住院费为20%。后来，这些自付部分由补充保险政策全部覆盖，因而在这之后又引入其他自付项目，借此让患者也分担责任。现在，除了慢性病、癌症或其他重大疾病，患者必须对医疗费用做出最低限度的贡献。[12]

当今……

有时，保险市场并不需要监管。财产保险让我们把所有人的风险聚合在一起（如果我的房子被烧毁，你的保费将被用来支付重建它的部分费用，反之亦然），且不存在严重的风险选择问题。换言之，我可以用一个保费合理的保单给房子投保，因为我的房子被烧毁的概率与你的房子被烧毁的概率几乎相同。

在医疗保险领域，情况并非如此明了。每个人的健康状况差异巨大，如果没有监管，保险公司就有强烈动机选择"好的"客户（即患病风险低的人），最后市场上只会留存最小的风险池。例如，在法国，一半的医保费用花在5%的投保患者身上。一个长期身患重疾的人，不可能以合理的价格找到私人保险公司为其投保（投保前的疾患问题是美国《平价医疗法案》及其是否应被取代之争中的一个重要问题）。基于个人无法控制的因素（健康的好运气或患病的坏运气）选择风险，即保险公司识别低风险的人，并向其提供高风险的人无法得到的优惠投保条件，将带来巨大的不公平。也就是说，信息扼杀保险。[13]

这就是为什么世界上大多数医保系统，无论是公共的还是私人的，都禁止基于个体风险特征甄别风险，至少对基本保险有这样的要求（如果美国重回《平价医疗法案》前的情形，它将是一个例外）。在法国，公共医保体系覆盖全民，所以基本保险项目不存在风险选择问题。在德国、瑞士和荷兰，基本医保由私企提供，它们彼此竞争，但禁止挑肥拣瘦地选择投保人，也就是不许借助调查问卷识别风险较小的客户，相反，保险公司有义务为所有投保人提供服务。保险公司的费率必须对所有人相同（允许免赔额在一定范围内波动，有时也可根据年龄确定费率）。当然，保险公司也有一些间接方法，挑选就医需求较少的低风险客户，比如对高风险群体投放较少的广告，但如果存在滥用的情形，则需由监管机构决定是否予以干预。瑞士还为保险公司提供风险补偿，进一步弱化其挑选低风险客户的动机。[14]

对于补充性的私人医疗保险来说，情况可能有所不同。很多国家选择了单一的医保体系，或者是全部或几乎全部为公共医保（如英国），或者是私人医保（如德国、瑞士和荷兰），而法国则采用混合医保体系：公共基本保险加上私人补充保险。因此，人们通常都由两家保险公司提供医保，这导致医保管理费用翻倍，也让控制医疗费用的任务变得更为复杂。此外，对于补充医保，法国政府通过补贴雇主提供的集体医保合同，实际上鼓励了风险选择，[15] 因为平均来说，在职群体要比其他人群的健康状况好。这样的政策对失业者和老年人不利，导致他们常常被迫支付更高的保费才能获得补充医疗保险。[16]

……未来

更多的信息将改变风险分担情况。信息丰富的积极一面在于让道德风险的控制变得更加容易,因为保险公司能以更低的成本追踪我们的行为(例如我们驾驶的里程数,或我们在照顾自己的健康方面付出的努力),进而降低那些以负责的方式行事的客户的保费和免赔额,也使保险公司得以向客户推荐更健康的行为方式。另一方面,尽管经济领域的数字化和遗传学的发展令人兴奋,但也给保险的互保性带来新的威胁。

遗传背景是与道德风险无关的特性中的一个典型例子:我们无法选择遗传背景,但可以通过行为选择降低发生交通事故的可能性(通过小心驾驶),或者车辆被盗的可能性(将车停放在车库里或锁上车门)。如果没有监管,那些基因检测结果表明其余生都会很健康的人,就会利用这些检测结果获得更廉价的保险。人们也许会觉得,这并没有什么不对的,但世上没有免费的午餐,因为相应地,那些基因检测结果表明可能患长期疾病或健康状况不佳的投保人,其投保费率就会飙升,保险的互保性与风险分担机制也将随之土崩瓦解。我们再一次看到,信息扼杀保险。

禁止基于遗传信息和健康数据歧视客户,并不足以重建保险机制根本的互保性,这正是经济领域的数字化可能会带来伤害的地方。我们的消费习惯、网络搜索、电子邮件,以及社交网络上的互动,暴露了我们生活方式健康程度的大量信息,甚至可能泄露我们的患病状况。即使推特、脸书或谷歌没有接触过我们以前的任何医疗信息,它们也可以近似地预测我们是否有过病史,是否有危险的行为方式,以及是否吸毒或吸烟,等等。数字技术公司借助其收集的信息,通过提供个性化或集体医保合同,能够非常精确地挑选出患病风险非常低的人。

由此可见，法国安盛保险集团（AXA）未来的竞争对手可能不再是德国安联保险集团（Allianz）、意大利忠利保险集团（Generali）或日本生命保险公司（Nippon Life），而是谷歌、脸书和亚马逊。

我们需要思考医疗保险的未来，并为这些进展情况制订应对计划，而不仅仅是被动地忍耐。这对各国政府及经济学家都是一个巨大挑战。

21世纪的新型就业形式

新型就业形式？

许多人对工作性质的改变感到担忧。这涉及一些特别的方面：自主就业的发展及失业的前景。我们很难预测未来的组织或工作会如何演变，但经济学家可以贡献一些思考内容。让我们从劳动组织谈起。

自主就业由来已久：农民、商人和许多专业人员都是自谋职业者，通常都拥有其生产资料；临时工、特约记者、演员及咨询顾问通常为多家雇主服务。挣外快也普遍存在：如高中数学老师在家辅导学生，学生兼职，等等。

经济学的作用并非对工作如何组织做出价值判断，与此相反，重要的是人们能选择适合其自身的工作种类。有些人更喜欢工薪职位的相对安定，以及成为由他人管理的组织中的一员所带来的安逸。他们也可能害怕独立工作的孤独感，这有助于解释为什么自主就业者愿意分享工作场所，例如计算机科学及高科技领域企业家们的"制造实验室"（fab labs）或"创客空间"。这样做既能让人们分享创意，又能保持人际交往。还有一些人喜欢为自己打工的那份自由。简而言之，各尽所能，各取所好。

自谋职业者数量不断增加，随之而来的是劳动碎片化为各种微职位（microjob）。许多平台允许人们（也许是公司雇员，也许是退休人员）每天工作几个小时赚取一些收入。亚马逊的弗雷斯公司（Amazon Flex）推出了包裹众递任务，其创意是让那些在短途旅行中的人们顺带完成快递公司的一部分工作。通过亚马逊2005年推出的劳务众包平台（Mechanical Turk），人们可以执行一些小任务以赚取小额收入。有些人全职从事这样的工作，其他人则只是偶尔为之。如今，全世界大约有50万"众包工"（Turkers）。跑腿兔网站（Taskrabbit）是一个提供勤杂服务的众包平台，人们可以通过该平台聘请人手修剪草坪、建设网站、修缮房屋，或帮助搬家。

在理念层面，这些做法并无新意，但数字化使之很容易地将工作分解成若干简单任务并找到用户。正如克林顿总统任职期间的劳工部长，同时也是这个新生事物（他称之为"共享碎片经济"[share-the-scraps-economy]）的批评者罗伯特·赖克所说："新兴软件技术使几乎所有工作都可分解成若干分散任务，并在需要时分包给工人，而工资则由特定时间对这项特定工作的需求决定。"[17] 支持者反驳说，通过匹配需求和供给，这种安排能提高市场效率，这是让每个人都成为赢家的市场交易。富裕的家庭支付得起以前不存在或较昂贵的服务，中产阶级同样如此，就像共享出租车的情况那样。在巴黎和伦敦这种大城市，出租车费用很高，所以很少有人打车，只有那些富人和能报销的人才会打车。[18] 但在优步与来福车等低成本共享打车服务出现后，很多几乎从未打过车的人也开始打车。

我们该如何看待优步？

人们只要一提优步，就会引发激烈的争辩。[19] 法国（在出租车司机抗议之后，2015年禁止非专职司机从事拼车服务UberPop的运营）、美国（一些城市已经开始限制优步），还有英国（伦敦著名的黑色出租车司机已举行抗议活动,并游说政府限制优步)皆如此。那么,经济学家该如何回应?以下是我个人的几点思考。

1. 首先,无论支持还是反对优步(我会回到支持和反对的意见),它毋庸置疑地带来了技术进步。这一进步显而易见,它证明了竞争的缺失(在优步进入之前,许多出租车市场确实没有竞争)对创新造成的损害。那么,优步的创新是什么呢?通过事先注册的银行卡实现自动支付,这样顾客在到达目的地后可以快速离开出租车;允许司机和顾客双向互评;无须打电话预约和等待调度员派车;借助地理定位技术监控出行前和出行期间的行驶路线,进而对等待时间和出行时间给予可靠估计;最后,也许是违背直觉的一点,是在车辆稀缺时提价的动态定价。这些几乎都是微不足道的"创新",但之前没有出租车公司思考过这些问题,或者费心实施这些"创新"。

上述创新中,最有争议的是动态定价。尽管人们可能想到滥用问题(理论上,在预测有风暴时,算法可大幅度提价,但实际上,优步会通过制定紧急状况下的价格上限来避免价格欺诈),但总体上看,让定价反映供需关系是一件好事。峰值定价的先驱是法国电力公司(EDF),一家国有能源公司。这家公司长期以来一直使用这种定价机制。该定价机制由一位名叫马塞尔·布瓦特(Marcel Boiteus)的年轻工程师首先提出,后来他成为该公司的首席执行官。如今,作为"收益管理"的一种变体,这种定价机制广泛应用于飞机票、火车票、宾馆客房及滑雪胜地的定价中。按照该定价模式,在不影响公司财务的情况下,在非高峰时段可以收取低价,以提高房间入住率或交通工具上座率。回到出租车话题:在出租车短缺时,为了避免顾客无休止地等车,峰值定价可以鼓励那些本可以步行、乘坐地铁或者搭朋友便车的人不再打车出行,这样就为那些没有选择的人提供了出行便利。

2. 现有企业可能抵制新技术的发展,但捍卫既得利益的行为并非实施公共政策的好导向。在此方面，现状并不令人满意。在许多城市，打车价格很高，而且经常打不到车。市场的供给受限意味着很多潜在的工作机会没有释放出来，它们本应由最需要工作的人来做。有意思的是，法国的劳动力市场制度不利于那些有移民背景的年轻人，但优步却能为那些年轻人创造就业机会。

3.支持传统出租车司机的观点有二。第一，竞争应立足于公平，这是最核心的论点。为此，我们应该核算一下传统出租车和优步出租车是否缴纳了相同的社会保障费，而分析这些数据是为了确保市场竞争没有被扭曲。这个争论仅仅关乎事实，因此完全可以客观地对此展开辩论，但法国2015年的那场辩论并没有这样做，由此导致拼车服务UberPop被禁。

第二点理由源于出租车监管机构过去犯的错误。过去，出租车监管机构向个人免费发放出租车经营牌照，但这些牌照数量有限，导致它们价格大涨。理论上，这些官方授予的牌照不能转让，但实际上它们经常被转售。因此，政府应对当前这种令人担忧的局面负责。一些独立经营的出租车司机已经为获取牌照支付了高昂费用，而新的竞争对手又侵蚀着他们用于未来的退休储蓄，这就引发了国家是否应赔偿其资本损失的问题（如果没有这些牌照的倒卖，上述问题就不会出现，因为政府可以合法地撤销这种可获得收入的免费许可）。在爱尔兰首都都柏林，当局找到了一个聪明的解决办法，就是给已持有牌照的人新增一个牌照作为补偿，同时让出租车数量增加一倍。在共享出行平台带来的技术进步出现之前，这是恰当的政策。

创新的挑战

就业需要由企业提供，而法国缺乏全球性的新兴企业。巴黎CAC

40公司在国际上都很成功,但这些公司皆承传自老牌公司。而美国完全不同,在目前最大的百家上市公司中,只有一小部分是从50年前延续下来的。为了创造就业机会,法国(及其他国家)需要培育创业文化和环境。国际上成功的大学也应抓住经济史上的这一转折点。当前,知识、数据处理和创造力正成为价值创造的核心。事实上,大学为需要转型的企业提供了一个浓缩的样本:更多的横向合作和多任务协同,对创造力的强调,以及在工作中实现自我的渴望。在此方面,无论是硅谷还是马萨诸塞州的剑桥市,其工作文化都深受美国大学文化的启发,那里也是年轻创业者们最熟知的环境。

工薪职业的终结?

"临时工作"(如"自我雇佣"或"打零工")的出现,以及工薪职位的消失,是否会像许多人预测的那般成为常态?对此,我个人并不认同;相反,我可以大胆预测,独立工作只是一个渐进的趋势,同时工薪职位不会完全消失。

呈现这种渐进趋势的部分原因在于,新技术使独立工作者与客户之间的联系更便捷,同时也更易于做好后台支撑。更重要的是,独立个体承包商需要并能以极低的成本建立和推广个人信誉。过去,消费者依据出租车公司的声誉选择服务,或根据制造商的品牌挑选洗衣机,而非参考出租车司机或制造洗衣机的员工的信誉;现在,一旦优步的顾客与司机匹配上,顾客立刻就能获取司机的信誉得分,且可以选择拒绝该交易。伴随企业对员工行为的约束而积累起来的集体信誉,逐渐变得不如个人信誉那般重要。[20] 个人信誉的积累及服务的数字化可追溯性,为本章开篇提出的信任问题提供了一个解决方案。

但有时技术也会产生截然相反的效果,变得有利于传统的工薪职业。对此，乔治·贝克（George Baker）和托马斯·哈伯德（Thomas Hubbard）[21]举了如下例子：在美国，许多货运卡车司机独立工作，由此引发了一些问题。比如，司机需要拥有自己的卡车，而这是一笔巨大的投资。司机们还要把他们的储蓄投入其所在的行业，这样做是有相当风险的，因为一旦发生经济衰退，工作收入和卡车的转售价格会同时下滑。常识表明，人们不应该把储蓄投入自己所从事的行业。此外，拥有卡车的司机必须自己支付维修费用，而维修期间他们没有任何收入来源。

既然如此，为什么卡车司机不能成为一家公司车队的雇员，进而由这家公司购买并维护车辆呢？有些时候，他们的确是这类公司的员工，但道德风险限制了这种雇佣关系：雇主担心司机不爱护公司的车辆，而个体卡车司机有足够的动力维护自己的车。计算机化缓解了这一问题，因为货运公司可使用车载计算机监控司机的驾驶行为。

一般来讲，有几个因素可以用来解释为何传统工作岗位仍然存在。首先，无论对单个工人，还是对一群工人，开办一家企业所需的投资可能都太高，而且即使有些人负担得起投资，他们也不愿承受经营风险和压力。比如，医生或牙医宁愿成为医疗诊所的员工，也不愿自己开办诊所。

其次，从企业老板的视角来看，他们也不愿意让员工同时为他人工作，其原因有以下几点。如果工人在工作中接触到制造机密或其他秘密信息，雇主会要求员工仅为自己一家企业工作。当工作涉及团队合作，且每名员工的生产力无法客观度量时（不像独立工作的手艺人），员工就不能随心所欲地安排工作。在这种情况下，对于同时为几个雇主服务的员工，在工作分配与工作进度上，就可能会产生重大冲突。第三，也许是因为基于个人评分的信誉不能很好地发挥效用。正如黛安娜·科伊尔指出的，[22]客户很难或至少不能及时监督个人咨询顾问的服务质量,而聘请一家传统咨询公司,却能更有效地"保证"咨询服务质量。

简而言之,我个人相信工薪职业不会消失,但同时我们也应该看到,工薪职业未来会逐渐变得不那么重要。

不合时宜的劳动法

同许多国家一样,法国现行劳动法主要面向工厂的工人制定,[23] 因而很少关注固定期限劳动合同,对居家办公者、独立工作者或自由职业者关注更少。也就是说,劳动法并非针对兼职学生或退休人员、自由职业者或优步司机而定。在法国,公共部门以外58%的员工仍有永久聘用合同,不过这一比例正在下滑。在英国和美国等国家,工薪雇员的数量也在下降,独立工作者的人数却在上升。为此,我们需要从专注于监督员工是否出勤的文化转向注重结果的文化。现在很多员工都是这种情况,特别是专业人员的出勤情况正成为次要因素,因为他们的工作努力程度在任何情况下都不易监督。

面对这些趋势,立法者常常试图将新型就业方式纳入现有框架,并提出类似问题:优步司机是不是雇员?

有些人会回答"是",并认为优步司机不能自主定价,而且要满足培训、车辆类型或卫生等各种要求。部分优步司机的所有收入都来自优步(其他人可能还为其他出行平台工作,或者可能从事其他完全不同的工作,如在餐馆里工作)。最后,用户评价差的司机会被优步终止合作。

但是,许多独立工作者一样面临各种各样的约束,比如出于保护集体声誉的考虑,他们要维护行业、品牌或葡萄酒产区的称号等,这样的约束会限制他们的选择自由。在许多国家,个体医生不能自行设定收费标准，收费必须遵循特定的规定，否则可能失去执业资格。即使是个体酿酒师，也必须遵守相关认证规则。

其他人会认为，优步司机可自主决定他们的工作强度、工作地点、工作时间与去向。此外，他们还要承担经济风险。由此可见，优步司机（或其他类似平台的员工）的身份仍处于灰色地带，兼具独立承包商和工薪职员的特征。

在我看来，这一争论毫无意义。任何分类都是人为划定的，而无论如何分类，人们都会根据个人的偏见给予正面或负面的解释。这场争论也忽略了我们对工作进行分类的初衷。我们已如此习惯现有框架，以至于竟然忘记了制定它的初衷是保障工人的利益。因此，重要的是要确保不同组织形式间的竞争中立，既不能偏向工薪职业，也不能偏向独立工作。政府应当为各种组织形式提供公平竞争的环境，而不能因为不熟悉数字平台或数字平台具有颠覆性就采取可能导致数字平台难以为继的政策。如果是劳动力市场出现问题，就应该通过政策干预加以解决，而不能"钦定"某种具体的劳动组织形式。[24]

有一点是肯定的，即在一个技术和组织形式迅速变化的世界里，我们需要重新思考劳动法及整体工作环境（培训、退休、失业保险等）。

不平等

数字化也可能加剧不平等。首先是个体间收入的不平等。美国收入最高的1%人群占全社会的收入份额，已从1978年的9%飙升到2012年的22%。[25] 正如埃里克·布林于尔松（Erik Brynjolfsson）和安德鲁·麦卡菲（Andrew McAfee）指出的那样，数字时代的大赢家是"明星和超级明星"。[26] 在过去的40年里，劳动经济学家分析了收入变动的路径，尤其是美国的收入变化。他们的研究发现，拥有研究生学历者的收入迅猛增长，大学毕业生的收入增长虽没有研究生那么多，但也有大幅度提升，而其他所有群体的收入都停滞不前，甚至还有所下降。

这种两极分化可能趋于恶化。在现代经济中，创新型高技能工种将继续占有大部分收入份额，收入分配问题将变得更为棘手。为确保所有人都能达到某个收入水平，政府必须做出选择，是监管工资使之高出市场水平（进而导致失业），还是直接转移支付（也称为普遍收入或负所得税）。我们是否正在迈向一个失业比例不可小觑，且不得不用"数字红利"支付工资的社会（将这种情况与阿拉斯加州每个居民都能自动获得"石油红利"相比较）？[27] 或者，我们是否正在建立一个由部分人口承担低生产率的公共服务工作的社会（就像今天的沙特阿拉伯那样）？然而，这些解决方案可能违背个人通过工作获得尊严的意愿，而且其前提是国家拥有数字红利。

实际上，国家与国家之间也存在巨大的不平等。让我们用一个极端的场景来说明这种趋势的危险性。未来，那些能吸引数字经济中最有效率的人才的国家，将打破各个行业的价值链并占有巨大财富，而留给其他国家的只有残羹冷炙。这种不平等可能源自高等教育与研究领域的公共政策的不同，以及创新政策的差异。当然，不平等也可能源自国家间的财政竞争。人才的流动性（劳动力市场现已彻底全球化）将导致多数财富创造者移民到能提供最佳条件（包括最低税率）的国家，这也与个人收入的不平等息息相关。那些无法参与全球人才竞争的国家，将无法对贫困人口实施财富再分配，因为在这种情况下，这些国家的人都将是穷人。虽然这一场景过于简单（为了强调效果有些夸张），但它能说明问题。与石油红利不同，数字红利是流动的。

数字经济与就业

"濒临灭绝"的工作

报刊上每天都有连篇累牍的文章对经济数字化将造成的大规模失业表示担忧。一个具体的例子是,人们对富士康(Foxconn)公司首席执行官郭台铭(Terry Gou)2014年发表的声明表示愤怒。富士康是中国台湾一家电子公司,有120万名员工,主要位于中国的深圳和其他地区。郭台铭声称其公司将很快用机器人代替人工,特别是替代新iPhone手机装配线上的员工。

机器学习和人工智能也将改变就业结构。在一定程度上,这种趋势将加速到来。许多例行程序性(因此可被编码)的工作任务,如信息分类等,已经消失:银行交易已经数字化,支票可由光电读取器处理;呼叫中心可使用软件缩短员工与客户的对话时间,甚至直接用机器人代替人通话。在许多城市,书店和唱片店业已消失。

这些变化令人担忧。多数新兴国家和欠发达国家依靠其低廉的工资来吸引发达经济体的外包工作,期望能利用这条发展路径摆脱贫困。但机器人、人工智能和其他数字化创新正在替代人力资本,进而威胁着这些国家的发展。那么,发达国家呢?如果连中国的劳动力都变得过于昂贵而要被机器所取代,发达国家中那些有更好报酬的工作又会怎样?

麻省理工学院经济学教授戴维·奥托(David Autor)及合作者研究了美国、欧洲和其他国家在过去30年里由于技术变革而产生的收入分配两极分化问题。[28] 数字技术往往有利于那些训练有素且技能与新的数字工具相匹配的员工。显然,这也意味着可被自动化取而代之的就业机会随之减少,而且会改变就业岗位的整体分布,要么是高薪的技术岗位，要么是低薪的基本服务岗位。今后常见的工作种类只剩下拿最低薪的护士、清洁工、餐馆服务员、托管员、安保人员和社会工作人员，以及拿最高薪的业务高管、技术人员、管理人员和专业人员，而提供中等薪水的工作，如行政人员、技术工人、手工业者、修理工等，将变得更为少见。在过去30年里，美国大学毕业生和高中毕业生之间的工资差距越拉越大。

对于某些类型的任务，计算机可以很容易地取代人类。演绎类问题要求将规则应用于事实：特殊规则是依照逻辑从一般规则中推导而来的。自动柜员机在吐出现金或记账前会验证卡号、密码和银行账户余额，将这些操作编程就能取代银行职员的许多前期工作。但是，随着ATM网络的普及，银行业的总体就业率还是上升了，这是因为业务需求随之增长，银行职员又被安排从事其他新的工作。[29]

另一方面，归纳法是从具体事实推导出一般规律，因此更为复杂。计算机必须有足够翔实的数据，才能洞悉数据蕴含的递归模式，但这方面已取得巨大进展。例如，使用算法对美国最高法院关于专利判决进行的预测，堪与任何法律专家的预测相媲美。类似的技术还使自动面部识别、语音识别、医学诊断以及其他以前只有人类才能完成的任务通过计算机得以实现。

对计算机而言，最困难的任务是那些无法预料的问题，因为这些问题无法匹配任何预先设定好的程序。罕见事件无法通过归纳分析生成经验法则。我在表15.1中引用了弗兰克·利维（Frank Levy，麻省理工学院）和理查德·默南（Richard Murnane，哈佛大学）编制的一张表。他们给出了这样一个例子：假设一辆无人驾驶汽车发现前面有一个小皮球通过，而这个球对汽车没有任何危险，因此它也就没有任何理由刹车。但如果是人类在开车，在这种情况下，司机就会预见到皮球后面可能跟着一个孩子，并采取不同的反应措施。无人驾驶汽车没有足够的经验,也就无法恰当地应对。显然,这并不意味着这一问题最终不能解决,毕竟我们可以把这种相关性教给机器。但这个例子表明,计算机仍面临一些难题。

表15.1 工作岗位的消失

越来越复杂的任务 →

	基于规则的逻辑	模式识别	人类工作
场景	计算机基于演绎规则进行处理	计算机基于归纳规则进行处理	规则无法清晰表达和/或无法获得必要的信息
例子	计算基本所得税 签发登机牌	语音识别 预测抵押贷款违约	写一篇令人信服的法律简报 把家具搬进三楼的公寓房

资料来源:弗兰克·利维和理查德·默南,《与机器人共舞》,NEXT 2013 年报告,Third Way。

由此可见,人类和计算机面临的挑战不同。在处理逻辑任务与可预测任务时,计算机更快、更可靠。因为机器学习的进展,只要我们提供足够的数据来识别问题结构,计算机就可以处理各种难以预见的情景。不过,计算机没有人脑反应灵活,有时解决某些问题尚不如五岁的孩子。利维和默南得出的结论是,在这个新世界里过得更为潇洒的人,是那些掌握了抽象知识且这些知识能帮助他们适应环境的人,而那些只拥有解决例行程序性工作所需的简单知识的人,最有可能被计算机取代。这个结论对教育体系有重要意义。由家庭背景和教育带来的不平等可能会进一步扩大。

没有工作可做?

尽管当今的变革速度比以往的技术进步快,但对工作的影响却与以往类似。在此之前,我提到了19世纪初英国发生的一个著名事件,当时勒德派劳工(熟练的纺织工人)暴动,捣毁那些非熟练工也能操作的新式织机。最后,勒德派起义者被军队残酷镇压。另一个戏剧性变化的例子是美国对农业劳动力的需求下降;在不到一个世纪的时间里,农业从业人员占比从总人口的41%跌到2%。尽管农业就业岗位大幅减少,但美国的失业率只有5%。这表明了一个事实,即某些工作岗位的消失可以由新创造的、不同类型的工作岗位来弥补。

技术进步会破坏一些工作,同时也会创造其他就业机会,但通常不会损害就业总量。数字技术创造的最显而易见的工作是那些与计算机科学或数字行业相关的岗位。历经两个多世纪的技术革命,失业率仍然处于低位,[30] "未来没有工作可做"这种耸人听闻的预言从未实现。正如埃里克·布林于尔松和安德鲁·麦卡菲所说:

> 1930年,在电气化和内燃机兴起之后,约翰·梅纳德·凯恩斯预言,[31] 这样的创新将导致物质繁荣,但也将引发大面积"技术性失业"。1964年,在计算机时代来临之际,一群科学家和社会理论家致美国总统林登·约翰逊(Lyndon Johnson)一封公开信,警告自动控制"将产生几乎具有无限生产能力的系统,并将日益减少对劳动力的需求"。[32]

让我们回到不平等问题上来。正确的问题并非将来是否仍有工作,而是未来是否有足够多的、能支付体面工资的工作。这确实很难预测。最近的发展状况表明,这个问题的答案是否定的。但是,多数人想成为对社会有用的人，不管有无报酬，而工作是实现这一想法的一种方式。正如埃里克·布林于尔松和安德鲁·麦卡菲所说，就业是构筑社会结构的一种途径。也许人们会愿意接受低收入以换取与社会连接的纽带，但从短期来看，对于失业者，失去工作机会的代价很高。创造性破坏的加速推进引发了三个问题：如何保护在岗及失业的工人？如何通过教育为迎接这个新世界做好准备？我们的社会又该如何适应这一变化？将头埋在沙子里并非良策。

税收系统

最后，在国家和国际层面，工作领域的数字化不仅给我们带来了新的财政挑战，还加剧了对现有体系的挑战。对此，我只想点到为止。

国家层面

在国家层面，有一个关乎商业交易与易货交易之间差异的老问题。两者之间的界限并不明显，但在税收方面，它们被以完全不同的方式对待。如果我雇一家建筑公司粉刷我的房子，我就需要缴纳增值税，而雇主和雇员则根据他们的身份分别缴税（社会保障费、所得税、企业税等）。如果我请一位朋友做同样的事，然后赠予他一瓶好葡萄酒作为回报，就不会被征税或缴纳社会保障费。这不仅因为税务局很难发现这项交易，而且因为它是一项非商业性交易，所以没有纳税义务。但是，非商业性与商业性的界限在哪里呢？与家人或朋友交易，在俱乐部或小型合作社内交易，都符合生产者-消费者关系的大多数标准。那么，这真的是非商业性的吗？为什么这样的分类意味着不同的交易要按照完全不同的税则处理？这些问题对法国这样的国家特别重要，因为法国对劳动的课税很高（平均60%的社会保障费和20%的增值税，还有不钻税收漏洞时很高的收入所得税）。这些问题对共享经济至关重要：我在车友俱乐部的会员共享是不是一个简单的商业关系？就像劳动法一样，我们不应该只是试图把新经济活动限制在一个现存的、人为的框架里，而应该重新思考我们的税收体系。

国际层面

国际税收同样面临很多挑战。比如，跨国公司旗下各分公司之间通过转移定价把公司利润留在企业税率较低的国家，这一做法现已司空见惯。一家公司可能会在企业税率较高的国家设立子公司，并以"镀金价"购买设在企业税率较低国家的子公司的服务或产品，这样做无非是为了清空设在高税率地区的子公司的应税利润。这种为减少企业纳税义务的套利行为一直都存在，在没有国际税收协定的情况下，这种行为不可避免。星巴克和亚马逊等跨国公司因采取彻底的会计"优化"行为而时常在欧洲受到批评。

数字交易的虚拟化使这种套利行为变得更为容易。我们不再能够确切知道交易活动在何处发生。将赢利企业设在企业税率较低的国家，将不赢利企业设在企业税率较高的国家，并利用转移定价来转移利润，都比以往更为容易。书籍、设计方案或软件的知识产权可安排在任何国家，而不用考虑消费在哪里发生。即便目标受众在法国，企业也可以在爱尔兰收取广告费。大型的美国公司使用一种复杂的基于"双爱尔兰"（double Irish）技术的避税结构，它们利用这种手段向注册于百慕大群岛的爱尔兰公司授予相关知识产权（爱尔兰对海外分支机构的所得利润不征税，因此赢利的分支机构一般都位于百慕大群岛）。[33]美国财政部也没法从中获利，因为这些海外利润只有在转回美国后才会在美国纳税，因此，这笔钱将留在百慕大，而只有在美国实行税收特赦时，这笔钱才会回到美国。据估计，500家美国大公司约有2万亿美元留在海外。

互联网没有国界是好事，但各国需要在税收方面合作，[34] 避免出现争夺海外投资者的税收竞争（公司的"正确"税率问题与此不同，这里就不赘述了）。

一个终结税收竞争的例子是在欧盟范围内针对网上购物增值税在2015年达成的协议。该协议允许买方所在国对网上购物征收增值税。此前，欧盟只能向卖方征收增值税，而这会诱使企业落户到增值税率较低的国家，并把产品销售给增值税率较高的国家的消费者。新系统是针对这种商业模式（如亚马逊给个人消费者出账单）的一个令人满意的监管安排。但是，它并没有解决像谷歌这样的平台所带来的问题。从技术上讲，谷歌并没有向法国消费者出售任何东西，而只是向广告商收费。监管机构还在讨论这个复杂的问题，因为与销售一本书或一段音乐相比，这种情况的税基要模糊得多。

对社会而言，数字化是一个极好的机遇，但它也带来了新的风险，同时放大了其他风险。信任、数据所有权、合作、技术进步的扩散、就业、税收等，所有这些都是共同利益经济学面临的挑战。

第十六章　创新与知识产权

创新势在必行

　　古典增长理论始于这样一个前提,即经济增长源于资本的积累(如机器或能源供给)和劳动力的增长(通过人口增长,以及医疗和教育的改善)。然而,在 1956 年的一篇著名文献中,索洛指出,在解释一国经济增长时,资本积累和劳动力增长仅解释了增长中可度量的部分,因而给其他因素如技术进步留下了扮演重要角色的空间。[1] 与 1956 年相比,当今时代的技术创新更是增长机制的核心所在。21 世纪的经济被称为知识经济,当然也是一种大范围技术变革的经济。

　　古典增长观更适用于"追赶型经济"。[2] "二战"后,日本经济经历了辉煌的 30 年,法国经济同样有过黄金 30 年,中国经济自 1980 年以来也见证了 30 多年的高速增长。但是,当模仿国外的做法和技术、积累资本和劳动力却带来了收益递减,进而不足以继续驱动经济增长时,一个新的时代便来临了。从此,这些国家必须探寻新的经济增长路径,并拓展"技术前沿"。

处于技术前沿的经济体需要一种不同于追赶型经济的文化和制度。大学必须提供高质量的教育，从事高水准的研究，并鼓励学生创业。信贷不应再仅仅提供给大型企业及传统中小企业，而应适度向创新型企业倾斜。为了让熊彼特式"创造性破坏"机制发挥作用（新的创新淘汰旧的创新），独立的竞争主管机构需要消除人为的市场准入壁垒。价值创造日益基于创新，这一点变得利益攸关。国家财富也越来越取决于其占据价值链顶端的能力。

这将我引到了知识产权这一充满争议的主题。知识产权的内涵是什么？知识产权有哪些利弊？政府在该领域面临何种挑战？接下来，我将分析一个特定的但也是根本性的挑战，即阻碍技术进步的"专利丛林"（patent thickets）问题。经济分析给出了解决这一顽疾的具体措施，即在不减少创新动力的情况下，促进技术的广泛扩散。

除了困扰欧元区多年的金融危机之外，西欧的另一个忧患是其创新率低于美国，[3] 也许很快还将低于正在大力投资知识经济的亚洲国家。创新需要适宜的文化和制度土壤，为此，我将探讨鼓励创新的文化和制度特征。

最后，我将探讨一种协作模式。这种模式是对知识产权的一种替代性制度安排，或者说是一种基于不同的知识产权概念的模式：开源软件（open source software）。该模式是一种不常见的组织模式，我们将尝试理解它何以不同，并研究采纳该模式的经济主体的策略。

知识产权

制度

假如你已完成了生物技术方面的学业，并准备投身于应用研究，你的目标是发明一种新疫苗，使用微生物生产生物燃料，或开发出更能抗旱抗病的农作物。为此，你需要资金，而只有当你的项目有利润前景，并可能给投资者带来足够的回报时，你才会得到融资。但是，你要创造的新知识是一种所谓的"公共品"，它一旦被成功创造出来，任何人都可以几乎无成本地、非排他性地使用。一旦一个分子的化学配方和用途被公之于众，每个企业都能利用此配方推出相应的产品（疫苗、生物燃料、种子），而投入此项研发的人则只能获取微薄的利润。这里再次出现了我们在第八章中提到的搭便车问题：若每项发明面世后都立刻进入公共领域，并能被任何人免费使用，那么多数人都将坐等他人投入资金从事研发。这样的动机将使大家静坐观望，而非投身于创造性活动。所以，知识产权是现实中"必然的恶"，它能为发明者提供创新的利益，以此激励研发和艺术创作。这也是很早就出现知识产权制度的原因。实际上，最早的专利制度可以追溯到古希腊，之后在 15 世纪的佛罗伦萨和威尼斯又得到了进一步发展。

知识产权有多种形式：

- **专利**。专利制度保证专利持有人享有一种排他性权利，即对其创造的知识的垄断使用权。专利授权包括一个明确的期限（一般是自授权之日起20年），超过该期限后，此项知识将进入公共领域。被授权的专利不仅需要具有新颖性和创造性，还要具备实用性。专利申请是一个公开过程，它允许专利持有人自主管理其知识产权。例如，当专利持有人不想自己应用创新获利时，可以进行排他性许可授权。
- **著作权**。著作权在特定期限内（在美国，该期限是作者在世时期加去世后70年）对某些形式的创作（如一本著作或一部电影）提供保护。
- **商业秘密**。（顾名思义）商业秘密只保护发明者的知识产权不被剽窃。商业秘密是能为企业带来经济利益,并由企业努力保密的信息。一般来说,商业秘密涉及富有创新性的生产工艺,而一种新产品通常属于公共信息,因而不能通过保密实施保护。(未申请专利的)可口可乐配方是商业秘密方面的一个著名案例。

废除专利将迫使发明人运用商业保密手段保护自己的发明,如果发明人本身并非生产制造商,他们将被迫与生产制造商垂直整合。与专利不同的是,商业秘密很难实施授权许可,这是因为购买授权许可的人可以合法地要求了解待转让知识的本质。一旦这些知识的秘密被披露,被许可人即可无偿使用该知识,因而,在实践中,只有专利发明才会被授权许可。

- **商标**。商标保护的是企业的标识,以便让商标持有人的产品与其竞争者的相似产品区别开来。

这些不同的知识产权形式的共同之处是,它们均赋予发明者以市场势力,也就是从其发明中获取经济利益的机会,要么通过出售许可,要么通过生产和销售最终产品,赚取高于生产成本的超额利润。然而,一旦发明被公之于众,任何想使用它的人都无须为获得许可而付费,那么,利用发明成果进行生产的厂家之间的竞争,就会推动毛利降至一个较低的水平。保护知识产权的代价显而易见:为激发创新动力,以便发明者从中获取经济利益,政府确立了一种垄断制度。它增加了使用发明的成本,限制了发明成果的扩散,从而造成了专利使用者的减少。

这种根本的权衡取舍是知识产权制度所固有的,也是许多国家积极探索其他替代方案的原因。在17—18世纪,英国和法国发起了发明竞赛,竞赛的奖金由王室提供。一旦发明人赢得发明奖励,该发明的知识产权便进入公共领域。例如,在17世纪,法国组织了一场水车发明竞赛。在 16 世纪后期，西班牙和荷兰都为寻求精确测定海上经度的方法提供悬赏，但最终都无获胜者。1714 年，英国议会为寻求测量经度的方法设立了一个类似奖项，在备受争议之后，该奖项的大部分奖金最终被授予约翰·哈里森（John Harrison）。哈里森于 1714 年着手这项研究，但一直到 59 年后才收到全部奖金。

设立奖金或奖励是一项复杂的任务，因为需要事前明确发明的内容。通常，创造性工作的特点是，我们无法准确预见我们会发现什么。如果我们能提前描述一部富有创新性的科学论文或交响乐，这项创造性工作已纯属多余。有些时候，我们可能知道想要什么，却不知道如何实现，那么接下来要解决的问题是，应该设立多大数额的奖金？奖金是否不足以补偿研究，以致无法吸引有才能的参与者？或者，奖金是否设置过高，以致对发明行为补偿过度，导致公共资金使用不当？最近，对某些专用于发展中国家的疫苗和药物的研发竞赛奖励机制已经恢复。[4] 如此安排可能是由于这些国家过于贫穷，无法吸引私人研究切入。这些奖项设定了疫苗的研发目标，同时明确了可接受的最大限度的副作用。

当前，知识产权保护问题引起了各界热议。[5] 我在这里只想围绕专利制度探讨几个关键问题，但有些争论涉及其他形式的知识产权。例如，著作权有效期的追溯性延长（即延长已出版作品的版权期限）尤其令人不可思议。从逻辑上讲，如果知识产权是一种为研发或艺术创作提供激励的必要手段，那么就必须坚守这样的目标。但是，一旦创造性投资已经完成，强化知识产权保护的安排根本没有任何激励作用：为时晚矣！强化知识产权保护不但阻碍了知识扩散，也未起到促进创造活动的作用。尽管如此，美国立法机构仍先后两次延长了著作权保护期限，第一次是在 1976 年将著作权期限延长至作者去世后 50 年，第二次是在 1988 年将著作权期限延长至作者去世后 70 年。后一法案就是公众熟知的《版权保护期延长法案》（Copyright Term Extension Act），有时也被称为《米老鼠保护法案》（Mickey Mouse Protection Act），意指迪士尼公司。当时，迪士尼公司即将失去其仍获利丰厚的电影及衍生产品的版权，为此展开了延长著作权期限的游说。

诸多方面的原因促成了过去30年里专利数量的飙升。专利局本身有增加专利数量的各种动机（特别是在美国，在2011年《美国发明法案》[America Invents Act]通过之前，专利和商标局就被间接鼓励授予而非否决专利）。另外，各国政府将专利发明的界定扩展到软件程序、生物技术、生命科学及商业方法。如果多余的专利无足轻重，专利数量的激增就无甚大碍。例如，向为狗发明的手表授予专利。这种表的转速是普通手表的七倍，以反映犬科动物的寿命。互联网上有许多罗列这类可笑专利的网站。

但在其他情况下，专利激增的经济后果不容忽视。一些专利具备获得经济价值的潜力，却不一定能给社会带来巨大进步。例如，亚马逊1999年获得的美国专利[6] "一键下单"（1-Click Ordering）确保亚马逊能够独家实施这样一个想法：在线零售商可以保存客户信息（收货地址和账单地址、信用卡号码，等等），以便客户再次购买时不必反复提供这些信息。显然，这个想法只是对许多传统实体店耳熟能详的实践操作的简单复制而已。[7] 即便以往没有这样的做法，也显然不值得为此授予专利权（在欧洲，亚马逊就没有获得"一键下单"的专利）。在界定可授予专利权的三条标准中，该专利仅满足了实用性标准这一条。幸运的是，该专利最终（2007年）被法院部分废止，但我们可以想象，如果法院将该专利合法化，亚马逊可能从中获利几何。

第二方面的危害，也是值得探讨的一点，就是当一项技术涉及多个专利持有人时，使用者必须分别向所有专利持有人支付专利费。

专利费堆叠的管理

生物技术和软件行业的特性是存在海量的、重要性各异的专利，这些专利由不同权利人持有，他们是这些专利技术的"守门人"。这种"专利丛林"导致使用者为了使用专利许可必须累积支付各项专利许可费（用经济学术语表述就是"专利费堆叠"或"多重加价"）。

"竞合"与专利池

为理解专利费堆叠问题（这个问题已于 1838 年被古诺、近期被加州大学伯克利分校的经济学家夏皮罗 [Carl Shapiro] 睿智地模型化），[8] 用中世纪欧洲的一个例子做个类比（如图 16.1 所示）或许有些启发。在中世纪，一连串的收费站使河道上的航行困难重重。如图 16.1 所示，四个收费员依次收费。为了通过整条河流，用户需取得所有收费员的许可，为此我们把通过支付通行费获得的每段航运权视为互补的：在这四段中，哪怕只有一段没有付费，用户都无法从源头到达河口。比如，在 14 世纪，莱茵河上就有 64 个收费站。[9] 在设定通行费时，每个河段的收费者都只考虑自身收益的最大化，而不关心由此给通行者和其他收费者带来的不利影响（高收费减少河流上的行船量，因而不利于其他收费者）。这就是现实中的公地悲剧，[10] 也正是这样的悲剧重演，导致了渔场和牧场的过度使用，或温室气体的过度排放。在欧洲，直到 1815 年的维也纳会议召开及会后颁布了法律，才终止了这种累积收费的做法。[11]

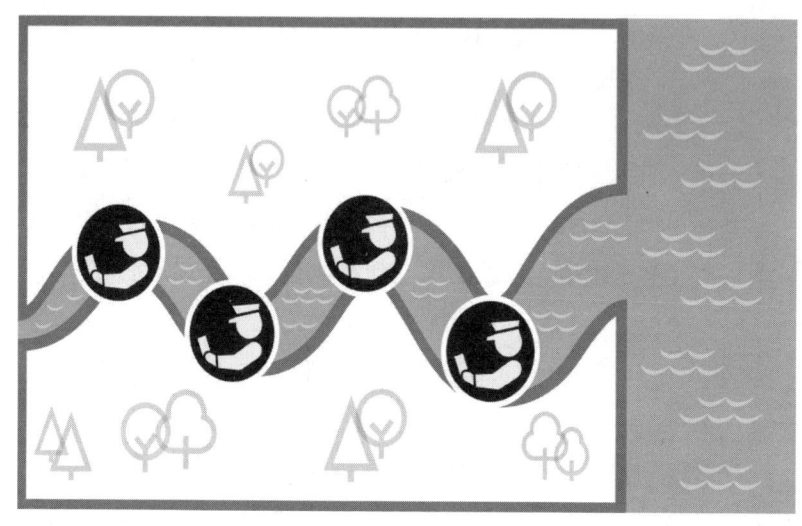

图16.1 互补品与收费站堆叠：联合营销符合社会需要

如今，高新技术产业正试图消除专利费的多重加价（堆叠）问题。最近，世界各国的竞争主管机构已采用新的指南，鼓励专利池（patent pools）的使用。专利池是指各相关企业之间达成一项协议，以便联合营销由专利池的成员所有、与特定技术相关的专利组合的授权许可。这种方法让技术使用者可获得一揽子许可，否则他们就要被迫分别获得 5 项、10 项或 15 项专利的许可。如果使用者尝试这样做，就将面临每个专利持有人都会提出过度要求，进而阻碍技术使用的潜在风险。专利池的形成过程，正是经济学家所说的"竞合"关系（"竞争"与"合作"的融合）的一个实例。在专利池中，具有潜在竞争关系的企业联合销售其拥有的专利。恰如图 16.1 中收费员之间形成的协议一样，当这些专利互补而使用者又需要一整套专利许可才能使用该技术创造价值时，建立专利池可以降低专利许可的总成本。专利持有人达成协议，同时降低各自的专利许可费，这样会增加对专利授权的需求。因此，这一协议不但对专利持有人有利,而且对消费者也有利。

但遗憾的是,专利池或广义的联合营销,也为企业提供了提升价格的机会。我们假设有两个互为替代的专利,其中任何一个专利都可以满足用户全部的需求。回到河道运输的例子,假如河道两条支流上都有收费员(图16.2)。客户可以走北部也可以走南部的航线,因此同时取得两条支流的通航权毫无意义。如果两位收费员能联合为客户提供通往下游的航运服务,则双方利润都可以提高,因此他们都希望避免直接竞争。因此,在替代性专利的情形中,专利持有人可以建立一个专利池,然后像卡特尔或企业兼并产生的垄断组织那样提高专利许可费。由此可见,专利池也有好坏优劣之分,好的专利池使专利许可费下降,坏的专利池则使专利许可费上涨。

图16.2 替代品:联合营销相当于通过合并形成垄断

再回顾一些历史或许有助于我们进一步理解专利池。很多人并不了解,在1945年之前,大多数重要行业(如航空、铁路、汽车、电视、广播和化工）都围绕专利池组织生产经营。但在1945年，美国最高法院担心联合商业开发可能掩盖卡特尔行为，因此开始对专利池产生防备。竞争主管机构过去一直不鼓励专利池，主要是因为专利池有时确实被用于削弱功能相似专利的持有人之间的竞争。在差不多50年的时间里，专利池基本销声匿迹了。[12] 事后来看，这样的结局未免令人遗憾，因为在此期间，技术发展正变得日渐复杂。

难道竞争主管机构就不能禁止使价格提高的坏专利池，而仅批准好的专利池吗？遗憾的是，主管机构缺乏做出这种区分所需要的相关数据，它们往往只能利用有限的历史数据估计专利许可的未来需求，更何况专利互为替代或补充的特性，也会随着相关技术的使用而演化和嬗变。[13]

尽管如此，某些不需要竞争主管机构拥有任何信息就能实施的简单监管政策，可以用来识别专利池的好坏。首先，专利池可授予单独许可（individual licenses），也就是说，在专利池之外，允许每个专利持有人继续出售其专利许可（见图16.3，以两个专利持有人为例，每人持有一项专利）。正如我与哈佛商学院的乔什·勒纳（Josh Lerner）共同撰写的一篇文章所证明的那样，[14] 在专利池可能提高价格的情形下，授予专利持有人单独许可的做法会重新产生市场竞争，因此可以抵消坏的专利池的负面影响，同时维持好的专利池可降价的优点。

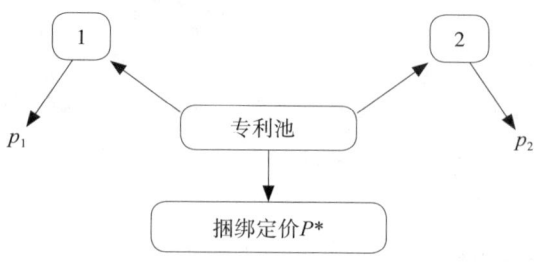

图16.3 单独许可

以两个完全互为替代的专利为例来说明这一点。此时，专利许可的竞争性价格接近于零（即知识产权所有者准许使用者使用其技术的边际成本）：只要有利可图，每个企业都愿意降低专利费以赢得市场。专利池则会破坏这种竞争，将专利费提升至垄断者的价格水平，这个价格水平是让两个知识产权所有者的联合利润实现最大化的价格，即卡特尔定价。[15]

但是，假设可以使用单独许可，并假定专利池试图设定一个超过竞争价格水平的价格 P（如等于垄断价格）并均分利润，[16] 那么，对每个专利持有人而言，与其坐享专利池总利润的一半，不如让单独许可费略低于专利池中的相应价格 P，从而占领整个市场，并获得（几乎）全部利润。[17]

你可能认为，假设专利持有人以竞争性方式行事，并把单独许可价格降至较高的专利池价格之下，未免过于天真。短期来看，实施单独许可的企业确实可以因其降价行为而增加利润，但这样做会招致另一家企业的强烈反应，随之以降价作为报复，由此引发的价格战将使最初的降价行为得不偿失。这就是为何经济学家和竞争主管机构担心发生所谓的"默契合谋"（tacit collusion），[18] 或用竞争法的术语来讲就是"协同效应"（coordinated effects）。在这些情形下，企业会因担心引发价格战而不愿单独与专利池展开价格竞争。

为了防范默契合谋，必须增加第二条规定，称为"非捆绑"（unbundling）。这条规定也不要求特殊信息。如果强制要求专利池提供非捆绑选择，用户就可以从专利池中单独购买每项专利许可，专利池收取任何一套专利许可组合的价格等于其中每项专利逐个授权价格的总和（见图16.4）。单独许可加上非捆绑可以防止专利池涨价。[19] 事实上，这些要求有效地限制了专利池为每项专利的许可价格设定上限的能力，[20] 如此建构的专利池将不会产生负面影响（不会导致价格上涨）。

而如果这些专利是互补的,那么专利池授权将使用户的许可费比无专利池时更低,并使专利持有人从中获取更多利润,从而为创新提供额外激励。需要说明的是,这两种基于经济理论且不需要竞争主管机构掌握任何专利信息的想法已被纳入欧盟指南中(2004年引入单独许可,2014年引入非捆绑许可)。

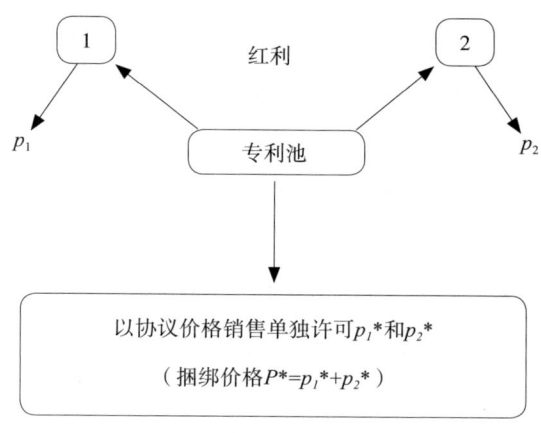

图16.4 单独许可结合非捆绑

技术标准

在结束对专利激增后果的讨论之前,我想就标准的制定做几点评论。技术使用者若想互动,就必须相互协调,信息技术领域尤其如此。当电信网络之间互不兼容时,如果你的手机注册在另一个运营商的网络上,我将无法用我的手机与你通电话。同样,为我的智能手机提供应用程序的开发者,必须遵循谷歌安卓操作系统或苹果手机操作系统设定的技术标准。互操作性或兼容性要求在特定技术标准上实现融合。那么,这种融合是如何产生的呢?有时,一家企业在行业中占据着主导地位，它的技术就会成为行业内其他企业遵循的技术标准。然而，更多时候，技术标准由标准制定组织牵头制定，该组织通盘考虑所有可能的技术方案后确定一个标准，其中包括用户在选择技术方案时必须用到的功能集合（这里所指的用户包括计算机或智能手机制造商、基础设施提供商、电信运营商、有线电视运营商、卫星通信公司，或应用程序开发者，等等）。

在制定标准时，针对某个技术问题，通常不止一种解决方案，每一种解决方案也许都可行，但标准制定组织往往只选择其中一种。由此带来的问题是，只挑选单一标准可能产生垄断租金，因为这样会使某项专利变得不可或缺，即便在入选标准之前，由于存在功能相同的可替代技术，该项专利并不是很重要。这类专利就成为"标准必要"（standard-essential）专利：它们之所以必不可少，仅仅是因其被选中进入标准。在标准确定之后，尽管其他技术标准若被选定也能带来同样的价值，但"标准必要"专利的持有人可以主张巨额专利使用费。

图16.5 垄断的产生

继续使用河道运输的例子做类比（见图 16.5）。改善北部航道或者决定在那里建一个重要的商品交易会，可能使这条支流变得更具吸引力，然而一旦做出了这样的决定，由于现在两条支流不再像以前一样具有同等吸引力，北部支流的收费员便可收取垄断价格。

为防止专利持有人利用纯粹因为列入标准而变成必要专利带来的好运谋利，标准制定组织通常要求专利持有人事前承诺，按照公平（fair）、合理（reasonable）和非歧视（non-discriminatory）的原则（即FRAND原则）授权其专利。但是，由于并不清楚如何界定公平、合理的费率，这些承诺只能说是模棱两可。事实上，目前全球范围内出现的一些重大法律诉讼案件正在对这些承诺的含义提出挑战，这些案件涉及苹果、谷歌、微软、三星等多家企业。这些企业抱怨其竞争对手收取了过高的专利费，违背了标准制定过程中确立的 FRAND 原则。这些诉讼索要的利益和金额非常之大，而且法院很难判断被主张的某种许可费是否"合理"——法院根本就缺乏做出这样的判断所需要的信息。从经济理论推导出的另一个不需要数据的想法是，在标准最终确定前，应要求专利持有人承诺，其专利许可费不能超过某个自主设定的价格上限，随后标准制定组织依据专利持有人透露的信息确定标准。

没有人会在一片不知地价的土地上盖房子，技术也是如此。乔什·勒纳和我建议，知识产权所有者应在标准选定之前就授予专利许可的条件做出承诺。我们也试图解释，存在多个相互竞争的标准制定组织时，预先承诺机制为什么不太可能出现（因为专利持有人将选择对这种承诺没有要求的标准制定组织）。[21]

创新的制度

创新既需要发明者，也需要资金。

企业研发与独立研发

创新越来越多地诞生于小型创业公司而非大公司,其原因有很多:大公司的研发人员有时会面临上级的反对,因为他们不想通过开发更好的新产品来蚕食既得利润,一旦有迹象表明在研产品确实可能自我蚕食时,他们甚至会放弃这个项目。研发人员有时也很难说服上级其初始研发构想是切实可行的。最后,研发人员通常不会像企业家那样获得诱人的经济激励。[22] 即使公司对做出重大创新的员工提供奖励,这些奖励通常也不足以与其重要贡献相匹配。例如,因发明蓝色发光二极管(我们每天都从中受益,因为它们是产生白光所缺失的重要一环)而获得2014年诺贝尔物理学奖的中村修二,最初从雇主日亚化学工业株式会社那里只得到180美元的奖励,而日亚化学却从中获利数亿美元。[23]

当然,大公司希望通过企业风险投资(即利用公司基金直接投资于外部初创公司)来复制创业的优势。科蒂姆(Sam Kortum)和勒纳认为,这些公司基金(像公司内部研发基金那样)取得成功的不多。由于公司管理层依旧担心可能出现自我蚕食的情况,研发人员和外部合伙人仍然唯恐项目被叫停。此外,公司内部的薪酬限制也降低了这些基金吸引优秀人才的能力。

当智力投入比资金投入更重要,或者说当所需启动资金不高时,初创公司要比大公司的内部研究部门更具竞争优势。潜在客户之间的竞争也可以保护独立发明者免遭来自发明成果唯一使用者随意指手画脚的影响,这也有利于创业。不同的创业组织方式起源不同,例如,在某些高科技领域,科学知识的质量至关重要,因而创业常发源于学术圈。

但是,创新并不总是需要高水平的科学知识。正如费尔普斯(Edmund

Phelps）所言，[24] 创新并不为学术精英独有。以 19 世纪几个著名的发明家为例，爱迪生（Thomas Edison，电灯、电力系统和留声机的发明者）的背景很一般；斯蒂芬森（George Stephenson，第一条蒸汽铁路的建造者）在 18 岁前目不识丁；迪尔（John Deere，钢犁的发明者）是一名铁匠；辛格（Isaac Merritt Singer，缝纫机的改良者）是一名机械师和演员。同期，在法国，拉法基（Lafarge）、米其林（Michelin）、施耐德（Schneider）等许多最终成为大型上市公司的企业，都是由当时并非技术领先者的企业家创立的。[25] 而今，优步、脸书、网飞和爱彼迎利用智能技术满足尚未开发的商机和服务，但它们并不需要成为某个科学领域的先驱。

因此，创业公司可以在大学校园中出现，但并非一定如此，因为创业文化更为重要。此外，许多富有创新性的半导体公司是从创业公司内部孵化（衍生出更多的初创企业）出来的——这种现象在这类企业中很常见。

融资

公司内部的研发人员不需要寻找外部资金，他们只需说服上级其想法切实可行就足矣。相反，初创公司在初期往往依赖于少量的个人资金（创业者的个人存款或亲朋好友的资助）。如果初创公司看起来很有前景，那么它们很快就需要进一步融资：首先是天使投资人，这些人是富有的个人投资者，他们自己通常也是成功的创业者，且在培育最具潜力的项目方面卓有经验；接下来是风险投资机构的风险投资基金，这些机构主要由风险投资公司（Venture Capitals，VCs）或普通合伙人组成，他们负责监督初创企业并利用基金进行投资；同时还包括数量更多的被动投资者（有限合伙人），例如养老基金、共同投资基金、保险公司、捐赠基金或半公共部门公司。这些被动投资机构因为相信风险投资者而被吸引进来,但并不要求很高的投资回报。

风险投资者的作用并非仅仅提供投资资金。通过选择最有前景的项目,他们还能降低被动投资者面临的逆向选择风险,因为这些被动投资者一般不知道把资金投向哪里。一旦选定有前景的项目,风险投资者就要肩负起管理者角色,改善公司治理并努力监督投资情况。在此过程中,风险投资者起到了重要的顾问作用。比如,此时一个身为科学家的创业者可能并不擅长企业管理和产品营销,只要项目进展达到既定目标("阶段性融资"),风险投资者就会把资金逐渐交给创业者。最后,风险投资者保留控制权。如果项目进展未实现既定目标,风险投资者就会替换企业家或某些合作者,而如果创业者实现了既定目标,他们就会获得更多的自主权。

再说几点来结束对创新融资的简要论述。初创公司通常数年无法赢利,而如果负债创业,它们会很快面临不能如期偿债的问题,因此最好不要负债。作为另一种选择,投资者可购买优先股(preferred stocks,是一种债务,但只要不向股东派发股息,就可以推迟偿还)、可转换债券(convertible bonds,可根据债券持有人或公司的要求,将债券转换成股票)或普通股(common stock)。

初始合同的一个重要约定是预测投资者何时能够获得部分回报。取得成功的企业可以在股票市场公开上市,这样一方面使企业能获得其他资金来源,同时也让投资者(至少部分地)套现。初始投资者经套现收回资本后,可将这些资金投向其他初创公司。预先设定首次公开募股(IPO)日期几无可能,这取决于公司发展状况及从股票市场可融到的资金数量:风险投资和初创公司试图"择机上市"(time the market),即在市场有充足流动性,因而足以让股价上涨的情况下,选择一个合适的首次公开募股日期。正因如此,首次公开募股往往在股市上涨的时候"扎堆"出现。

　　风险投资也有局限性。它要求必须由能提供个人资金的专业人士操作。他们将自有资金投到初创公司（承担风险），这样使其变得可信，并可引导其他被动投资者（提供了大部分必要的融资）跟投。然而，可用的风险投资金额波动很大。在互联网泡沫时期，首次公开募股募集了大量资金，风险投资家也从中得到了大量资金，这些资金可用于今后投资。相反，在发行淡季（只有少数首次公开募股），可用的风险投资资金锐减。风险投资融资有周期性弊端，有限合伙人的资金也可能出现波动。例如，限制养老基金投资风险的新规定可能阻止其购买首次公开募股股票。

　　在很多国家，风险投资还具有公共属性。公共资金可以是私人融资的一个有益补充，但只有在某些条件下才是如此。公共资金必须与本书第十三章强调的有专家介入及限制政治影响的产业政策相吻合。例如，据称，美国小企业投资研究基金迫于政治压力必须为一些前景并不看好的项目提供资助。理想情况下，公共投资应当与私人风险投资形成有益补充，而非相互竞争，并采取逆周期性政策。但这说起来容易做起来难。

合作开发与开源软件

　　开源软件的生产和创新过程与经济学家最初的设想可能截然不同。传统上，公司向员工支付薪水，给他们分配工作任务，并占有他们创造的知识产权。而在一个开源软件项目中，许多对项目做出贡献的人不图回报，他们的付出完全出于自愿，并且程序员可自由选择参与他们认为最有趣或最适合自己能力的子项目。尽管如此，开源软件项目的组织并不混乱。项目负责人将工作分解成明确的模块，并以"正式版本"形式接收自愿者的贡献，从而使他们的贡献有用且具有一致性，并使项目开发不会偏离目标或分化为不兼容版本。最后，开源软件的知识产权是受限的：比如，开源软件的许可条件可能载明，任何人在对开源软件的原始版本做出改进后，都应该基于同等条件对外开放。

当前，开源软件在许多领域都发挥着重要作用。众所周知的是 Linux[26]（一款与微软的 Windows 和苹果的 MacOS 竞争的计算机操作系统）和安卓操作系统（一款手机操作系统，其主要竞争对手是苹果的 iOS 操作系统）。不仅如此，开源产品同样在以下几个方面表现突出，如服务器管理软件（自 20 世纪 90 年代中期以来，通过计算机发布到互联网上的网络服务器软件市场一直由 Apache 开源项目主导）、脚本语言（Python、PERL 和 PHP 等）、网页浏览器（Firefox 和 Chromium [与 Chrome 浏览器相对应的开源软件]）、数据库（MySQL）、电子邮件（Thunderbird）、办公软件（LibreOffice）、云（OpenStack）和大数据（Hadoop）等。

在开源项目中，各类参与者的行为动机和扮演的角色各是什么？

什么激励着程序员。从事开源软件的开发工作需耗费程序员大量时间，独立工作的程序员还得放弃原本为某个企业或大学工作所能获得的薪酬。对于为雇主打工的程序员来说，从事开源软件开发的机会成本就是他可能无法完成其他任务。例如，学术研究成果可能减少，或者学生论文的写作进度可能放缓。

21 世纪初期，[27] 乔什·勒纳和我对开源软件的日益成功愈发感兴趣，人们对开源软件成功原因的解释无法令我们信服，我们也不太相信商业软件开发者采取的应对策略。当时，针对程序员参与开源软件开发主要有两种解释。一种观点认为，这些贡献者本质上比商界同行更慷慨或赚钱欲望更低。在经济生活的许多领域，亲社会行为确实发挥着不可忽视的作用。这种假设至少在逻辑上是合理的，但它带来一个问题：

在实践中，商业软件程序员是否不如开源程序员那么关心公共利益？这是一个我们所知甚少而难以回答的问题（对程序员行为动机的调查结果不可信，因为大家都知道被调查者显然会给出对其有利的答案）。

第二种初步解释更背离经济学原理。这种解释认为，开源软件项目的贡献者希望自己的贡献能激发一个广泛互惠的良性过程，由此吸引其他贡献者涌入，从而可能开发出可供贡献者使用的开源产品，进而证明他们当初做出贡献的决定看起来是理性的。这种解释（完全基于个人自利假设）违背了公共产品理论，也与在其他情景下实际观察到的搭便车行为相悖。正如我们已经看到的那样，有些国家、企业和家庭一般并不限制其温室气体排放，而是寄希望于某些个体行为能激起其他人一连串的互惠反应，以此来解决全球变暖问题（欧洲试图树立一个好榜样，但在启动良性循环方面却未取得丝毫成功，尽管它的温室气体排放量占到全球的 10%）。

乔什·勒纳和我认为，开源协作可能还有众多其他动机。首先，人们可通过为开源软件做贡献提高他们的工作绩效。这个解释对为公司寻找特定解决方案的系统管理员特别适用。后续研究表明，许多开源贡献者的动机确实是满足自己单位的需求。其次，程序员可能内心喜欢选择一个"酷"的开源项目，觉得它比完成雇主强加的例行工作任务更令人愉悦。第三，开源贡献为程序员展示其才华提供了机会。

关于第三点，经济理论中的信号模型表明，当程序员的贡献更容易被其想要打动的受众看到时，他们更有参与开源项目的积极性。在这种情况下，可能同学术界一样，受众变成了同行：与任何职业的从业者一样，程序员都希望得到圈内人的认可。但是，许多开源程序员也瞄准了其他受众，包括就业市场（商业软件公司会从对开源软件做出贡献的人群中招募出类拔萃的人才）和风险投资公司。在某些情况下，特别是在开源项目的领导者关注的领域，风险投资公司将为围绕开源软件开发的商业性应用程序提供资金支持。

开源软件本身就很好地传递着这种信号。将任务分解成不同模块，可以确定它们的难度系数、解决方案的质量和各模块的负责人。一个程序员在不受上级干扰的情况下负责的子项目大获成功，这样收集到的信息会更为有用。开源项目设定了每个人的身份等级（例如程序员、项目经理或开放软件基金会的董事会成员），强化身份的差异性让信号传递的效果更佳。对信号传递假设的一个间接证明是，了解信号传递作用的商业软件公司会试图模仿开源软件，以此来判别自己公司的程序员在软件开发中做出的贡献。

商业软件公司的策略。下面我们要讨论在面临开源软件竞争时商业软件公司应采用什么样的应对策略。起初，商业软件公司对此持抵触态度，但它们已经适应了这一现象，甚至从中找到了商机。

- 正如前面已经讨论的，它们可能希望自己的员工在开源项目中工作，以网罗行业中最优秀的人才。
- 它们可能希望与签署了保密协议的用户共享源代码，从而使其能从外部调试工作中获益。
- 它们可能希望通过学术许可提供商业源代码（正如微软那样），从而使其为程序员所熟悉。这些商业源代码可能用于中学和大学的教学示范中，进而创造出"校友效应"，并像Linux等开源软件那样获得利益。
- 最重要的是，企业可能不想从开源代码本身获利，而是从与之互补的环节上营利，开发和使用以开源程序为基础的商品和服务方面的专业知识。谷歌将安卓系统作为开源程序免费发布，然后从收集到的安卓用户数据中获利（辅以从其搜索引擎、谷歌地图或YouTube等中收集的数据，以及从数据交易商处购买的数据）。IBM的战略是以开发开源软件为核心,并收取咨询服务费。开发Linux的Red Hat和开发LaTeX的Scientific Workplace[28]等商业企业提供定制或易于使用的开源程序版本。

开源项目的贡献者并不总是能得到回报(这是典型的受个人"自我实现"[29]愿望激励的项目),但有些贡献者能得到回报。公司通常通过聘用主要贡献者,为其重要的商业项目提供支持,Linux就是一个典型的例子。正如我们看到的,安卓本质上是由谷歌开发,而MySQL则是由甲骨文(Oracle)开发,等等。

Java使用了一种不同策略。在1995年发布Java时,太阳微系统公司(Sun)向其他公司提供Java许可时收取了费用,这些得到许可的公司可根据自己的需求自由修改,由此造成对专有代码的依赖,以及Java生态系统的碎片化,这对这些公司的核心业务构成了威胁。为应对碎片化问题,2006年太阳微系统公司根据GPL许可(见下文)创建了一个单一的开源项目(OpenJDK)。

当营利性企业试图占据某个开源开发项目的核心位置时,就会带来很多挑战:商业实体可能很难充分考虑开源群体的目标,也可能无法对继续公布源代码做出可信承诺,或者充分强调贡献者做出的突出贡献。例如,随着新版本的推出,安卓越来越依赖于谷歌的服务,一个想生产安卓手机但没有与谷歌达成协议(特别是访问谷歌的应用商店)的厂商,会发现自己生产的是一个几乎没什么功能的产品。目前,尚不清楚这些担忧是否会变成现实(因为谷歌并非不想树立一个中立的形象),但是这样的担忧确实存在。

这些困境解释了为什么惠普(Hewlett-Packard)会通过Collab.Net发布一些代码。作为一家由开源项目程序员创立的公司,Collab.Net致力于帮助有志于开放软件的企业组织开源项目。Collab.Net还为企业提供一种认证,证明企业真正承诺项目的开源特性。

知识产权的选择。开源程序员的参与动机还取决于管理开源项目的授权许可。如果项目想保持开源，就必须得到必要的保护。伯克利软件套件（Berkeley Software Distribution，BSD）等授权许可比较宽松，用户可以随意使用该代码。这些许可允许程序员开发出可销售的专有软件，但可能产生一个项目分裂为多个版本且互不兼容的风险。

在此提一下谷歌的安卓战略会很有意思。为了使安卓系统具有吸引力，谷歌选择了一个非常宽松的许可办法，[30] 准许用户按照自己的意愿以专有的方式做出修改。但是，智能手机制造商和电信运营商对安卓源代码做个性化修改而导致的互不兼容将是灾难性的。为此，安卓刚被推出时，[31] 谷歌组建了一个由制造商、运营商和软件设计师组成的联盟，承诺不管安卓如何发展变化，它都将保持一个共同的基础。

相反，像通用公共许可（General Public License，GPL）[32] 这样的许可则限制与商业软件的交互。它强制要求，除非修改严格限于个人使用，否则各参与方必须确保开源社区成员能从所有修改版本中受益。通用公共许可之所以具有标志性意义，是因为它的创建者理查德·斯托曼（Richard Stallman）对开源这一理念的传播，以及 Linux 很早就采用了它。时至今日，"病毒式"许可（如通用公共许可）已不再是开源项目的典型代表，而更广泛应用的是宽松式许可（如 BDS、MIT 和 Apache）。

那么，如何选择不同的开源许可呢？要想吸引程序员，开源项目必须具有吸引力。如果某开源项目由某个商业企业创建，或者该企业已深度参与了源代码的编写，程序员将变得更加警惕。通用公共许可可以让参与者不用担心开源软件会被碎片化或被搭便车。还需记住的是，让程序员做出的贡献广为开源社区成员所知很关键。如果项目吸引了许多程序员，并被其他程序员广为使用，而不仅仅由从未读过源代码的最终用户使用，那么程序员的贡献就会更为人所知。许可机制的选择是理性的,且与经济理论预测相吻合。对 SourceForge 数据库中的 4 万个开源项目的分析显示,当一个项目对开源程序员的吸引力较弱时,例如,当开源项目用于公众应用(如游戏或台式机)、商业环境、专有操作系统或母语非英语的项目上时,采取限制性许可的策略明显更为常见。

开源软件还有很多其他非常有趣的问题:对开源软件应实施哪些公共政策?专利制度或针对专利侵权诉讼风险的保险对开源软件有何重要意义?开源模式是否能够应用到软件以外的行业?

下面以两点观察做结论:首先,重要的是准许出现其他替代性组织形式,并在政策上给予平等对待。保持政策不偏向任何特定的组织模式至关重要。其次,开源现象在经济学上并无神秘之处,即便按照传统经济学的理论在开源现象出现之初可能难以解释。总之,经济学无处不在。

还有很多其他争论

还有很多其他有趣的知识产权问题。比如,一些常常被称为"专利流氓"(patent trolls)或"专利主张实体"(patent assertion entities)的专利持有公司,它们自身不做研发,而是通过购买专利组合收取专利费。2011 年,这类公司在美国的专利诉讼中占到 61%。这些公司是否创造了一个高效的二级专利市场(弱势研发者缺乏识别潜在侵权者和强制用户付费所需的法律能力和条件)?还是由于专利局在授予专利保护方面的松懈让敲诈机制成为可能?

在以知识产权为价值链核心的世界里,应该如何监管竞争?我们是否应该实施禁令,禁止公司在未支付专利费的情况下销售侵权产品?这是对付苹果或微软这类大公司的一个非常有效的武器(这种威胁导致 RIM [即现在的黑莓公司] 向专利流氓支付了 6.125 亿美元）。我们是否应该推行会损害知识产权持有人利益的强制许可？这些问题只是目前无处不在的众多知识产权问题的冰山一角。

第十七章　产业监管

利益攸关

　　1982年，作为法国国立路桥学校的一名年轻研究者，我有幸与图卢兹经济学院的奠基人——让-雅克·拉丰先生合作，共同致力于产业监管问题的探索，由此开始了对政府采购与网络型产业监管的研究。当时，在世界各地，尽管在位垄断企业受到政府监管，但公众对其提供的低质高价的公共服务怨声载道。在美国，卡特总统刚刚放松了民航产业的政府监管，但电信、电力、燃气、铁路和邮政等其他产业仍处境维艰。这些产业都由建立于20世纪初、受政府监管的私营"公用事业"垄断企业提供服务。相比之下，欧洲这些产业的垄断企业仍维持公有制。但美国公用事业效率低下的事实证明，产权私有化并不足以解决问题，还必须通过让在位企业对其经营业绩负责或引入市场竞争机制来改变其动力。

　　也许除了自由主义理论家之外，对其他人来说，放松监管与强化竞争的益处并非显而易见。很多客观原因造成了这些产业的竞争缺失，尤其是潜在进入者借助重复建设某些"瓶颈设施"（竞争法术语称为"必要基础设施"[essential infrastructure]，或称为"自然垄断"）进入市场的成本非常之高。很难想象某家铁路运营商想通过建造一条从伦敦到巴黎的新的、重复的高铁线路，或通过在巴黎和伦敦之间建造新车站的方式，进入这两地间的交通运输服务市场。除铁路线路和车站外，必要基础设施还包括电网、邮政投递网络、燃气管道，以及本地环路（连接住宅或办公室与公用电信网之间的电话线路，过去主要是铜线，现在更多是光纤或无线本地环路），这些必要基础设施由在位运营商（如法国电信、英国铁路或德国联邦邮政）控制。

同该领域的其他学者一样，拉丰与我面临着诸多挑战。[1]我们需要就政府与受监管企业之间的激励合同构建一个统一的概念框架，设计网络型产业引入竞争的途径，并针对新进入者接入在位运营商的必要基础设施制定一套确定接入价格的监管政策。简而言之，我们必须构建关乎整个经济的产业监管体系，并从监管者角度重新界定政府的职能。

改革四重奏及依据

20世纪末以来，在电信、能源、铁路及邮政部门实施的系列改革，就是为了解决其管理低效的问题。那些在法律上或事实上处于垄断地位，同时又有很强的规模经济效应的企业，往往向消费者索要高价或提供劣质服务，而消费者却别无选择。直到20世纪80年代，这些行业一直由缺乏动力的垄断者经营（在欧洲是公有企业，在美国是私有企业），由此导致用户几乎承担了所有风险，并为企业过高的成本买单。垄断企业在各种服务之间实施交叉补贴（当一种服务的低价由其他服务的高价补偿时，就存在交叉补贴），但它们如此操作的动机更多是政治考量,而非经济逻辑。

自然垄断的特征解释了为什么长期以来大多数国家对网络型产业中的垄断企业实施政府监管,但人们对于应该如何监管并不清楚。在成本、技术选择及需求等方面存在信息不对称时,即使监管机构是善意的并且是称职的,也难以保证垄断企业能以最低廉的价格向公众提供最优质的服务。换句话说,受监管企业会策略性地操纵其独有信息:当这些信息对其有利时就披露,反之则隐匿它们。

用经济学术语来说,监管机构面临两类信息不对称:"逆向选择"和"道德风险"。相比监管机构,受监管企业[2]更清楚其经营环境,包括生产技术、供应成本、产品/服务需求(逆向选择)。受监管企业还能通过调配人力资源,以及在生产能力、研发、品牌形象、质量控制及风险管理(道德风险)等方面采取策略性举措,改变其成本结构并影响需求。如果监管机构忽视了信息不对称,就难以实施有效监管,以降低用户或纳税人的服务成本。产生这样的后果毫不奇怪。本书第八章和第九章的两个例子也说明,监管机构有时过于自信,认为自己具备克服信息不对称、实施有效监管的能力。第一个例子是采用行政命令的方式来实施环境监管,第二个例子是采用司法监督的方式来处理裁员问题。因为商业机构的执行成本太高,这两个例子都被证明缺乏效率,最终过高的实施成本导致监管的目标受益者(分别是环境和雇员)受损,结果是事与愿违。在环境监管的例子中,监管机构的雄心不得不大打折扣;在裁员受到司法监督的国家,企业也不再提供永久性工作岗位。监管机构必须根据其掌握的信息制定政策,这一基本原则同样适用于产业监管经济学。当然,监管机构必须努力消除信息不对称,它们在现实中也是这样做的。比如,监管机构可以收集相关数据,也可以将目标企业的绩效与处于类似市场环境中其他企业的绩效对比。监管机构还可以通过拍卖垄断经营权的方式降低信息不对称,要知道企业在拍卖过程中将不可避免地提供相关成本信息。虽然经验表明这些举措都有效果，但并不能完全消除监管机构面临的信息困境。

政治是改革的第二大障碍。在位垄断企业的股东、经理及雇员都非常警觉，常常设法阻碍或限制改革的推进。相反，一些代表用户利益的游说团体，虽然其出发点并非增进社会福利，而只是维护其自身利益，却会推动市场化改革。

改革四重奏

在过去的 30 年里，经济学理论促成了四类改革：

- **改善激励机制以提升经济效率**：在自然垄断领域，通过引入让用户和运营商共享效率收益的机制来推进改革。例如，广泛采用的价格上限监管机制（确定受监管业务的"平均价格"上限，只要企业遵守此限制，就可以保留全部利润）。价格上限通常与通货膨胀、投入要素价格（如燃气发电厂所需天然气的价格）或不常使用的其他可比指标（即"基准"）等挂钩。当技术进步时，价格上限也会随之下调。[3]

  在欧洲，运营商的私有化也促进了经营效率的提升。正如第六章所述，从过去从事生产经营到现在实施产业监管，政府的角色已经转变。过去，迫于内部人士的压力及软预算的约束（由纳税人弥补预算亏空），政府控制的企业很少能以低成本提供高质量服务。

- **资费再平衡**：通过提升低需求弹性细分市场的价格实施资费再平衡（包括个人与企业间的再平衡，月租费、本地与长途费之间的再平衡等），回收网络的固定成本。这类资费再平衡非常必要，否则，若采用对高需求弹性业务收取高附加费的替代方案弥补固定成本，将导致高弹性业务消费不足，并延缓创新性服务的引入。
- **开放竞争**：在非自然垄断环节，向市场新进入者颁发准入许可，同时对在位运营商的必要基础设施的接入条件实施监管。无论企业是公有还是私有，怎么强调竞争对激发企业活力的重要作用都不为过。
- **监管机构的独立性**：过去政府既当裁判员又当运动员，现代政府则以独立的产业监管机构和竞争主管机构的形式进行干预。正如第六章所言，将监管权力由部委重新配置给独立监管机构有助于削弱游说势力。

体现激励与合理定价作用的一个有趣案例，是1980年美国基于《斯塔格斯法案》（Staggers Act）实施的铁路改革。在20世纪70年代，美国铁路行业（主要是货运）濒临倒闭，许多企业虽然受到垄断地位的保护，但仍面临巨大的财务困难。铁路承运的货物占比已降至35%（而在20年代高达75%），铁路线路等基础设施破旧不堪，列车运行速度非常缓慢。此次改革赋予铁路运营公司在服务定价和与货运公司签署运营合同方面以更大的自主权（同时仍由监管机构监管，防止其滥用定价权）。改革后，铁路运营公司的成本和价格双双下降，企业生产率（每名员工的吨公里数）提高了4.5倍，运输服务质量也得到改善，铁路货运在濒临消亡后重获新生。

市场内竞争和争夺市场的竞争

市场竞争有两种方式：一种是争夺市场的竞争（事前），另一种是市场内竞争（事后）。

争夺市场的竞争是指为获得某市场的垄断经营权而展开的竞争。

例如，地方政府会采用"最低价中标"的拍卖机制，选择一家运营商提供某项服务。最佳竞标者需提供其财务状况（如用户价格、要求补贴额度）及可衡量服务质量的其他指标。监管机构确定的质量规范可作为投标要求，也可以留给投标人自主选择。最后通过一套"评分规则"，将各种财务和非财务指标等加权并汇总成一个竞标方案进行筛选。争夺市场的竞争属于一种公共采购机制（涵盖公共工程合同、公共服务外包及公私合作）。虽然公共采购机制至关重要，[4]但篇幅所限，我在这里不做详细讨论。与争夺市场的竞争不同的是，监管机构还可以让多个运营商在市场内相互竞争，当然其前提是竞争性运营商需要接入必要基础设施。

总的来说，监管机构必须在这两种竞争模式之间做出抉择。举个例子，如果法国的铁路独立监管机构（Arafer）想针对巴黎与里昂之间的高铁服务引入竞争，一种方式是利用特许经营机制，让各家铁路运营商（比如法国国家铁路公司、德国联邦铁路公司、法国国有运输集团等）竞标特许经营权，另一种是准许多家运营商在同一铁路线上竞争，然后为每家公司分配运行时刻。在欧洲铁路部门中，货运等服务已实现市场内竞争，而其他运输服务仍处于垄断状态，比如，根据欧洲普遍服务义务监管要求，区域客运服务在每个地区仍为争夺市场的竞争模式。欧洲所有铁路市场都将在几年以内开放，并引入某种形式的市场竞争。

激励性监管

让企业肩负责任

经济学家通常偏好强激励措施（让企业肩负责任），在近期网络

461 型产业的监管改革中,它们确实发挥了重要作用。由常识可知,要想有降低成本的巨大动力(仅作为一个例子),决定成本的经济主体至少应承担部分成本。这就意味着需要提供强激励合同,其中受监管对象无须对其无法控制的事情担责,但对其可决定的事要承担部分或全部风险。

对于非市场化的公共项目(比如建造一座免费通行的桥梁),相关主管部门通常会选择"固定价格合同",按照事先约定好的项目总价付款,同时承包商承担所有成本支出(因此,其成本支出无须受到监管机构的审计)。对于市场化的服务,提供的强激励合同包括与生产成本无关的"价格上限",换句话说(简而言之),监管机构确定最高(平均)价格,而受监管企业只要低于价格上限并回收其全部成本,就可以自主定价。

这些案例与弱激励合同形成鲜明对比。在弱激励合同中,企业事先得到保证,其所有或大部分成本都将得到补偿,而这些补偿可能来源于补贴或用户支付价格的增加。相关例子包括对那些非市场化的服务提供全额补偿("成本加成"合同),或者提供用户价格与上一年度的实际成本挂钩的合同("服务成本"监管)。在20世纪80年代之前,美国的公用事业监管领域就采用了这种合同。

更为普遍的是,强激励合同背后的思想是让企业对自身绩效负责,以便更好地服务社会。以高压输电为例,电网运营商(如欧洲的输电系统运营商,或美国的区域输电组织)在电网投资、运维和调度等运营决策(考虑到电网容量,决定哪些电厂发电,从而以最低成本满足终端电力需求)中发挥着重要作用,其中电力调度对电力用户有直接影响。例如,由于电网缺乏将电力从发电厂输送到用户的远距离输电容量或高压输电线路不稳定等,电网运营商可能会选择位于负荷点附

462 近但发电成本高达100美元/兆瓦时的发电厂,而不选择远离负荷点但

发电成本只有 25 美元/兆瓦时的发电厂。即使是复杂的电力系统也要仔细测算这种二次调度成本，在这个例子中是 75 美元/兆瓦时（作为电力行业经济分析的先驱，法国电力公司自 20 世纪 50 年代起就这样做了）。二次调度成本造成了经济损失，自然也提高了下游用户的电价。因此，电网运营商需要通过合理投资缓解电网阻塞从而降低电价。20 世纪 90 年代，英国电网曾遭遇严重的阻塞问题，主要是因为需要从发电成本低的英格兰北部地区向高负荷的南部地区输送电力。为解决阻塞问题，监管机构为电网运营商提供激励，如果电网的传输阻塞减少（从而降低用昂贵发电厂代替廉价发电厂的二次调度成本），电网运营商的收益就会增加。这种激励带来了减轻阻塞的低成本投资，惠及电力用户。

责任制的局限性

压低利润与强化激励之间的内在矛盾。强激励合同切不可随意采用，因为压低企业利润与强化企业激励之间存在内在矛盾，这是一个重要且普遍的问题。除非监管机构有足够详细的生产成本信息（这不太可能），或能够在市场中引入有效竞争，否则网络型公用事业企业面临的激励越强，其可获得的潜在利润就越大。

监管机构能评估出企业的真实成本水平吗？答案是否定的。如同我们所见，企业对其成本及改进潜力更为了解。在这种情况下，监管机构应该怎么做？当然，不存在"一刀切"的监管方案，因为不得不允许企业利用其私有信息。换句话说，监管机构必须承认这种信息不对称的事实，并向受监管企业提供包括不同成本分担方案的合同"菜单"，如成本加成合同和固定价格合同。"成本加成合同"是指在运营企业的实际总成本之上再确定一个较低的固定收益率；"固定价格合同"是指支付给运营企业一笔总收入，然后让其承担全部成本，其赚取的净利润等于总收入减去实际成本。如果合同"菜单"设计得当，那么自认成本低的企业就会选择激励程度最高的方案（即选择固定价格合同），而自认成本高的企业则偏向成本加成合同。当然，企业选定固定价格合同后，就会努力降低成本，以期获得超额利润或"信息租金"。若合同"菜单"设计合理且内在一致，那么这就是"得当的激励"与"限制公司利润"之间最佳的折中方案。

信息租金与激励的权衡问题常被忽视。以经常受到推崇的固定价格合同为例，赞同它的理由是这种合同鼓励企业提高经营效率，但人们很容易忘记，这同时也意味着产生高额利润。起初，激励措施的引入降低了企业经营成本，让固定价格合同大受欢迎，但随后监管机构会面临强大的政治压力，要求其违背"监管合同"，没收监管合同赋予企业的信息租金。但是正如一句经典话语所言，鱼和熊掌不可得兼。只有当企业相信政府会履行承诺时，强激励合同才能发挥作用，促进企业提高效率。在 20 世纪 90 年代中期，英国电力监管者、经济学家史蒂文·里奇尔德（Steven Littlechild），固定价格机制之父之一，也不得不屈服于政治压力，最终违背了他与地方电力公司签署的监管合同。世界上许多公私合作项目都遇到过类似问题，政府在提供激励合同与管理方面，往往无法保持初衷。

监控质量的需要。强激励合同意味着，运营企业如果想提供高质量产品或服务，肯定要付出高成本的代价（必然更昂贵），因此，企业有不容忽视的降低产品质量的动机，或寻求其他方式来降低成本。例如，一旦激励性合同要求医院降低死亡率，或者得到更好的医疗效果，医院就有动机挑选相对健康的患者。这个观点简单明了，但监管机构时常忽视。1984 年，曾是公有垄断企业的英国电信公司被私有化时，同时应用了旨在提高企业效率的激励性监管措施。这些举措看起来都不错，但当时监管机构没有预见到英国电信公司会有降低电信服务质量的动机。之后不久，监管机构就不得不在监管合同中增加了质量要求。英国的另一个例子是，铁路部门对铁路线路维护投资不足导致严重的行车安全事故，如 2000 年的哈特菲尔德（Hatfield）撞车事故，这也是铁路网络管理的激励机制引起的。这个问题的理想解决方案是直接监督服务质量，如果可行的话。当服务质量难以监督时，弱激励措施可能是唯一的解决方案，它能减少企业因为降低服务质量而得到的好处。

监管俘获。监管俘获是指监管机构不去监管应被监管的企业，而是倾向于维护监管对象的利益。这种情况常常发生在激励力度很大时。当激励力度很大时，企业能够获得的潜在利润空间变得非常重要，成功的游说能给企业带来丰厚的利润回报。事实上，无论俘获的动机如何（为了私交或政治关系、未来回归产业就职、与某项投资相关的利益关系等），出现监管俘获的可能性都随企业利益的增大以及绩效责任的增加而提高。如果监管机构的独立性得不到保证，那么政府出于规避监管俘获的风险，也会选择给企业提供弱激励合同，即便这不利于提高企业经营效率。

监管机构与监管对象的机会主义行为

基础设施监管面临的一个困境是监管合同往往不完备，也就是说，无法在监管合同中事前明确规定所有需要决定的事项，或至少无法知晓各类情形下应该如何决策或付费。合同期限越长，不确定性越大（显然，对技术发展或需求做短期预测要比做长期预测容易得多）。合同的不完备性或任何允许双方中的一方在事后以机会主义方式行事的行为（包括上文提到的政府努力履行其承诺的例子），都会降低双方努力建立互信关系的动机。[5] 在委托–代理语境下，就会出现相互侵占的风险，即代理人（企业）的投资被委托人（监管机构）侵占，或者委托人的投资被代理人侵占。

在合同履行期内，侵占企业投资的方式有很多种：直接没收（如未对股东予以足够补偿而将企业国有化）；设置不合理的过低的用户价格上限（针对可市场化的产品），或委托人拒绝付款（针对不能市场化的产品）；对采用新的技术性要求或强化环境限制引致的额外成本不给予足够补偿；委托人提供的互补性服务不足（如新建收费公路开设的通道不够）；存在冗员时却禁止裁员；出人意料地引入新的竞争，等等。当政府的承诺能力很弱时，侵占威胁是特别严重的一个问题。

相反，当政府或监管机构有完成项目的强烈意愿，或者当服务的平稳运行变得至关重要时，企业的要求可能变得很苛刻。企业可能会利用对初始合同做必要调整的机会，要求大幅度提价或获得额外的公共补贴，甚至会以破产作为威胁来要求其他利益相关者共同承担运营亏损，尽管在现实情况好转的情况下，企业会独享利润。

当然，对机会主义行为的第一反应是尽量降低合同的不完备性。但是，考虑到制定复杂合同的成本（管理者与律师花费在拟定合同上的时间，以及基于这些合同谈判达成协议花费的时间），力图让合同完备也有局限性。如果合同的再谈判不可避免，那么最好的办法是从一开始就制定修改合同或诉诸仲裁的清晰程序。各相关参与方（企业或公共机构）所竭力维护的声誉，也能对机会主义行为形成制约。

事后竞争也能约束机会主义风险。例如，如果合同发包机构能够（并且有权）以较低成本寻找到其他竞争性承包商替换原承包商，就容易抵制原承包商重谈价格的诉求。需要说明的是，资产的所有权属性与此息息相关。如果政府部门拥有机车车辆的所有权，特别是当列车没有标准化和不存在市场交易时，政府部门更换地方铁路经营者就会很容易。[6]在这种情况下,由政府部门保持车辆所有权就合乎逻辑,即便这样会带来采购(地方政府可能不像承包商那样拥有丰富的专业知识)和运维(需要严格监控以防止承包商在合同快到期时悄悄削减运维支出)方面的问题。最后,设置担保物[7]也有助于弱化机会主义行为,并且可以替代烦琐而漫长的法律程序,保证合同中的显性条款得到履行。然而,如果问题的实质是合同的精神而不限于合同的字面意义,担保物的作用就会有限,对方就会将其作为敲诈的工具。例如,如果合同载明政府部门终止合同时需要向企业支付违约金,那么当政府部门要求做出虽然合法且无须耗费成本却在合同中未载明的调整时,政府部门就会在这类谈判中处于弱势地位。

受监管企业的价格

边际成本定价还是平均成本定价?

经济学专业的学生都知道,经济效率要求产品或服务的价格等于其边际成本。边际成本定价原则背后的道理很简单:如果某产品的单位生产成本是 10 美元,那么只有当其定价为 10 美元时,我作为消费者购买时才能把生产这个产品所耗费的社会成本内部化。如果定价为 6 美元,那么我自然愿意购买,即便我也愿意支付 8 美元——换言之,此价格低于生产成本。反过来,14 美元的定价会抑制我的购买欲望,哪怕我愿意支付 12 美元——此价格高于生产成本。边际成本定价对消费者与生产者都有利,同时又消除了对生产者和消费者不利的交易。

边际成本是额外生产一单位产品的成本,它并不涵盖设备、房产、管理或研发等不随生产规模变化的固定成本。假设某企业以边际成本定价,那么它将不会有任何利润,其亏损额等于固定成本。为弥补该亏损，企业将不得不寻求政府补贴，或制定高于边际成本的价格。前一种方式，即求助纳税人给予政府补贴，已在许多国家的许多行业（如铁路行业）得到广泛应用。另一方面，在电信和电力行业，让用户支付比边际成本高的价格，往往是实现企业预算平衡的一个解决方案。当无法得到纳税人的补贴时，企业必须通过赚取利润来收回固定成本。

谁应分担固定成本？用户还是纳税人？

用户是否应承担其享用的服务的成本？或者与之相反，是否应该将成本社会化，由第三方至少分担一部分成本？如果是这种情况，那么应该由谁来支付高于其收益的成本？这个问题既可以从企业的整体角度来看，也可以针对企业提供的某项特定服务来谈。

在法国及多数欧洲国家，乘坐火车旅行的乘客未承担其享受的铁路运输服务的全部成本，铁路系统为此产生经营亏损，法国国家铁路系统已累计背负大约400亿欧元的债务。当部分线路的乘客无须承担全部成本时，只能由其他更赢利线路的乘客或纳税人分摊这部分亏空。

政府补贴可以让服务价格接近其边际成本（即一条线路上增加一名旅客而增加的运输成本），从而使价格维持在合理水平。但是因为补贴的存在，我们无法确定享受补贴的服务是否应该得以维持。对某种服务来讲，比如一条利用率不高的铁路线路，不仅要考虑其定价问题，还要从社会角度思考是否需要保留或维持这种服务。自亚当·斯密的《国富论》（*The Wealth of Nations*，1776）以来，经济学家们一直在反思当某种服务的社会正当性不明确时的定价问题：如果铁路服务仅按边际成本定价，那么是否存在足够的消费剩余者[8]证明运营该铁路服务的固定成本是合理的？

由此带来的一个问题是，人们只知道既定价格水平（在本例中是边际成本）附近的局部需求。如果相关服务的部分成本由纳税人承担，或者由其他服务赚取的利润提供交叉补贴，那么我们就缺乏充分的信息以确定是否应继续提供这项服务。换句话说，这就无法确定消费者剩余与企业利润之和是否超过固定成本支出。在这种情况下，需要通过上调价格来了解消费者的支付意愿。[9] 相比之下，如果服务价格能保证回收全部成本（即平均成本定价），那么这种服务的社会正当性就毋庸置疑，因为此时消费者剩余永远是正的（在消费者自主选择消费，并且在服务持续提供时，消费者并没有什么损失），而且企业也未给纳税人或其他服务的用户增加负担。

从抽象到实践：价格上限

在具有自然垄断属性且受到政府监管的市场（如电力、铁路或电信网络），运营企业往往提供多种服务。如果我们认为应由用户而非纳税人承担固定成本，接下来的问题就是，究竟哪些服务的价格应高于边际成本，以便得到利润加成。对此问题，一个基本的经济学方法是"拉姆齐–布瓦特（Ramsey-Boiteux）定价规则"。它是由马塞尔·布瓦特（工程师与经济学家，后来成为法国电力公司的首席执行官及其核电项目之父）于1956年在法国电力公司工作时提出的。这个定价规则与最优税收原理有诸多相似之处，而最优税收原理由数学家、哲学家兼经济学家弗兰克·拉姆齐（Frank Ramsey）于1926年提出。拉姆齐是凯恩斯的一位极为优秀的学生，逝世时年仅26岁。

这个理论非常符合直觉。价格高于边际成本会减少对企业产品或服务的需求。如果提高某个价格并不会大幅减少需求，那么提高该价格就是最优的。就回收固定成本而言，这个理论的基本思想是，从需求弹性最小的服务中赚取利润，由此带来的经济损失最小。[10]

上述分析似乎太理论化：根据拉姆齐-布瓦特定价规则，某项服务的成本加价是其需求价格弹性的递减函数。但是，根据拉姆齐-布瓦特理论得到的价格结构，与任何私营企业在实践中选择的价格结构都是相似的。在私营部门，产品营销部门总在探寻市场对价格的承受程度，其中隐含的基本概念就是需求弹性。这种标准的私营部门定价法，与基于拉姆齐-布瓦特规则的受监管企业定价相比，主要区别就是价格水平：没有监管时的价格水平更高。这当然很容易理解，因为政府监管的目的就是限制企业的市场势力。

现实是否与经济理论相符呢？遗憾的是，直到最近，现实与理论还完全背道而驰。对于可以毫不费力地赚取高利润，即需求弹性较低的业务，现实中往往制定低价；相反，对高定价会带来高昂经济损失的业务却制定高价。例如，电信或电力网络的接入月租费一直保持在较低水平，尽管提高接入资费也不会导致用户放弃服务（对少数贫困用户的接入需求，可以用社会保障性资费 [social tariffs] 来解决）。这样做部分是出于政治上的考量：在政治上，价格工具是一种相对来讲不那么烦琐的再分配手段，比如人们对电力或电信等产品的需求弹性很低，但对于不富裕的家庭来说，这却是一项重要支出，因此政府通过人为制造经济扭曲，而不是给予额外收入的方式，实现对贫困家庭的收入再分配。为了将低需求弹性产品的价格维持在较低水平，就不得不上调高需求弹性产品的价格。

即使是这类再分配方式，也并不总是朝着正确的方向发展。农村地区低廉的电话接入资费使那些富有的、在新泽西州或纽约北部地区拥有第二套住房的纽约人，与俄克拉荷马州的贫困农民一样受益。由此可见，尽管电话接入的需求弹性非常小，但用户的接入价格却很低。如果按照经济理论的要求提高接入价格，那么几乎所有的用户都仍会保留电话服务，同时最贫困用户可以直接得到补贴，就像有时最不富裕用户可以享受电费的特殊折扣一样。如果照此做的话，对富裕家庭的补贴就会终止，电话公司也就不用再对很多高需求弹性服务（例如国内长途电话或国际长途电话）制定过高资费，造成用户很少使用它们。这些被抑制的需求是一种经济学意义上的浪费：人们已经安装了电话并接通了线路，但使用率却低于按照理论定价应达到的水平。

在很多国家的不同网络型产业中，这种无效率的定价结构随处可见，而布瓦特的观点被忽视了 40 余年。当然，除了政治因素干扰价格制定外，实施布瓦特价格结构也着实面临一些困难，因为监管机构对价格弹性与需求信息知之甚少。批评经济学定价方法的人（以及捍卫现状者）的确指出了这种方法内在的信息不对称问题。

回到问题的根本上来：监管是为了确保自然垄断企业的市场势力不会导致过高的价格。但传统上，监管机构不仅监管价格水平，还控制相对价格，即价格结构。在实施这两类监管时，监管机构都受到信息缺乏的掣肘，但相对于价格水平的监管，监管机构对价格结构实施监管的必要性要小得多。显然，垄断企业想对所有产品都制定垄断高价，但事前并不清楚它的价格结构（即选择哪种产品加成最大）是否有别于社会合意的价格结构。

理想情况下，监管价格在结构上应遵循商业逻辑，但在整体水平上应低于不受监管的垄断企业的价格水平。让-雅克·拉丰和我已经证明，在一定条件下，监管问题可分解为：1）限制企业利润与鼓励其降低成本之间的权衡问题。这种权衡必须通过一个成本分担或利润分享规则来实现，也就是通过风险分担合同使企业担负起责任。2）价格结构必须遵循拉姆齐-布瓦特定价规则。对监管问题做这种分解具有重要的实践意义，特别是这样解析可以充分利用企业自己掌握的信息。价格上限政策要求，企业收取的平均价格要低于监管机构事先确定的最高上限，这样的监管机制不仅产生驱使企业关注成本的强激励，而且让企业能自主选择价格结构,恰如私营的、不受监管的企业根据其生产成本及需求弹性等信息选择其价格结构。

总而言之,20世纪末价格上限的引入是对之前企业激励缺失及定价结构无效的一个理论和实践上的回应。改革前,价格由监管机构用行政手段设定,与经济原则没有多大关系,而价格上限机制则鼓励受监管企业采用比改革前更有效的价格结构,其内在的灵活性允许企业充分利用其拥有的所有关于业务市场的弹性信息。

网络接入监管

阻碍引入竞争的因素

激励促进企业提高绩效,竞争也有类似效应。在网络型产业中,形成竞争并不容易,因为根据定义,网络型产业基于必要基础设施,因而给运营商带来自然垄断地位。高昂的固定成本使重复建设必要基础设施变得不可取,从而直接妨碍了竞争的引入,但另一方面,在互补性环节却可以引入竞争。比如,高压(或低压)电网运营商或许只能有一家,但可以有多家电力供应商相互竞争为工业用户和家庭提供服务,当然前提是它们能平等接入输电(和配电)网。

网络型产业开放市场和引入竞争会带来一些微妙的问题。例如,在一个不受监管的市场中,控制必要基础设施的企业通常竭力限制下游市场的竞争,以避免其利润受到侵蚀。该企业可以通过优先自己旗下的子公司(如果是垂直一体化企业)达到这样的目的,也可以与下游某家企业签订排他性合同或给予某家下游企业特许接入权。那么,什么情况下的排他性合同是合理的呢?举个例子,对于那些希望从创新或具有巨大社会价值的投资中(至少短暂地)获利的企业,排他性合同可以说是正常的。但是，如果一家企业的垄断地位来自运气或国家授予的特权（例如，管理机场或集装箱港口的权力），就没有正当理由允许该企业通过限制下游竞争（例如，使用机场的航空公司间的竞争）获取垄断租金。在 20 世纪 80 年代，这些原则推动了竞争法在港口、机场和计算机预订系统等基础设施领域的应用，也激发了为开放网络型产业和引入竞争提供分析框架的需求。

接入定价

接入监管是指对在位运营商的必要基础设施接入价格的监管。实施接入监管有两个原因：首先，为了增加利润，拥有必要基础设施垄断权的企业会对处于下游零售用户市场的竞争者收取较高的接入资费（价格甚至高至将竞争者挤出市场），这是监管机构关注必要基础设施的接入定价（广义上还包括监管接入质量、产能、优先权等条款）的原因。这样的监管措施必须在引入竞争的同时保护在位企业的积极性，鼓励企业维护和优化网络。

这种平衡很难掌握。例如，在电信网络连接价格上就一直纠纷不断。当 1984 年英国开放电信市场竞争时，在确定新进入者水星（Mercury）公司（一家长途电话供应商）应向拥有本地接入环路（现归英国电信的子公司 Openreach 所有）的在位运营商英国电信支付的接入费用方面，并没有什么模型可供使用。30 多年后的今天，Openreach 给竞争对手提供的接入条款一如既往地存在很大争议，英国通信监管机构（Ofcom）为此在 2017 年推出了新的接入条件。[11] 法国电信/Orange 在制定向竞争对手索要的接入价格时也面临同样的问题。事实上，在电话领域开放竞争的所有国家都基本如此。我与图卢兹经济学院的同事让-雅克·拉丰和帕特里克·雷伊合作，研究了如何既在必要基础设施（本地环路）

的互补环节引入竞争（如国内长途和国际长途电话业务及互联网），又确保在位运营商有足够的动力投资基础设施。在位运营商是必要基础设施的唯一运营商，因此，长途电话运营商接入在位运营商的本地环路属于"单向接入"。我们还一起研究了多家本地环路运营商相互跨网访问（"双向接入"）引发的新问题，并给出核算网间互联成本的规则。随着移动通信的出现，以及在位固定运营商本地铜缆环路的开放（以便允许进入者提供全业务电信服务），双向接入互联方式变得非常普遍。

一般来说，价格信号的设计（如接入资费）需要兼顾多重目标。我们以铁路行业为例来说明。

提高配置效率。第一个目标是分配繁忙的铁路线路特别是在大城市的运行时刻，目的是最有效地使用和分配需要运行时刻的运输业务（包括长途客运、郊区火车、货运，以及运维等）。同时，运行时刻还必须分配给不同的铁路运营商。最后，配置效率还涉及确定合理的投资水平。

确保提供接入的企业能够获得足够收益。拥有必要基础设施的企业要有积极性，对基础设施持续投资并对其进行充分维护。为分析这个问题，我们对拉姆齐-布瓦特规则（针对向最终消费者提供最终产品或服务时的定价问题）做出修正，以考虑存在中间产品时的情形。那么，如何修正这个定价规则，让其适用于在位运营商提供的必要基础设施的接入价格呢？拉丰和我证明，在考虑批发产品（基础设施接入）后修正的拉姆齐-布瓦特规则与仅销售最终产品的多产品垄断企业面临的定价问题类似。正如多产品垄断企业的定价必须覆盖固定成本一样，接入价格也必须同最终产品和服务的加价一起覆盖垄断企业的必要基础设施成本。为此，我们提出了一个总体价格上限，其中既包括接入，也包括最终产品或服务。在上述所有情形中，拉姆齐-布瓦特公式反映的是考虑运营商必须覆盖的成本时市场能够承受的程度（从价格角度看）。

为了给下游创造公平竞争的环境，接入资费应与接入的使用量成比例。销售最终产品的下游企业要先支付接入基础设施的固定费用（比如年费），然后再按使用量额外付费。这种接入资费结构能够阻止比在位运营商规模小的新进入者在其规模达到足以支付固定费用的临界水平前就进行竞争。因此，接入定价与下游环节的产业结构紧密相关。当为最终消费者提供服务的下游部门是竞争性市场时，接入定价应当是线性的，且其单位价格要大于提供接入服务的边际成本，以便参与覆盖基础设施的固定成本。但是，当下游是垄断性市场时，应采取两部制定价方式，一个是向基础设施所有者支付的固定费（从而覆盖固定成本），另一个是反映边际成本的每次接入的使用费。[12]

因此，最糟糕的情况是，下游垄断却实行线性定价。在这种情况下，接入价格相对较高，从而间接减少必要基础设施的最终用户数量。所以，此时要么实行两部制定价（固定费加使用费），要么采用竞争性的市场结构。在垄断性市场结构下，不能按照竞争性市场的监管方式对其进行监管。然而，遗憾的是，这正是过去 20 年法国铁路行业选择的监管模式。

继续以铁路为例，其货运等业务已实现市场内竞争。地区性客运等其他仍保持垄断结构的业务，也在各区域实现了争夺市场的竞争。对于货运服务，线性定价会带来良性竞争。相反，由一家企业运营的地区性铁路业务，则有必要采取两部制定价，从而得到一个较低的使用基础设施的价格。最后，我们必须首先解决的问题是：对高速铁路市场，我们是想采取市场内竞争模式，还是争夺市场的竞争模式？一旦做出选择，我们就要如上文所述，应用适合所选产业结构的定价方案。

输电网接入

不同产业的接入问题迥异,因而已有大量相关研究对如何向下游企业提供接入服务给予关注。20 世纪 90 年代电力部门开始重组时,监管机构与学者主要聚焦于输电网的探讨。电力产业包含三个环节:发电、用于远距离输电的高压电网,以及用于本地配电的低压电网。高压电网是批发市场的物质基础,其接入应保持开放和无歧视,这已形成广泛共识。对此,推进市场自由化改革的国家采取了不同的方式:多数欧洲国家和美国成立了独立于在位运营商的电网管理机构;法国与德国则保留了垂直一体化结构,但输电运营商必须对包括所属发电部门在内的所有发电商保持竞争中立。

输电网接入定价应满足什么样的经济条件呢?这是为引入发电竞争而重组电力行业时引发的新问题,但此前电力公司一直保持垂直一体化,也没有任何实质性竞争,所以这样的问题从未出现。第一种解决方案是采用物理输电权(physical rights),即考虑物理电流的双边交易,并定义和交易物理输电权:A 处的发电商向 B 处的用户(公司或配电商)售电,需要合同双方获得从 A 到 B 的输电权。例如,一家希望向英国售电的法国发电商,需要购买法英互联线路的使用权。物理输电权总量必须满足线路容量约束及电网的物理定律。[13] 假设 B 处的电价是 100 欧元/兆瓦时,A 处发电商的发电成本为 25 欧元/兆瓦时,那么 AB 间的线路肯定已经没有冗余容量,否则两地的电价将会相等。因此,从 A 向 B 直接输电的市场价格将为 75 欧元/兆瓦时。

另一种方案称为金融输电权(financial rights),它建立在多数电力市场当前广泛采用的拍卖机制的基础之上。此时的交易不再是双边交易,而是经济主体(发电商、用户)通过各网络节点的供给或需求曲线表达其支付意愿。比如,电力供应商申明其在所属机组的网络接入节点愿意注入的电量,可表示为相应节点当前价格的函数:"当价格是 25 欧元/兆瓦时,我准备在 A 点出力 x;当价格是 30 欧元/兆瓦时,出力再增加 y。"

在考虑电网物理约束的条件下,输电网运营商确定最优电网配置决策。不同电网节点的供给与需求既定时,简而言之,系统会在保证网络可靠性的前提下最小化发电成本(即"最低成本调度")。如果输电网不存在任何限制,那么最低成本调度会调用出价最低的供应商;如果输电网存在物理限制,那么出价较高的电力供应商就会取代出价较低的供应商,直到可以重新调度为止。作为垂直一体化的运营商,法国电力公司是在电力行业使用经济学计算方法的先驱,这种经济调度方法已经在该公司内部实施了 60 年。

电力行业的拍卖有两个新特征。首先,发电成本是由发电商通过拍卖报价揭示的,而不是通过企业的层级架构核算得出;其次,发电商和用户可利用金融输电权规避风险。比如,如果一家位于电力输入地区的铝厂担心电网阻塞会导致本地电价上涨,它就可以购买所需数额的金融输电权。一旦电网出现阻塞,铝厂就会因电费上涨而蒙受损失,但来自金融输电权的收益会弥补这一损失;相反,如果没有出现阻塞,那么铝厂就会享受低电价,但这时金融输电权没有任何价值。总体而言,这家企业因此成功地对冲了风险。

回到我们的例子。即使已知 A 处的发电成本为 25 欧元/兆瓦时,B 处的用户仍然面临电网阻塞带来的风险:如果 B 处需求疲软,AB 之间的输电线路就不会出现阻塞,此时 B 处的购电价同样是 25 欧元/兆瓦时;但如果 B 处需求强劲,或者天气等原因导致高压输电容量减少,那么阻塞就会使 B 处电价上涨(比如 175 欧元/兆瓦时)。从 A 到 B 的金融输电权的收益等于 A 与 B 之间的价差(依据不同情况,收益可以是 0 或 150 欧元;如果出现阻塞的概率相同,则平均收益为 75 欧元)。

输电运营商在 A 处以 25 欧元 / 兆瓦时的价格购电,并在出现阻塞时以 175 欧元 / 兆瓦时的价格在 B 处售电,这样赚取的利润等于 A 和 B 两地的价差,然后它以阻塞租金的形式再分配给金融输电权所有者。B 处的用户可以通过购买相同数量的金融输电权规避电价的变动风险。由此可见,金融输电权不过是一种保险保护而已。

哈佛大学的威廉·霍根(William Hogan)教授在一篇重要文献中证明,如果金融输电权为其持有者带来的收益等于发输节点间的价格差,那么在完全竞争的假设下,金融输电权市场与物理输电权市场完全等价。但是如果本地发电或售电市场并非完全竞争,那么这个结论就不再成立。我与麻省理工学院的保罗·乔斯科(Paul Joskow)教授一起研究了不完全市场竞争的情形(现实中的常态),发现具有本地垄断势力(电网中某个节点)的发电商或拥有买方垄断势力的购电商能够策略性地利用物理或金融输电权强化其市场势力。因此,我们的结论为这一领域的竞争主管机构提供了一些指导原则。[14]

竞争和普遍服务

在网络型产业中,公平的目标传统上是通过对定价的干预来体现的,即通过社会保障性资费,让富裕的用户补贴那些支付较低价格的不富裕用户。

普遍服务义务(universal service obligation)强制要求生活在服务成本较低区域的居民补贴生活在服务成本较高区域的居民。这样就在不同地区的消费者之间出现了交叉补贴。在竞争性环境中,交叉补贴鼓励撇脂(cream skimming)行为,因而在经济上难以为继。如果运营商通过在某些区域制定高于成本的价格来弥补其他区域的损失,并通过此种方式承担普遍服务义务,就会给具有同等效率(甚至更低效)

但无须承担为高成本用户提供补贴的普遍服务义务的竞争者创造进入市场的机会。为了抵消撇脂策略带来的问题，普遍服务提供商必须在最容易出现竞争的地区（即服务成本最低的地区）降价，而这又破坏了交叉补贴机制。

多数在电信、能源和邮政等领域已经取消监管的国家，已建立了竞争中立性基金，用来补偿履行普遍服务义务的企业。不论哪家企业提供服务，其提供的每项服务都需缴纳普遍服务基金，以补贴那些对运营商来说并不经济，但监管机构要求以指定价格提供的业务。因此，那些向不太富裕家庭或生活在高成本地区居民提供服务的运营商，都能够从普遍服务基金中获得补贴。这种做法在维持普遍服务政策的同时仍然能够引入市场竞争。与人们通常持有的观点不同，竞争与普遍服务并不冲突。即使引入竞争导致资费再平衡，由此终止交叉补贴，普遍服务义务仍可以确保那些不富裕的居民或生活在高成本地区的居民享受服务。

当然，也可以考虑其他形式的再分配方式：例如税收或直接转移支付。经济学家安东尼·阿特金森（Anthony Atkinson）和约瑟夫·斯蒂格利茨在1976年证明：在一定条件下，为避免扭曲消费选择，个人间的任何再分配都应通过累进所得税（而不是普遍服务义务或其他价格扭曲政策，如差异化增值税率）来实现。

普遍服务义务最终会影响某类群体的消费选择。阿特金森和斯蒂格利茨的思想是，更可取的做法是避免家长式作风，通过直接征税重新分配收入，让消费者自主决定消费什么，而不是通过交叉补贴引导他们的消费选择。通过直接征税实现收入再分配，可以在不改变贫困家庭消费选择的情况下增加他们的收入（通过减少征税或提供补贴）。基于此，阿特金森和斯蒂格利茨建议，农村地区的低收入家庭应获得更多收入，但要为电话、电力和邮递服务支付更高费用，以便让其自主决定消费选择。面对真实的价格信号，这些家庭也许更愿意改变消费模式，从而提高其经济水平。

如果放宽阿特金森-斯蒂格利茨定理的某些假设（尤其是当消费者存在不同偏好，而不仅仅是收入差异带来的消费水平不同，以及收入不完全可观测因而税收无法征缴时，这个条件在发展中国家常常成立，因此所得税是一种非常不完善的政策工具），普遍服务义务可能变成合适的再分配工具。例如，如果我们不具有能够确定哪些人应得到直接经济援助的全部信息，那么对相关群体购买的特定产品或服务进行补贴就可以减弱信息缺失带来的问题。一个典型的例子是普遍服务义务内含的全国资费均等化，这使得通过补贴邮政服务来帮助农村家庭成为可能。如果用直接对居住在农村地区的人提供经济援助来替代普遍服务，那么居住在城市的人就会谎称自己住在农村。

经济学引导着鼓励自然垄断企业降低成本及推动具有社会效率的定价的改革，让我们理解如何在自然垄断产业中引入竞争，也为我们证明普遍服务与市场竞争可以共存，但我们还有很多东西亟需研究。在自由化市场中，相对短期内确保配置效率及成本最小化而言，促进投资有时更难实现。受监管行业不断发生变化，并与其他所有行业一样，因数字革命而经历转型。曾经必要的基础设施，未来可能不再必要，而在如此巨变中，还可能出现新的关键性瓶颈。面对全新的环境，新的监管政策亟待建立，确保市场继续服务于社会利益。

后 记

　　回过头看，写作此书实在是相当及时。在世界各个角落，民粹主义分子正大行其道。民粹主义形式多样，并根植于各国特定的土壤，但玩弄的无非是选民的沮丧情绪（失业、移民、经济增速放缓）和他们对未来的忧虑（债务增加、替代就业的技术进步、气候变化）。民粹主义分子利用这些挫折感和恐惧，助长人们对移民的普遍敌意、对自由贸易的不信任，以及仇外心理。

　　毫无疑问，民众渴望变革，个中缘由也容易理解。人们认为决策者未尽其责，且毫无应对之计。但是，为了变革而变革的做法是非常危险的，特别是当变革是出于偏见与自私时。稳健而周全的变革虽然远不如疾风暴雨般的变革那样激动人心，但它是唯一能给我们带来希望的变革。

　　这让我意识到，向普罗大众普及易于理解的经济理念是何等重要。正如我在本书中试图阐述的那样，不断指责政治家的政策缺陷并不能解决问题。诚然，有些政治家确实更有勇气或更为称职，但如同我们所有人一样，政治家也会对其面临的激励因素做出反应。例如，他们希望（连任）当选，他们绝少违背大多数民众的意见，所以说，有什么样的民众，就会有什么样的政策。

在当今世界，人们常常对专家不屑一顾。民粹主义政治家和媒体尤其如此，他们公然蔑视基本的经济机制，巧妙地利用了本书一直强调的认知偏差：我们对第一印象的信赖，对启发法和大众说法的依靠，渴望相信我们愿意相信的，希望看到我们想要看到的。他们鼓吹一种不存在艰难选择的经济愿景，任何敢于质疑这些童话并传递打破这个童话消息的人，都将被视为危言耸听者和紧缩理论家或气候变化的盲从者。

基于所掌握的科学知识，经济学家仍须解释为什么某些经济政策至多是毫无用处的，糟糕的情况下则十足地有害。尽管人们普遍认为经济学并非一门科学，也没有共识可言，但经济学家必须（充满谦卑地）回应，他们的确在诸多方面已达成共识，而非总是强调观点的多样性——当我们讨论复杂的社会科学问题时，自然会出现多种观点。

2017年3月18日，法国《世界报》发表了一封由25位诺贝尔经济学奖得主联合署名的公开信。面对众多复杂的经济问题（如货币联盟和刺激性支出等），虽然这些诺奖得主秉持不同的观点，并代表不同的政治群体，但他们皆感觉到，在历经2016年英国脱欧和美国总统选举的恐怖之年后，他们有责任防止发生新的震动——这次是法国总统大选。他们之所以感受如此强烈，是因为一些主要候选人（主要是国民阵线候选人）援引诺奖得主的研究，用以支持其反欧盟的经济计划。这封信阐释了保护主义、脱离欧盟和欧元区及所谓的劳动总量谬误论（认为经济体中有固定数量的工作岗位）引发的政策所带来的严重恶果。这封公开信指出，只要移民很好地融入劳动力市场，就可以为东道国带来经济机遇。

诚然，经济学还不是一门精确的科学；诚然，经济学家的判断有时会受到经济利益冲突、政治关系或渴望公众认可的左右。然而，在我看来，与目前的氛围相反的是，经济学家现在比以往任何时候都可以发挥更重要的作用。但要想使之变成现实，经济学家需要引导自己的国家走出低速增长期，帮助国家为数字革命及诸多社会经济挑战做好准备，并为失业、气候变化、金融监管、垄断、贫困和不平等问题设计解决方案。经济学家必须比当下更多地预测变革。最重要的是，他们必须解释其擅长什么，不擅长什么，并谦逊而坚定地利用经济学为共同利益服务。

注 释

前言

1 "Cardinal Welfare, Individualistic Ethics and Interpersonal Comparisons of Utility," *Journal of Political Economy*（1955）63（4）：309-321.

2 托洛茨基和列宁等早期革命家希望，苏联"新人"（包括男性和女性，尽管这种形象主要指男性）用他们的杰出美德为社会服务。这些美德首先是无私，也包括强壮的体魄、努力工作的决心（斯达汉诺夫[Stakhanovism]运动）、教育，以及对冲动行为的严格控制。对新政府将极大地改变人性的信念很快导致经济失败，并导致了国家对个体实施控制的专制渴望。

3 这里指亚里士多德对柏拉图提出的共同利益概念的批判。柏拉图设想在理想社会中财产共有，而亚里士多德则强调，这种安排在解决问题的同时也会带来同样多的问题。

4 当然，前提是我不会污染空气。在经济学中，我的使用并不排斥别人使用的物品被称为"公共产品"（"公共产品"的定义有时也包括不可能排除某些使用者的内涵。我无法限制你使用空气，但可以阻止你使用共同空间、网络课程、专利发明或通过电视观看体育比赛，尽管这些项目也可以同时被许多人消费）。

5 托马斯·卡莱尔形容反对奴隶制的经济学家是"沉闷的"。

第一章 您喜欢经济学吗?

1 参见丹·卡汉的论文,"Ideology, Motivated Reasoning, and Cognitive Reflection,"*Judgment and Decision Making*,2013,no. 8,pp. 407-424。准确地讲,卡汉证明,计算和反思分析能力并不能提升对人为因素的信念做出修正的质量。2010年,仅有38%的美国共和党人认同自前工业时代以来地球已经变暖的观点,且只有18%的人将其归于人为因素。

2 参见梅尔文·勒纳的著作,*The Belief in a Just World: A Fundamental Delusion*(New York: Plenum Press,1982)。

3 Daniel Kahneman,*Thinking, Fast and Slow*(London: Allen Lane,2011)。另见丹尼尔·卡内曼与阿莫斯·特沃斯基的合著,特别是与保罗·斯洛维奇(Paul Slovic)合著的专著,*Judgment under Uncertainty: Heuristics and Biases*(New York: Cambridge University Press,1982)。想了解启发法的不同观点,可参阅Gerd Gigenrenzer,*Simple Heuristics That Make Us Smart*(Oxford: Oxford University Press,1999)。

4 数据由北卡罗来纳大学社会学家查尔斯·库尔兹曼(Charles Kurzman)提供,并在西蒙·库珀(Simon Kuper)发表于2015年11月21日《金融时报》(*Financial Times*)上的一篇文章中得到引用。这个数字不包括"9·11"事件的遇难者,但它让我们对感知问题有一个概念。库尔兹曼在2015年12月17日的《赫芬顿邮报》(*Huffington Post*)中补充道:"到今年为止,美国人因为自己是穆斯林而被杀害的可能性,要高于被穆斯林杀害的可能性。每100万信仰伊斯兰教的美国人中,就有1人因其信仰引发的仇恨而死,而每1700万非穆斯林美国人中,只有1人死于穆斯林武装分子之手。"

5 在他们的例子中,一半的哈佛学生给出了95%的患病概率,而真实概率只有2%。对该实验的描述参见第五章。

6 在美国,高中生毕业后不能直接进入医学院,只有在顺利完成大学四年其他学科的学习后才能进入医学院。

7 参见Michael Kremer and Charles Morcom,"Elephants,"*American Economic*

Review, 2000, vol. 90, no. 1, pp. 212-234。在选择完全禁止象牙或犀牛角粉交易（大多数国家的现行法律这样规定），还是选择允许在政府管制下进行交易的争辩中，会产生类似的问题。支持管制下交易的人认为，私人饲养犀牛和大象并不需要杀死它们就能得到这些贵重物品，特别是还能降低这些濒危物种灭绝的可能性。另一方面，严格的自然保护主义者担心，全球性的需求会因允许交易而增加。

8　这个论点的关键是，转售行为是否按着正确的方向发展，无论转售水平及其影响程度如何。

9　历史上，人类的生存一直依赖于在有限的社会群体内形成强有力的互惠规范。一个近代史（演化意义上的"近代"）的新生之物就是，我们学会了如何与异邦和平共处。参见Paul Seabright, *The Company of Strangers: A Natural History of Economic Life*（Princeton: Princeton University Press, 2010）。

10　美国心理学家保罗·斯洛维奇已经阐明，一个饥饿的马里小孩的形象所带来的慷慨大方远远大于饥荒统计数字（例如数百万营养不良儿童的数据）所带来的捐款。这样的反应显然不可思议，但它表明我们的感受和情感如何影响着我们的行为。

11　排队"成本"中的一部分可以通过提供椅子和温暖的等候室予以避免，但这仅仅是看起来解决了问题。在这种情况下，潜在买家会更早（例如提前一天）去排队，等待的时间会更长。低于市场价格带来的意外之财仍不存在。

12　对这个宽泛的规则需要做一些附加说明，包括需要精心设计拍卖机制才能促进牌照需求者（如无线网络运营商）之间的竞争。例如，国家必须确保拍卖不会导致垄断或严格意义上的寡头垄断。同样，必须保证参与者没有为了涨价而降低产能的动机。例如，最近对美国所谓"逆向拍卖"（reverse auction）机制中可能出现产能降低的担心。Ulrich Doraszelski, Katja Seim, Michael Sinkinson and Peichun Wang, "Ownership Concentration and Strategic Supply Reduction"（2016），表达了这种担忧。他们担心在美国政府按计划收购广播电视牌照，以便将其重新打包，并使用正向拍卖（forward auction）方式向无线运营商转售时（估计有450亿美元的收入），私人股权公司会提前囤积牌照。

13　关于这一主题有大量研究成果。例如，可参见两部由杰出经济学家撰写，并在此类拍卖设计中扮演重要角色的著作，Paul Klemperer, *Auctions: Theory and Practice*（Princeton: Princeton University Press, 2004）; Paul Milgrom, *Putting*

Auction Theory to Work（Cambridge: Cambridge University Press，2004）。

14　当然，假设公司没有面临财务约束，研究人员已分析过这种情况，以研究在这种情况下应如何修改拍卖方式。

15　经过一番谈判，英国对欧盟财政预算的贡献仍然微乎其微。同样，如果仅仅是因为布鲁塞尔发布的规则大多数是合意的、被有意愿的政府接受且对于开展国际贸易是必要的，就提出这些规则具有限制性，是有问题的（除了偶尔的繁文缛节）。另一方面，英国脱欧可能会给英国的未来带来不确定性，降低英国境内的外国直接投资和英国进入欧洲市场的机会，进而导致对英投资停滞。与欧洲的贸易占英国出口的45%，进口的53%。贸易事务的默认协议是世界贸易组织协议。虽然世界贸易组织大大降低了关税壁垒，但当今贸易的主要障碍不是关税，而是诸如标准、监管、原产地规则和银行牌照（比如瑞士就没有银行牌照）等非关税壁垒。这些非关税壁垒可能在英国脱欧后变得很重要，因为欧洲没有动机再去与英国谈判形成新的贸易协定。毕竟，这样做会给其他国家退出欧盟提供先例，而其他国家的一些民粹主义政客正好支持脱欧。对英国脱欧代价的不同计量经济评估，结果差异很大，但这些结果都指向同一个方向。

16　例如，参见http://online.wsj.com/public/resources/documents/EconomistLetter11012016.pdf。

17　RTL广播电台2014年3月29日播出。

18　正如保罗·克鲁格曼在其著作*Pop Internationalism*（Cambridge: MIT Press，1996，p.ix）引言部分总结的那样："即使在那些被视为睿智而深邃的知识分子中，思想上的懒惰也将永远是一股强大的力量。"

第二章　市场的道德界限

1　Immanuel Kant, *Groundwork of the Metaphysics of Morals*, trans. Mary Gregor and Jens Timmermann（Cambridge: Cambridge University Press, 2012）, p. 46.

2　Michael Sandel, "This much I know," *The Guardian*, April 27, 2013.

3　*World Values Survey*.

4　有益品是指因市场供给不足而由政府免费或者低价向所有居民提供的、具有内在益处或优点的产品或服务。

5　New York: Farrar, Straus and Giroux, 2012.

6　类似著作参见普林斯顿大学荣休教授迈克尔·沃尔泽（Michael Walzer），*Spheres of Justice: A Defense of Pluralism and Equality*（New York: Basic Books, 1983）；采用完全不同的方法讨论这些问题的著作，参见斯坦福大学哲学教授德伯拉·萨兹（Debra Satz），*Why Some Things Should Not Be for Sale: The Moral Limits of Markets*（Oxford: Oxford University Press, 2010）。

7　参见第八章和第九章。

8　经济行为主体（或群体）在其行为无偿地给他人带来益处或优势（或者相反地，带来了负效用或未得到补偿的损害）时，就会造成外部性。

9　关于这一点，参见Daniel Golden, *The Price of Admission: How America's Ruling Class Buys Its Way into Elite Colleges – and Who Gets Left Outside the Gates*（New York: Three Rivers Press, 2006）。

10　对选举问题的深入讨论，参见Alessandra Casella, *Storable Votes: Protecting the Minority Voice*（Oxford: Oxford University Press, 2012）。

11　对这些问题更翔实的讨论，参见James Hammitt, "Positive vs. Normative Justifications for Benefit-Cost Analysis. Implications for Interpretation and Policy," *Review of Environmental Economics and Policy*, 2013, vol. 7, no. 2, pp. 199-218. 许多文章已经说明，在保护生命的问题上，我们的选择存在不一致性。例如，每年只需花费数百美元来保护生命的政策被漠视，而每年花费数十亿美元来保护生命的政策却得到执行（Tammy Tengs, et al., "Five-Hundred Life-Saving Interventions and Their Cost-Effectiveness," *Risk Analysis*, 1995, vol. 15, no. 3, pp. 369-390）。尽管如此，经济学家还是试图量化与健康相关的成本，以指导决策者的政策选择。失能调整生命年（DALY, disability-adjusted life year）与质量调整生命年（QALY, quality-adjusted life year）是其中最流行的两个衡量指标。前者是通过将某种疾病或失能对预期寿命影响加上死前生活质量的调整因子来计算得到的。每个特定条件对应一个介于0与1之间的失能权重。例如，1个DALY相当于健康生活损失1年。

12　关于道德哲学中经典的功利主义观点，参见Peter Singer, *Practical Ethics*（Cambridge: Cambridge University Press, 1993）。

13　Jean-François Bonnefon, Iyad Rahwan, and Azim Shariff, "The Social Dilemma of Autonomous Vehicles," *Science* 352（6293）: 1573-1576.

14　Judith Chevalier and Fiona Scott Morton, "State Casket Sales and Restrictions: A Pointless Undertaking?" *Journal of Law and Economics*, 2008, vol. 51, no. 1, pp. 1-23.

15　Roland Bénabou and Jean Tirole, "Over My Dead Body: Bargaining and the Price of Dignity," *American Economic Review*, *Papers and Proceedings*, 2009, vol. 99, no. 2, pp. 459-465.

16　参见第五章关于人类道德脆弱性的讨论。

17　人体器官交易合法的国家只有伊朗，但在一些新兴经济体或发展中国家，存在人体器官的非法供应网络。

18　关于法律的表达特征（the expressive character of law）的理论研究，参见我与罗兰·贝纳布合著的"Laws and Norms"，未发表论文，2013。

19　我们反对抛掷侏儒游戏的另一个理由是，我们不希望自己生活的社会中存在某些以观看此种表演为乐的成员。

20　与劳埃德·沙普利（Lloyd Shapley）一同获奖，他与埃尔文·罗斯一样，也研究了市场供需两侧的配置机制。

21　相关描述，参见诺贝尔基金会官网上埃尔文·罗斯的诺贝尔奖获奖演讲："市场设计的理论与实践"（The Theory and Practice of Market Design）。

22　*The Righteous Mind: Why Good People Are Divided by Politics and Religion*（London: Penguin Books, 2012）.

23　某些人还会加上工作不稳定性因素。不言而喻，失业是造成社会凝聚力丧失的主要因素。正如我将在第九章阐述的，大规模失业是社会选择的结果；这关乎相关就业制度，而非市场本身。

24　借鉴Marcel Mauss, *The Gift: Forms and Functions of Exchange in Archaic Societies*（London: Routledge, 1922），布尔迪厄在其对马塞尔·莫斯（Marcel Mauss）作品的研讨会论文集的回顾中发表了这番评论，该论文集由尼古拉斯·奥利维尔（Nicolas Olivier）于2008年出版。

25　关于此主题的延伸阅读，参见Matt Ridley, *The Rational Optimist: How Prosperity Evolves*（Fourth Estate, London, 2011）。特别是该书第三章的题目颇具争议性："The Manufacture of Virtue: Barter, Trust and Rules after 50000 Years

Ago"。另见Paul Seabright, *The Company of Strangers*（Princeton: Princeton University Press, 2004）。

26 Samuel Bowles, *Microeconomics: Behavior, Institutions, and Evolution*（Princeton: Princeton University Press, 2006），专栏文章发表在2002年的《华尔街日报》上。

27 "The Crisis of 2008: Structural Lessons for and from Economics," Centre for Economic Policy Research, *Policy Insight*, 2009, no. 28.

28 Paul Seabright, *The Company of Strangers*（Princeton: Princeton University Press, 2004）.对性交易商业化的分析，参见Paul Seabright, *The War of the Sexes: How Conflict and Cooperation Have Shaped Men and Women from Prehistory to the Present*（Princeton: Princeton University Press, 2012）。

29 独家垄断（monopsonistic）雇主是指参与购买（这里指购买雇员的劳动力）的唯一买方，因而可以决定交易条件。

30 尽管如果没有税收政策进行修正，市场会产生严重的不平等，但我们还需要注意的是，在较少依赖市场经济的国家，也存在许多其他重要的不平等形式。

31 总体不平等程度可以用一些指数（此处指基尼系数）衡量。这些指数综合考虑了总体收入曲线，而不是仅仅体现了最富有的1%群体与其余群体的比较。

32 *Capital in the Twenty-First Century*, trans. Arthur Goldhammer（Cambridge: Belnap Press, 2014）.

33 Facundo Alvaredo, Tony Atkinson, Thomas Piketty, Emmanuel Saez, and Gabriel Zucman, *The World Wealth and Income Database*.

34 例如，在托尼·布莱尔（Tony Blair）任首相期间（1997—2007），如果仅考虑最富有的1%人群，则英国的收入不平等程度大幅提升；如果考虑最富有的10%人群和最贫穷的10%人群之间的关系，则英国人的收入变得更平等。简而言之，我们未必可以得出英国收入变得更平等的结论。我们需要谨记的是，决定收入不平等程度的是总体收入分布，而非某一项汇总统计，参见John Van Reenen（London School of Economics）, *Corbyn and the Political Economy of Nostalgia*, 该研究基于加布里埃尔·祖克曼（Gabriel Zucman）和英国就业与退休保障部的研究。

35 参见David Autor, Larry Katz, and Melissa Kearney, "The Polarization of the U.S. Labor Market," *American Economic Review*, 2006, 96（2）: 189-194, and David

Autor and David Dorn, "The Growth of Low-Skill Service Jobs and the Polarization of the U. S. Labor Market," *American Economic Review*, 2013, 103（5）, 1553-1597。我们发现法国也存在类似的现象，参见Sylvain Catherine, Augustin Landier, and David Thesmar, *Marché du travail. La grande fracture*（Paris: Institut Montaigne, 2015）。我将在本书第十五章继续讨论两极分化问题。

36　在这里，我的解释是粗线条的，且并不全面。例如，某些观察家指责制度的演变不符合工人利益（工会化水平下降，最低工资增长缓慢或下降）。但是，正如David Autor, David Dorn, Lawrence F. Katz, Christina Patterson, and John Van Reenen（"Concentrating on the Fall of the Labor Share", 2017, NBER Working Paper No. 23108）指出的，无论制度如何演变，所有国家的劳动力收入份额都下降了。

37　对于技能偏向型技术变革是外生（仅仅因为新任务更复杂）还是内生的问题，在经济学家中存在一些争议。达龙·阿西莫格鲁观察到，18世纪晚期至19世纪早期，在手工作坊被工厂取代的过程中，创新是有向的，并且出现的是非技能偏向型创新。他指出有两种相反的效应在发挥作用：价格效应和市场规模效应。前者是指技术创新使得相对昂贵的要素变得经济化了；后者是指创新受益于递增规模经济，与丰裕的生产要素形成了互补。第二种效应可以用20世纪70年代以来与上大学相关的工资溢价（即"大学溢价"[college premium]）迅速增长的事实来说明，即便在此期间大学录取率也是大幅攀升的。参见Daron Acemoglu, "Directed Technical Change," *Review of Economic Studies*, 2002, 69: 781-809。

38　参见戴维·奥托等人的系列研究。

39　GDP中劳动力收入的份额曾经很稳定（尽管产业层面上并非如此），但现在世界各地的劳动力收入份额都已下降。

40　让我们回想一下，在第一次世界大战终结了第一次全球化后，过去50年里世界经历了第二次全球化浪潮。如今，国际贸易总额占全球生产总值的1/3。

41　无论依据什么历史标准，印度和中国的经济增长都堪称史无前例——仅仅用了25年（1991—2015），印度和中国的人均GDP就分别增长了326%和823%。

42　Elhanan Helpman, "Globalization and Inequality. Jean-Jacques Laffont Lecture," October, 2015. 关于最近的文献，参见Anthony Atkinson, *Inequality: What Can Be Done?*（Cambridge: Harvard University Press, 2015）, and Joseph

Stiglitz, *The Great Divide: Unequal Societies and What We Can Do about Them*（New York: Norton，2015）。

43 "Bonus culture,"*Journal of Political Economy*，2016，124: 305-370。

44 但是，请注意塞西莉亚·加西亚-佩纳洛萨（Cecilia Garcia-Peñalosa）和艾蒂安·沃斯默对法国人才流失问题的研究（"Préparer la France à la mobilité internationale croissante des talents,"Conseil d'analyse économique，note 31）。他们指出，虽然这种现象在法国的程度有限，但流失的都是"人才"。他们还指出，人们利用法国社会制度的最佳途径是在法国接受培训（上学是免费的），然后出国工作；当需要为孩子的教育买单或需要医疗服务时，再回到法国。他们建议采取多种公共政策措施治理这种现象。

45 Linda Van Bouwel and Reinhilde Veugelers指出，欧洲最杰出的经济类学生（根据他们后来的职业衡量）较少返回法国，特别是如果他们在美国找到第一份工作，几乎没有人会再回法国。对其他科学领域的研究证实了这一结论（"Are Foreign PhD Students More Likely to Stay in the US? Some Evidence from European Economists,"in Marcel Gérard and Silke Uebelmesser，eds.，*The Mobility of Students and the Highly Skilled* [Cambridge: MIT Press，2015]）。一个重要问题是，最近成立的欧洲研究委员会（旨在帮助留住欧洲最优秀的研究人员），能否成功遏制人才外流，或者是否更有可能成为欧洲大学体制改革的补充，并主要让实施改革的国家从中受益。

46 最终，这方面的数据可能难以获取或可能存在疏漏（比如一个完成学业的海外留学生在帕洛阿尔托或波士顿创立一家企业的情形）。

47 一些人提到工会的衰落，但似乎没有经验证据支持这种假设。

48 参见Odran Bonnet，Pierre-Henri Bono，Guillaume Chapelle，and Étienne Wasmer，"Does Housing Capital Contribute to Inequality? A Comment on Thomas Piketty's *Capital in the 21st Century*,"未发表论文，2015。

49 参见Philippe Aghion，Ufuk Akcigit，Antonin Bergeaud，Richard Blundell，and David Hemous，"Innovation and Top Income Inequality,"未发表论文，2015。作者们认为，尽管创新提高了最富有的1%人群的收入份额，但是创新也促进了社会阶层的流动，并未加剧总体不平等程度。

50 例如，一旦某人达到一定的收入水平，他就可能无法享受众多福利。在某些情况下，当重新进入劳动力市场或其总收入增长时，个体净收入可能几乎不会增加，在极端情形下甚至还会亏损。

51　引自艾蒂安·沃斯默2015年6月8日发表在《解放报》（*Libération*）上的评论文章。

52　World Values Survey. 也可参见Alberto Alesina, Ed Glaeser, and Bruce Sacerdote, "Why Doesn't the United States Have a European-Style Welfare State?" *Brookings Papers on Economic Activity*, 2001, no. 2, pp. 187-278。

53　Mark Granovetter, *Getting a Job: A Study of Contacts and Careers*（Cambridge: Harvard University Press, 1974）. 例如，格兰诺维特指出，在马萨诸塞州的一个市，超过50%的工作是通过关系得到的。格兰诺维特因其"弱关系的力量"（strength of weak ties）理论而知名，这也是他发表的一篇文章的题目，*American Journal of Sociology*, vol. 78（1973）, 1360-1380.

54　Roland Bénabou and Jean Tirole, "Belief in a Just World and Redistributive Politics," *Quarterly Journal of Economics*, 2006, vol. 121, no. 2, pp. 699-746.

55　Alberto Alesina, Reza Baqir, and William Easterly, "Public Goods and Ethnic Divisions," *Quarterly Journal of Economics*, 1999, vol. 114, no. 4, pp. 1243-1284.

56　Barry Bosworth, Gary Burtless, and Kan Zhang, "Later Retirement, Inequality in Old Age, and the Growing Gap in Longevity between Rich and Poor"（The Brookings Institution, 2016）.

57　在博斯沃恩（Bosworth）等人（2016）的著作中，假设此人50岁时仍在世。

第三章　公民社会中的经济学家

1　针对法国王后玛丽·安托瓦内特（Marie Antoinette）走上断头台的事件，伯克在1793年写下了这句话。

2　从这个词的常用意义来看，作为一个操纵者，诡辩家试图用看似合乎逻辑但实际上是错误的观点来说服其听众。

3　引自伯克的话有些模棱两可：这里的"谋略家"是否意指一群出于算计和私利的操纵者，正如他对诡辩主义的指责所暗示的那样？或者他是否在指责数学家？毫无疑问，他尊重数学家，正如尊重经济学家一样。

4　有关中村修二从专利技术中获得的微薄报酬远远低于该技术给公司带来的巨额

收入，曾发生过一起著名的诉讼。

5 尽管他们不喜欢持有强烈的政治立场并卷入政党纷争之中，但他们可以利用博客、推特和报刊专栏等方式活跃在公共讨论之中。例如，根据Jean Beuve, Thomas Renault and Amélie Schurich-Rey, "Les économistes universitaires dans le débat et la décision publics," Conseil d'Analyse Économique Focus paper no. 17，在推特上或讨论欧洲政策的重要门户网站——欧洲之声（VoxEU）上，美国和英国的经济学家比他们的欧洲同行更加活跃。当然，语言因素和这两国大学的国际化特征，以及他们对新型交流工具的更早采用等，可以部分地解释这一现象。但这一现象有力地表明，公民社会中参与方式的差异与美英学者对公共政策不感兴趣并无关联。

6 对这一问题的更多讨论，详见Sudhir Hazareesingh, *How the French Think: An Affectionate Portrait of an Intellectual People*, New York: Basic Books, 2015）。尤其是Mark Lilla, *The Reckless Mind: Intellectuals in Politics*（New York: NYRB Books, 2001），该书分析了八位学者（包括法国人米歇尔·福柯[Michel Foucault]和雅克·德里达[Jacques Derrida]）对政治的态度。

7 参见第六章对政府的分析。

8 参见第四章。

9 *American Economic Review*, *Econometrica*, *Journal of Political Economy*, *Quarterly Journal of Economics*, *Review of Economic Studies*.

10 John Maynard Keynes, *The General Theory of Employment, Interest, and Money*（Palgrave Macmillan, 1936）.

第四章 研究人员的日常工作

1 例如，欧洲的John Vickers, Damien Neven, Massimo Motta, Lars-Hendrik Roeller and Tommaso Valletti，或最近美国司法部的几位首席经济学家Tim Breshnahan, Dennis Carlton, Joe Farrell, Michael Katz, Aviv Nevo, Nancy Rose, Carl Shapiro and Fiona Scott-Morton。

2 Partha Dasgupta, "Modern Economics and Its Critics," in Uskali Maki, ed., *Fact and Fiction in Economics: Models, Realism and Social Construction*（Cambridge: Cambridge University Press, 2002）. 帕萨·达斯古普塔（Partha Dasgupta）分析了

1991年至1995年发表的281篇论文，其中，25篇纯粹是理论性的，还有100篇将理论应用于经济政策中的某个特定问题，另外156篇（超过总数的一半）属于实证或实验研究。

3　Daron Acemoglu（经济制度，劳动经济学），Susan Athey and Jon Levin（产业经济学），Raj Chetty and Emmanuel Saez（公共政策评估），Esther Duflo（发展经济学），Amy Finkelstein（医疗健康经济学），Roland Fryer（歧视经济学），Matthew Gentzkow（媒体和经济政策），Steve Levitt（社会现象和经济学，畅销书《魔鬼经济学》[*Freakonomics*]的作者），这里只列出了2005年至2015年获得克拉克奖（Clark Medal，在美国工作的40岁以下最杰出经济学家奖）的10名学者。

4　例如，在第一种情况下，假设是三维的、均匀的和各向同性的空间；在第二种情况下，假设不存在静电相互作用。

5　更多细节详见第八章。

6　参见第七章。

7　它用一个数字来计算现金流的加总和，在先验的意义上，由于这些现金流产生于不同时期，所以不能直接进行比较。如果进行比较，就需要利用利率i，它表示现在的1美元与一年后的$1+i$美元的权衡（这是一种简化；其他因素也会有影响，例如风险和远期利润的折现。详见Christian Gollier, *Pricing the Planet's Future? The Economics of Discounting in an Uncertain World* [Princeton: Princeton University Press, 2012]）。

8　我无法在此引用有关该主题的成百上千篇经济学文献。如果读者对非常有限的文献综述感兴趣，可以参考我和罗兰·贝纳布关于身份认同和社会规范的论文中引用的文献。

9　当然，抽样必须是完全随机的。如果受试者自己选择参加临床实验，就不会保证随机抽样；那些选择参加实验的人通常具有与总体人群不同的特征。

10　另一个随机抽样的例子是（或曾是）夫妻所生婴儿的性别。例如，很难研究一位母亲的孩子的数量对其事业的影响：从升职中受益的母亲可能决定少生孩子或者晚育。但是，其因果关系并不明确：生孩子是否会影响母亲的职业生涯？或者与之相反，母亲职业生涯的成功是否会导致其少生孩子？然而，一个有两个男孩或两个女孩的家庭可能更想要第三个孩子，这一事实使我们有可能进一步分析因果关系（参见Josh Angrist and William Evans, "Children and Their Parents' Labor Supply:

Evidence from Exogenous Variation in Family Size," *American Economic Review*, 1998, vol. 88, no. 3, pp. 450-477）。

11　可以特别参考Abhijit Banerjee and Esther Duflo, *Poor Economics: A Radical Rethinking of the Way to Fight Global Poverty*（New York: Public Affairs Books, 2011），或者更广泛地参考在麻省理工学院任教的学者们做出的开创性贡献。

12　如果卖方和买方之间的合同不完备，情况就未必如此；一个重要因素是要明确规定交易条件。针对"工人"数量多于"工作"数量的情形，室内实验已开展相关研究。如果在合同中明确规定了在这项任务上要付出的努力，那么史密斯的结论就得到了验证。另一方面，如果在这项任务上要付出的努力部分取决于雇员的自由裁量权，那么雇主就会试图诉诸雇员的互惠行为（参见第五章），提供的薪酬将高于他们为吸引雇员所需支付的薪酬。例如，参见Ernst Fehr and Armin Falk, "Wage Rigidity in a Competitive Incomplete Contract Market," *Journal of Political Economy*, 1999, no. 107, pp. 106-134。

13　相关综述参见Steven Levitt and John List, "Field Experiments in Economics: The Past, the Present, and the Future," *European Economic Review*, 2009, vol. 53, pp. 1-18。

14　关于最近的有关经济学科学地位的反思，我推荐Dani Rodrik, *Economics Rules: the Rights and Wrongs of the Dismal Science*（New York: Norton, 2016）。

15　从本章对博弈论的讨论开始。另见第十章和第十一章。

16　当然，我也可以举一些影响微观经济学的例子。

17　这一挑战通常被称为"理性预期革命"（rational expectation revolution）。其先驱是哥伦比亚大学的埃德蒙·费尔普斯和芝加哥大学的米尔顿·弗里德曼，他们认为消息灵通的、理性的雇主和工人只关心实际工资。

18　当时的传统观点认为，经济体要么面临通货膨胀，要么面临失业，但两者不可能同时发生。

19　参见第十一章。

20　特别参见撤稿网站retractionwatch.com。关于结论可复制性的讨论，参见（如心理学）2015年8月28日《科学》杂志上的论文："Estimating the Reproducibility of Psychological Science"；在医学领域，参见2015年9月30日*PLOS One*上的论文："Does Publication Bias Inflate the Apparent Efficacy of Psychological Treatment for

Major Depressive Disorder? A Systematic Review and Meta-Analysis of US National Institutes of Health–Funded Trials"；在经济学领域，参见Andrew Chang and Phillip Li, "Is Economics Research Replicable? Sixty Published Papers from Thirteen Journals Say 'Usually Not'"（Federal Reserve Board，2015）。

21　2001年1月3日法国《世界报》的采访。

22　这些学生中绝大多数人不会成为经济学家，而是继续在管理学、法学或其他学科学习，或进入职业生涯。

23　Bruno Frey and Stephan Meier, "Selfish and Indoctrinated Economists?" *European Journal of Law and Economics*，2005，vol. 19，pp. 165-171.

24　Raymond Fisman, Shachar Kariv, and Daniel Markovits, "Exposure to Ideology and Distributional Preferences," 2009，未发表论文。

25　关于叙事对行为影响的研究，参见我与阿明·法尔克和罗兰·贝纳布未发表的文章："Narratives, Imperatives, and Moral Reasoning"。

26　回想一下亚当·斯密的名言："我们所需的晚餐不是出于屠夫、酿酒商或面包师的恩惠，而是出于他们自利的打算。我们要说的不是他们伟大的人性，而是他们的自爱。"当然，亚当·斯密还有很多关于亲社会行为的必要性和监管必要性（建议政府干预以克服贫困、防止高利贷和补贴教育）的表述，这与他通常被赋予的过分简单化的形象截然相反。

27　Isaiah Berlin, *The Hedgehog and the Fox: An Essay on Tolstoy's View of History*（London: Weidenfeld & Nicolson，1953）。

28　出现在以赛亚·伯林文章中的作家也同样如此。这仅仅是一种个人印象，只有通过类似下文描述的泰特洛克的更加严格的实证研究才能得到证实。

29　参见泰特洛克的专著，*Expert Political Judgment: How Good Is It? How Can We Know?*（Princeton: Princeton University Press，2005），以及与丹·加德纳（Dan Gardner）的合著，*Superforecasting*（New York: Crown，2015）。

30　泰特洛克使用了因子分析法。相关问题的例子可能是："你认为在评判某种情形时最常见的错误是夸大世界的复杂性吗？"或者："你认为在决策过程中一个典型的错误是太快放弃一个好主意吗？"对这些问题的肯定回答体现了刺猬型学者的认知风格。

31　最小规模政府的倡导者认为政府的主要作用是提供法律和秩序，包括法院对合同的强制执行和对私人财产的保护。

32　尼古拉斯·布尔巴基是一位虚拟的数学家。一群天才的法国数学家（包括五位菲尔兹奖得主）在1934年至1968年会面并撰写论文（以布尔巴基的名义发表），旨在以更严谨、更抽象和更统一的方式重构数学。

33　顺便说一下，我不同意米尔顿·弗里德曼（1953）的观点，即假设的现实性无关紧要，只有预测才重要。首先，当数据不足时，研究假设的现实性会带来额外信息。其次，为了执行政策，一般需要描述其发挥作用的确切机制。

34　*Economics Rules: The Rights and Wrongs of the Dismal Science*（New York: Norton，2016）。另见 "Why We Use Math in Economics"，Dani Rodrik's Weblog，September 4，2007。

35　从经济学家的视角来看，对机器学习的一个很好的讨论是苏珊·阿西（Susan Athey）的论文：" Beyond Prediction: Using Big Data for Policy Problems，" *Science* 355，483-485（2017）。关注相关性有几个局限性。第一，即使预测是可信的，做出任何预测都需要外界环境保持稳定。但是，外生或内生的不稳定性可能导致预测的不稳定。要掌握内生不稳定性概念，需要注意我们分析的协同变化可能不仅仅是为了追求纯粹的知识；相反，它们会指引政策。反过来讲，这些政策也常常会改变人的行为（尽管并非一定如此：我的书籍或电影选择组合被亚马逊和网飞推荐给其他人和我自己，但这并不能改变我自己的这些选择）。与此相关的是，大玩家一定不能操纵环境。如果他们能够如此，他们将会改变他们的行为来影响学习进而影响政策。第二，对相关性的关注忽略了因果关系，而因果关系是经济学专业最基本的问题。机器学习专家已经开始研究因果关系，但传统上他们缺乏这方面的分析。

36　商品可以在低价时互补，在高价时相互替代，或者与此相反。类似地，产品及其使用也会随时间而变化；即使很准确估计现在的互补性和替代性，以后的情况也会有所不同。两种专利配方涵盖的两种药物可能联合使用来治疗某种疾病，但也可能在治疗其他疾病时相互替代。一种浏览器可以作为某个操作系统的补充，但使用某些附加代码就可能变成该操作系统的竞争对手。

37　纳什于1994年获得诺贝尔奖，并于2015年5月在奥斯陆获颁数学领域最重要的奖项——阿贝尔奖（与菲尔兹奖同等地位），但在领奖回来的路上，他与妻子遭遇车祸双双离世。他的传奇人生激励了罗恩·哈罗德（Ron Howard）在2002年拍摄了一部有关他的电影——《美丽心灵》（*A Beautiful Mind*），纳什的扮演者为罗素·克劳（Russell Crowe）。

38　Ignacio Palacios-Huerta, "Professionals Play Minimax," *Review of Economic Studies*, 2003, no. 70, pp. 395-415.

39　一个重要的说明：室内实验通常以匿名的方式来设计。个人在计算机上做出选择。例如，如果我在囚徒困境实验中选择不合作，与我对局的那个人会在计算机上记录他的损失，但他不知道是由谁造成的（而且在理论上，实验组织者也不知道）。

40　某人是风险趋避者，意指他更偏向有保障的收入，而不是平均而言相等但有风险的收入（例如，更愿意接受20美元的确定收入，而不愿接受概率为50%的30美元或10美元）。一个人的风险趋避程度越高，他就越可能要求将合同风险转移给委托人。

41　由斯坦福大学戴维·克雷普斯（David Kreps）、鲍勃·威尔逊（Bob Wilson）及诺贝尔奖得主赖因哈德·塞尔滕（Reinhard Selten）定义。

第五章　拓展中的经济学

1　但许多社会学家也采用了此方法，例如马克斯·韦伯和詹姆斯·科尔曼（James Coleman），法国的雷蒙德·布东（Raymond Boudon）和米歇尔·克罗齐耶（Michel Crozier），更不用说其他非经济学领域的社科专家了，如哲学家卡尔·波普尔。

2　更一般地说，跨学科（以建设性对话方式横跨多个学科）是必要的，然而，遗憾的是，除了少数一些研究中心外，它经常被谈起但很少被实践。成立于2011年的图卢兹高等研究院，正是希望将人类学家、生物学家、经济学家、法学家、历史学家、政治学家、心理学家和社会学家集聚在一起，就同样的议题进行研讨。

3　例如，参见由克里斯托弗·西姆斯（Christopher Sims）首先提出的有关"理性疏忽"（rational inattention）的文献（比如"Implications of Rational Inattention," *Journal of Monetary Economics*, 2003, vol. 50, no. 3, pp. 665-690），以及关于信息获取成本和不完备合同的文献（例如，我的论文"Cognition and Incomplete Contracts," *American Economic Review*, 2009, vol. 99, no. 1, pp. 265-294）。

4　当然，更不用说，企业和政客们试图利用的行为特征，如自控问题、偏见及自欺欺人等。乔治·阿克洛夫和罗伯特·希勒的专著《钓愚：操纵与欺骗的心理学》（*Phishing for Phools*，Princeton: Princeton University Press, 2015）给出了金融、政治、广告和禁忌商品等方面的许多例子。我也强烈推荐约翰·坎贝尔（John Campbell）的文章，"Restoring Rational Choice: The Challenge of Consumer Financial Regulation,"*American Economic Review*，（2016）106: 1-30。这篇文章聚焦于金融无知普遍存在环境下的消费者保护问题。

5　Samuel McClure, David Laibson, George Loewenstein, Jonathan Cohen, "Separate Neural Systems Value Immediate and Delayed Monetary Rewards," *Science*, 2004, no. 306, pp. 503-507.

6　此处只是以非正式的方式表述该性质。例如，随着抛掷次数增多，反面朝上频次落在49%—51%的概率将趋于1。当然，这个概念还可以表述得更为准确。

7　例如，这种偏误常见于轮盘赌游戏中。在这种游戏中，赌徒倾向于把赌注押在以前很少赢的数字上，这也是这种错误认知被称作"赌徒谬论"的原因。

8　Daniel Chen, Tobias Moskowitz, and Kelly Shue, "Decision-Making under the Gambler's Fallacy: Evidence from Asylum Judges, Loan Officers, and Baseball Umpires," *Quarterly Journal of Economics*，待发表，与其他解释相比，这篇文章更支持基于"赌徒谬论"的解释。

9　这一问题如下：假定每1000人当中有1人会感染某种疾病，假定用于诊断这种疾病的某种检查手段的误诊率（假阳性）为5%，但这种检查可以准确无误地识别出有病的人（漏报率为0，即没有假阴性）。假设某人检查结果为阳性，那么他实际患病的概率为多少？正确答案为2%（对代表性的1000人样本而言，其中999个健康主体中有5%或者大约50人被诊断出患病，实际患病的那个人也会被诊断出来；因此，在被诊断出来的条件下，这个人的患病概率大约为1/51，或者约等于2%），而许多受访者认为是95%。

10　Amos Tversky and Daniel Kahneman, "Belief in the Law of Small Numbers," *Psychological Bulletin*, 1971, no. 76, pp. 105-110.

11　在个人投票选择中，身份问题也起重要作用。在一定程度上，投票行为的意义在于表达，而非简单地由利己的诉求决定。

12　在大部分室内实验中，参与者在计算机上做出选择。此外，复杂的"双盲"机制可以保证即使是实验组织者也不知道参与者做出的选择，他或她只知道选择行为的统计分布。

13　这个比例变化很大，而且取决于许多不同的因素，其中包括其他参与者的社会职业类别（如同实验组织者声称的那样）、种族、宗教或社区的地理位置，又或者是"独裁者"的生理和心理状态。重要的是，平均而言，参与者都愿意为别人牺牲一点自己的经济利益。

14　Patricia Funk, "Social Incentives and Voter Turnout: Evidence from the Swiss Mail Ballot System," *Journal of the European Economic Association*, 2010, vol. 8, no. 5, pp. 1077-1103.

15　许多文章已经分析过互惠利他主义。例如，Ernst Fehr and Urs Fischbacher, "The Nature of Human Altruism," *Nature*, 2003, no. 425, pp. 785-791。

16　Joseph Heinrich, Robert Boyd, Samuel Bowles, Colin Camerer, Ernst Fehr, Herbert Gintis, and Richard McElreath, "In Search of Homo Economicus: Behavioral Experiments in 15 Small-Scale Economies," *American Economic Review Papers and Proceedings*, 2001, vol. 91, no. 2, pp. 73-78. 这篇论文还报告了在"独裁者博弈"和"公共产品博弈"中这些微型社会的行为（在"公共产品博弈"中，每个参与者选择自己贡献多少，然后将所有参与者的贡献乘以一个因子，由此得到的总回报在参与者之间平均分配。该因子大于1，因此，每个人所做的贡献都具有社会效益；但同时，该因子小于参与者的数量，因此，每个参与者得到的回报都小于他贡献的资金）。

17　在试图研究个体慈善行为的田野实验中，也观察到了这种策略。

18　"Morals and Markets," *Science*, 2013, vol. 340, pp. 707-711. See also Bjorn Bartling, Roberto Weber and Lan Yao, "Do Markets Erode Social Responsibility?" *Quarterly Journal of Economics*（2015）, 219-266.

19　偏好B而非A相当于给其他参与者的利益（相比于自身利益）赋予了至少1/4的权重。同样，比较B与C选项可以发现，选择B做出的牺牲是5，而其他人得到的收益是20，或4倍的收益。

20　John List, "On the Interpretation of Giving in Dictator Games," *Journal of Political Economy*, 2007, no. 115, pp. 482-493.

21　Richard H. Thaler and Cass R. Sunstein, *Nudge: Improving Decisions About*

Health, Wealth, and Happiness（New York: Penguin, 2008）。2010年，英国政府设立了一个"助推小组"（Nudge Unit）。有关对默认选项（即个体在没有做其他选择时的选项）所做实验的综述，参见 Cass Sunstein, "Deciding by Default," *University of Pennsylvania Law Review*, 2013, no. 162, pp. 1-57。该领域的一篇经典文献表明，美国公司雇员在选择退休计划（美国政府补贴的储蓄账户）时，如果将默认选项从"不参加"改为"参加"，并保持两种情况下提供给雇员的选择相同，参与率将会显著提高（Brigitte Madrian and Dennis Shea, "The Power of Suggestion: Inertia in 401 [k] Participation and Savings Behavior," *Quarterly Journal of Economics*, 2001, vol. 116, no. 4, pp. 1149-1187）。

22　学过统计学的读者知道这里用到了大数定律。

23　Nina Mazar, On Amir, and Dan Ariely, "The Dishonesty of Honest People. A Theory of Self-Concept Maintenance," *Journal of Marketing Research*, 2008, vol. 45, pp. 633-644.

24　Benoît Monin et al., "Holier than me? Threatening Social Comparison in the Moral Domain," *International Review of Social Psychology*, 2007, vol. 20, no. 1, pp. 53-68，以及与P. J. 索耶（P. J. Sawyer）、M. J. 马克斯（M. J. Marquez）的合作研究，

"The Rejection of Moral Rebels. Resenting Those Who Do the Right Thing," *Journal of Personality and Social Psychology*, 2008, vol. 95, no. 1, pp. 76-93。另见Larissa MacFarquhar, *Strangers Drowning*（New York: Penguin Press, 2015）。

25　"比较基准"，或比较评价，是指为公司或员工设定的需要遵循的标杆，并且基于员工实际表现与标杆之间的差距来计算其报酬的技术。

26　胡安·卡里洛（Juan Carrillo）和托马斯·马里奥蒂（Thomas Mariotti）发表于2000年的一篇文章（"Strategic Ignorance as a Self-Disciplining Device," *Review of Economic Studies*, 2000, vol. 67, no. 3, pp. 529-544），开启了"行为信息经济学"这一分支领域的研究。

27　Roland Bénabou and Jean Tirole, "Self-Confidence and Personal Motivation," *Quarterly Journal of Economics*, 2002, vol. 117, no. 3, pp. 871-915.

28　例如，参见 Roland Bénabou and Jean Tirole, "Willpower and Personal Rules," *Journal of Political Economy*, 2004, no. 112, pp. 848-887; "Belief in a Just World and Redistributive Politics," *Quarterly Journal of Economics*,

2006, vol. 121, no. 2, pp. 699-746; "Identity, Morals and Taboos. Beliefs as Assets," *Quarterly Journal of Economics*, 2011, vol. 126, no. 2, pp. 805-855。

29 如英国益智节目《金球》(Golden Balls)。尽管这个节目已经停播多年,但经济学家仍使用YouTube上的视频片段来阐释博弈论概念。

30 Michael Kosfeld, Markus Heinrichs, Paul J. Zak, Urs Fischbacher, and Ernst Fehr, "Oxytocin Increases Trust in Humans," *Nature*, 2005, no. 435, pp. 673-676.

31 一种神经肽(neuropeptide)。这种激素似乎会影响某些行为,例如影响性高潮、社会认知、焦虑及母性行为。

32 George Akerlof, "Labor Contracts as Partial Gift Exchange," *Quarterly Journal of Economics*, 1982, vol. 97, no. 4, pp. 543-569. 有关展现这种互惠主义的室内实验,参见Ernst Fehr, Simon Gaechter, and Georg Kirschsteiger, "Reciprocity as a Contract Enforcement Device. Experimental Evidence," *Econometrica*, no. 65, pp. 833-860。

33 Rajshri Jayaraman, Debraj Ray, and Francis de Vericourt, "Anatomy of a Contract Change," *American Economic Review*, 2016, vol. 106, no. 2, pp. 316-358.

34 当然,收入增加的部分原因与相关法律有关,还有一部分与雇主有关。

35 "A Theory of Collective Reputations, with Applications to the Persistence of Corruption and to Firm Quality," *Review of Economic Studies*, 1996, vol. 63, no. 1, pp. 1-22.

36 滞后效应是指虽然形成某种特定状态的原因已经消失,但(社会、经济或身体)系统仍然保持在某一特定状态的现象。

37 Esther Duflo, Rema Hanna, and Stephen Ryan, "Incentives Work: Getting Teachers to Come to School," *American Economic Review*, 2012, vol. 102, no. 4, pp. 1241-1278.

38 多重任务的问题已经在很多文献中得到分析。例如,本特·霍姆斯特罗姆与保罗·米格罗姆合作的经典论文,"Multitask Principal-Agent Analyses: Incentive Contracts, Asset Ownership, and Job Design," *Journal of Law, Economics and Organization*, 1991, no. 7, pp. 24-52。

39 Richard Titmuss, *The Gift Relationship: From Human Blood to Social Policy*(New York: The New Press, 1970)。

40 除学术贡献外,丹·艾瑞里还通过TED演讲和畅销书为人熟知,例如,*Predictably Irrational: The Hidden Forces That Shape Our Decisions*(New York: Harper Collins, 2008), *The Upside of Irrationality: The Unexpected Benefits of Defying Logic at Work and at Home*(New York: Harper Collins, 2010), *The Honest Truth about Dishonesty*(New York: HarperCollins, 2012)。

41 Dan Ariely, Anat Bracha, Stefan Meier, "Doing Good or Doing Well? Image Motivation and Monetary Incentives in Behaving Prosocially," *American Economic Review*, 2009, vol. 99, no. 1, pp. 544-555. 主体行为的选择结果要么保密(正如在标准实验中那样),要么披露给同伴。

42 Tim Besley, Anders Jensen, and Torsten Persson, "Norms, Enforcement, and Tax evasion," 未发表论文。1990年,当英国将基于房产价值的房产税修改为高度累退的人头税时,逃税行为大幅攀升,尤其发生在工党选民占多数、反对玛格丽特·撒切尔政府的选区中。直到1993年人头税被更为公平的税收政策取代,又经历了很长一段时间,逃税行为才重回较低水平。这篇论文将模型做了动态拓展以理解滞后效应,同时还指出与社会规范相关的激励和预期如何用来解释人们在不同时间、不同地区的反应。

43 Ruixue Jia and Torsten Persson, "Individual vs. Social Motives in Identity Choice: Theory and Evidence from China," 未发表论文。在中国,如果父母中一方是汉族,一方是少数民族,他们的孩子可以选择申报为汉族,也可以申报为少数民族。外部激励是一些优惠条件,根据这些优惠条件,少数民族可以因为各种优待项目而受益;社会规范与少数民族群体对孩子民族申报选择的反应有关。

44 Daniel Chen, "The Deterrent Effect of the Death Penalty? Evidence from British Commutations during World War I," 未发表论文。在该例子中,外部激励是实施惩罚(包括死刑)。Daniel Chen还根据士兵入伍时间和士兵来源(例如,英国籍士兵或爱尔兰籍士兵)的不同发现了社会规范所产生的影响。

45 Roland Bénabou and Jean Tirole, "Intrinsic and Extrinsic Motivation," *Review of Economic Studies*, 2003, vol. 70, no. 3, pp. 489-520.

46 Armin Falk and Michael Kosfeld, "The Hidden Costs of Control," *American Economic Review*, 2006, vol. 96, no. 5, pp. 1611-1630. 例如,回到参与者甲给参与者乙一笔钱的博弈。这笔钱介于0到10美元之间,它在被收到后被放大三倍(然

后，乙可自主决定返给甲的金额）。修改后的博弈规定，甲也可要求获得一笔最小金额的返还款（比如0或4美元）。要求最低返还4美元会破坏互惠主义（而且，多数参与者不会这么做）。

47　Robert Cialdini, *Influence: The Psychology of Persuasion*（New York: Harper Business, 1984）.

48　Roland Bénabou and Jean Tirole, "Laws and Norms," art. cit.

49　例如，参见我在图卢兹的同事英厄拉·阿尔热（Ingela Alger）和约尔登·魏布尔（Jörgen Weibull）的研究（"Homo Moralis: Preference Evolution under Incomplete Information and Assortative Matching," *Econometrica*, 2013, vol. 81, pp. 2269-2302），以及保罗·西布莱特的研究（*The Company of Strangers: A Natural History of Economic Life*, Second Edition [Princeton: Princeton University Press, 2010]）。有关合作的生物性原因，参见Sam Bowles and Herb Gintis, *A Cooperative Species: Human Reciprocity and its Evolution*（Princeton: Princeton University Press, 2013）。

50　Michael Spence, "Job Market Signaling," *Quarterly Journal of Economics*, 1973, vol. 87, no. 3, pp. 355-374.

51　Amotz Zahavi, "Mate Selection – A Selection for a Handicap," *Journal of Theoretical Biology*, 1975, vol. 53, pp. 205-214.

52　有关历史概述，参见 Laurence Iannaccone, "Introduction to the Economics of Religion," *Journal of Economic Literature*, 1998, vol. 36, no. 3, pp. 1465-1496.

53　"讲授这种教义的教师的生活费，也同其他普通教师一样，有的专靠听讲者的自愿捐款，有的则来自经国家法律认可的某些财源，如地产、什一税、土地税、固定工资或津贴等。他们的努力、热心和勤勉，在前一场合似乎比后一场合要大得多。就这一点说，新教的教师们要攻击成立悠久的古旧体系，往往占有不少的便宜；因为旧教牧师赖有圣俸，往往不大注意维持大多数人民的信仰和皈依的热情；他们懒惰惯了，甚至不能奋发起来，保护他们自身的教会。富有捐赠财产的成立悠久的国教，它的牧师们，常常成为博学及文雅的人，具有绅士或足以使他们博得绅士所受的尊敬的品质。但另一方面，他们易于丧失那些使他们对下级人民有权威和感化力的好的和坏的品质，而这些品质，也许就是使他们的宗教得以成功为国教的本来原因。"《国富论》，第五卷，1776。

54　Maristella Botticini and Zvi Eckstein, *The Chosen Few: How Education Shaped*

Jewish History，70—1492（Princeton: Princeton University Press，2012）.

55　Mohamed Saleh，"On the Road to Heaven: Self-Selection, Religion, and Socio-Economic Status,"未发表论文，2016。

56　Eli Berman and Laurence Iannaccone，"Religious Extremism: The Good, the Bad, and the Deadly,"*Public Choice*，2006，vol. 128，no. 1，pp. 109-129. Daniel Chen and Jo Lind，"The Political Economy of Beliefs: Why Fiscal and Social Conservatives and Fiscal and Social Liberals Come Hand-In-Hand,"未发表论文，2016。

57　参见第十四章。

58　Emmanuelle Auriol, Julie Lassébie, Eva Raiber, Paul Seabright, and Amma Serwaah-Panin，"God Insures the Ones Who Pay? Formal Insurance and Religious Offerings in a Pentecostal Church in Accra, Ghana,"未发表论文。

59　例如，参见 Roland Bénabou, Davide Ticchi, and Andrea Vindigni，"Religion and Innovation,"*American Economic Review*，*Papers and Proceedings*，2015，vol. 105，no. 5，pp. 346-351。这篇文章指出在宗教虔诚性与创新或对科学的开放性之间存在负相关关系（但不一定是因果关系）。

第六章　走向现代政府

1　2000年6月，以"国家与公共管理"（Etat et gestion publique）之名出版。

2　例如，作为一名年轻的学者，拉丰拒绝了美国顶尖大学提供的舒适职位，选择了在图卢兹从零开始建立经济学院。后来，他致力于促进一些最不发达国家的经济学研究和教育。

3　参见第五章。

4　不平等引致的另一种低效率与自给能力的丧失有关。一个人如果没有足够的钱用于吃、住、行，他也将很难找到工作。

5　所有愿意支付更高价格的买家都已购买，所有愿意以该价格出售的卖家都已卖出。这样，剩下的潜在交易只存在于准备支付低于此价格的买家与要求高于此价格的卖家之间。由此可见，这些交易无法使双方获益。大体上，这一结论已在实证研究中得到了证实，参见第四章。

注　释

6　诸如出口补贴（这些补贴的受益者名单没有公布，理由是公布名单会刺激外国竞争者做得更好，最终破坏补贴的效果），或失业救济部门之间的交叉补贴（某些严重依赖失业救济的密集裁员部门在对其他部门"征税"）。

7　由于存在国际贸易协定（世界贸易组织）或其他政治约束，禁止从这样的国家进口是不可能的。

8　相比之下，就在不久之前，法国的司法系统仍受制于政治权力。

9　确定银行监管的最低标准，包括银行资本金要求。参见第十一章和第十二章。

10　http://www.vie-publique.fr/decouverte-institutions/institutions/administration/organisation/etat/aai/quel-est-role-aai.html.

11　《论美国的民主》，参见第五章。

12　但是，我们必须对这一问题保持警惕。例如，在欧洲危机中，各国政府已将它们的问题推卸给欧洲央行，而欧洲央行除了作为流动资产提供者的正常角色之外，还身不由己地卷入政治领域（支持某个政府）。欧洲央行在2015年6月和7月与希腊政府的权力斗争无疑是不可避免的，但如果当时希腊放弃欧元，人们就可能对中央银行的独立性产生怀疑。在2016年1月美国参议院的一次投票中，共和党人（以及左派的伯尼·桑德斯[Bernie Sanders]）质疑美联储是否应该保持独立；幸运的是，当时的民主党人阻止了美联储被置于政治控制之下。

13　另一方面，如果一家企业或濒临倒闭的银行最初没有找到买家，政府可以临时接管它；而一旦条件好转，政府的责任就是尽快转售该企业或银行，例如美国在2013年出售通用汽车股票（2009年，美国政府将通用汽车从破产边缘拯救回来，在总共500亿美元的紧急救助资金中，最终净花费的资金大约为110亿美元），以及瑞典在1992年对濒临倒闭的银行进行国有化，并在十年后将其出售。

14　正如加斯帕尔·柯尼希（Gaspard Koenig）在 *Le Révolutionnaire, l'Expert et le Geek*（Paris: Plon, 2015）一书中指出的那样。

15　在法国，计划经济思想源于维希（Vichy）政权，并在战后被采纳，马克·布洛赫（Marc Bloch）就曾指出这一点。维希政权抛弃了禁止商会和终止某些行业自律的革命遗产，开启了监管文化、扩大行政部门、补贴人口增长，以及广义上的经济指导。关于自1789年自由主义革命以来法国政府角色的发展变化，也可参见 Pierre Rosanvallon, *Le Modèle politique français*（Paris: Seuil, 2004）。

16　关于这个专题，参见 Philippe Aghion and Alexandra Roulet, *Repenser l'État. Pour* une nouvelle social-démocratie（Paris: Seuil，2011），或者经济分析委员会（Conceil d'analyse économique）的报告："Économie politique de la LOLF," 2007, no. 65（Edward Arkwright, Christian de Boissieu, Jean-Hervé Lorenzi, and Julien Samson）。

17　2015年，强制征缴的税收（包括所得税、企业税、地方税等）、社会福利计划缴款和增值税只占GDP的45.2%。这两个数字之间的差异，一方面反映了非强制性税收（如来自公共企业和公有资产、博彩、罚款和制裁、对国家的捐赠和遗赠等方面的收入），另一方面反映了公共赤字（近年赤字率在4%到5%之间），这必然导致公共债务的增加。

18　从字面意义看，"黄金30年"是指1945年到1975年法国持续30年的增长与繁荣时期。

19　需要明确的是，民选政府当然有权拓展公共服务，条件是需要相应增加税收。这是作为普通公民的经济学家表达意见的一种社会选择方式。

20　例如，在法国，有许多部门在从事岗位（再）培训项目或者管理社会项目，并有多种退休制度。同样，并行存在的国家基本医疗保险和私人补充医疗保险计划使管理费翻倍，而且没有为与医生和医院签约留下任何操作空间，因而缺乏改善医院管理的动力。转向全面的国家医疗保险（如英国），或转向受政府监管的私人医疗保险（如德国、瑞士或荷兰），可以节约成本。

21　除中央政府外，法国拥有过多的镇（法国拥有的地方机构数量占欧洲的40%，但法国人口只占欧洲的13%）、"部门"和地区机构。法国的议会代表本身就太多。例如，美国参议院非常活跃，它有100名参议员，而法国人口只有美国的1/5，却有348名参议员（国民议会中有577名代表）。总而言之，法国的人均议员数量几乎是美国的10倍。就我个人而言，我更希望减少议员的数量，同时有更多活跃的专家顾问。

第七章　企业治理及其社会责任

1　参见第十六章。

2　当然，其中一些企业已经公开上市，比如高盛公司。该公司成立于1869年，并于1999年上市。一些观察家认为，首次公开募股导致该公司忽视客户利益，并导致管理层选择短期主义。

3　在法国，2013年的"国家跨职业协议"（national interprofessional agreement）规定，在大型企业董事会的决策审议中，员工必须拥有发言权。

4　参见以下论文：Gary Gorton and Frank Schmid, "Capital, Labor and the Firm: A Study of German Codetermination," *Journal of the European Economic Association*, 2004, vol. 2, no. 5, pp. 863-905; Stefan Petry, "Workers on the Board and Shareholder Wealth: Evidence from a Natural Experiment," 未发表论文, 2015; Han Kim, Ernst Maug and Christoph Schneider, "Labor Representation in Governance as an Insurance Mechanism," 未发表论文, 2015。

5　另一方面，将一家资本主义企业转变成员工自我管理型企业难度更大，这是因为员工通常无法补偿拥有该企业的投资者，除非投资者的股票已没什么价值，在这种情况下，员工可以轻易接管企业。另外一个例子就是"杠杆收购"或LBO，在此情形下，员工（或许只是管理层）为了筹资购买企业股票而让企业深度负债。

6　安然是美国最大的专注于天然气和能源交易的公司之一。由于在电力市场投机失败，安然借助会计操纵和不少于3000家的离岸公司将经营损失造假为利润。安然公司最终于2001年宣布破产，由此带来的结果是裁员两万人，许多员工因投资购买安然股票而损失了部分退休基金。这一财务丑闻和世通公司（WorldCom）的丑闻导致了2002年《萨班斯-奥克斯利法案》（Sarbanes-Oxley Act）的出台，该法案的关注点是在股市上交易股票的企业的会计改革，以及对投资者的保护。安达信会计师事务所（Arthur Andersen）是世界上最大的审计企业之一，因为它为安然公司账目的真实性背书，所以它也因破产而消失了。

7　Cambridge: Harvard University Press, 1996.

8　在维萨卡和万事达卡等银行卡支付平台的例子中，小型发卡行与大型发卡行之间的利益可能并不一致，这是因为小型发卡行无法开发自己的新服务、安全功能和品牌标识，因此希望支付卡平台提供更多的服务，而大型发卡行则想自行提供一系列服务以实现差异化，从而获得竞争优势。另外，当支付卡平台的成员银行对持卡人（发卡功能）和商户（收单功能）的侧重点存在差异时，还可能出现另一种冲突。

9　当然，董事会成员可以要求获取这些信息，然而，没有经过筛选和整理的信息并无多大用处。

10　参见我与阿吉翁的论文，"Formal and Real Authority in Organizations," *Journal of Political Economy*，1997，vol. 105，no. 1，pp. 1-29。

11　或者提供远远超过实际需要的信息，致使董事会成员无法在（必要）有限的时间里做出明确的分析。

12　参见第十六章。

13　股票期权是授予公司管理层或员工购买公司股票的选择权。这些期权授权股票持有者按照预先设定的价格和时间购买一定数量的公司股份，比如在4年后以10美元的价格买入100股。如果该股票在4年后的价格为15美元，那么期权的价值就是500美元；如果股票价格不到10美元，那么这些期权将毫无价值。

14　薪酬追回制度是指在合同中规定的某些特殊情况或事件发生时，已给付的薪酬应予以返还。

15　在经典的实证研究中，指出存在此类合谋情形的包括Marianne Bertrand and Sendhil Mullainathan,"Are CEOs Rewarded for Luck? The Ones without Principals Are,"*Quarterly Journal of Economics*，2001，vol. 116，no. 3，pp. 901-932，以及Lucian Bebchuk and Jesse Fried，*Pay without Performance: The Unfulfilled Promise of Executive Compensation*（Cambridge MA: Harvard University Press，2004）。

16　这些主题本身值得用一个甚或多个章节的篇幅来讨论。比如，可参见我的专著 *The Theory of Corporate Finance*（Princeton: Princeton University Press，2006）。

17　参见第八章。

18　参见第九章。

19　载于2001年的绿皮书，*Promoting a European Framework for Corporate Social Responsibility*。

20　下面的讨论基于我与贝纳布的论文，"Individual and Corporate Social Responsibility,"*Economica*，2010，no. 77，pp. 1-19。

21　参见Augustin Landier and Vinay Nair，*Investing for Change: Profit for Responsible Investing*（Oxford: Oxford University Press，2008）。

22　一级供应商是直接向公司供货的供应商，二级供应商是一级供应商的分包商，依此类推。

23　额外金融评级机构（extrafinancial rating agencies）的任务十分艰巨，这些机构所依赖的数据很少且相互矛盾。

24　媒体对星巴克的例子进行了大量报道与评论。利用美国数据进行的一项研究表明，那些最积极践行社会责任的企业，往往也是最积极避免（"优化"）缴税的企业；二者之间并未证实是因果关系，但这是一种有趣的相关关系。参见 Angela Davis, David Guenther, Linda Krull, and Brian M. Williams, "Do Socially Responsible Firms Pay More Taxes？" *The Accounting Review*, 2016, vol. 91, no. 1, pp. 47-68。

25 参见第一章中关于对某些政策理解不充分的相关讨论。

第八章　气候挑战

1　在实践中，"碳当量"（carbon equivalents）的概念包括多种不同的气体。本章有时会混用二氧化碳和温室气体的说法。

2　联合国气候变化大会每年举行一次，比如2017年的第23届联合国气候变化大会在波恩召开，分别在哥本哈根和巴黎召开的第15届和第21届联合国气候变化大会是两次非常重要的会议。

3　图8.2和8.3描述了排放总量与因农业政策及毁林和/或重新造林而产生的（通常为正的）排放量。总体而言，除两个国家外，这两组数据得出的结果比较相似。巴西的排放中非能源占比很高，印度尼西亚更高，原因在于这两个国家均存在严重的森林砍伐。

4　http://www.oecd.org/about/secretary-general/oecd-inventory-of-support-measures-for-fossil-fuels-2015.htm。

5　本章借鉴了与克里斯蒂安·戈利耶合作并于2015年发表的论文，"Negotiating Effective Institutions against Climate Change," *Economics of Energy & Environmental Policy*, vol. 4, no. 2, pp. 5-27。这篇论文分析了许多这里并未提及的问题，比如，碳税或排放权市场价格的不确定性和波动性、环境政策的长期承诺，以及补偿方式等。它还对不同经济手段做了详细的比较研究。此外，推荐读者参考我在2009年向法国经济分析委员会提交的报告，其中指出当时即将开展的哥本哈根谈判缺乏魄力。

6　Jared Diamond, *Collapse: How Societies Choose to Fail or Succeed*（New York: Penguin Books, 2005）。

7　Elinor Ostrom, *Governing the Commons: The Evolution of Institutions for Collective*

Action（Cambridge: Cambridge University Press，1990）.

8　此外，这种机制可能会鼓励相关新兴国家不采纳环境立法，并拒绝签署约束性的国际协定。环境立法实际上会抑制减排项目的投资：消除这些项目的"增量"特征，从而使它们无法获得清洁发展机制的碳信用。

9　参见Christian Almer and Ralph Winkler，"Analysing the Effectiveness of International Environmental Policies: The Case of the Kyoto Protocol，" *in Bath Economics Research Papers* 39（2015），University of Bath and University of Bern。

10　《清洁空气法案修正案》（*The Clean Air Act Amendment*）。

11　实际上，并非所有排放都要满足持有排放权的要求，比如，欧洲现在只有不到一半的排放进入了二氧化碳排放权市场。

12　本章涉及的价格均按吨二氧化碳计。即使我非正式地提及"碳税"，大家也应记住1吨碳对应3.67吨二氧化碳，因此，碳价格是二氧化碳价格的3.67倍。

13　这是在这些产业履行排放权获取义务以遵循欧洲排放权交易机制的规定之外额外加征的税收。2016年，这种碳税提高到每吨二氧化碳22欧元。同以往一样，它规定了许多例外：货车运输公司、出租车、农民、渔民等。

14　还有几个小国的碳税。

15　阿兰·基内的报告。Rocard Commission在碳税问题上采用了这份报告中涉及的方法。Alain Quinet，*La Valeur tutélaire du carbone*（Paris: La Documentation française，"Rapports et documents，"2009）。

16　2013年，美国跨部门工作组（Interagency Working Group）分别按3种折现率（2.5%、3%和5%）预测了3种不同场景的碳社会成本。按3%的真实折现率计，工作组估计2010年的碳社会成本是32美元，2030年将达到52美元，2050年更是会高达71美元。显然，这些预测值倾向于向上修正，因为国际社会的不作为减少了我们的回旋余地，并进一步提高了排放成本。

17　这一表述来自哈佛大学经济学家罗伯特·斯泰文斯（Robert Stavins）。

18　按照某些估算，如果加拿大履行《京都议定书》，购买碳信用需花费140亿美元。

19　2006—2007年，因排放权超发（大工业企业施加的压力已经导致许可数量的膨胀）和欧盟碳交易机制第一阶段（2005—2008）的设计缺陷，价格已经下跌：这种设计规定，排放权持有者对排放权的持有时间不得超过2007年底，这意味着哪怕排放权稍微过剩,都会带动价格下降到0。我们在这里关心的是第二次崩溃,也就是危机之后发生的且并非技术原因导致的那次价格暴跌。

20　还有一个问题源于欧盟碳排放交易机制只覆盖全欧的部分排放。像交通运输和建筑等部门的许多排放源,实际上会因零碳价而获益。

21　这种信息缺失的情况意味着,国家自主减排贡献进程中达成的任何协定都将造成已达成共识的努力程度各不相同,因为有的经济主体会竭尽全力付出高昂成本减排,而有的主体虽然减排成本低得多,却继续排放温室气体。关于这一点我还会再谈。

22　Joseph E. Stiglitz, "Overcoming the Copenhagen Failure with Flexible Commitments," *Economics of Energy and Environmental Policy*, vol. 4, no. 2 (2015).

23　同样说明问题的是,在签署协定后的一年里,全世界复合低碳证券资产组合反而没有世界股价指数表现好,但如果协定宣布的是应对气候变化的利好消息,世界股价指数本应表现更好(来自与克里斯蒂安·戈利耶的私下交流)。

24　尽管可以用经济手段鼓励房屋建筑采用隔热措施,比如在房屋取暖价格中包含碳价等,但要算清其中的经济账,对消费者而言还是过于复杂,因为他们未必掌握必要的信息,而且可能只算短期账(隔热投资需要分摊在几十年内)。因此,必须有一种周密论证的标准。我的担心是,这些标准往往没有仔细分析其中包含的隐含碳价、各种政策目标,以及实现这些目标的诸多政策选择等,就被制定出来了。此外,这些标准经常由在位企业协助制定,因此有时会为这些企业借机限制潜在企业进入市场提供便利。

25　Denny Ellerman, David Harrison, and Paul Joskow, *Emissions Trading in the US: Experience, Lessons and Considerations for Greenhouse Gases* (Pew Center on Global Climate Change, 2003); Thomas Tietenberg, *Emissions Trading: Principles and Practice*, 2nd ed. (London: Routledge, 2006); Robert Stavins, "Lessons from the American Experiment with Market-Based Environmental Policies," in John Donahue and Joseph Nye, eds., *Market-Based Governance: Supply Side, Demand Side, Upside, and Downside* (Washington, DC: The Brookings Institution, 2002), pp. 173-200.

26　似乎有点奇怪的是,为什么有些赚钱的投资没有推进?在某些情况下,这是因为当事主体可能缺乏相关信息，而在其他情形下，则是因为其缺乏投资资金（比如一个普通家庭会因缺少资金而无法出钱改造房屋保暖设施）。

27　参见Claude Crampes and Thomas-Olivier Leautier, "Le côté lumineux des subventions aux renouvelable," *La Tribune*, November 2, 2015。

28　比如，美国气候计划（http://www.usclimateplan.org/at-a-glance）和Sandbag智库（https://sandbag.org.uk/carbonpricing/）。法语读者可参看尼古拉·于洛基金会（Nicolas Hulot Foundation）制作的关于碳定价的极具教育意义的视频：http://www.fondation-nicolas-hulot.org/magazine/pourquoi-et-comment-donner-un-prix-au-carbone。

29　在法国，一个令人鼓舞的信号是2015年7月22日通过了能源转型法案。议会已批准在2016年到2030年将碳价提至当前四倍的目标。

30　https://www.project-syndicate.org/commentary/carbon-pricing-fiscal-policy-by-christine-lagarde-and-jim-yong-kim-2015-10。

31　当然，这意味着要制定单一的总碳价：在各国现有碳价基础上再增加一个统一碳价，这样做一方面无法奏效，另一方面对瑞典这样的国家也不公平，因为它们在国际协定签订之前就已经相当有担当，这样做的结果是永久固化了它们过去的额外贡献责任。

32　参见Peter Cramton, Axel Ockenfels and Steve Stoft, "An International Carbon-Price Commitment Promotes Cooperation," *Economics of Energy & Environmental Policy*, 2015, no. 4, pp. 51-64。

33　近年来，尽管存在一项有约束力的方案，也有代表债权人的"三驾马车"参与其中，但希腊在限制逃税方面依旧几无进展。这表明，如果一国政府不积极征税，那么第三国想要强制征税是多么困难。在气候变化的语境下，各国都没有类似的三大机构监督事态的发展。

34　回想一下，法国在2014年为补偿化石燃料的碳税（只有一年），同等地降低了能源产品的国内消费税，从而使汽油和采暖用油的价格未受影响。

35　进一步加强隔热性的房屋建筑标准会降低排放。为了恰当地衡量所付出的努力，我们需要评估采用这种标准的房屋所能减少的碳排放量，并估计采用这种建筑标准所增加的成本。这些工作开展起来非常复杂。

36　反照率（albedo）是物体表面反射的太阳能与入射的太阳能之间的关系；太阳光线的反射会使地球温度下降，从而减少温室气体排放。雪地上的树木会限制阳光

37 现在的市场价格低有几个原因：首先，直到最近仍在美国蔓延的经济衰退减缓了排放；其次，页岩气的发现和对温室气体排放课以重税的威胁（尚未实现）抑制了煤炭的投资和消费。这种低价的情况也因此意味着对局部地区的环境破坏有所减轻。

38 参见第十一章。

39 参见Jean-Jacques Laffont and Jean Tirole, "Pollution Permits and Compliance Strategies," *Journal of Public Economics*, 1996, no. 62, pp. 85-125。

40 有些可转让排放权制度明确了排放权的使用期限，从而产生了高波动性：在限定期末尾，比如一年的末尾，如果排放权过剩，那么其价格为零，而如果对排放权存在过度需求，那么价格就会很高（等于因没有排放权而交的罚金）。因此，在年末之前出现的每种变化都会对市场价格产生实质性影响。不过，一般而言，"储蓄"（banking）排放权的可能性有助于减轻波动，而许多国家都存在这种机制。

41 NASA的轨道碳观测2号卫星（Orbiting Carbon Observatory-2，或者OCO-2）已经在绕地球轨道运行。ESA的碳卫星（CarbonSat）计划也很有前景。

42 据绿色气候基金统计，截至2015年11月20日，已有38个国家做出了59亿美元的确切承诺，还有尚未签约的43亿美元意向承诺。

43 http://www.oecd.org/env/cc/Climate-Finance-in-2013-14-and-the-USD-billion-goal.pdf.

44 给予新兴国家和发展中国家的资金只有一小部分针对气候变化——2013年至2014年为16%，而减排资金却占77%——这个话题仍然很敏感。新兴国家和发展中国家要求获得更多的气候变化适应资金，而发达国家则基本上受益于减排政策。

45 透明度问题是全世界许多减排项目都采用限额交易机制并通过分配可交易的配额（通常是祖父原则）来解决财政转移支付的原因之一，这种方式在政治上不太敏感。在美国，1990年《清洁空气法案修正案》为中西部各州带来的重要转移支付从未真正上过新闻头条。当然，在国家层面的限额交易语境下的转移支付，在本质上不同于国际层面的限额交易体系框架下的国际支付。然而，在欧盟碳排放交易机制框架中，可能已有数十亿欧元转移到东欧和前苏联地区的国家手中（这就是所谓"热空气"项目的本质，也就是通过分配配额来说服它们签订《京都议定书》）。

46 前面引用的我和克里斯蒂安·戈利耶合作的论文中列举了这些原则中的一部

分,但并未深入分析一个好的公式究竟是什么样。ETH气候计算器提供了一种更加细致的研究,http://ccalc.ethz.ch。

47　不同制度下的相同排放权是否等价仍有待观察。越是有担当的国家,发放的排放权却越少,因而可能会感觉自己有些吃亏。

第九章　劳动力市场的挑战

1　参见第十五章。关于工作性质的变迁,详见David Autor,"Why are There still so Many Jobs? The History and Future of Workplace Automation,"*Journal of Economic Perspectives*, 2015, Vol. 29, no. 3, pp. 3-30。

2　在法国,该统计数据由国家统计与经济研究院(National Institute of Statistics and Economic Studies)提供。

3　根据国际劳工组织的定义,个体被界定为失业者需满足三个标准:(1)在进行统计的当周没有工作;(2)在接下来的两周可以工作;(3)在过去的一个月里积极寻找过工作(或者找到一份三个月内可上岗的工作)。

4　或者更准确的名称是劳工部下辖的"研究、学习和数据协调局"(*Direction de l'animation de la recherche*, *desétudes et des statistiques*, DARES)。

5　B类:积极努力寻找工作,而且短暂地从事某个较短时间的工作(比如,每月工作时间不足78小时)的求职者——2015年11月,这类求职者有71.64万人。C类:积极努力寻找工作,而且曾长期从事某个较短时间的工作(比如,每月工作时间超过78小时)的求职者——2015年11月,这类求职者有115.13万人。D类:未积极努力寻找工作(因为实习、参加某个培训项目或者生病等)的求职者——2015年11月,这类求职者有28.09万人。E类:未尝试积极努力寻找工作,当时仍被雇用的求职者(例如,受益于补贴性雇佣合同)——2015年11月,这类求职者有42万人。

6　平均而言,2008年,16—75岁法国人的工作时间少于同年龄段的美国人或英国人,分别少了28%和13%,或者说只相当于英国1968年的水平(参见Richard Blundell, Antoine Bozio, and Guy Laroque, "Labor Supply and the Extensive Margin," *American Economic Review*, Papers and Proceedings, 2011, vol. 101, no. 3, pp.482-486)。显然,工作时间的差距拉大了。这里有一半的原因在于法国人周工作时长的减少;另一半原因是法国的就业率长年停滞不前,而美国和英国的就业率则已显著提升。诚然，法国中老年女性的工作时间更多，但这一进展已被法国年轻人（无论男女）和所有年龄段男性就业率的明显下降所抵消。

7　这并非因为他们正在参加就业培训：15—24岁年龄段中，有17%的人失业且未参加任何就业培训。90万人已经放弃寻找工作，他们也未被列入失业人口统计中。

8　参见Jean-Benoît Eyméoud and Étienne Wasmer, "Emploi des jeunes et logement. Un effet Tanguy？" IEP Paris，未发表，2015。

9　很难确定社会保障费的减少是否应归因于就业政策；显然，最关键的还是要看净缴费额（缴费额减去这些缴费的抵扣）。此外，社会保障费抵扣对接近最低工资标准的低收入人群的影响更大（参见Pierre Cahuc and Stéphane Carcillo, *Améliorer l'assurance chômage* [Chaire sécurisation des parcours professionnels，2014]）。

10　OECD, Public Expenditure and Participation Stocks on LMP.

11　根据DARES的估计，2012年，惠及就业和劳动力市场的费用支出（无论是专项支出还是一般性支出）达到857亿欧元，或者占GNP的4.1%（DARES analysis 019，2015年3月）。

12　按照法国审计总署（French General Accounting Office，法语"Cour des Comptes"）2011年发布的一份报告，"关于补贴性就业对就业回报的影响，计量经济学模型显示，在商业性部门，补贴性合同的影响为正；而在非商业性部门，补贴性就业的影响微乎其微"。非商业性部门包括免费或以极低价格提供服务的实体：公共机构、地方政府、劳资委员会、非政府组织等。

13　社会保障计划可通过不同税种得到进一步资金支持，例如社会公共税（contribution sociale généralisée，CSG）、工资税（taxe sur les salaires）、烟酒税（taxes sur le tabac et les alcools）。2015年，社会保障缴费相当于GDP的16.9%，而欧洲的平均水平是12.3%。

14　参见Corinne Prost and Pierre Cahuc, *Améliorer l'assurance chômage pour limiter l'instabilité de l'emploi*（Conseil d'analyse économique，2015），note 24。

15　尽管有很强的财政措施激励雇主不使用固定期限合同（通过要求雇主缴纳额外的失业保险，以及激励雇主把固定期限合同岗位转变为永久性岗位（否则，当固定期限合同到期时，雇主必须支付至少等于合同期薪酬总额10%的遣散费；而且，如果以永久合同形式雇用低于25岁的员工，雇主将得到3—4个月的免税优惠）。

16　参见OCDE，*Perspectives de l'emploi 2014*，p.182。

17　在法国，那些有能力与企业和国家谈判并可能给现任政府带来麻烦的雇员，并不会因为失业而受到很大影响（他们主要是公共部门雇员和大企业的永久雇员）。这些人的立场未必反映失业者或执行固定期限合同的雇员的利益诉求，这一点不足为奇。

18　理论上，主动辞职者不能得到失业补助。但在现实中，雇主和雇员经常合谋，把主动辞职伪装成裁员，从而骗取失业补助。在法国，这种骗取补助的行为打着"破除传统"的旗号竟然成了合法的。

19　Bureau of Labor Statistics, *Current Population Survey*（Annual Social and Economic Supplement）: CEA Calculations.

20　参见Thomas Philippon, *Le Capitalisme d'héritiers*（Paris: Seuil/La République des idées, 2007），该书对各国雇员的职场关系质量给出了国际排名。Yann Algan, Pierre Cahu, and André Zylberberg, *La Fabrique de la défiance et comment en sortir*（Paris: Albin Michel, 2012, p. 120），分析了法国职场中人们互不信任的诱因和机制。

21　2012年提交给法国经济政策小组的报告：Nicolas Lepage-Saucier and Étienne Wasmer, "Does Employment Protection Raise Stress? A Cross-Country and Cross-Province Analysis," 2011。

22　有关职场安全感的讨论，参见Andrew Clark and Fabien Postel-Vinay, "Job Security and Job Protection," *Oxford Economic Papers*, 2005, vol. 61, pp. 207-239；以及Fabien Postel-Vinay and Anne Saint-Martin, "Comment les salariés perçoivent-ils la protection de l'emploi?" *Économie et statistique*, 2005, no. 372, pp. 41-59。

23　在法国，这种影响总的来讲是间接的，这是因为与许多国外银行相比，次贷风险和房地产风险对法国银行的影响要小得多。

24　最近几年，法国预算赤字一直在GDP的4%或5%左右。

25　以下想法受到与奥利维尔·布兰查德（麻省理工学院教授，在2007—2015年也是国际货币基金组织的首席经济学家）合作研究的启发。详见2003年提交给法国经济分析委员会的报告*Licenciements et institutions du marché du travail*（La Documentation française, 2003, pp. 7-50），以及"The Optimal Design of Unemployment Insurance and Employment Protection: A First Pass," *Journal of the European Economic Association*, 2008, vol. 6, no. 1, pp. 45-77。也可参见

Pierre Cahuc and André Zylberberg, *Le Chômage, Fatalité ou nécessité?*（Paris: Flammarion, 2004）。

26　参见第八章。

27　有关美国这种机制的描述，参见Julia Fath and Clemens Fuest, "Experience Rating of Unemployment Insurance in the US: A Model for Europe？" *CESifo DICE Report*, 2005, vol. 2。

28　更多细节参见Oliver Blanchard and Jean Tirole, "The Joint Design of Unemployment Insurance and Employment Protection: A First Pass", *Journal of the European Economic Association*, 2008, vol. 6, no. 1, pp. 45-77。有关企业融资更详细的讨论，以及在集团内部或非正式商业关系中处理好责任的概念，参见这篇论文和我的论文，"From Pigou to Extended Liability: On the Optimal Taxation of Externalities under Imperfect Capital Markets", *Review of Economic Studies*, 2010, vol. 77, no. 2, pp. 697-729。在面临财务约束时，公司可能寻求将裁员成本带来的部分风险与经济冲击挂钩，而这两者至少部分是相互独立的（当然，宏观经济的影响不能被分摊，因此稳定底线仍需政府介入）。

29　遣散费相当于公司因裁员行为而付出的一种私人成本，它不得低于雇员年资月薪的1/5，如果工龄超过10年，每年还要再增加2/15的月工资。相对于法定赔偿，集体合同或劳动合同提供的赔偿可能对雇员更有利。

30　这里对司法程序的分析只是纲要性的，甚至过于简单化。了解法律方面更详细的分析，建议读者阅读Jean-Emmanuel Ray, *Droit du travail. Droit vivant*, 22nd ed.（Éditions Liaisons, 2013）。

31　有关就业保障的法律在2013年获得通过。更一般地讲，劳动法庭的诉讼时效期限根据需求目的的不同而有所差异——最短是6个月（放弃和解案件），最长达10年（工伤案件）。

32　除非相关员工在公司内部被重新归类（提供另外一个工作），这需要其他的工作有空余岗位，且员工转岗后仍能胜任。例如，作为重组计划的一部分，重新归类的任务可能极其复杂，尤其对于一个国际性集团来说更是如此（如何向审判员证明已竭尽全力？），而且还可能不是非常有效，特别是在经济性裁员问题上，雇主必须尊重某些指标（如工龄、年龄、家庭义务，等等），而这些指标既与雇员职业能力无关，也与企业产品需求无关。此外，行政管理组织（负责企业、竞争、消费、劳动和就业的地方管理局，Direction régionale des entreprises, de la concurrence, de la consommation, du travail et de l'emploi, DIRECCTE）还必须认可重新归类计划。

33　在法国这样的双重劳动力市场中，外部（不包括没有永久合同的工人）通常与内部人（有固定工作且能融入社会的工人）有所区别。

34　例如，参见Jean-Emmanuel Ray, "Une mue salutaire, pour que la France épouse son temps, " *Droit social*, December 2013, no. 9, pp. 664-672。

35　Pierre Cahuc and André Zylbergberg, *Les Réformes ratées du président Sarkozy* (Paris: Flammarion, 2009)。

36　参见Frank Seuret, "Licenciements. La grande triche, " *Alternatives economiques*, December 2006, no. 253, 标题"Tendances"下的内容。

37　参见他们的报告，"De la précarité à la mobilité: vers une sécurité sociale professionnelle, " La Documentation Française, 2005。

38　法国经济分析委员会报告（Guillaume Plantin, David Thesmar, and Jean Tirole, "Les enjeux economiques du droit des faillites, " 2013）的注释7支持把困难企业的控制权移交给债权人。

39　对就业保护改革的效果进行实证计量非常复杂，这是因为同时期其他许多变量也在变化，这些变化或者来自改革本身（例如，2014年意大利的改革伴随着对员工招募的政府补贴），或者是因为宏观经济环境的变化。经济学家的目标是将就业保护政策改变的影响分离出来（这样就可以识别因果关系）。实际上，许多计量经济研究表明，赋予企业招工更多的灵活性对就业产生了正面影响，有时影响很大，有时影响则很小（赋予更多灵活性带来的正面影响似乎对年轻人和女性群体更加明显）。对此问题的一篇经典文献是David Autor, John Donohue, and Stewart Schwab, "The Costs of Wrongful Discharge Laws, " *Review of Economics and Statistics*, 2006, vol. 88, no. 2, pp. 211-231。有关研究方法论的综述，参见Tito Boeri, Pierre Cahuc, and André Zylberberg, "The Costs of Flexibility-Enhancing Structural Reforms: A Literature Review, " OECD Working Paper, October 2015。下文将要描述的长期效应无疑更为重要。

40　参见第八章。政策受损者（最大的污染者）往往能获得补偿，即免费得到可交易的排放权；当然，这并不意味改革毫无意义——恰好与此相反。排放许可的数量是有限的（1990年，美国二氧化硫排放指标为上一年排放数量的一半）。最大的污染企业有减少排放的激励,这是因为它们可以将剩余的排放许可转售获利(或者,如果它们未充分减排的话,还要购买新的排放许可)。

41 意大利的改革建立了促进和解(诉诸法院的案件大幅减少)及签订新劳动合同的财政激励机制。同时,改革消除了让雇员重归原职的可能性。意大利和法国的一个重要区别是前者并未签署国际劳工组织第158号公约,该公约要求每次裁员都要有一个正当理由。它也赋予雇员在法官面前拥有系统的追偿权。当然,关键问题是确定什么是正当理由。该公约第四款将正当理由与员工技能或行为,抑或与企业、制度或业务正常运营的必要性联系起来,导致对此存在多种不同解读。同样签署了第158号公约的西班牙,通过限制遣散协议和明确经济性裁员条件,于2012年实施了国内劳动力市场改革。

42 参见Roland Bénabou and Jean Tirole, "Laws and Norms," 未发表论文;以及第一章对公众难以接受经济信号的原因进行的讨论。

43 例如,参见George Loewenstein, Deborah Small, and Jeff Strand, "Statistical, Identifiable, and Iconic Victims," in Edward J. McCaffey and Joel Slemrod (eds.), *Behavioral Public Finance* (New York: Russell Sage Foundation, 2006), pp. 32-35。

44 经济学家对法国(由企业老板和工会)共同决定职业培训和实习需要的传统提出了批评。这些培训往往不能满足企业或员工的需求,也不针对最需要培训且培训回报最高的群体展开(例如,超过1/4的"学徒"都是大学生!)。旨在向员工提供有用培训项目的评估和认证体系也远不尽如人意。

关于法国职业培训系统与再分配和让各方担起责任的目标相悖,以及官僚层级无效性方面的分析,参见Pierre Cahuc, Marc Ferracci, and André Zylberberg, *Formation professionnelle. Pour en finir aves les réformes inabouties* (Institute Montaigne, 2011); Pierre Cahuc and Marc Ferracci, *L'Apprentissage. Donner la priorité aux moins qualifies* (Paris: Presses de Sciences Po, 2015);以及Pierre Cahuc, Marc Ferracci, Jean Tirole, and Étienne Wasmer, *L'Apprentissage au service de l'emploi* (Conseil d'analyse économique, 2014), note 19。

45 根据蒙田研究所(Institut Montaigne)的研究,2013年,15—24岁年龄段的法国年轻人中,只有5.2%在实习期,而同龄的德国年轻人这一比例为16%。

46 20世纪最伟大的经济学家之一保罗·萨缪尔森在他的著名教科书中反对这一概念。也可参见保罗·克鲁格曼在《纽约时报》的评论,"Lumps of

Labor," October 7, 2003。

47　David Card, "The Impact of the Mariel Boatlift on the Miami Labor Market," *Industrial and Labor Relations Review*, 1990, vol. 43, pp. 245-257.

48　例如，2000年出台的规定每周工作35小时的法律，使人们可以按照工作天数而非工作小时数计算工作时间（forfait jour）。理论上，管理层（除了顶层管理者）与其他员工一样，都受到相同的工作时间的限制。然而，计算他们的工作时间颇为复杂，对于具有很强自主性的员工，如需要不断出差的销售人员，一般也同样如此。基于这个原因，对这类员工按小时计算的工作时间限制，就变成了每年工作天数的限制，同时他们有更长的带薪假期。

49　这些方法类似于科学实验中比较对照组和实验组的技术。用经济学术语讲，这些技术被称作双重差分法（difference-in-difference，DID）。

50　有关这些成果的一个摘要，参见Pierre Cahuc and André Zylberberg, *Le négationnisme économique*（Paris: Flammarion, 2016）。也可参见Tito Boeri and Jan van Ours, *The Economics of Imperfect Labor Markets*（Princeton: Princeton University Press, 2013）; Pierre Cahuc, Stephane Carcillo, and André Zylberberg, *Labour Economics*（Cambridge: MIT Press, 2014）; 以及David Autor, John Donohue, and Stewart Schwab, "The Costs of Wrongful Discharge Laws," *Review of Economics and Statistics*, 2006, pp. 211-231。

51　例如，参见Frédéric Docquier, Çağlar Ozden, and Giovanni Peri, "The Labour Market Effects of Immigration and Emigration in OECD Countries," *Economic Journal*, 2014, vol. 124, no. 579, pp. 1106-1145。移民对东道国雇员工资的影响并不是消极的，即便对最低工资亦是如此。同时，移民给东道国带来的税收贡献要大于由其带来的成本。当然，像法国这样的功能失调的劳动力市场制度会弱化这一结论，因为这些劳动力市场制度给创造就业和员工融入提供的灵活性非常有限。

52　参见George Borjas, "The Economics of Immigration," *Journal of Economic Literature*, 32, pp.1667-1717; John Abowd and Richard Freeman, *Immigration, Trade and the Labor Market*（Chicago: University of Chicago Press, 1991）。更多的近期证据可从《经济展望杂志》（*Journal of Economic Perspectives*）2016年关于移民和劳动力市场的秋季专刊中获得。

53　David Autor, David Dorn, Gordon Hanson, and Jae Song, "Trade Adjustment:

Worker-Level Evidence," *Quarterly Journal of Economics*, 2014, vol. 129, no. 4, pp. 1799-1860.

54 在德国，Wolfgang Dauth, Sebastian Findeisen and Jens Südekum的研究（"Adjusting to Globalization: Evidence from Worker-Establishment Matches in Germany," 2016, CEPR Discussion Paper 1145；也可参见他们于2017年发表在《美国经济评论》上的文章）显示，那些在面临进口竞争压力的行业中失业的员工，不会在出口行业找到新工作，而是不得不从事服务业工作。

55 参见卡赫克于2015年11月20日在贝尔西（Bercy）举办的就业政策研讨会上宣读的论文中的实证参考文献（演讲和讨论的综述）。

56 参见前一注释中有关卡赫克的研究。2004年以来，德国的权力下放程度不断扩大，参见Christian Dustmann, Bernd Fitzen-Berger, Uta Schönberg, and Alexandra Spitz-Oener, "From Sick Man of Europe to Economic Superstar: Germany's Resurgent Economy," *Journal of Economic Perspectives*, 2014, vol. 28, no. 1, pp. 167-188。这并不意味着德国企业不使用行业协议，但它们使用行业协议通常是一种选择（拓展协议由政府负责，但这种情况很少发生；行业协会没有拓展协议的法律资格，否则，可以想象行业协会会强迫企业使用行业协议）。这种选择是合同包的一个部分，因为雇主的组织也会提供其他服务。企业可以自主采纳行业协议带来的影响很大，因为行业协议必须对企业有吸引力才行，而且企业并不受这类协议约束，另外相关制度还要符合竞争法。

57 在实践中，劳动法在某些方面仍是指令性的，不给当事人任何协商回旋的余地。这就是孔布雷克塞尔（Combrexelle）报告（2015）中提出的"传统的公共秩序"，企业管理层和员工都不能违反这种秩序（最低工资标准、工作35小时以上算加班，以及永久合同优先）。这个报告主张法国扩大管理层和员工的协商空间。

58 参见第八章。

59 参见第十四章和第十五章。

第十章　十字路口的欧洲

1 Barry Eichengreen, "Is Europe an Optimal Currency Area?" National Bureau of Economic Research, 1991, Working Paper no. 3579.

2 一般来说，欧洲内部贸易很可观：欧洲各国间的贸易占大欧盟（EU-28）总出口的70%。详见https://www.ecb.europa.eu/pub/pdf/other/art2_mb201301en_pp59-74en.pdf。

3 Luigi Guiso, Paola Sapienza, and Luigi Zingales, "Monnet's Error,"*Economic Policy*,（2016）31（86）: 247-297.

4 1999年在金融交易中引入欧元，2002年1月1日起居民开始使用硬币和纸币形式的法定货币。

5 Christian Thimann, "The Microeconomic Dimensions of the Eurozone Crisis and Why European Politics Cannot Solve Them," *Journal of Economic Perspectives*, 2015, no. 3, pp. 141-164.

6 关于法国的情况参见第九章。

7 在这里，我并未把欧洲南部的调整考虑在内。如果只考虑欧洲内部贸易，我们当然可以设想提高德国的物价和工资，以替代欧洲南部的物价和工资的下降。

8 它的一种变化形式是法国提出的"社会增值税"的建议。

9 杰里米·布洛（Jeremy Bulow）和肯·罗格夫（Ken Rogoff）注意到，希腊的人均GDP在1995年为德国的41%，到2009年该比例上升至71%，到2014年又跌回到47%（"The Modern Greek,"*Vox EU*, June 10, 2015）。

10 Olivier Blanchard and Francesco Giavazzi, "Current Account Deficits In the Euro Area: The End of the Feldstein-Horioka Puzzle?" *Brookings Papers on Economic Activity*, 2002, vol. 2, pp. 147-209.

11 针对金融资产所有权，公共政策具有内生性是经济学理论的一个经典主题（比如，这个结论支持完全基金积累型退休金计划，这种退休金计划基于资本化，并通过养老金股份让大众——而非仅仅是那些最富有的人——成为企业的所有者，因而赢得大众对有利于养老金投资政策的广泛支持）。对于国际金融的情形，以及有关投资者的"本土偏好"的好处（但不利于国内储蓄在国际上的风险分散化），可参见我的论文，"Inefficient Foreign Borrowing: A Dual- and Common-Agency Perspective," *American Economic Review*, 2003, vol. 93, no. 5, pp. 1678-1702。

12 尽管1992年的《马斯特里赫特条约》载明了不救助条款，即任何成员国对另一成员国的承诺或债务既无义务也无责任。

13 Carmen Reinhart, Kenneth Rogoff, *This Time is Different: Eight Centuries of*

Financial Folly（Princeton: Princeton University Press，2009）.

14　关于这一主题，参见国际货币基金组织的报告，"Global Financial Stability Report"，IMF，June，2012。

15　还有另外一个问题：它们之后筹措资本，发行优先股（一种债券，只要未向股东派发股息，就可以停止发行息票，因此，相对于普通债券，这种债券为借款人提供了一定的灵活性），以及向新主体发行次级债等，其资金主要来自西班牙投资者。这些投资者通常也是储蓄者。这种状况使得私人部门参与未来救助在政治上变得很难。

16　它通过多种方式强化规则：设定赤字上限为0.5%（针对结构性赤字，即根据经济周期进行调整的赤字）；自动制裁，并且只有在多数人投票同意时才能取消制裁；执行欧洲法院的裁决。

17　除了下面引用的证据外，欧洲尚未做好准备，也没有设立防火墙，但情况已有所改观。

18　如今，国内银行发现自己持有大量政府债券，由此引发了人们对"厄运循环"（doom loops）的担忧。

19　2015年11月，尽管债务达到GDP的240%，但30年期政府的债券的利率仅为1.36%！

20　有关声誉作用与制裁作用的有趣比较，参见 Jeremy Bulow and Ken Rogoff，"Why Sovereigns Repay Debts to External Contributors and Why it Matters，"*Vox EU*，June 10，2015。

21　2012年，美国纽约南区法院的法官托马斯·格里萨（Thomas Griesa）做出裁决，支持拒绝与阿根廷达成和解的"秃鹫基金"（vulture funds）。这一裁决不仅详细规定了对秃鹫基金有利的财务条件，最关键的是，它还禁止阿根廷在全部偿还秃鹫基金的债务之前向其他已经达成和解的债权人偿还任何款项。

22　Guillermo Calvo，"Servicing the Public Debt: The Role of Expectations，"*American Economic Review*，1988，vol. 78，no. 4，pp. 647-661.

23　Citi Global Perspectives & Solutions，"The Coming Pensions Crisis，"2016.

24　在欧洲，最近正在试图将无法通过发行股票来纾困的部分债务展期：比如，塞浦路斯的大额存款（理论上并未投保），以及SNS Reaal银行的次级债务和混合证券。

25　与欧洲不同，美国是联邦制，我将在本章末尾再回到这个问题上来。

26 根据定义，在确保贷款能够收回的情形下，私人债权人愿意以市场利率向国家提供贷款。除非国际货币基金组织愿意冒不能收回贷款的风险，否则说其贷款与市场上其他贷款相比有特殊之处只能另有原因。

27 Michael Bordo, Lars Jonung, and Agnieszka Markiewicz, "A Fiscal Union for the Euro: Some Lessons from History," *CESifo Econ Stud*, 2013, vol.59, no. 3, pp.449-488.

28 Thomas Philippon, "The State of the Monetary Union," *Vox EU*, August 31, 2015.

29 "三驾马车"由国际货币基金组织、欧洲央行以及欧盟委员会组成，它在2010年成立以制定救助希腊的计划，后来又救助爱尔兰、葡萄牙和塞浦路斯。

30 根据欧盟委员会的报告，这一削减从2014年初的25%开始。

31 参见布洛和罗格夫的文章，"The Modern Greek Tragedy"，*Vox EU*, June 10, 2015。当然，第一轮救助在一定程度上让持有大量希腊债务的法国和德国的银行受益，但流向这些银行的钱不过是替代了本应由希腊偿付的还款。

32 "Greece: Past Critiques and the Path Forward,"*imf-Direct*（blog），July 9, 2015.

33 20世纪80年代后期，在负债累累的拉美国家，贷款银行获得了相比其初始债务已经大打折扣的可转让票据。这些具有流动性的票据可让其重新开始，它们也可通过出售这些票据，将一部分债务从其资产负债表中移除。

34 "PIIGS"：葡萄牙（Portugal）、爱尔兰（Ireland）、意大利（Italy）、希腊（Greece）和西班牙（Spain）。

35 欧盟法律体系指更广泛地适用于欧盟国家的一整套法律。人们通常认为，欧盟法律体系能够保护成员国政府免受其国内强大的游说的影响，因此使加入欧盟的国家能够从中受益（可以与其他国家相对比，例如，选择了完全不同道路的波兰和乌克兰，甚至在最近将乌克兰拖入泥潭的悲剧发生之前，波兰就好于乌克兰）。

36 希腊政府要求持有其债券的私人债权人延长债务期限，降低债务利率，并将债务名义价值削减50%以上。通过削减私人持有的债务，这种私营部门参与（PSI）的运作将债务规模削减了1000亿欧元以上。

37 通过"单一监管机制"，银行业联盟将银行的审慎监管权集中起来，且覆盖比欧元区（包含26个欧盟成员国）更广泛的范围。

38　这是一条捷径。该条约最广为人知的是它推动了欧元的创立，这也是我们重点讨论的方面，但该条约还有其他重要条款。

39　Jean Tirole, "Country Solidarity in Sovereign Crises," *American Economic Review*, 2015, vol.105, no.8, pp.2333-2363.

40　专家提名由欧盟确认。这些委员会向欧盟及欧洲法院报告。这些委员会的成员应该既有能力又有经验。

41　在法国，公共财政事务高级委员会（Haut Conseil des finances publiques）包含四名来自审计法院（Cour des comptes）的法官和四名其他领域的专家（宏观预测专家、公共财政专家，等等），这些委员的任期为五年。该委员会的使命是：（1）验证经济增长预测；（2）对财政法和重回预算平衡的提议发表意见；（3）其间可能要求采取整改措施。

42　另一方面，欧洲不会成为其他国家那样的联邦，这是因为在危机期间，相互分割的金融市场会限制彼此之间共担风险。

43　Alberto Alesina and Ed Glaeser, *Fighting Poverty in the US and Europe: A World of Difference*（Oxford: Oxford University Press, 2004）.

第十一章　金融有何用？

1　"掉期"是交易双方交换金融流量的一种合约。例如，空客公司及其金融交易伙伴（如银行）可以约定一个未来交易，前者用1美元与后者的x欧元交换。因此，空客可以减少美元下跌对其产生的影响（当然，美元升值会对空客不利，但在此情形下，其收入仍会增加，如同任何保险合同一样）。

2　例如，2012年，罗讷省（Rhone）和塞纳-圣但尼省（Seine-Saint-Denis）的有害贷款分别达到4.18亿和3.45亿欧元，阿让特伊（Argenteuil）公社的有害贷款达到1.18亿欧元。

3　公私合作（public-private partnership）通过将公共目标与私营部门的效率相结合，可以为公共基础设施融资提供有利的解决方案，但在历史上，这种模式是出于错误的原因而得到运用的：私有合伙人承担了初期支出，而公共机构则承诺相当可观但颇为遥远的支出（否则就放弃该投资的未来收益权）。公共会计制度试图惩罚此类拖延付款策略。

4　国际货币基金组织专门定期出版关于财政规则运作情况的研究报告，如"Expenditure Rules: Effective Tools for Sound Fiscal Policy?"2015年2月，工作论文。

5　对于公共部门借贷，增加其他监督管理也许是有益的——例如，要求每个公共项目在随后的几年中都有一些特定方式来为其相关支出提供融资（除去那些时间跨度可能更长的长期投资项目）。

6　一种看起来没有任何风险但实际上风险很高的货币：瑞士央行人为压低瑞士法郎价格，将其与欧元的兑换价格定在1欧元兑1.2瑞士法郎；直到2015年1月，瑞士央行才允许瑞士法郎相对欧元升值约20%。

7　Boris Vallee and Christophe Perignon, "The Political Economy of Financial Innovation: Evidence from Local Governments," *Review of Financial Studies*（即将发表）。该文作者阐明，大型地方机构（通常有高质量的财务部门，并可获得外部专业知识）更依赖结构化贷款；这一结论同样适用于受过广泛训练——如拥有高级公务员背景——的市长。

8　场外交易是一种买卖双方基于非标准化合约的双边交易。与此相对的场内交易，则是指多方买家和卖家在有组织的市场中买卖相对标准化证券的交易行为。

9　世界上最富有的人之一沃伦·巴菲特被认为是最聪明的投资者之一。40多年来，他的伯克希尔基金（Berkshire Fund）跑赢了标准普尔500指数和道琼斯指数，这是非常了不起的。

10　关于证券化的激励效应及其危害的讨论，参见Mathias Dewatripont and Jean Tirole, *The Prudential Regulation of Banks*（Cambridge: MIT Press, 1994），同时还可参考其他众多文献，因为这个问题在经济学文献中已得到广泛讨论。

11　Benjamin Keys, Tanmoy Mukherjee, Amit Seru, Vikrant Vig, "Did Securitization Lead to Lax Screening? Evidence from Subprime Loans," *Quarterly Journal of Economics*, 2010, vol. 125, no. 1, pp. 307-362.

12　在此，我将不深入分析证券化过程的复杂性。证券发行人将贷款组合交给"渠道"（"结构性投资工具"），后者再将这些贷款组合分割成风险不一的"产品"（tranches）出售，以满足不同投资者的风险偏好（很多投资者希望得到优质证券，以便更好地管理风险，抑或出于监管合规的需要）。例如，商业银行的审慎监管规则要求银行必须以8%的自有权益作为其风险加权资产的备份。对于具有AAA

级别（最高等级）的产品，其风险估计仅为20%，因此每1美元此类证券仅需1.6美分的自有资金备份。对于银行自己设立的"渠道"的信贷额度，并没有如此严格的自有资金要求。我向读者推荐我与马蒂亚斯·德沃特里庞和让-夏尔·罗歇（Jean-Charles Rochet）共同撰写的专著 *Balancing the Banks*（Princeton: Princeton University Press, 2010），以及许多专门讨论这个专题的文章。

13　评级机构（标准普尔、穆迪[Moody's]、惠誉[Fitch]）的评级等级从AAA至D（D意味"违约"）不等：AAA，AA+，AA，AA-，A+，等等。低于BB+等级的投资被称为投机性投资，当然，这种评级结果在某种程度上有些主观。

14　读者可能不赞成投资者从一家以牺牲客户健康为代价来赚钱的公司手中获得债息。一些社会责任投资基金（参见第七章）避免投资这类公司，政府（的投资基金）也应承担这样的责任。这里的关键问题是，既然已经赢利，此时最佳的做法是将利润转移给储户，而非再投资该公司。

15　这里指的是高质量债券。垃圾债券的风险可能与股票一样高。

16　这种证券被称为永久债券（consol）。如果r是利率（这里假设为0.10），那么该债券的基本价值为$[1/(1+r)]+[1/(1+r)^2]+[1/(1+r)^3]+...=1/r=10$。

17　这一观点并未考虑沃尔特·本杰明（Walter Benjamin）讨论的"光晕"（aura，参见 *The Work of Art in the Age of Mechanical Reproduction*，1936）。对本杰明来讲，"光晕"一词是指我们与创作者的原创艺术作品之间近乎神秘的关系。随着复制技术（本杰明时代的印刷、摄影、电影等）的发明，这种神秘感消失了，但本真性却无法被复制。另一方面，复制可以让我们意识到原作的光晕。从经济学角度来说，只需注意到作品的不可复制性对于泡沫和光晕均至关重要。

18　Princeton: Princeton University Press, 2009.

19　比如，奥利维尔·布兰查德（麻省理工学院教授，曾担任国际货币基金组织首席经济学家八年）和我在20世纪80年代早期就该主题各自发表了一系列文章。

20　Jean Tirole, "Asset Bubbles and Overlapping Generations," *Econometrica*, 1985, pp. 1499-1528. 关于利率和增长率比较条件的研究有着悠久的学术传统，可以追溯至莫里斯·阿莱（1947）和保罗·萨缪尔森（1958）关于法定货币的著作。

很难判断这一条件是否得到满足，因为这涉及对这两个变量所做的长期预测。弗朗索瓦·格沃夫（François Geerolf）在"Reassessing Dynamic Efficiency"（UCLA, 2014）一文中证明，似乎大多数经合组织国家都满足该条件。

21 首先，注意限定词"平均"：泡沫可能破灭的风险要求收益率高于利率（只要尚未破灭），以补偿破灭的风险。其次，平均增长率等于利率水平的规律只是近似成立。经济人对风险的厌恶及泡沫的破灭将导致利率下降，这意味着需要对泡沫破灭这一规律做一些修正。

22 例如，已经证明对冲基金有时会助长泡沫增长，并常常在泡沫破灭之前退出（Markus Brunnermeier and Stefan Nagel, "Hedge Funds and the Technology Bubble," *Journal of Finance*, 2004, vol. 59, pp. 2013-2040）。

23 Emmanuel Farhi and Jean Tirole, "Bubbly Liquidity," *Review of Economic Studies*, 2012, vol. 79, no. 2, pp. 678-706.

24 例如，参见罗伯特·希勒的专著 *Irrational Exuberance*, 3rd ed., revised and expanded（Princeton: Princeton University Press, 2015）。

25 另一个比率（抵押贷款还款额与借款人收入之间的关系）与居民的举债能力有关：居民的举债能力取决于还贷能力，进而取决于借款人的收入；反过来，举债能力决定了新借款人或正准备改善住房质量的人是否可以支付卖方提出的价格。如果银行预计房地产价格会上涨，那么借款人就可以在同样的收入水平下获得更多贷款，这是因为银行承担的风险降低了——如果借款人无法偿还房贷，银行将取消抵押房产的赎回权。

26 投资银行（也称为商人银行）可能有不同的定义。在本章中，我们对零售银行（亦称商业银行）与投资银行进行了区分，前者从小额存款人那里吸收存款，并同时向中小企业贷款，而后者则没有小额存款人（且直到最近实际上也并未受到监管）。投资银行业务包括股票市场首次公开募股、债券发行、大型企业并购收购、政府债券发行和衍生品设计等；投资银行在场内交易中履行着交易者（做市商）的功能，在场外交易市场中则作为交易对手发挥作用。

27 最初，这是一种零和博弈，其中某些人获得的收益等于其他人的损失；但是，当我们将软件、光纤和主机托管的投资成本考虑在内时，这就变成了一种负和博弈。

28 Thomas Philippon and Ariell Reshef, "Wages and Human Capital in the US Finance Industry: 1909—2006," *Quarterly Journal of Economics*, 2012, vol. 127, no. 4, pp. 1551-1609.

29 Thomas Philippon, "Has the US Finance Industry Become Less Efficient?"

American Economic Review, 2015, vol. 105, no. 4, pp. 1408-1438.

30 关于银行挤兑，开创性的论文是Douglas Diamond and Philip Dybvig, "Bank Runs, Deposit Insurance, and Liquidity,"*Journal of Political Economy*, 1983, vol. 91, no. 3, pp. 401-419；关于主权债务恐慌，开创性的论文是Guillermo Calvo, "Servicing the Public Debt: The Role of Expectations,"*American Economic Review*, 1988, vol.78, no. 4, pp. 647-661。

31 玛丽·波普斯是一名银行职员雇用的保姆。有一天，银行职员把他的几个孩子带到了工作单位。支行经理建议他的儿子把钱投到这家银行，但后来他的儿子请求退回他的钱，几个在场的存款人正好听到这个要求，以为他们正面临银行挤兑，随后谣言开始蔓延。这些存款人也纷纷要求银行退还他们的钱，从而引发了一场真正的银行挤兑潮。

32 例如，中小企业贷款就是这样，它反映了大量与该银行有关但不为其他金融中介机构所知的信息。

33 另见第五章。

34 例如，市场可能会对非常显著的趋势（比如分析师可在谷歌趋势 [Google Trends] 中找到的某些东西）做出过度反应，并使资产的估值产生暂时性的变化。

35 Roland Bénabou, "Groupthink: Collective Delusions in Organizations and Markets,"*Review of Economics Studies*, 2013, vol. 80, no. 2, pp. 429-446.

36 这些观点的一个经典应用涉及健康领域。人类有压抑与疾病和死亡有关想法的倾向，无论这些想法关乎自己还是关乎身边的人。这种态度在一定程度上有其好处：它让我们得以享受一种更加安宁、更加无忧无虑的生活。这是因为在很多时候，这种态度让我们摆脱了产生焦虑的那些想法。但是，这种态度也有不好的一面，如未定期做身体检查、采取不健康的生活方式，等等。

37 贝纳布表明，对现实的否定在产生负外部性时往往具有传染性（其他人的错误会使情况更糟）。

38 在拍卖情形中，这种情况被称为"赢者的诅咒"：中标人应考虑其中标本身所包含的信息，也就是说，其他买方不准备为标的物支付这么高的价格。

39 政府可以"救活"这些市场，但需要付出财务成本：参见Thomas Philippon and Vasiliki Skreta, "Optimal Interventions in Markets with Adverse Selection"；以及我的论文，"Overcoming Adverse Selection: How Public Intervention Can Restore Market

Functioning," *American Economic Review*, 2012, vol. 102, no. 1, pp. 1-28, 29-59。

40 对套利的限制甚至会产生更大的影响，尤其是某些机构投资者面临着产生可预见的流动性冲击的约束。比如，保险公司不得不处理被降级的债券，或者投资基金经历大规模赎回。预见到将会发生这些冲击，对冲基金就会卖空这些机构必须出售的证券，由此进一步破坏市场稳定。参见Markus Brunnermeier and Lasse Pedersen，"Predatory Trading，"*Journal of Finance*，2005，vol. 60，pp. 1825-1863。

41 最终，美国纳税人总体上从银行救助中获益，但这种结果事前不可能知道，而在其他国家，纳税人皆从金融部门的救助中遭受了损失。

42 对"代表性假设"（representation hypothesis）以及为何股市的情形会不同的讨论，我推荐读者阅读我和德沃特里庞撰写的专著，*The Prudential Regulation of Banks*（Cambridge: MIT Press，1994）。

43 这一权重后来降低到0.35，以反映人们对房地产相关风险感知的下降。从其后发生的事看，这是一个莫大的讽刺。

44 已有研究探讨过这种"监管套利"的可能性，如George Pennacchi and Giuliano Iannotta，"Bank Regulation，Credit Ratings and Systematic Risk"，以及Matthias Efing，"Arbitraging the Basel Securitization Framework: Evidence from German ABS Investment"，这两篇文章均未发表（后一篇文章还讨论了对《巴塞尔协议》进行套利的其他方式）。

45 由政府、股票交易商和共同基金发起的养老基金已被迫或被鼓励去投资评级足够高的资产。

46 按照这一逻辑，如果评级机构在评级过程中未表现出比2008年危机发生之前更有诚信，我们就必须减少对评级的依赖。例如，根据《巴塞尔协议Ⅱ》，从安全评级为AAA或AA的证券变成BB+甚至BB-的证券，银行需要增加7.5倍的股本；这对银行营利能力有相当大的影响，因此需要对评级过程有充分信心，否则就要降低资本金要求对评级的依赖程度。

第十二章　2008年金融危机

1 2008年11月5日访问伦敦经济学院时所讲。

2 另一方面，意大利、葡萄牙和希腊的银行业问题更多是因为其经济的糟糕状况

（参见第十章）。

3 例如，Ben Bernanke, *The Courage to Act: A Memoir of a Crisis and Its Aftermath*（New York: W. W. Norton & Company, 2015）; Gary Gorton, *Slapped by the Invisible Hand: The Panic of 2007*（Oxford: Oxford University Press, 2010）; Randall Kroszner and Robert Shiller, *Reforming US Financial Markets*（MIT Press, 2011）; Paul Krugman, *The Return of Depression Economics and the Crisis of 2008*（New York: Norton, 2009）; Atif Mian and Amir Sufi, *House of Debt: How They（and You）Caused the Great Recession, and How We Can Prevent It from Happening Again*（Chicago: University of Chicago Press, 2015）; Robert Shiller, *The Subprime Solution: How Today's Global Financial Crisis Happened, and What to Do about It*（Princeton: Princeton University Press, 2008）; *Journal of Economic Perspectives* 组织的系列专题，如on the tightening of credit（2009年秋），macroeconomics after the crisis（2010年秋），the financial "plumbing"（2010年冬），financial regulation after the crisis（2011年冬），and the bailouts connected with the crisis（2015年春）。由纽约大学经济学家出版的系列图书：Viral Acharya and Matthew Richardson, eds., *Restoring Financial Stability: How to Repair a Failed System*（New York: John Wiley & Sons, 2009）; Viral V. Acharya, Thomas Cooley, Matthew Richardson, and Ingo Walter, eds., *Regulating Wall Street: The Dodd-Frank Act and the New Architecture of Global Finance*（New York: John Wiley & Sons, 2010）。也可参见我与马蒂亚斯·德沃特里庞和让-夏尔·罗歇的合著，*Balancing the Banks: Global Lessons from the Financial Crisis*（Princeton: Princeton University Press, 2010）。

4 幸运的是，欧洲的情况并非如此，因为欧洲央行采取了更为紧缩的政策。当然，宽松的货币政策只是一个促进因素，正如英国和澳大利亚的经验所表明的，尽管这两个国家有更高的名义利率，但房地产市场依然繁荣。

5 法国在很大程度上不受这一现象影响。传统上，法国银行把钱借给有偿付能力的家庭，这种做法得到法院的支持（最高上诉法院[Court of Cassation]裁定，那些向借款人提供与其目前或未来偿还能力不相称借款的信贷机构，属于未能履行其披露义务）。在美国颇受欢迎的浮息贷款在法国一直是少数（占2007年未偿贷款的24%），并且在不设利率上限或每月还款额的情况下，利率浮动比例总是很小（低于10%）。

6 这批借款人被冠以"忍者"（NINJA）的绰号——没有收入，没有工作，也没有资产。

7 这些以最低价格销售的产品增加了银行成本,使之远远超过了相关交易成本,包括行政管理费、物业闲置和财产恶化、未缴税款和保险费,以及房地产中介机构收取的佣金等。

8 评级市场高度集中,只有三家主要评级机构,其中两家(穆迪和标准普尔)约占80%的市场份额。由于通常需要两个评级报告,这些机构基本上处于准垄断(quasi-monopoly)状态。

9 换句话说,它们把产品的风险转移到资产负债表外,因此现在该风险只需要很少的资本金。它们还求助于自身已被高估的单一险种保险公司,从而不用持有资本就可以维持声誉(因此,贝尔斯登救助其创设的"渠道"的行为远远超出其法律义务)。

10 对不受监管主体的救助并不是第一次。1998年,美联储已组织救援计划并多次降低利息,以防止投机基金——长期资本管理公司(Long Term Capital Management,LTCM)——倒闭。

11 另一件令人愤慨的事是,就在被美国政府救助前两周,美国国际集团向股东发放了很大一笔分红。

12 这些"政府赞助企业"(Government Sponsored Enterprises,GSEs)从发行人处购买房地产贷款。它们的5.3万亿美元资产被拆分为一个1.6万亿美元的资产组合和3.7万亿美元的证券化资产(包括其在证券化资产组合中的部分)。

13 但它们还是以红利的方式偿还了2008年接受的公共援助(近2000亿美元)。

14 它们由一个专门机构而非银行监管机构来监管。其监管机构,即住房和城市发展部(Department of Housing and Urban Development,HUD),在审慎监管方面确实并不擅长,而且还有支持房地产市场的动力。

15 详见约翰·科坎(John Cochane)的博客(The Grumpy Economist,2017年5月9日);Greg Buchak,Gregor Matvos,Tomasz Piskorski and Amit Seru的工作论文"Fintech,Regulatory Arbitrage,and the Rise of Shadow Banks"中引用约翰·科坎的话:"2007年到2015年,影子银行在抵押贷款市场的份额由14%上升到了38%。在为信誉较差的借款人提供服务的联邦住房管理局(Federal Housing Administration,FHA)抵押贷款市场上,影子银行的市场份额……从20%上升到75%。在抵押贷款市场中,'金融科技'贷款人在标准类抵押贷款(conforming mortgages)中的市场

份额从约5%增加到15%,同期,其在联邦住房管理局抵押贷款市场上增至20%。"

16 例如Crédit Foncier(法国一家专门从事房地产交易融资的银行,隶属于BPCE集团)的情况。

17 基于信贷配给理论,针对国家有一种市场不具备的能力——在困境中提供流动性——的观点,我和霍姆斯特罗姆合作的文章("Private and Public Supply of Liquidity," *Journal of Political Economy*, 1998, vol. 106, no. 1, pp. 1-40; and *Inside and Outside Liquidity* [Cambridge: MIT Press, 2011])以及与艾曼纽·法里合作的文章("Collective Moral Hazard, Maturity Mismatch, and Systemic Bailouts," *American Economic Review*, 2012, vol. 102, no. 1, pp. 60-93)建立了一个模型。后一篇文章也证明,即使可通过专项转移支付来救助银行,但政府还是应该通过宽松的货币政策来达到这个目的。

18 严格来说,在提供流动性时,中央银行不会负债——例如,在向银行贷款时,按照回购协议(repo),中央银行可接受质量差的抵押品。但是,如果中央银行因为这些贷款遭受损失,就只能选择印钞或从纳税人那里间接获得资金。如果选择印钞,货币持有者将因通货膨胀而被"征税"。

19 伦敦一家对冲基金马歇尔·韦斯(Marshall Wace)的主席于2015年9月在《金融时报》发表评论文章,其煽动性的标题为"中央银行使富人更富"。

20 当然,理论上讲,人寿保险的卖家应确保其资产与负债具有同样的期限。那么,如果利率下降,这将提高专用于向客户赔付的资产价格。然而,在实践中,投保人可以选择延长合同期限,这在利率下降及其他储蓄工具的吸引力下降时是合乎逻辑的,但其结果是资产和负债的期限失衡。或许更好的做法是通过审慎监管直接削弱冒险的动机,而不是放弃可能对经济有利的低利率。不过,我们必须意识到这样的低利率水平所带来的风险。

21 可以肯定的是,持有现金会产生交易成本,因而可能产生较小的负名义利率,这正是某些中央银行的现状(例如,在本书写作之时,欧洲央行对超额准备金支付了−4‰的利率;其他欧洲国家如瑞典、瑞士和丹麦的央行也都有负利率政策),但负利率程度不能太大。

22 制造通胀预期、前瞻性指引(宣布低利率不仅适用于当前,而且适用于未来)、量化宽松(中央银行接受风险资产作为抵押物——例如,由企业发行的风险债券或商业票据、抵押证券,甚至是由财政困难的政府发行的债券),或财政刺激

（当然，这不在中央银行的职权范围之内）。

23 "长期性经济停滞"这一概念由来已久，但在2013年，哈佛大学教授、比尔·克林顿政府时期的财政部长劳伦斯·萨默斯（Lawrence Summers）使该概念再次盛行。有关该问题讨论的综述，参见Coen Teulings and Richard Baldwin, *Secular Stagnation: Facts , Causes and Cures*（CEPR Press/VoxEU.org Book，2014）。

24 Ricardo Caballero and Emmanuel Farhi, "The Safety Trap, "即将发表于*Review of Economic Studies*。

25 有人提出了其他原因，例如，创新放缓会让投资需求减少。本人对此表示怀疑，但关于这一点，很难找到决定性证据。其他人则提出了假设，认为投资品部门的技术进步同样有降低投资的效应。

26 Jean Tirole, *Leçons d'une crise*, Toulouse School of Economics, TSE Notes, no. 1（English translation by Keith Tribe in *Balancing the Banks: Global Lessons from the Financial Crisis*, written in collaboration with Mathias Dewatripont and Jean-Charles Rochet [Princeton: Princeton University Press，2010]）。

27 然而，这些合同中的一部分（如外汇掉期）依然在场外交易。

28 Amaranth是一家在中心化交易平台上进行天然气期货交易的大型对冲基金，其在2006年的违约实际上并未产生系统性的影响，因为对冲基金并不需要政府救助。

29 对这种方法的评估，参见我的论文，"The Contours of Banking and the Future of Its Regulation, " in George Akerlof, Olivier Blanchard, David Romer and Joseph Stiglitz, eds., *What Have We Learned ?*（Cambridge: MIT Press，2014），pp. 143-153。

30 这两个论点的提出，参见Holmström-Tirole, "Financial Intermediation, Loanable Funds, and the Real Sector, " *Quarterly Journal of Economics*，1997，vol. 112，pp. 663-692；and "Private and Public Supply of Liquidity, " *Journal of Political Economy*，1998，vol. 106，no. 1，pp. 1-40。我与德沃特里庞的专著，*The Prudential Regulation of Banks*（Cambridge: MIT Press，1994），提出可通过引入顺周期的保险费来减少监管的顺周期特征。

31 参见本书上一章。

32 一些经济学家认为需要更高的水平，特别是Anat Admati and Martin Hellwig, *The Banker's New Clothes*（Princeton: Princeton University Press，2013）。

33 虽然这里我以首席执行官为例，但我们别忘了这些薪酬原则并不仅仅适用于管理层。在金融领域，一些低层级员工分配的奖金也极高。

34 企业支付给被解雇经理的赔偿金。

35 参见我与罗兰·贝纳布合作的论文，"Bonus Culture，"*Journal of Political Economy*，124（2）：305-370。

36 当然，我们很清楚这一论点的局限性。在坏消息到来后，如果既有的激励机制不复存在或者有悖常理，就需要对长期薪酬计划（特别是具有递延效应的股票期权计划）进行系统的重新谈判。

37 参见我与霍姆斯特罗姆合作的论文，"Market Liquidity and Performance Monitoring，"*Journal of Political Economy*，1993，vol. 101，no. 4，pp. 678-709。

38 Xavier Gabaix and Augustin Landier（"Why Has CEO Pay Increased So Much？"*Quarterly Journal of Economics*，2008，vol. 123，no. 1，pp. 49-100）将薪酬分配与公司规模（作为衡量管理人才重要性的一个指标）联系起来，并证明在1980年至2003年，公司规模与首席执行官薪酬增长之间存在紧密联系（该研究并不局限于银行）。

39 关于傲慢在金融中的作用，参见William Cohan，*House of Cards: A Tale of Hubris and Wretched Excess on Wall Street*（New York: Doubleday，2009）。

40 2010年以来，金融市场的"重新国有化"导致银行资产负债表上持有的政府债券主要来自国内，因此，银行面临着主权债务违约的风险；反之，国家面临着不得不拯救银行的风险。银行与国家之间的这种相互依赖可能导致恶性循环（在此情形下被称为"厄运循环"或"致命拥抱"[deadly embrace]），此时，市场对一国偿付能力的担忧会导致其发行的债券贬值，进而使持有这些债券的国内银行变得不稳定。这将迫使国家出手救助这些银行，因此又加剧了市场对国家偿付能力的担忧，并使主权债务的价格进一步下跌，等等。

41 当原材料价格上涨时，政府更乐意享受舒适的日子，而不会设立（例如像挪威和智利那样）主权财富基金来平滑经济活动，并保护它们免受原材料价格下跌时的冲击。因此，自2001年以来，智利实施了一项预算规定，即公共支出不再以财政收入（这主要取决于铜价）为条件，而是依据铜周期调整后的收入来定。这种预算规则可以使政府避免在原材料价格上涨时大量支出，而在原材料价格下降时陷入预算困境。与此相反的是，委内瑞拉——世界上已探明石油储量最多的国家，在石油价格高涨时挥霍无度，现在却处于绝望的经济和人道主义危机中——用自身教训证明了通过预算规则和主权财富基金来平滑国家收入的重要性。

42 过度使用公共资金进行系统性救助在逻辑上已被取代，即尝试采用具有一致性的政策让不审慎的投资者付出"自救"代价，尽管在适用范围方面尚无清晰的原则。

43 当然，不应向那些预测了危机但并未描述危机机制的人授予荣誉，（按照萨缪尔森的说法）他们可能预测了过去五次危机中的九次（这是嘲弄经济学家无法预测危机的说法，萨缪尔森曾宣称，"华尔街指数预测了过去五次经济衰退中的九次"）。对危机提出靠谱警告的著名经济学家包括拉古拉姆·拉詹（芝加哥大学；印度央行前行长）和努里埃尔·鲁比尼（Nouriel Roubini，纽约大学）。罗伯特·希勒（耶鲁大学）还对房地产泡沫表达了强烈担忧。

44 建议读者阅读第四章有关科学领域预测的内容。

45 参见本书上一章。

46 John Maynard Keynes, "Great Britain's Foreign Investments," in *Collected Writings*, vol. 15（London: Macmillan, 1971）, p. 46.

第十三章　竞争政策与产业政策

1 直到最近，法国才转向竞争理念，并意识到需要强化竞争监督。1986年的一项法令废止了由政府来管理经济和控制价格的做法，并成立了竞争委员会。在更早的时候，德国就已转向竞争理念，并取得了两党的支持。在美国，《谢尔曼反垄断法案》（反垄断法的基础）开始于1890年。当然，还有一些先例，比如17世纪初英格兰的反垄断裁决。

2 更准确地说，是直到2008年《经济现代化法案》颁布。

3 根据麦肯锡的研究，得益于更好的采购政策、行政重组和生产简化，从1992到1999年，法国汽车业的劳动生产率（每小时劳动的产出价值）增长了近8%（1996—1999年为15%）。不过，法国汽车业工人的人均增加值仍低于欧盟平均水平。

4 例如，参见Nicholas Bloom, Mirko Draca, and John Van Reenen, "Trade Induced Technical Change? The Impact of Chinese Imports on Innovation, IT and Productivity,"未发表论文。

5 "（非）法国制造"，*Lettre du Cepii*，2013年6月。

6 就美国而言，可参见Lucia Foster，John Haltiwanger，and C. J. Krizan，"Aggregate Productivity Growth: Lessons from Microeconomic Evidence，" *New Developments in Productivity Analysis*，National Bureau of Economic Research，2001，pp. 303-372；就法国而言，可参见Bruno Crépon and Richard Duhautois，"Ralentissement de la productivité et réallocations d'emplois: deux régimes de croissance，" *Économie et statistique*，2003，no. 367，pp. 69-82。

7 一些人认为，本地消费减少了碳排放。这一说法是正确的，但前提是本地生产的碳排放强度不能高于非本地生产的碳排放强度。然而，解决方案不是去扭曲市场，而是让企业对其产品运输过程中的碳排放负责。正如我们在第九章中所看到的，最佳的解决方案是通过碳定价来实现。

8 由爱德华·张伯伦（Edward Chamberlin）和琼·罗宾逊（Joan Robinson）于1933年提出。这一方法认为，市场结构影响企业行为，进而影响企业绩效，它们之间存在反馈循环。

9 参见第九章。

10 参见第八章的相关分析。

11 当然，我在这里不考虑"百花齐放，百家争鸣"提出（1957年2月）的背景。

12 关于一篇聚焦中国的研究文献，参见Philippe Aghion，Jing Cai，Mathias Dewatripont，Luosha Du，Ann Harrison，and Patrick Legros，"Industrial Policy and Competition，" *American Economic Journal: Macroeconomics*，2015，7（4）：1-32。

13 这里我排除了一些政府必然是买方（如教育、医疗、军事、基础设施等）因而必须实施干预的产业部门。

14 我推荐读者阅读安娜利·萨克森宁（AnnaLee Saxenian）的著名研究，*Regional Advantage: Culture and Competition in Silicon Valley and Route 128*（Cambridge: Harvard University Press，1994）。该研究表明，硅谷非正式交流的文化使其比高科技中心波士顿（位于128号公路沿线）更具优势。

15 参见Gilles Duranton，Philippe Martin，Thierry Mayer，and Florian Mayneris的研究。他们指出："事实上，支持产业集群的成功政策案例非常少见。"（*Les pôles de competitivite que peut-on en attendre ?* Paris: Cepremap，2008）。2007年，法国有71个富有竞争力的产业集群。

16　例如，2005年，在申请成为法国竞争力集群的105个案例中，有67个被接受。

17　Damien Neven and Paul Seabright, "European Industrial Policy: the Airbus Case," *Economic Policy*, 22, September 1995.

18　战后日本基本上是围绕私人团体重建的，同时也有国家（著名的通产省）规划，但政府干预较少。

19　Philippe Aghion, Mathias Dewatripont, Caroline Hoxby, Andreu MasColell, and André Sapir, "Universities," *Economic Policy*, June 2010. 这篇论文强调大学自治和竞争之间的互补关系（直观地说，仅当大学可以自主实施其发展战略时，竞争才能扮演重要角色），还揭示了国家科学基金会与国家卫生研究院提供的资金类型对专利的影响。

20　在Marc Ferracci and Étienne Wasmer, *État moderne*, *État efficace. Évaluer les dépenses publiques pour sauvegarder le modèle français*（Paris: Odile Jacob，2012）中，建议举证责任倒置。按照作者的观点，政策的捍卫者有责任证明x年后政策仍是有效的，因此应继续实施；如果证据不成立，则应废止这一政策。

21　读者可能会反对，如果私人部门愿意为该项目提供资金，就不会存在市场失灵，也不需要政府干预。或许，对呼吁由私人部门来提供融资的一个更好解释是，私人金融机构可能收取高于公共部门（要求差别化的回报）的投资回报率，前提是回报率差异不能太大。这种方法能够对政府可能损失的资金设置一条界线。对那些产生较大外溢效应的项目，两者之间的回报率差异可能会更大。

22　对韩国经验的一个出色分析，参见Bruce Greenwald and Joseph Stiglitz, *Creating a Learning Society*（New York: Columbia University Press，2014）。另一方面，我对下面这一观点深表怀疑：如果没有产业政策，韩国将依然是大米生产国，因为1945年韩国在大米生产上具有比较优势。首先，比较优势是一个动态概念，从韩国投资教育和基础设施并促进融资便利化开始，韩国经济就没有理由不向工业化转变。其次，推动国家专注于生产大米本身就是实施产业政策的极佳案例。

23　Élie Cohen and Jean-Hervé Lorenzi, "Des politiques industrielles aux politiques de compétitivité en Europe," in *Politiques industrielles pour l'Europe*（Paris: La Documentation française，2000）。

24　例如，参见Mark J. Perry（University of Michigan Flint），"Charts of the day: Creative destruction in the S&P 500 index," *American Enterprise Institute*, January

26，2014。

25 测量门槛效应是比较复杂的，例如，参见Nila Ceci-Renaud and Paul-Antoine Chevalier, "L'impact des seuils de 10、20 et 50 salariés sur la taille des entreprises françaises," *Économie et statistique*, 2010, vol. 437, pp. 29-45. 不单是法国政府应对门槛效应负责，当银行向中小企业提供贷款时，欧洲议会也要求降低对这些银行权益资本金的要求。

26 Luis Garicano, Claire Lelarge, and John Van Reenen, "Firm Size Distortions and the Productivity Distribution: Evidence from France," *American Economic Review*, 2016, 106（11）：3439-3479. 他们估计这一成本大约为5%。在很大程度上，这是源自法国僵化的劳动力市场（他们估计在美国这样的国家，监管成本占GDP的比重至多可能到1%）。当然，这项成本可能因国家和时间而不同，但似乎不可忽略。

27 例如，参见我与纪尧姆·普朗坦（Guillaume Plantin）和戴维·泰斯马尔（David Thesmar）共同撰写的"Les enjeux économiques du droit des faillites，" Conseil d'analyse économique, 2013, note 7, 关于改革的评论。2014年3月颁布的有关破产法的一项法令朝着这一方向做出了调整，即授权债权人将其债权转换为股权，并与首席执行官一道提出复苏计划。

28 经济分析委员会的报告"Faire prospérer les PME"（2015年10月）指出，相比世界其他国家，法国基于行业协议的（强制）合同覆盖率异常高（2008年达到93%，而经合组织平均为56%）。详见本书第九章。

29 参见Yves Jacquin Depeyre, *La Réconciliation fiscale*（Paris: Odile Jacob, 2016）。

第十四章 数字化如何改变一切

1 机器学习是一门统计科学，它使用某种算法让机器人或计算机逐步学会识别人脸、行走或完成任何其他类型的复杂学习活动。

2 或者多边市场，例如微软Windows必须吸引用户（你和我）、计算机制造商和应用程序开发者。

3 Glenn and Sara Ellison, "Match Quality, Search, and the Internet Market for Used Books，"未发表论文。

4　目前还不清楚这一经济模型是否可以无限复制。尽管当目标群体（即我们）频繁收到广告时广告更为有效，一些广告的收益最终仍会下降，而且广告疲劳和熟视无睹通常也会随之而来。另外，越来越多的软件程序使跳过商业广告成为可能（如TiVo电视）。

5　当打印机制造商以亏损价或微利价销售打印机时，它们通常也会销售独家专用墨盒，并从墨盒上赚取利润。购买打印机的顾客应会预见到，他们在购买墨盒时将不得不支付高价。然而，这种情形与电子游戏机的市场策略不同。就打印机而言，市场只有一边，因为购买打印机和墨盒的顾客是同一群体。打印机制造商必须找到让顾客舒心的定价方式：要么对打印机定低价来吸引顾客，要么承诺采取一种开放式架构，允许其他墨盒制造商供应墨盒，从而通过竞争来降低墨盒价格。这样的话，打印机制造商就可以对打印机制定较高的售价，进而从打印机而不是墨盒上赚取利润。

6　David Evans and Richard Schmalensee，*Matchmakers: The New Economics of Platform Businesses*（Cambridge: Harvard Business School Press，2016）。也可以参见两位作者的另一本书，*Catalyst Code*（Cambridge: Harvard Business School Press，2007），以及David Evans and Andrei Hagiu，*Invisible Platforms: How Software Platforms Drive Innovations and Transform Industries*（Cambridge: MIT Press，2006）。我还推荐读者参阅下面三位作者的合著，Marshall Van Alstyne，Geoff Parker，and Saugeet Paul Choudary，*Platform Revolution*（New York: Norton，2016）。

7　苹果手机的用户群较窄，但他们的支出要比安卓手机用户多，因此，苹果操作系统对应用程序开发人员更有吸引力。

8　参见Tim Bresnahan，Joe Orsini，and Pai-Ling Yin，"Demand Heterogeneity，Inframarginal Multihoming and Platform Market Stability: Mobile Apps，"未发表论文。

9　关于20世纪80年代苹果失败的分析，参见Jay Yarow，"How Apple Really Lost Its Lead in the '80s，"*Business Insider*，December 9，2012。

10　即便微软被指控不允许其他人充分使用其代码以及只主推自己的浏览器，但总体而言，微软一直是一个十分开放的系统。

11　对苹果来讲，1977年发布的苹果Ⅱ是一个成功的版本，因此，苹果品牌在20世纪80年代就已建立起来。

12 这一对外开放是通过发布应用程序编程接口（API）来实现的。当然，事情并非一帆风顺：在向竞争主管部门寻求仲裁"搭售"问题之前，平台和为其设计的外部应用之间有时会存在冲突，例如假定平台偏爱其内部应用程序。后文会做进一步的分析。

13 在某些国家，新的法规已经对这些要求做出了限制，如法国的《马克龙法》就明确指出，宾馆业主完全可以自主决定不同渠道的房间预订价格。

14 参见Renato Gomes and Jean Tirole, "Missed Sales and the Pricing of Ancillary Goods,"未发表论文。也可参见关于"锁定"及对消费者隐藏属性的文献。具体到支付卡行业，Hélène Bourguignon, Renato Gomes, and Jean Tirole在尚未发表的一篇论文"Shrouded Transaction Costs"中指出，美国、英国和澳大利亚对使用支付卡付账时需额外支付手续费的新规定太宽容了。

15 2015年，缤客向法国竞争主管部门做出承诺，宾馆在定价方面拥有更大的自由度。特别是它们在其他平台、自身线下渠道（通过电话或电子邮件预订）、忠诚度计划或者自己的网站等多种渠道所收取的预订价格，可以低于缤客网站上发布的价格。理论上讲，缤客在法国所做的承诺应该适用于欧洲其他国家。

16 参见Jean-Charles Rochet and Jean Tirole, "Cooperation among Competitors: Some Economics of Payment Card Associations," *The Rand Journal of Economics*, 2002, vol. 33, no. 4, pp. 549-570；以及Ben Edelman and Julian Wright, "Price Coherence and Adverse Intermediation," *Quarterly Jorunal of Economics*, 2015, vol.130, no.3, pp.1283-1328。

17 例如，第八章关于环境的内容。

18 这一原则被称为"可避免成本测试"（the avoided cost test）或"游客测试"（tourist test），即当顾客在店里有两种支付方式可供使用且将来不再回头购买时（例如，他或她是一个游客），商家是否愿意顾客使用支付卡而不是现金。与欧盟监管指南相对应的理论，参见我与让-夏尔·罗歇的合作论文，"Must Take Cards: Merchant Discounts and Avoided Costs," *Journal of the European Economic Association*, 2011, vol. 9, no. 3, pp. 462-449。

19 我们把垂直搜索网站也归入此类，尽管它们并不涉及预订业务（这一点与预订机构不同）。

20 参见接下来的章节。

21 对竞争法和搭售问题更全面深入的讨论，参见我的一篇论文，"The Analysis of Tying Cases: A Primer," *Competition Policy International*, 2005, vol. 1, no. 1, pp. 1-25。

第十五章　数字经济：社会面临的挑战

1　上网日志是存储在我们计算机中的小文件包。网站可以通过它们收集个人信息，并可在日后使用这些信息，例如向我们推送有针对性的商业报价，或（对搜索引擎来说）帮助我们更容易地搜索到想要查找的内容，或回到我们之前访问过的网站。

2　而且必须重复交易：如果我们已经失去了存款或健康，再对托付储蓄或进行外科手术的那个人进行了解就没有多大意义了。此外，我们很难判断某些物品的有效性，即使我们已经消费了这些物品，如维生素。

3　该公司的著名口号是：人生苦短，来一回外遇吧！

4　不过，美国联邦贸易委员会与州法院进行了干预，限制了数据转移范围。

5　当然，也要考虑美国与欧洲在其他方面的差异，比如，地理距离仍然使欧洲无法成为单一市场。

6　欧洲法律框架下就是这种情况。授权竞争性平台可免费获得数据也是一种选择，不过这会引发保密问题。

7　蓝色按钮是一个应用程序，患者可通过它下载或在线查看个人健康记录。

8　医生在新环境中将扮演什么角色？我无法对此做出预测。在医学小说中，未来的医生仅是一个安全守护者——当计算机系统可能被黑客入侵时，医生会做出常识性判断——并进一步接触病人。无论这一职业未来会怎样，它将（至少）依赖于软件分析给出的初步而又详尽的诊断结果。

9　自2008年以来，法国开始有了解除无固定期限合同的法律途径。为了友好终止合同，雇主现在必须支付一笔不低于法律规定的解约金。双方同意终止合同并非辞职，因而雇员能得到一笔失业救济金。

10　类似地，如果地方主管部门清楚某一区域可能存在洪水危险，却仍然允许在该区域建房，那么它们就应该承担责任。

11　疑心病本身就处在逆向选择（真的存在焦虑问题）与道德风险（缺乏对自我行

为的控制）的边界上。其病理特征包括患者频繁地在网上求医问药，不过道德风险不应该被谴责，因为它们不会增加医疗保险体系的任何成本。

12　生物分析、医生检查或医学成像每次只需1欧元；治疗一次18欧元（其成本超过120欧元）；每盒药物或每次辅助治疗只需50欧分；救护车出诊一次只需2欧元，年度上限不超过50欧元；住院费一天18欧元。

13　自杰克·赫什莱佛（Jack Hirshleifer）的文章发表后，经济学家就称这一现象为"赫什莱佛效应"（the Hirshleifer effect）。参见Jack Hirshleifer, "The Private and Social Value of Information and the Reward to Inventive Activity," *American Economic Review*, 1971, vol. 61, no. 4, pp. 561-574。

14　对瑞士体系的分析参见Brigitte Dormont, Pierre-Yves Geoffard, and Karine Lamiraud in "The Influence of Supplementary Health Insurance on Switching Behavior: Evidence from Swiss Data," *Health Economics*, 2009, vol. 18, pp. 1339-1356。

15　职工缴款可以抵扣所得税，雇主要交的社会保障费也可给予一定豁免额。所得税的抵扣政策在2014年取消了，不过补充性的集体保险政策则已扩大到私营企业的所有职工。

16　参见我与布里吉特·多尔蒙（Brigitte Dormont）、皮埃尔-伊夫·若弗雷（Pierre-Yves Geoffard）共同撰写的"Refonder l'assurance-maladie," Conseil d'analyse économique, note 12。

17　参见罗伯特·赖克的博客，2015年2月2日（robertreich.org/post/109894095095）。

18　有人可能会问：雇主为什么不直接从雇员的薪水中扣除额外的费用（比如打车费）？答案很简单：打车费与昂贵的机票（灵活的日期、公务舱等）一样，都是一种变相的薪酬形式，但它又不像工资，要受到社会保障费和所得税的约束。对那些不想发高薪的经理人来讲，这也许会低估给予员工额外津贴的成本。

19　这里，我们只限于与经济学有关的争论。事实上，当前的争论还涉及严重的性别歧视、可能偷窃自动驾驶汽车技术，以及使用软件逃避交通监管部门等。

20　有关个人与集体信誉的理论分析，参见我的论文，"A Theory of Collective Reputations, with Applications to the Persistence of Corruption and to Firm Quality," *Review of Economic Studies*, no. 63, pp. 1-22。

21　George Baker and Thomas Hubbard, "Contractibility and Asset Ownership: On-Board Computers and Governance in US Trucking," *Quarterly Journal of Economics*, 2004, vol. 119, no. 4, pp. 1443-1479; and "Make Versus Buy in Trucking: Asset Ownership, Job Design, and Information," *American Economic Review*, 2003, vol. 93, no. 3, pp. 551-572.

22　Diane Coyle, "Precarious and Productive Work in the Digital Economy," *National Institute Economic Review*, May 10, 2017.

23　该劳动法只有第七部分与独立劳动有关。

24　参见Diane Coyle, "Precarious and Productive Work in the Digital Economy," *National Institute Economic Review*, May 10, 2017。

25　Anthony Atkinson, Thomas Piketty, and Emmanuel Saez, "World Income Database," *wid.world*.

26　Erik Brynjolfsson and Andrew McAfee, *The Second Machine Age*（New York: Norton, 2014）.

27　2014年每位居民获得1884美元。

28　David Autor, "Why Are There Still So Many Jobs? The History and Future of Workplace Automation," *Journal of Economic Perspectives*, 2015, vol. 29, no. 3, pp. 3-30.

29　参见James Bessen, *Learning by Doing: The Real Connection Between Innovation, Wages, and Wealth*（New Haven: Yale University Press, 2015）。

30　欧洲南部的一些国家除外。它们的劳动力市场面临着一些特殊挑战，就像我在第十章所解释的。

31　在《我们后代的经济前景》中，凯恩斯提出这一改变只需两代人就会到来。

32　"Will Humans Go the Way of Horses?", *Foreign Affairs*, July-August 2015.

33　"爱尔兰认为该公司是百慕大群岛的纳税企业，而美国认为它是爱尔兰的纳税企业。其结果是，当版权费汇给公司时，除非或知道这笔钱最终会汇回到美国母公司，否则将不征税。" Vanessa Houlder, *Financial Times*, October 9, 2014（www.ft.com/content/f7a2b958-4fc8-11e4-908e-00144feab7de）。更精炼的说法是"双层爱尔兰汉堡加荷兰三明治"（double Irish with a Dutch sandwich），其避税手法是通过一家爱尔兰子公司，接着通过一家荷兰子公司，然后再通过一家总部位于避税港的爱尔兰子公司来倒利润。

34　就像它们曾经为了消除双重纳税而采取的行动。

注释

第十六章　创新与知识产权

1　经济体制是另一个决定性因素。正如许多经济学家表明的那样，特别是达龙·阿西莫格鲁和詹姆斯·罗宾逊（James Robinson）在其著作 *Why Nations Fail: The Origins of Power, Prosperity, and Poverty*（New York: Crown Business, 2012）中所述。

2　此处采用菲利普·阿吉翁和彼得·豪伊特（Peter Howitt）的定义。

3　埃德蒙·费尔普斯（2006年诺贝尔奖得主），"What's Wrong with the West's Economies," *New York Review of Books*, August 13, 2015。

4　这个灵感来自哈佛大学经济学教授迈克尔·克雷默（Michael Kremer）的文章，参见"Making Markets for Vaccines: Ideas to Action, Center for Global Development," 2005。一个主要成员是全球疫苗和免疫联盟（Global Alliance for Vaccines and Immunization, GAVI），即由多个国家与比尔和梅林达·盖茨基金会组成的一个公私联合体。

5　对于那些既对制度非常重要又得出不同结论的观点，参见 Adam Jaffe and Josh Lerner, *Innovation and Its Discontents: How Our Broken Patent System Is Endangering Innovation and Progress, and What to Do about It*（Princeton: Princeton University Press, 2004）; Michelle Boldrin and David Levine, *Against Intellectual Monopoly*（Cambridge: Cambridge University Press, 2008）。

6　US 5960411（1999）.

7　许多专利授给了互联网产生之前就存在的行为，有些已存在了数个世纪，比如，在线使用的荷兰拍卖模式。在荷兰拍卖模式下，拍卖人从某个高竞标价开始逐渐降价，直到有一个竞标人接受某个喊价为止。

8　Carl Shapiro, "Navigating the Patent Thicket: Cross Licenses, Patent Pools, and Standard Setting," in Adam Jaffe, Joshua Lerner, and Scott Stern, eds., *Innovation Policy and the Economy*, vol. 1（Cambridge: MIT Press, 2000）, pp. 119-150.

9　美因茨和科隆之间就有13个收费站。易北河（Elbe）或法国的一些河流（如罗讷河、塞纳河、加龙河和卢瓦尔河）也有类似情况。参见 Robert Spaulding, "Revolutionary France and the Transformation of the Rhine," *Central European History*, 2011, vol. 44, no. 2, pp. 203-226。

10 参见 Garrett Hardin,"The Tragedy of the Commons,"*Science*, vol. 162（1968）, 1243-1248。

11 事实上，莱茵河上的所有收费站都被直接取消了。

12 说实话，我开始写博士论文研究产业经济学时，并不知道"专利池"是什么。

13 另一个问题是，不同专利既可能在授权许可费较低时互补（低价时，用户可以使用整套专利组合，而且提高某个专利的专利费会降低对各类技术的需求），又可以在许可费较高时互为替代（提高某特定专利的许可费，可能导致需求转向其他专利许可）。

14 Josh Lerner and Jean Tirole,"Efficient Patent Pools,"*American Economic Review*, 2004, 94（3）: 691-711。

15 假设专利许可的营销成本为零，垄断价格是让许可价格P和该技术使用的需求$D(P)$的乘积$PD(P)$最大化的价格，而需求$D(P)$是P的减函数。

16 利益分享的不平等意味着，拥有较小份额的专利持有人有更强的降价动机，要求削减专利池授权价的呼声更强烈。

17 对于一个坏的专利池来说，当有两个以上的专利和/或专利是不完美的替代品时，单独许可下的竞争均衡仍会恢复到采用专利池之前的竞争水平。当有两个以上的专利时，协调问题可能导致多重均衡：两个互补专利的持有人可能无法协调各自的许可费，进而导致破坏专利池。Aleksandra Boutin（"Screening for Good Patent Pools through Price Caps on Individual Licenses,"*American Economic Journal Microeconomics*, 2016, 8: 64-94）表明，增加非捆绑许可的要求（下文将介绍）有利于竞争重回均衡。

18 "默契"是因为企业无须签署卡特尔协议（在世界各地，在任何情况下，这一行为几乎都是违法的），甚至无须开会讨论协调出一个"和平相处"的行为模式。

19 参见我与帕特里克·雷伊合作的论文，"Price Caps as Welfare-Enhancing Coopetition,"Toulouse School of Economics，未发表。

20 在实践中，影响专利池形成的一个障碍是红利的分配，专利池成员在这方面有明显的利益分歧。按照持有专利的比例而不是专利对技术贡献的价值进行红利分配，可能导致特别重要专利的持有人离开专利池。如这里所描述的那样，相互协调的协议（"如果你同意按照这样的水平设定你的版税的最高限额，则我同意将我的版税降低这么多……"）隐含地决定了这种分享机制。

21 要求对许可费做出承诺的目的是避免标准必要专利的许可费过高。这并不一定是要讨好知识产权所有者,但标准制定组织需要这些专利持有人识别出专利并设立标准。此外,专利持有人往往可以在几个标准制定组织之间做出选择。如果某个标准制定组织要求做出价格承诺,则专利持有人可能转向一个更易合作的标准制定组织。具体参见我与乔什·勒纳合作的论文,"Standard-Essential Patents,"*Journal of Political Economy*,2015,vol. 123,no. 3,pp. 547-586;以及"A Better Route to Tech Standards,"*Science*,2014,vol. 343,pp. 972-973。

22 Frederik Neumeyer,*The Employed Inventor in the United States: R&D policies, Law and Practice*(Cambridge: MIT Press,1971)。

23 后来,通过法律诉讼,中村修二获赔大约900万美元。

24 "What's Wrong with the West's Economies,"*New York Review of Books*,August 13,2015。

25 参见Gaspard Koenig,*Le Révolutionnaire, l'Expert et le Geek*(Paris: Plon,2015),p. 89。

26 从技术上讲,Linux只是一个操作系统(OS)的内核。安卓则是一个基于Linux内核的、完整的操作系统。完整的操作系统是指"GNU/Linux",然后,它们以一种便捷的形式被封装成所谓的"Linux发行版"(Ubuntu可能是最为公众所熟知的一个,而Red Hat企业版Linux是最为企业所熟知的一个)。

27 接下来的讨论受我们的文章启发:"Some Simple Economics of Open Source,"*Journal of Industrial Economics*,2002,vol. 50,no. 2,pp. 197-234;"The Scope of Open Source Licensing,"*Journal of Law, Economics and Organization*,2005,no. 21,pp. 20-56。

28 免费程序如LyX已试图效仿Scientific Workplace的便捷易用性。

29 参见N. Taylor Thompson,"When 'Scratch Your Own Itch' Is Dangerous Advice for Entrepreneurs,"*Harvard Business Review*,May 19,2014. hbr.org/2014/05/when-scratch-your-own-itch-is-dangerous-advice-for-entrepreneurs。

30 Apache 2.0。

31 2007年底。iPhone已在2007年初发售。

32 较宽松通用公共许可(Lesser General Public License,LGPL)是一个修订版的开源授权协议,在与专有软件一起使用时受到的限制较少。

第十七章　产业监管

1　我与让-雅克·拉丰关于激励性监管的研究工作（但不包括我们在开放竞争方面的研究，后面有部分相关内容的介绍）集中体现于 *A Theory of Incentives in Regulation and Procurement*（Cambridge: MIT Press, 1993）一书中。

2　在委托-代理理论的语境中，企业是代理人。代理人完成委托人交办的任务，委托人则界定任务内容，并基于工作绩效向代理人支付报酬。

3　价格上限监管的常规形式是"RPI-X"，在价格调整公式实施期间，价格上限按上一年零售价格通胀率（RPI）及预期的效率改进因子（X）自动调整。

4　例如，地方当局、医院、大学、公共交通系统、水务、卫生系统，基建项目（学校、高速公路、桥梁等），以及体育文化设施等提供产品或服务的公共市场。读者可参考我与斯蒂芬·索西耶（Stéphane Saussier）撰写的短文，"Renforcer l'efficacité de la commande publique"（Conseil d'analyse économique, note 22），以及索西耶的专著，*Économie des partenariats public-privé*（Brussels: De Boeck, 2015）。

5　所谓"套牢问题"（hold-up problem）与不完全契约理论相关，这是奥利弗·哈特（2016年诺贝尔奖得主）与奥利弗·威廉姆森（Oliver Williamson，2009年诺贝尔奖得主）重点研究的领域。

6　一个替代方案是建立一个车辆租赁市场，正如英国ROSCOs公司（车辆运营公司）那样。

7　这些担保物的目的是确保债权人的财产得到偿还，并解决债务人无力偿债的问题。担保物可以采取保证金或抵押资产的形式。

8　消费者剩余是消费者消费产品时得到的净收益，由法国工程师、经济学家杜普伊在1844年提出。消费者剩余可基于需求函数进行计算。为理解它是如何计算出来的，我们可假设某产品的售价为10美元，有10位消费者愿意以高于10美元的价格购买一个单位的产品。购买意愿最强烈的消费者打算支付的价格不超过20美元，购买意愿第二的消费者打算支付19美元，以此类推，最后一名消费者打算支付11美元。那么，消费者剩余就是这些消费者的总剩余：（20-10）+（19-10）+（18-10）+……+（11-10）=55。这样，只要固定成本不超过55美元，这一产品就应该提供。

9　参见我与格伦·韦尔（Glen Weyl）合作的论文"Market Power Screens

Willingness-to-Pay," *Quarterly Journal of Economics*, 2012, vol. 127, no. 4, pp. 1971-2003.

10　用技术术语来讲，相对加成（产品销售价格减去边际成本，再除以产品销售价格所得到的比值）必定与需求弹性成反比，其中需求弹性是指销售价格每上涨1%导致产品需求下降的百分比。

11　www.ofcom.org.uk/about-ofcom/latest/media/media-releases/2017/duct-pole-access.

12　根据拉姆齐-布瓦特公式，因为要部分补偿垄断带来的扭曲，此例中的接入价格甚至可能低于成本。

13　特别是基尔霍夫定律（Kirchhoff Laws）。

14　Paul Joskow and Jean Tirole, "Transmission Rights and Market Power on Electric Power Networks," *Rand Journal of Economics*, Autumn 2000, 31（3）: 450-501.

索　引

（所注之页码为原书页码，即本书边码）

A

academic researchers 学术研究人员：distrusted by citizen-taxpayers 学术研究人员不被纳税人信任 67-68; funding for 对学术研究人员的资助 76, 370, 372; influencing economic policy 学术研究人员影响经济政策 69-70, 78-79; media involvement of 学术研究人员涉足媒体 72-73; motivations of 学术研究人员的动机 66-67; paid for external activities 学术研究人员参加外部活动的收入 70-71; personal ethics of 学术研究人员的个人道德 76; political involvement of 学术研究人员参与政治 73-75; working with organizations outside the university 学术研究人员与校外组织合作 68-69, 76-78。See also economic research; economists 另见经济研究、经济学家词条

accountability 责任：of businesses to stakeholders 企业对利益相关者的责任 185-186; in classical liberalism 古典自由主义中的责任 161-162; of employers 雇主的问责 243, 244, 247, 249; of regulated utilities 受监管公用事业的责任 462-464; of unelected decision makers 未经选举的决策者的责任 163, 168

acquis communautaire 欧盟法律体系, 265, 286, 294, 356, 526注释35

adverse selection 逆向选择 117, 120; insurance and 保险与逆向选择 409-410; regulation of network industries and 网络型产业的监管与逆向选择 457。See also asymmetries of information 另见信息不对称词条

Affordable Care Act《平价医疗法案》165, 411, 412

agency problems 代理问题 312-315, 320

AIG（American International Group）美

国国际集团 321，327，334，340，533注释11

Airbus 空中客车 297，370

Allais, Maurice 里斯·阿莱 95

allocation 配置：constructing better methods of 构建更好的配置方法 45; of funds by finance 通过金融配置资金 297; of resources 资源配置 24-27，33，101，161

altruism 利他主义 100-101，128-135，146，188。See also moral wiggle room; pro-social behavior 另见道德回旋余地、亲社会行为词条

Amazon 亚马逊 391，394，414-415，435

Android 安卓 388，448，451，452

Apple 苹果（公司）388-389

arbitrage 套利，limits to 套利限制 318，319-320，531注释40

Aristotle 亚里士多德，485注释3

Arrow, Kenneth 肯尼斯·阿罗 105，107，115

artificial intelligence（AI）人工智能 232，409，423。See also machine learning 另见机器学习词条

assumptions 假设 106，497注释33

asymmetries of information 信息不对称 12; agency problems and 代理问题与信息不对称 314; bank loans and 银行贷款与信息不对称 183; buying admission to university and 购买大学录取名额与信息不对称 37; on costs and benefits of policies 关于政策成本与收益的信息不对称 162-163，506注释6; derivatives as source of 作为信息不对称来源的衍生品 301; financial crisis of 2008 and 2008年金融危机与信息不对称 327; formal vs. real authority and 正式权力、事实权力与信息不对称 181; games involving 涉及信息不对称的博弈 119; incorporated in economic models 纳入经济模型的信息不对称 103; liquidity in financial markets and 金融市场流动性与信息不对称 319; market failures due to 源于信息不对称的市场失灵 327; in real estate lending 房地产贷款中的信息不对称 329-330; regulation of network industries and 网络型产业监管与信息不对称 456-457，462-463，470

attention 注意力，economics of 注意力经济 379-382

auctions 拍卖：of bandwidth 带宽拍卖 27-28，87-88，487注释12-14; laboratory tests of strategies for 拍卖策略的室内实验 90

authority 权力，formal vs. real 正式权力与事实权力 181

average-cost pricing 平均成本定价 468

543

avoided cost test 可避免成本测试 543注释18

B

bailouts of banks 银行救助: in Europe 欧洲的银行救助 271, 272-273, 278, 524注释15; excessive risk based on expectation of 基于银行救助预期的过高风险 187, 312-313, 314-315; financial crisis of 2008 and 2008年金融危机与银行救助 326-327, 334; replaced by "bail ins" 银行救助由"银行自救"取而代之 537注释42; risk of sovereign default and 主权债务违约风险与银行救助 537注释40; US taxpayers profiting from 从银行救助中获利的美国纳税人 334, 531注释41

bailouts of governments 政府救助 281-282; of Greece 希腊的政府救助 279, 287, 525注释31; Maastricht Treaty and 《马斯特里赫特条约》与政府救助 274-275, 278, 279, 290, 524注释12; US history and 美国历史与政府救助 279-280, 281-282, 292

balance sheet for retail bank 零售银行资产负债表 322

balance sheet structure of firms 企业资产负债表结构 183

bandwidth 带宽, allocation of 分配带宽 26-28, 87-88, 487注释12-14

banking regulation 银行监管 159, 321-325, 332-333; bubbles and 泡沫与银行监管 310; in Eurozone 欧元区银行监管 273。See also bailouts of banks; banking union; capital requirements; prudential regulation; shadow banking 另见银行救助、银行业联盟、资本金要求、审慎监管、影子银行词条

banking union 银行业联盟 289-290, 295, 526注释37

bank loans 银行贷款, to small and medium-sized enterprises 中小企业的银行贷款 183, 297, 312, 336, 374

bank runs 银行挤兑 315-316, 351

bankruptcy law 破产法, French 法国破产法 250, 376

banks 银行: balance sheet for retail bank 零售银行资产负债表 322; connections between sovereign states and 主权国家与银行的联系 349, 537注释40。See also bailouts of banks; banking regulation; investment banks; shadow banking 另见银行救助、银行监管、投资银行、影子银行词条

索 引

Basel accords《巴塞尔协议》332，333；Basel Ⅰ《巴塞尔协议Ⅰ》322-24；Basel Ⅱ《巴塞尔协议Ⅱ》324-25，330，346；Basel Ⅲ《巴塞尔协议Ⅲ》341，342，343，347，348

Bayesian equilibrium贝叶斯均衡，perfect完美贝叶斯均衡 115，119

Bayes' theorem 贝叶斯定理 126，317

Bear Stearns 贝尔斯登 321，322，326，334，340，533注释9

Becker, Gary 加里·贝克尔 42-43

behavioral economics 行为经济学 91-92，317

behavioral finance 行为金融学 317-318

beliefs 信念：biases affecting 偏见影响信念 17-19；mistakes in applying probabilities to 将概率应用于信念的错误 125-127，500注释9；self-manipulation of 对信念的自我操纵 135-137。See also cognitive biases 另见认知偏差词条

Benjamin, Walter 沃尔特·本杰明 528注释17

Berlin, Isaiah 以赛亚·伯林 80，101，497注释28

Big Data 大数据 82，107，408

The Big Short《大空头》318，320

biotechnology startups 生物技术初创公司 368-369，389-390

Bitcoin 比特币 308-309

blood donation, payment for 献血报酬 39，144-145，146

bond markets 债券市场 336，374

bonuses 奖金 53，344-345，347。See also remuneration 另见薪酬词条

Booking.com 缤客 381，394-395，407，542注释15

Borel, Émile 埃米尔·博雷尔 110

bottleneck 瓶颈 363，455，480。See also essential infrastructures or facilities 另见必要基础设施或设施词条

Bourdieu, Pierre 皮埃尔·布尔迪厄 47-48，150

brain drain in France 法国的人才流失 492注释44

Brexit 英国脱欧 29，349，482，487注释15

bubbles 泡沫，financial 金融泡沫 307-312；interest rates and 利率与泡沫 309，310，336，338，529注释21；macroeconomics and 宏观经济学与泡沫 92-93；in poorer countries of Eurozone 欧元区较贫穷国家的泡沫 270；sovereign debt crises and 主权债务危机与泡沫 272。See also real estate bubbles 另见房地产泡沫词条

Burke, Edmund 埃德蒙·伯克 65，493注释1-3

C

Canada, successful reforms in 加拿大成功的改革 171，172，173

cap and trade 限额交易 204。See also tradable emissions permits 另见可交易排放权词条

capitalist governance of firms 公司的资本主义式治理 174-175，176-179

capital requirements 资本金要求 342，343，348。See also Basel accords 另见《巴塞尔协议》词条

carbon emissions 碳排放 4-5，195-199；industrial policy and 产业政策与碳排放 366；monitoring by international community 由国际社会监督碳排放 211，222，230

carbon leakage 碳泄漏 21-22，201-203，209

carbon pricing 碳定价 216-217；abandoned by COP 21 in Paris 碳定价被巴黎第21届联合国气候变化大会放弃 211，212；credibility of international agreement on 关于碳定价国际协定的可信度 226-28；inequality and 不平等与碳定价 222-226，230；with universal carbon price 实行统一碳价格的碳定价 213，229。See also carbon tax; tradable emissions permits 另见碳税、可交易排放权词条

carbon tax 碳税 204-205，511注释12-15；carbon leakage and 碳泄漏与碳税 201；in economic modeling 经济建模中的碳税 84；as national choice within international agreement 作为国际协定框架下国家选择的碳税 226；opposition to 反对碳税 189；rationale for 碳税的理由 37-38；reduction in UK greenhouse gas emissions and 英国降低温室气体排放量与碳税 208；worldwide 全球碳税 22，217-219，513注释31。See also carbon pricing 另见碳定价词条

cartels 卡特尔，destabilizing 破坏稳定的卡特尔 114

causality 因果关系 105-106，118，497注释35

central banks 中央银行：independence of 中央银行的独立性 164，165；liquidity provision by 中央银行提供的流动性 316-317，333-334，335-336，534注释17-18。See also European Central Bank (ECB); Federal Reserve 另见欧洲中央银行（ECB）、美国联邦储备（银行）词条

China 中国：efficiency in response to competition from 应对来自中国竞争的效率 359；manufacturing jobs in

US and 美国与中国的制造业就业岗位 260; shadow banking in 中国的影子银行 322, 350; transitioning of 中国的转轨 349

clawback provisions (薪酬)追回制度 184, 509注释14

Clean Development Mechanism (CDM) 清洁发展机制 202, 511注释8

climate change 气候变化: challenge of 气候变化的挑战 195-199; disadvantages of top-down environmental policies for 应对气候变化的自上而下环境政策的不足 206, 213-216, 512注释24; economic approach to 气候变化的经济手段 216-222 (see also carbon pricing 另见碳定价词条); global solution required for 应对气候变化所需的全球性解决方案 22, 203, 209, 213, 216; modest progress on 气候变化的些许进展 203-206; negotiations falling short of the stakes 有负众望的气候变化谈判 206-213; putting negotiations back on track 让气候变化谈判重回正轨 228-230; reasons for standstill on 气候变化谈判停滞不前的原因 199-203; voluntary INDC commitments 自愿的国家自主减排贡献承诺 209-10, 512注释21。See also global warming 另见全球气候变暖词条

clusters 集群, industrial 产业集群 367, 368-369, 372

cognitive biases 认知偏差 17-19; behavioral finance and 行为金融学与认知偏差 317; exploited by populists 被民粹主义者利用的认知偏差 481-482; of ignoring indirect effects 忽略间接效应的认知偏差 20-21, 27-28

collusion in cliques 派系勾结 120, 143

common good 共同利益 2-5, 485注释3

the commons 公共产品 4; tragedy of 公地悲剧 114, 200-201, 208, 436

compensation 补偿。See remuneration 见薪酬词条

competition 竞争: employment and 就业与竞争 364-365; imperfect 不完全竞争 102-3; in information technology markets 信息技术市场的竞争 397-400; international 国际竞争 356, 359; network industries and 网络型产业与竞争 358, 363-364, 455-456, 459-460, 471-472, 475, 476, 478-480; patent pools and 专利池与竞争 437-441; purpose of 竞争的目的 357-361; role of the state in relation to 与竞争相关的政府角色 355-357, 538注释1; situations calling for absence of 要求不能竞争的情形 363-364; special interest

547

groups and 特殊利益集团与竞争 356-357; two-sided markets and 双边市场与竞争 391, 392-400

competitive equilibrium 竞争均衡 89, 495注释12

competitive market paradigm 竞争性市场范式 101-102

conflicts of interest 利益冲突: of economic researchers 经济学研究人员的利益冲突 76, 98, 352; in independent authorities 独立管理机构的利益冲突 169; online recommendations and 在线推荐与利益冲突 403

consumer protection authority 消费者保护机构 158

consumer surplus 消费者剩余 362, 468, 550注释8

contestability of a market 市场的可竞争性 398-400。See also competition 另见竞争词条

contracts 契约: formal authority based on 基于契约的正式权力 181; information theory and 信息经济学理论与契约 115-118, 119-121

cooperative governance 合作治理 174, 175-176, 179-180

coopetition 竞合 437

Copenhagen conference of 2009 2009年哥本哈根会议 114, 197, 209, 211, 224, 225

copyright 版权 432, 434

corporate philanthropy 企业慈善 190-191

corporate social responsibility（CSR）企业社会责任 174-175, 185-191

corruption 腐败 25, 49, 361

Cournot, Antoine Augustin 安托万·奥古斯丁·古诺 362, 436

creative destruction 创造性破坏 360, 398, 426-427, 430-431

credit cards 信用卡。See payment cards 见支付卡

credit default swaps（CDS）信用违约掉期 298

crowding out 挤出, of intrinsic motivation by extrinsic incentives 外部激励对内在动机的挤出 37, 143-146

Cuban migrants to Miami 移民到美国迈阿密的古巴人 258-259

D

Darwin, Charles 查尔斯·达尔文 150

data 数据: Big Data 大数据 82, 107, 408; misleading because of local 基于局部数据引发的误导 108; personal 个人数据 401, 403-409, 413; theoretical models in absence of 缺乏数据的理论模型 107-108

Debreu, Gérard 杰拉德·德布鲁 95, 105

delegated philanthropy 受托慈善 188-190

denial of reality 对现实的否定 17-19，318，531注释36-37

deposit insurance 存款保险 315-316，331，333

deregulation 放松监管：financial 放松金融监管 314；of network industries 放松网络型产业监管 108，455

derivatives 衍生品，297-301，303，526注释1

development economics 发展经济学，randomized control trials in 发展经济学中的随机对照实验 89

Dexia 德克夏（发放有害贷款的专业银行）299，300

Dictator Game 独裁者博弈 128-129，131-132，500注释13，500注释16；with three choices 有三个选项的独裁者博弈 133-134，501注释19

digitization of society 社会数字化 378-379；future of employment and 就业前景与社会数字化 261，263-264，401-402，423-427；inequality and 不平等与社会数字化 421-422，425，426；tax system and 税收体系与社会数字化 427-429；trust and 信任与社会数字化 401，402-405，418。See also platforms, two-sided; technological change 另见双边平台、技术变革词条

dignity 尊严，human 人类的尊严 1，33，40，42，44-45，61

"dismal science" "沉闷的科学" 9，19

dot-com bubble collapsing in 2001 2001年的网络泡沫破灭 309，310

driverless cars 无人驾驶汽车 41-42

Dupuit, Jules 朱尔斯·杜普伊 362，550注释8

Durkheim, Émile 埃米尔·涂尔干 40

dwarf tossing 抛掷侏儒游戏 44-45，489注释19

dynamic games 动态博弈 114-115，119-120

E

econometrics 计量经济学 87，105-106，118，119

economic growth 经济增长：finance as essential factor in 金融是经济增长不可或缺的要素 297；technological change and 技术变革与经济增长 430

economic policy 经济政策：as goal of economics 作为经济学目标的经济政策 86；indirect effects of 经济政策的间接效应 20-21，28；made without economic understanding 不符合经济理论的经济政策 30-32；market failures and 市场失灵与经济政策 34，122；models in analysis of

分析经济政策的模型 86-87，107；pressure groups and 施压集团与经济政策 91；theory and 理论与经济政策 78-79

economic rent 经济租金 25，54。See also rent seeking 另见寻租词条

economic research 经济研究：American domination of 美国在经济研究领域的主导地位 99；consensus and controversy in 经济研究中的共识与争议 98-99；evaluation of 经济研究的评价 93-98；evolution of knowledge in 经济研究的知识演进 91-93；foxes and hedgehogs in 经济研究中的"狐狸"与"刺猬" 101-104；fundamental, without direct application 基础的、无直接应用的经济研究 118-119；interplay between theory and evidence 理论分析与经验证据的相互作用 80-91；personal impact of training in 经济研究训练对个体的影响 99-101。See also academic researchers; mathematics in economics; modeling in economics 另见学术研究人员、经济研究中的数学、经济学建模词条

economics 经济学：contributing to the common good 经济学对共同利益的贡献 5；mathematization of 经济学的数学化 104-105；moving closer to other human and social sciences 经济学向其他人文社会科学靠拢 122-123；need for better public understanding of 公众需要更好地理解经济学 29-32；relationship between society and 社会与经济学的关系 7-10；as a science 作为一门科学的经济学 90-91

economies of scale 规模经济：in digital markets 数字市场中的规模经济 398；monopoly position and 垄断地位与规模经济 456

economists 经济学家：as bearers of bad news 经济学家作为危言耸听者 149，482；as foxes or hedgehogs 作为"狐狸"或"刺猬"的经济学家 101-104；as public intellectuals 作为公共知识分子的经济学家 66-75；sharing their knowledge with the public 与公众分享知识的经济学家 29-30，482-483。See also academic researchers 另见学术研究人员词条

education systems 教育体系，inequalities created by 教育体系创造的不平等 56

efficiency 效率，in response to competition 竞争带来的效率 359-360

elasticity of demand 需求弹性：in natural monopoly regulated markets 在受监管的自然垄断市场的需求弹性

469-470，471，550注释10；in two-sided platforms 双边平台的需求弹性 383，384

electricity transmission networks 输电网 363，461-62，463，467，471-72，475-78。See also network industries 另见网络型产业词条

empathy 同理心 127，188。See also altruism 另见利他主义词条

empirical tests 实证检验 87-90

employee-run firms 员工自我管理型企业 174，176，178-179

employment 就业：competition and 竞争与就业 364-365；decline of salaried employment 工薪就业的衰落 418-420；digital economy and 数字经济与就业 261，263-264，401-402，423-427；new twenty-first century forms of 21世纪的就业新形式 414-415。See also labor market；unemployment 另见劳动力市场、失业词条

Enron 安然公司 177，508注释6

environmental regulation 环境监管：to deal with market failure 应对市场失灵的环境监管 158；top-down approaches to 自上而下的环境监管方法 213-215，457，512注释24

environmental taxation 环境税：accountability of the firm and 企业责任与环境税 185；moral objections to 道德上反对环境税 254。See also carbon tax 另见碳税词条

equity capital requirements 权益资本金要求 342，343，348。See also Basel accords 另见《巴塞尔协议》词条

essential infrastructures or facilities 必要基础设施或设施 455。See also infrastructure, and competition 另见基础设施、竞争词条

ethics 道德准则：of academic researcher's role in public affairs 学术研究人员在公共事务中的道德准则 76；in determining economic policies 在决定经济政策时的道德准则 59。See also morality 另见道德词条

euro 欧元，advantages of 欧元的优势 266

euro crisis 欧元危机：comparison with United States 欧元危机与美国相比 279-280；competitiveness and 竞争力与欧元危机 267-270；debts and 债务与欧元危机 270-282；failure of institutions and 制度失灵与欧元危机 350

European Central Bank（ECB）欧洲中央银行：financial crisis of 2008 and 2008年金融危机与欧洲央行 316，326；independence of 欧洲央行的独立性 169，506注释12；"no bailouts" clause and "不救助条款"与欧洲央行 279；as provider of liquidity across Eurozone 欧洲央行是欧元区流动性的提供者 317；recapitalization of Greek banks and 希腊银行的资本重组与欧洲央行 285；role with regard to struggling countries 欧洲央行在救助陷入困境的国家中的角色 288-289；Spanish real estate bubble and 西班牙房地产泡沫与欧洲央行 273；in troika 欧洲央行"三驾马车" 525注释29

European project 欧洲计划 265-267

European Union（EU）欧盟：achievements of 欧盟的成就 265；law of（see *acquis communautaire*）欧盟的法律（见欧盟法律体系词条）；limited labor mobility in 欧盟劳动力的有限流动 266；options for 欧盟的可选方案 289-295；UK vote in favor of leaving（Brexit）英国脱欧公投 29，349，482，487注释15。See also Maastricht Treaty 另见《马斯特里赫特条约》词条

Eurozone 欧元区 265-267；challenges faced by 欧元区面临的挑战 288-289；economists' views of 经济学家对欧元区的看法 482；European Central Bank and 欧洲央行与欧元区 317；options for 欧元区的可选方案 289-295

evolutionary economics 演化经济学，149-150

exchange 交易：not necessarily involving money 不是必然涉及货币的交易 45；Ultimatum Game and 最后通牒博弈与交易 131

experience rating 经验费率 244

experiments 实验 88-90

externalities 外部性：accountability of a business for 企业对外部性应承担的责任 186；of CO_2 emissions 二氧化碳排放的外部性 213；confused with moral issues 外部性与道德问题相混淆 37-38；created by inequality 由不平等所引起的外部性 160；defined 外部性的界定 488注释8；regulation or prohibition of a market in response to 在某市场进行监管或出台禁令以应对外部性 36；in two-sided market 双边市场上的外部性 383-384。See also market failures 另见市场失灵词条

F

Fannie Mae 房利美 334，533注释12-13，534注释14

Federalism 联邦主义 289-290，292-295

Federal Reserve 美国联邦储备（银行）

321，326，328，506注释12

finance 金融：benefits and risks of modern instruments in 现代金融工具的好处与风险，303；hypertrophied sector of 过度增长的金融部门 314-15；irrationality in financial markets 金融市场的非理性 306-307；remuneration in 金融部门的薪酬 54，184-185，314，344-347；speculation in 金融投机 304；for technology startups 为技术类初创企业提供融资 445-447，450；turning toxic 金融变得有害 298-306；uses of 金融的用处 296-298。See also derivatives; securitized assets 另见衍生产品、证券化资产词条

financial crisis of 2008 2008年金融危机 326-335；disappearance of markets during 在2008年金融危机期间市场的消失 319；economists' failure to predict 经济学家未能预测2008年金融危机 67，108，350-352，537注释43；emphasis on short-term profitability and 强调短期营利与2008年金融危机 184；European Central Bank and 欧洲央行与2008年金融危机 316，326；European countries with banking problems in 2008年金融危机期间，银行业有问题的欧洲国家 327，532注释2；excessive maturity transformation and 过度的期限转换与2008年金融危机 331-332；excessive securitization and 过度证券化与2008年金融危机 328，330-331，333，338；factors leading to 2008年金融危机的诱因 327-335，350；failure of EU's Emission Trading Scheme and 欧盟碳排放交易机制失灵与2008年金融危机 208；failure of institutions and 制度失灵与2008年金融危机 350；French effects of 2008年金融危机对法国的影响 241，518注释23；lasting effects on growth and employment 2008年金融危机对经济增长和就业的持续影响 326；low interest rates as legacy of 低利率是2008年金融危机的后遗症 335-339；real estate bubble and 房地产泡沫与2008年金融危机 328-330，532注释4；regulation in postcrisis environment 后危机环境下的监管 339-350；risks remaining in aftermath of 2008年金融危机后仍存在的风险 349-350；toxic over-the-counter arrangements and 有害的场外交易与2008年金融危机 221

financial intermediaries 金融中介 120

firms 企业：governance of 企业治理，174-185；social responsibility of 企业社会责任 185-191

fiscal devaluation 财政贬值 269-270

foreign exchange swaps 外汇掉期 297, 526注释1

fossil fuel energy sources 化石燃料能源, subsidized 补贴化石燃料能源 198-199

fossil fuels 化石燃料, carbon leakage from taxation of 对化石燃料课税产生的碳泄露 202

foxes and hedgehogs 狐狸与刺猬 101-104

France 法国: consumers' wariness of competition in 法国消费者对竞争的厌烦 356; deteriorating public finances of 不断恶化的法国公共财政 261; economists' views of 2017 election in 经济学家对2017年法国选举的看法 482; lack of entrepreneurial culture in 法国创业文化的缺失 417-418; public spending by 法国公共支出 170, 507注释17; restrictions on competition in 法国对竞争的限制 358-359; state reforms proposed for 为法国准备的政府改革方案 171, 173, 507注释20-21; tradition of economic planning in 法国的经济计划传统 251. See also labor market in France 另见法国劳动力市场词条

fraud 造假, research 研究造假 97-98

Freddie Mac 房地美 334, 533注释12-13, 534注释14

free rider problem 搭便车问题: climate change and 气候变化与搭便车问题 189, 200-203, 209, 210, 211, 213, 218, 226, 228; delegated philanthropy and 受托慈善与搭便车问题189; intellectual property and 知识产权与搭便车问题 432

frictions in markets 市场摩擦 102-103; in financial markets 金融市场中的摩擦 318-320

Friedman, Milton 米尔顿·弗里德曼 98, 190, 496注释17, 497注释33

Fuld, Richard 理查德·富尔德 313, 346

fundamental value of financial asset 金融资产的基本价值 307-308

funeral market in US 美国殡葬市场 42

G

gambler's fallacy 赌徒谬论 499注释7-8

game theory 博弈论 109-115, 119-121; biologists' contributions to 生物学家对博弈论的贡献 149; economic modeling and 经济建模与博弈论 86; pure 纯博弈论 119. See also Dictator Game; prisoner's dilemma; Ultimatum Game 另见独裁者博弈、囚徒困境、最后通牒博弈词条

general equilibrium 一般均衡 102; groupthink and 群体思维与一般均衡

318

generosity 慷慨大方。See altruism 见利他主义词条

gift economy 礼物经济 47-48

globalization 全球化：competition for talent and 全球化与人才争夺 53-54，422，492注释44-46；damage to some workers caused by 全球化给部分工人带来的损失 260-261；first and second waves of 第一波和第二波全球化 491注释40；inequality and 不平等与全球化 52-53；labor market policies and 劳动力市场政策与全球化 232，233

global warming 全球气候变暖：economic models of 全球气候变暖的经济学模型 83-85；as example of prisoner's dilemma 全球气候变暖是"囚徒困境"的案例 114；Kyoto Protocol and 《京都议定书》与全球气候变暖 21-22；migration projected in response to 因全球气候变暖预测的移民情况 263；requiring global solution 全球气候变暖问题需要全球性解决方案 22；unchangeable beliefs about 对全球气候变暖不变的信念 18，485注释1。See also climate change 另见气候变化词条

Google 谷歌 384，407；Android and 安卓与谷歌 388，448，451，452

governance of firms 企业治理 174

great moderation 大稳健 337

greed 贪婪 48-49

Greek debt crisis 希腊债务危机 267，282-289；bailouts and 救助与希腊债务危机 279，287，525注释31；buyers of Greek bonds prior to 危机前希腊债券的买家 313

Green Climate Fund 绿色气候基金 226，514注释42

greenhouse gases (GHGs) 温室气体 83，157-58，195-99。See also carbon emissions 另见碳排放词条

greenwashing 漂绿 189，209-210

Grexit 希腊脱欧 286-288

groupthink 群体思维 318

H

health care 医疗：cost-benefit analysis of 医疗的成本收益分析 489注释11；inequality in 医疗中的不平等 60-61；physician's role in future of 医生在未来医疗中的作用 544注释8；taboos on discussing economic tradeoffs in 医疗经济利弊讨论中的禁忌 40

health data 健康数据 407，408-409，413

health insurance 健康保险 159-160，401，409-414

555

heuristics 启发法 19-20，481

high-frequency trading 高频交易 313-314，530注释27

Hobbes，Thomas 托马斯·霍布斯 2

homo economicus 经济人 122，123-124，

horizontal policies 水平政策，industrial 产业的水平政策 367

hostage-taking 劫持人质；ransom for 被劫持人质的赎金 41

housing shortages，in France，法国的住房短缺 235-236；rent controls contributing to 租金控制导致法国住房短缺 26，55-56

housing subsidies 住房补贴 56

hubris 傲慢心理 28，346-347

I

I, Daniel Blake（film）《我是布莱克》（电影），232

identifiable victim 可识别的受害者 22-24；condemning behavior in absence of 在没有可识别的受害者情况下的谴责行为 46；hostagetaking and 劫持人质与可识别的受害者 41；of labor market dysfunction 劳动力市场功能失调下可识别的受害者 23，24，255

immigration 移居。See migration 见移民词条

import controls 进口控制 361

incentives 激励：with counterproductive effects 影响适得其反的激励 39-40，141-143；intrinsic motivation and 内在动机与激励 143-146；law as a set of 法律是一套激励 147；for managers of business 对企业管理层的激励183-185；politicians and officials responding to 政治家与官员对激励的反应 155，164；in quest for the common good 追求共同利益的激励 3

incentive theory 激励理论 115

independent authorities 独立机构 1，163-169，459

independent work 独立工作 414，418

indignation 愤怒 35，46-47

industrial economics 产业经济学 361-363

industrial policy 产业政策：economists' skepticism toward 经济学家对产业政策的质疑 367-370；guidelines for 产业政策指南 370-373；rationales for 产业政策的理由 365-367；of South Korea 韩国的产业政策 370，373，540注释22

industrial weaknesses in Europe 欧洲的产业缺陷 374-377

inequality 不平等 50-61；beliefs about causes of 对不平等原因的看法 57-59；bonus culture and 奖金文化与

不平等 345；carbon pricing and 碳定价与不平等 222-226；causes of 不平等的原因 52-54，57-59，491注释37；in countries less subject to market economy 在较少受市场经济支配的国家的不平等 490注释30；decreased between nations 国家间不平等的下降 52；digitization and 数字化与不平等 421-422，425，426；economic analysis of 不平等的经济分析 51-57；evaluating possible solutions for 评估解决不平等的可能方案 54-57；immigration and 移民与不平等 59；intergenerational 代际不平等 59-60，235-236；liberalization of trade and 贸易自由化与不平等 59；in a market economy 市场经济中的不平等 160；measuring 测度不平等 51-52，490注释34；non-financial dimensions of 非经济维度的不平等 60-61；prostitution and 卖淫与不平等 45；reduced under European Union 欧盟内部不平等的下降 265；sale of kidneys and 卖肾与不平等 43；savings resulting from increase in 由不平等加剧带来的储蓄 338；share of production going to labor and 劳动要素的收益份额与不平等 52，491注释39；技术变革与不平等 technological change and 52，491注释37。See also redistribution 另见再分配词条

information 信息：about corporate responsibility 关于企业责任的信息 189；allocation by the market and 市场配置与信息 28；insurance destroyed by 信息扼杀保险 412，413；management of the firm and 企业管理与信息 180，181；in organizations 组织中的信息 120，121；prices in financial markets and 金融市场价格与信息 319-320；self-manipulation and 自我操纵与信息 135-137；trust and 信任与信息 137-138；updating probabilities in the light of 根据信息更新概率 125。See also asymmetries of information 另见信息不对称词条

information technology 信息技术。See digitization of society 见社会数字化词条

information theory 信息经济学 12，115-118，119-121

infrastructure and competition 基础设施与竞争 363-364，365，455-456，459，460，471-478

innovation 创新：culture and institutions that facilitate 促进创新的文化和制度 431；economic growth and 经济增长与创新 430-431；job creation by 创新创造的工作 417；in response to competition 竞争带来的创新 359-360；in small startups 小型初创企业的创新 443-445；SMEs in Europe and 欧洲中小企业与创新 375。See also intellectual property；technological Change 另见知识产权、技术变革词条

Inside Job（film）《监守自盗》（电影）352

insider trading 内幕交易 306

insurance 保险。See deposit insurance；health insurance；unemployment insurance 见存款保险、医疗保险、失业保险词条

integrity 廉政，as benefit of competition 廉政是竞争带来的好处 360-361

intellectual property 知识产权 431-435

interest rates 利率：bubbles and 泡沫与利率 309，310，336，338，529注释21；after financial crisis of 2008 2008年金融危机后的利率 335-339；for public debt 公共债务的利率 316-317

interest rate swaps 利率掉期 298

intermediaries 中介 120

internal devaluation 内部贬值 270

internalities 内部性 36，38；See also procrastination；self-control 另见拖延、自制力词条

International Monetary Fund（IMF）国际货币基金组织：Greek debt and 希腊债务与国际货币基金组织 283，284，288，525注释29；liquidity provision by 国际货币基金组织提供的流动性 317；purpose of 国际货币基金组织的目的 280-281

Internet 互联网。See digitization of society；platforms，two-sided 见社会数字化、双边平台词条

investment banks 投资银行：financial crisis of 2008 and（see also AIG；Bear Stearns；Lehman Brothers）2008年金融危机与投资银行 322，326，340（另见AIG、贝尔斯登、雷曼兄弟公司词条）；functions of 投资银行的功能 530注释26；proposed separation from retail banks 建议将投资银行与零售银行相分离 341-342

invisible hand 看不见的手 161，162

ivory from elephants 象牙 20-21

J

James，William 威廉·詹姆斯 17，137

judiciary 司法，independence of 司法独立 164，506注释8

just world 公正世界，belief in 对公正世界的信念 18-19

K

Kant, Immanuel 伊曼努尔·康德 2, 33, 40, 46

Keynes, John Maynard 约翰·梅纳德·凯恩斯 78-79, 105, 107, 351, 426

Keynesian theory 凯恩斯理论 92-93, 98

Kyoto Protocol《京都议定书》21, 114, 197, 202-203, 206-209, 225, 228

L

labor contracts 劳动合同: economic analysis of 劳动合同的经济分析 242-45; in France 法国的劳动合同 233, 238-239, 240-241, 517注释15, 517注释17; in southern European countries 欧洲南部国家的劳动合同 23, 24

labor market 劳动力市场: challenges of 劳动力市场的挑战 231-233; reforms in Germany 德国劳动力市场改革 252

labor market in France 法国劳动力市场 232, 233-242; collusion between management and labor in 法国劳动力市场中管理层与员工的合谋 248-249; employment policy and 就业政策与法国劳动力市场 236-239; for entertainment workers 法国娱乐业劳动力市场 247, 249-250; implementing reform of 法国实施劳动力市场改革 251-255, 519注释39; judicial dismissal procedures and 司法裁员程序与法国劳动力市场 245-247; labor code and 劳动法与法国劳动力市场 262-263, 420; malaise associated with 法国劳动力市场的流弊 231, 239-241; need for reform of 法国劳动力市场改革的必要性 241-242; perverse incentives in 法国劳动力市场中的不当激励 245-250; proposed reforms of 法国劳动力市场的改革建议 242-245; reward-penalty system proposed for 为法国劳动力市场设计的奖惩机制 244, 245, 246, 249, 250, 253, 254; sector agreements and 行业协议与法国劳动力市场 262-263, 376-377, 522注释56; subsidized jobs in 法国劳动力市场中受补贴的工作 237-238; unemployment in 法国劳动力市场中的失业 233, 234-237, 238, 240, 241, 250-251; urgent challenges of 法国劳动力市场的紧迫挑战 261-264; vocational training system and 职业培训体系与法国劳动力市场 255-256, 521注释44。See also labor contracts 另见劳动合同词条

labor market in southern Europe 欧洲南部的劳动力市场 232, 261; in Greece 希腊劳动力市场 283; reforms in Italy and Spain 意大利和西班牙劳动力市场改革 253, 520注释41; unemployment in 欧洲南部劳动力市场中的失业 232, 255-257, 326; urgent challenges of 欧洲南部劳动力市场的紧迫挑战 261-264

Laffont, Jean-Jacques 让-雅克·拉丰 xi, 66, 116, 155-156, 455, 470

La loi du marché（film）《市场法则》（电影）231

law and social norms 法律与社会规范 147-149

leakage problem 泄漏问题 21-22, 201-203, 209

Lehman Brothers 雷曼兄弟公司 313, 322, 326, 334, 338, 340, 346

liberalism 自由主义 161-162

life-and-death choices 生与死的选择 40-42

Linux Linux操作系统 447, 451, 452, 548注释26

liquidity 流动性: banks transforming maturity to 银行通过转换存贷期限创造流动性 297; information in financial markets and 金融市场中的信息与流动性 319; regulation of 流动性监管 342-343

liquidity provision 流动性的提供。*See* central banks 见中央银行词条

Little People 侏儒, catapulting of 抛掷侏儒（游戏）44-45, 489注释19

lobbies 游说。*See* pressure groups; special interests 见施压集团、特殊利益词条

local suppliers 本地供应商 361, 538注释7

Locke, John 约翰·洛克 2

lotteries to manage scarcity 通过抽签管理稀缺性 24, 26, 27

lump of labor fallacy 劳动总量谬误论 257, 259, 482

M

Maastricht Treaty 《马斯特里赫特条约》273-275, 278-279, 289, 290-292

machine learning 机器学习 107, 378, 409, 423, 425, 497注释35, 541注释1

macroeconomics 宏观经济学, evolution of 宏观经济学的演化 92-93

Macron Law 《马克龙法》358, 542注释13

macroprudential approach 宏观审慎方法 344

manufacturing sector 制造业 373

marginal cost 边际成本 466-467; network services and 网络服务与边际成本,

467，474

the market 市场：advantages over planned economies 市场相比于计划经济所具有的优势 33-34，156，157；complementarity between the state and 政府与市场的互补性 156-157，160-163，355-356；different countries' beliefs about 不同国家对市场的信念 33；efficiency and integrity of 市场的效率与诚信 157；French distrust of 法国人对市场的不信任 156；as instrument not end in itself 作为手段而非目标的市场 3，34；managing scarcity by means of 利用市场手段管理稀缺性 24；moral criticisms of 对市场的道德批判 8，34-36；opposition to supremacy of 质疑市场至上 1-2；public intervention in 对市场的公共干预 362-363；restriction of political power and 限制政治权力与市场 1；social cohesion and 社会凝聚力与市场 47-50，61

market design 市场设计 45

market failures 市场失灵：asymmetries of information leading to 信息不对称导致市场失灵 103，327；categories of 市场失灵的类型 157-160；corrected by the state 政府纠正市场失灵 161，170；economic policy based on 基于市场失灵的经济政策 122；financial crisis of 2008 and 2008 年金融危机与市场失灵 327-328；geographic limitations to correction of 纠正市场失灵的地理限制 163；industrial policy and 产业政策与市场失灵 366，371；moral limits of the market and 市场的道德界限与市场失灵 36-40；regulation or prohibition in response to 针对市场失灵的监管或禁令 35-36，170。See also externalities 另见外部性词条

market power 市场势力 52，159

market price 市场价格 25

market segmentation 市场细分 362，399

Markov perfect equilibrium 马尔科夫完美均衡 119

Marshall, Alfred 阿尔弗雷德·马歇尔 105

mathematics in economics 经济学中的数学 104-109。See also game theory; information theory; modeling in economics 另见博弈论、信息经济学理论、经济学建模词条

maturity transformation 期限转换 297；bank runs and 银行挤兑与期限转换 315；excessive 过度期限转换 331-332

medical care 医疗护理。See health care 见医疗词条

medicine 医学：contrast between

economics and 经济学与医学的对比 23-24; digital health care and 数字医疗与医学 409; future of 医学的未来 543注释8; state of knowledge in 医学知识现状 70

merit goods 有益品 34, 488注释4

methodological individualism 方法论个人主义 87, 123, 141, 499注释1

migration 移民: economic benefits of 移民的经济收益 259, 263, 482, 522注释51; European attitudes toward 欧洲对移民的态度 22; European migration crisis of 2015 2015年的欧洲移民危机 263; labor market issues and 劳动力市场议题与移民 232; unemployment and 失业与移民 258-259

minimum income 最低收入 61

minimum wage 最低工资 55, 61, 232, 256

Mitterrand, François 弗朗索瓦·密特朗 165

modeling in economics 经济学建模 82-85; competitive market paradigm and 竞争性市场范式与经济学建模 101-102; empirical tests of 经济学建模的实证检验 87-90; in industrial economics 产业经济学中的经济学建模 361-362; need for mathematics in 经济学建模中的数学要求 105-108; theory and 理论与经济学建模 85-87

Modigliani-Miller hypothesis 莫迪利亚尼-米勒假说, on financial structure 莫迪利亚尼-米勒融资结构假说 181-182

monetary policy and financial crisis of 2008 货币政策与2008年金融危机 327, 328, 337, 532注释4

monopolies 垄断: in government-regulated network industries 受政府监管的网络型产业垄断 355-356, 363-364, 455-459, 471; intellectual property and 知识产权与垄断 432, 433, 437 (see also patents 另见专利词条); lack of innovation in 垄断缺乏创新 360

monopoly rents 垄断租金 360-361

Montesquieu 孟德斯鸠 48, 155

moral hazard 道德风险: Adam Smith's awareness of 亚当·斯密考虑到道德风险 150; defined 界定道德风险 409; federalism and 联邦主义与道德风险 293; information theory and 信息经济学理论与道德风险 116-117, 457; insurance and 保险与道德风险 193, 410-411, 413; regulation of network industries and 网络型产业的监管与道德风险 457; securitized mortgages and 抵押贷款

证券化与道德风险 302；sovereign borrowing and 主权贷款与道德风险 281；truck drivers and 卡车司机与道德风险 419

morality 道德：eroded by shared responsibility 道德受共担责任侵蚀 132-133；indignation used to justify 用愤怒为道德辩护 35，46-47；reservations about certain markets based on 基于道德对某些市场持保留意见 40-47。See also ethics 另见伦理学词条

moral limits of the market 市场的道德界限 33-46

moral wriggle room 道德回旋余地 131-132

Morgenstern, Oskar 奥斯卡·摩根斯坦 110

multihoming 多归属 387-388

multiple equilibria 多重均衡 91

multiple margins 多重加价 435，437

multitasking 多任务 142

N

Nash, John 约翰·纳什 110，498页注释37

Nash equilibrium 纳什均衡 110

natural monopolies 自然垄断 455。See also infrastructure, and competition 另见基础设施、竞争词条

negative income tax 负收入所得税 422

negative interest rates 负利率 535注释21

neo-Keynesian macroeconomic models 新凯恩斯宏观经济模型 93

network externalities 网络外部性 397-398

network industries 网络型产业：basic issues at stake in 网络型产业生死攸关的基本问题 455-456；competition and 竞争与网络型产业 358，363-364，455-456，459-460，471-472，475，476，478-480；fourfold reform of 网络型产业的四重改革 456-460；incentive in regulation of 网络型产业监管中的激励问题 460-466；independence of regulators of 网络型产业监管者的独立性 165，459；pricing in 网络型产业定价 466-471；public service obligations and 公共服务义务与网络型产业 478-480；regulation of network access in 网络型产业中的接入监管 471-478。See also sector regulation 另见产业监管词条

neuroeconomics 神经经济学 122

"new man" "新人"，Soviet myth of 苏联"新人"神话 3，485注释2

normative choices 规范选择 19

nudging 助推 134，501注释21

O

Obama, Barack 巴拉克·奥巴马 220, 279。See also Affordable Care Act 另见《平价医疗法案》词条

OPEC oil cartel 欧佩克石油卡特尔 114

open source software 开源软件 447-453

organ exchanges 器官交换 45

organ markets 器官市场 42-44, 489注释17

ostracism 排斥, experiments on 排斥实验 135

over-the-counter transactions 场外交易 301, 340, 341, 530注释26, 535注释27; defined 界定场外交易 527注释8

oxytocin 后叶催产素 138-139

P

panics 恐慌, financial 金融恐慌 315-317

Paris Climate Change Conference （COP 21）巴黎气候变化大会 209, 210-213, 224

patent assertion entities 专利主张实体, 453-454

patent pools 专利池 437-441, 547注释13, 15-17, 548注释20

patents 专利 432-433, 434-435; standard essential 标准必要专利 441-442, 548注释21

patent thickets 专利丛林 435

patent trolls 专利流氓。See patent assertion entities 见专利主张实体词条

paternalism 家长制: libertarian 家长制自由主义 134, 501注释21; in means of redistribution 以再分配的方式推行家长制 479; to protect people from their own choices 家长制禁止人们自主选择 125, 158-159; for real estate loans 房地产贷款方面的家长制 330

payment cards 支付卡 382, 385, 387, 388, 391, 394, 396

peer evaluation 同行评议 96

peer-reviewed professional journals 实行同行评审的专业期刊 77-78, 97-98

perfect Bayesian equilibrium 完美贝叶斯均衡 115, 119

personal data 个人数据 401, 403-409, 413

pharmaceutical industry 制药产业, vertical business model of 制药产业的垂直商业模式 389-390

Phillips curve 菲利普斯曲线 92

Pigou, Arthur Cecil 阿瑟·塞西尔·庇古 84, 161, 185

planned economies 计划经济: failure of 计划经济的失败 33-34, 156, 157; Vichy regime in France as 实行计划经济的法国维希政权 507注释15

platforms 平台，two-sided 双边平台 379；business model of 平台的商业模式 383-385；compared to vertical business model 平台与垂直商业模式对比 390-391；compatibility between 平台间的兼容性 387-388；competition policy and 竞争政策与平台 392-400；facilitating interactions 平台使交易便利化 379，381-382；with lag in development of two sides 双边发展滞后的双边平台 385-387；microjobs available through 通过平台提供的微职位 414-415；open systems in computer market and 计算机市场中的开放系统与平台 388-389；providing services in exchange for personal data 提供服务以换取个人数据的平台 407-408；as regulators 平台作为监管者 391-392；reliability of 平台的可信度 401

Plato 柏拉图 17，73，137，485注释3

Poincaré，Henri 亨利·庞加莱 66

policy 政策。See economic policy 见经济政策词条

politically engaged intellectuals 参与政治活动的知识分子 73-75，493注释5

politicians 政治家：condemnation of 政治家的谴责 30，156，163，164；independent authorities in tension with 与政治家关系紧张的独立机构 163-169；restricted by supremacy of the market 政治家受到市场至上的约束 1

pollution 污染：acid rain caused by 污染引发的酸雨 158，203，205，220；environmental taxation and 环境税与污染 185，254；market failure involving 污染相关的市场失灵 157-158。See also carbon emissions 另见碳排放词条

Popper，Karl 卡尔·波普尔 81

populism 民粹主义：attacks on expertise and 攻击专业知识与民粹主义 163，169，481；fears about work and 担心工作岗位与民粹主义 233，260，264；free of difficult choices 不存在艰难选择的民粹主义 19；opposition to united Europe and 反对欧洲一体化与民粹主义 285，286，287；rise of 民粹主义的兴起 28-29，481

postal services 邮政服务 455，456，479，480

poverty 贫困：beliefs about merit and 关于才能与贫困的信念 58-59；decreased in developing countries 发展中国家下降的贫困程度 52，53，59，260-261；health care and 医疗与贫困 60-61。See also inequality 另见不平等词条

poverty trap 贫困陷阱 55，58，492注释50

predictions 预测：by algorithms 通过算法进行预测 397，413，424-425，497注释35；of economists 经济学家的预测 83，90-91，97，107，112，350-351，426，497注释33，537注释43；of foxes vs. hedgehogs 狐狸与刺猬的预测 104；public decision-making and 公共决策与预测 215，367

pressure groups 施压集团 91

price caps 价格上限：for network monopolies 为网络型垄断者设定的价格上限 458，471，474；for public projects 为公共项目设立的价格上限 461

price coherence 价格一致性，in two-sided platforms 双边平台的价格一致性 393-396

price comparison websites 比价网站 396-397

price competition 价格竞争 357-359；elasticity of demand and 需求弹性与价格竞争 383；online 在线价格竞争 381-382

price-earnings ratio 市盈率 312

price regulation 价格监管：for allocation of resources 价格监管以配置资源 24，25，26；by platforms 通过平台实施的价格监管 391。See also price caps 另见价格上限词条

principal-agent theory 委托代理理论 115

prisoner's dilemma 囚徒困境 112-114，498注释39

privatization 私有化：for the common good 为了共同利益的私有化 4-5；of natural monopolies 自然垄断产业的私有化 455，458，464

procrastination 拖延 124-125。See also internalities；paternalism 另见内部性、家长制词条

productivity 生产率，in response to competition 竞争带来的生产率 359-360

profit maximization 利润最大化 85-86

Progresa program "进步"项目 89

pro-social behavior 亲社会行为 127-128；demand for businesses' commitment to 需要企业承诺践行亲社会行为 188-189；intrinsic motivation and 内在动机与亲社会行为 143-146；法律与亲社会行为 147-149；memory and 记忆与亲社会行为 134-135。See also altruism 另见利他主义词条

prostitution 卖淫 45，50

protectionism 保护主义：European project and 欧洲项目与保护主义 265，482；labor market and 劳动力市场与保护主义 232，260-261

prudential regulation 审慎监管 321-325；complicated by asymmetries of information 因信息不对称而使审慎监管复杂化 301，314；economists' uncertainty about 经济学家对审慎监管的不确定性 349。See also banking regulation；Basel accords 另见银行监管、《巴塞尔协议》词条

public debt 公共债务：cost to the people 公共债务给人们带来的成本 280-281；difficulty of measuring 测度公共债务的困难 277-278；factors affecting sustainability of 影响公共债务可持续性的因素 275-277；interest rates for 公共债务的利率 316-317；Maastricht approach to 应对公共债务的马斯特里赫特方法 278-279，290；of US states and cities 美国各州和城市的公共债务 279-280，281-282。See also bailouts of governments；Greek debt crisis 另见政府救助、希腊债务危机词条

public good games 公共利益博弈 500注释16

public goods 公共品 485注释4；intellectual property and 知识产权与公共品 431-432

public-private partnerships 公私合作伙伴关系 460，527注释3

public procurement 公共采购 355，376，460

public utilities 公用事业。See sector regulation 见行业监管词条

Puerto Rico bankruptcy of 波多黎各的破产 279-280

Q

quantitative easing 量化宽松 337，524注释18，535注释22

queues 排队配给 24，25，26

R

railroads 铁路 363，459，464，473，475。See also network industries 另见网络型产业词条

Ramsey-Boiteux rule 拉姆齐-布瓦特规则 468-471，474，550注释12

randomized control trials（RCTs）随机对照实验 88-89

random sampling 随机抽样 88，495注释9-10

rating agencies 评级机构 347-348，532注46；as concentrated market 高度集中的评级机构市场 533注8；extrafinancial 额外金融的评级机构 189-190，510注释23；scales used by 评级机构使用的评分等级 528注释13；securitization and 证券化与评级机构 303，330-331

rational choice theory 理性选择理论 19,

122；deviations from 偏离理性选择理论 103；economic modeling and 经济学建模与理性选择理论 83-84

rational expectations revolution 理性预期革命 496注释17

Rawls, John 约翰·罗尔斯 2

real estate bubbles 房地产泡沫 309，310-312，529注释25；in *The Big Short* 电影《大空头》中的房地产泡沫 320；financial crisis of 2008 and 2008年金融危机与房地产泡沫 328-330，532注释4；in poorer countries of Eurozone 欧元区较贫穷国家的房地产泡沫 270，272-273；sovereign debt crises and 主权债务危机与房地产泡沫 272。See also bubbles, financial 另见金融泡沫词条

real estate loans 房地产贷款：by French banks largely to solvent households 法国银行主要把房地产贷款借给有偿付能力的家庭 533注释5；subprime 次级贷款 166-167，187，302，318，320；to US households before 2008 2008年之前美国家庭的房地产贷款 328-329

real estate prices 房地产价格，and inequality 房地产价格与不平等 54

reciprocal altruism 互惠利他主义 130-131，146

reciprocity 互惠性 139-140，146，504注释46

redistribution 再分配：beliefs about causes of inequality and 关于不平等原因与再分配的信念 57-59；environmental policy and 环境政策与再分配 222-223；in homogeneous populations 同质人群中的再分配 59；ineffective policies for 无效的再分配政策 54-57；low interest rates leading to 低利率引致再分配 336；market economy and 市场经济与再分配 160；by minimum wage 通过最低工资实施再分配 55，61，256；network utilities and 网络型公用事业与再分配 469-470，478-480；between regions under federalism 联邦制下各区域间的再分配 294-295；by tax system 通过税收体系实施再分配 50，51，160，256，479；trade-off between growth and 在增长与再分配之间做出取舍 57；by universal service obligations 通过普遍服务义务实施再分配 478-480。See also inequality 另见不平等词条

regulation 监管：of financial markets 金融市场的监管 321；in response to market failure 应对市场失灵的监管 35-36，170。See also banking regulation; prudential regulation; sector regulation 另见银行监管、审

慎监管、行业监管词条

regulatory capture 监管俘获 162，167，464

regulatory infrastructure 监管架构 348

religion 宗教，and economics 宗教与经济学 150-152

remuneration 薪酬：agency problem and 代理问题与薪酬 313；in financial sector 金融部门的薪酬 54，184-185，313，314，344-347；tenuous connection between performance and 薪酬与绩效之间联系微弱 177

renewable energy sources 可再生能源 206，208，212，215，366

rent controls 租金控制，scarcity created by 通过租金控制创造的稀缺性 26，55-56

rent seeking 寻租：competition and 竞争与寻租 361；greed unchecked by institution and 不受制度约束的贪婪与寻租 49；by platforms 通过平台寻租 395-396；speculation connected with 与寻租相关的投机 305。See also economic rent 另见经济租金词条

representative agent 代表性个体 109

research and development（R&D）研发：in corporations vs. startups 公司和初创企业的研发 443-445；industrial policy and 产业政策与研发 366，367；intellectual property and 知识产权与研发 432

rights 权利，behind the veil of ignorance 无知之幕之下的权利 4

robots 机器人 232，259，378，401，423，541注释1

Rousseau, Jean-Jacques 让-雅克·卢梭 2

royalty stacking 专利费堆叠 435-341

S

the sacred 宗教领域 40，50

safe assets 安全资产，excess demand for 对安全资产的过度需求 338-339

Samuelson, Paul 保罗·萨缪尔森 98，105，107，537注释43

scarcity 稀缺性，managing 管理稀缺性 24-27

sector regulation 行业监管 355-356，455-480；access to network and 网络接入与行业监管 471-478；asymmetries of information and 信息不对称与行业监管 456-458；basic issues at stake in 行业监管的重要基本问题 455-456；competition for the market and in the market 为了市场而竞争与市场内竞争 459-460；fourfold reform in 行业监管的四重改革 458-459；incentives in 行业监管的激励 460-466；independence of regulatory authorities in 行业监管机构的独立

性 165，459；pricing in 行业监管中的定价 466-471；public service obligations and 公共服务义务与行业监管 478-480。See also network industries 另见网络型产业词条

secular stagnation 长期停滞 221，338，535注释23

Securities and Exchange Commission 证券交易委员会 321

securitized assets 证券化资产 298，301-303，528注释12；financial crisis of 2008 and 2008年金融危机与证券化资产 328，330-331，333，338

self-control 自制力 38，137。See also internalities；paternalism；procrastination 另见内部性、家长制、拖延词条

self-employment 自我雇佣 414-415，418，420，421

self-fulfilling prophecies 自证预言 91

self-interest：自利 economic efficiency achieved through 通过自利实现的经济效率 161；empathy and 同理心与自利 127；failure to consider 没有考虑自利 3；harmonious allocation of resources, based on 基于自利的资源协调配置 101；at heart of market economy 自利在市场经济中的核心地位 48，49；rational choice theory and 理性选择理论与自利 19，122

self-management 自我管理。See employee-run firms 见员工自我管理型企业词条

shadow banking 影子银行 322，333-334，349-350，534注释15

Shanghai Ranking 上海排名 94

sharing economy 共享经济 381，392；taxation and 税收与共享经济 427-428

Sherman Antitrust Act 《谢尔曼反垄断法案》362

signaling 信号，by open source programmers 开源软件编程者给出的信号 449-450

signaling costs 沟通成本，in digital economy 数字经济中的沟通成本 381

signaling theory 信号理论 115，150

skin in the game 风险共担 302，330

SMEs（small and medium-sized enterprises）中小企业：banking regulation and 银行监管与中小企业 322；dependence on banks 中小企业依赖银行 183，297，312，336，374；European industrial weakness and 欧洲产业缺陷与中小企业 374-377；rationales for industrial policy and 产业政策与中小企业的理论基础 366，367；securitization of loans to 对中小企业贷款的证券化 302；threshold effects limiting growth of 限制中小企业成长的门槛效应 375，

540注释25

Smith, Adam 亚当·斯密 17, 48, 124, 150-151, 161, 162, 185, 189, 468

social cohesion 社会凝聚力: the market and 市场与社会凝聚力 47-50, 61; state's responsibility for 国家对社会凝聚力的责任 161

social contract 社会契约 1, 2, 160

socially responsible investment (SRI) 具有社会责任的投资 175, 187-188, 191。See also corporate social responsibility (CSR) 另见企业社会责任词条

social norms 社会规范 147-149

social sciences 社会科学, reunification of 社会科学的再统一 152

social welfare systems 社会福利体系: beliefs about causes of inequality and 关于不平等原因与社会福利体系的信念 58-59; ineffective redistribution and 无效再分配与社会福利体系 55; of modern state 现代国家的社会福利体系 170, 171, 172

southern Europe 欧洲南部: Germany's mercantilist policy and 德国的重商主义政策与欧洲南部 269; high national debt in countries of 欧洲南部国家的高国债 273。See also labor market in southern Europe 另见欧洲南部国家的劳动力市场词条

sovereign wealth funds 主权财富基金: commodity prices and 商品价格与主权财富基金 537注释41; invested in United States 在美国投资的主权财富基金 328

special interests 特殊利益集团 155, 169, 168, 356-357

speculation 投机 304-306

Stability and Growth Pact 《稳定与增长公约》 275, 278, 282。See also Maastricht Treaty 另见《马斯特里赫特条约》词条

stagflation 滞胀 92

standards 标准, technological 技术标准 441-443

startups 初创企业 369, 443-447; biotechnology 生物技术 369-369, 389-390

state 政府: captured by special interests 政府被特殊利益集团俘获 155; complementarity between the market and 市场与政府之间的互补性 156-157, 160-163, 355-356; failures of 政府失灵 162-163; reform of 政府改革 169-173

stereotypes 刻板印象 140-141

stock market bubbles 股票市场泡沫 309, 312

stock markets 股票市场 304-305

stock options 股票期权 183，344，509注释13

strategic uncertainty 战略不确定性 91

students of economics 经济学专业学生，experiments on behavior of 经济学专业学生的行为实验 99-101

subprime mortgage loans 次级抵押贷款 302，318，320；crises precipitated by 次级抵押贷款引发的危机 166-167，187

subsidies for public services 对公共服务的补贴 467-468

superstar firms with high markups 具有高产品溢价的超级明星企业 52

supply and demand 供给和需求 24-25，45，102，161

sustainable development 可持续发展 186-188

swaps 掉期 297-298，526注释1

systemic risk 系统性风险 321

T

taxation 税收：beliefs about determination of wealth and 关于财富与税收决定因素的信念 58；digitization of work and 工作的数字化与税收 427-429；Greece's resistance to collection of 希腊对征税的抵制 218，513注释33；multinational corporations' optimization of 跨国公司的税收优化 190，428，510注释24，546注释33；need for reform of 改革税收体系的必要性 55；poverty trap in system of 在税收体系下的"贫困陷阱" 55，492注释50；redistributive 再分配 50，51，160，256，479；value-added tax（VAT）增值税 270，427，429，479。See also carbon tax 另见碳税词条

taxi industry 出租车行业 358，360，364，415-417

teaser rates of interest 引诱利率 299

technocrats 技术官僚 163-169

technological change 技术变革：economic growth and 经济增长与技术变革 430；employee fears about 雇员害怕技术变革 365；fallacy of fixed quantity of work and 工作数量固定的谬误与技术变革 259；industrial policy and 产业政策与技术变革 368-369；inequality and 不平等与技术变革 52，491注释37；not leading to unemployment 不会导致失业的技术变革 426；polarization of jobs resulting from 因技术变革带来的"工作极化" 423-424；political demands by workers and 工人的政治诉求与技术变革 232-233；theoretical models for analyzing 分析

技术变革的理论模型 107-108。See also digitization of society; innovation 另见社会数字化、创新词条

technological standards 技术标准 441-443

telecommunications 电信：cell phones and 移动电话与电信 358，387；competition in 电信竞争 358，363-364，472-473；infrastructure for 电信基础设施 456；monitoring quality in 监督电信服务质量 464；price paid by user of 电信用户承担的费用 467，469-470；public service obligations in 电信公共服务义务 478-479

theory in economics 经济学理论 82

tie-in sales 搭售 399-400

Titmuss, Richard 理查德·蒂特马斯 144

Tocqueville, Alexis de 亚历西斯·德·托克维尔 168

tourist test 游客测试 543注释18

toxic loans 有害贷款，to local French authorities 贷给法国地方当局的有害贷款 298-301

tradable emissions permits 可交易排放权 219-221；in economic modeling 可交易排放权的经济建模 84，85；exchange rates in global market for 全球市场中的可交易排放权汇率 228-229，515注释47；existing markets for 现行可交易排放权市场 203-204，228，511注释11；financial transfers to poorer countries for 财政转移支付给穷国以获得可交易排放权 515注释40；under Kyoto Protocol 《京都议定书》的可交易排放权规定 207，208，512注释19、注释20；managing uncertainty in market for 管理可交易排放权市场中的不确定性 221-222，514注释40；as national choice within international agreement 可交易排放权作为国际协议框架下的国家选择 226；for pollutants causing acid rain 引发酸雨的污染物可交易排放权 220，514注释37；previous distaste for 以前厌恶可交易排放权 46；rationale for 可交易排放权的根据 37-38。See also carbon pricing 另见碳定价词条

trade 贸易：promoted by euro 由欧元推动的贸易 266。See also protectionism 另见保护主义词条

trade liberalization 贸易自由化，and inequality 贸易自由化与不平等 53，59

trademark 商标 433

trade secret 商业秘密 432

tragedy of the commons 公地悲剧 114，200-201，208，436

transaction costs 交易成本 380，381

troika 三驾马车 283，288，525注释29

trolley problem 电车难题 40-41

Truman, Harry 哈里·杜鲁门 72

Trump, Donald 唐纳德·特朗普 29, 212, 482

trust 信任 137-140; demanded in market economy 市场经济所必需的信任 48, 49; in digital economies 数字经济中的信任 401, 402-405, 418; replacing formal incentives 信任替代正式激励 143; stereotypes and 刻板印象与信任 140-141

trust game 信任博弈 138-139; variant of 信任博弈的不同形式 146, 504注释 46

Tsipras, Aléxis 亚历克斯·齐普拉斯 282

Two-pack 双重监管 291

two-sided markets 双边市场。See platforms, two-sided 见双边平台词条

U

Uber 优步 415-417; driver's commission in 优步司机的佣金 395; employment status of drivers for 优步司机的就业状态 420-421; information for customer and 向顾客提供信息与优步 392, 418; taxi market and 出租车市场与优步 358, 360, 364, 415-417

Ultimatum Game 最后通牒博弈 131

unbundling 非捆绑, of patent licenses 专利授权的非捆绑 440-441

unemployment 失业: in France 法国的失业 233, 234-237, 238, 240, 241, 250-251; labor market reform and 劳动力市场改革与失业 251-252; longterm 长期失业 234, 236; minimum wage and 最低工资与失业 61; not produced by technological progress 并非由技术进步所引致的失业 426; reducing working hours and 减少工作时间与失业 257-260; relative rates of, in European and English-speaking countries 欧洲和英语系国家的相对失业率 232, 234; in southern Europe 欧洲南部国家的失业 232, 255-257, 326

unemployment insurance 失业保险: redistributive impact of federalist approach to 以联邦制方式推行失业保险带来的再分配效应 293; cost of a layoff and 裁员成本与失业保险 185

universal income 普遍收入 422

V

value 价值, created by the firm 企业创造的价值 185-186

value-added tax（VAT）增值税: fiscal

devaluation using 增值税引起的财政贬值 269-270; on French labor 与法国劳动力有关的增值税 427; on online purchases 网上购物的增值税 429; redistribution and 再分配与增值税 479

Veblen, Thorstein 托斯丹·凡勃伦 150

veil of ignorance 无知之幕 2-4; inequality and 不平等与无知之幕 160; trolley problem and 电车难题与无知之幕 41

venture capitalists 风险投资人 120, 183, 445-447, 450

vertical business model 垂直商业模式 389-390

videogames 电子游戏 379, 382, 383, 385-386, 387

virtual currencies 虚拟货币 308-309

von Neumann, John 约翰·冯·诺依曼 110

voting 投票: market failure associated with 与投票相关的市场失灵 38; self-image and 自我形象与投票 128, 130

W

Weber, Max 马克斯·韦伯 151, 181

winner's curse 赢者的诅咒 111, 531注释 38

WTO 世界贸易组织: China's accession to 中国加入世界贸易组织 359; in enforcement of climate agreements 世界贸易组织对气候协定的执行 227, 229

Z

Zero Lower Bound（ZLB）零利率下限 337

译者说明

本书由张陆洋（中文版自序）、马源（致谢、第十四章）、刘自敏（前言、第六章、后记）、杨波（第一章、第十一章、第十二章）、王磊（第二章）、袁婷（第三章）、凌鸿程（第四章）、田露露（第五章、第十章）、杨丹（第七章）、冯永晟（第八章）、方燕（第九章）、黄坤和王磊（第十三章）、陈剑（第十五章、第十七章）、占佳（第十六章）等做了初译；之后，翻译团队的成员进行了交叉校对；在此基础上，张昕竹负责对整部译稿进行了总译校；最后，钱颖一教授（第一至八章）、熊伟教授（第九至十七章）对译稿做了总审校。

图书在版编目(CIP)数据

共同利益经济学/(法)让·梯若尔著;张昕竹,弓瑜等译.—北京:商务印书馆,2020(2021.4重印)
ISBN 978-7-100-17601-9

Ⅰ.①共… Ⅱ.①让…②张… Ⅲ.①经济学—研究 Ⅳ.①F0

中国版本图书馆 CIP 数据核字(2019)第 141208 号

权利保留,侵权必究。

共同利益经济学
 〔法〕让·梯若尔 著
 张昕竹 弓瑜 等译

商 务 印 书 馆 出 版
(北京王府井大街36号 邮政编码100710)
商 务 印 书 馆 发 行
北京瑞古冠中印刷厂印刷
ISBN 978-7-100-17601-9

2020年1月第1版 开本 880×1230 1/32
2021年4月北京第2次印刷 印张 18½

定价:98.00元